HISTOIRE

Collection dirigée

par

Michel Desgranges, Pierre Vidal-Naquet (†) et Alain Boureau

LE MOYEN ÂGE PAR SES IMAGES

CHIARA FRUGONI

LE MOYEN ÂGE PAR SES IMAGES

Traduit de l'italien
par Lucien d'Azay

PARIS
LES BELLES LETTRES
2015

www.lesbelleslettres.com

Retrouvez Les Belles Lettres
sur Facebook et Twitter

Titre original :
La voce delle immagini. Pillole iconografiche dal Medioevo

Première édition 2010

ISBN : 978-2-251-38131-2

Justification

« Ceci n'est pas une pipe » : tel est le titre que Magritte attribua à un tableau dont l'unique sujet était une pipe. Ceci n'est pas un manuel d'iconographie médiévale et je ne plaisante pas. Il m'est souvent arrivé de voir des expositions et des musées où le sujet de ce que l'on avait exposé n'était pas indiqué de manière cordiale et communicative. Une légende telle que *La Vierge et les saints* ne rend pas service au visiteur tout en frustrant sa curiosité, qu'elle soit petite ou grande. (Mais on peut en dire autant de la terminologie technique : des mots comme « staurothèque », « *suppedaneum* » ou « situle » produisent le même résultat.) J'avoue avoir été tentée, chaque fois que je me suis sentie moi aussi enrégimentée dans un petit troupeau bêlant dépourvu de berger, de ne pas laisser sans réponse la question que posaient les visiteurs à la toile muette et qui me parvenait aux oreilles.

Ce livre se propose donc, d'une manière plus discrète qu'en intervenant ouvertement dans la conversation d'autrui, d'adoucir la vie dure de ceux qui s'obstinent à faire la queue pour franchir le seuil désiré et participer à un événement artistique, ou qui, plus simplement, décident de visiter un musée.

Si nous ne comprenons pas une langue, nous pouvons néanmoins être frappés par sa musicalité, mais notre compréhension n'en reste pas moins trop superficielle pour que nous profitions d'un dialogue et d'un enrichissement. Les images médiévales s'expriment dans une langue qui leur était propre, constituée de gestes codés, de conventions architecturales, de détails allusifs, de métaphores, de symboles : si nous les ignorons, ces images restent muettes.

Ces images, je les avais abordées dans ma jeunesse, il y a plus de cinquante ans, lorsque, pendant l'été, je conduisais mon père en voiture à la recherche de « danses macabres », à bord d'une Lambretta. Par la suite, sans me soumettre à un ordre précis sinon à l'envie de satisfaire ma curiosité ou de résoudre un problème, j'ai accumulé autour de textes et d'images un certain nombre d'articles ainsi que quelques livres. De là les nombreuses autocitations qui m'ont permis de confectionner ces « pastilles », d'affirmer avec plus d'assurance ce qu'elles disent et de faire parler les images : « pastilles » d'un assortiment limité, certes, mais néanmoins authentiques, je l'espère.

P.-S. Les lecteurs et les lectrices dont la curiosité ne serait pas satisfaite dans certains cas, ou qui souhaiteraient me signaler des inexactitudes ou des détails qui m'auraient échappé, peuvent m'écrire à l'adresse de l'éditeur, en espérant que je parviendrai à les contenter.

Remerciements

Ce livre doit beaucoup aux conseils et aux avis de nombreux amis qui retrouveront leurs noms dans les notes qui les concernent en particulier. Je remercie notamment Nicoletta Scalari et Marina Storoni, qui ont suivi l'évolution de mon manuscrit avec un soin vigilant et affectueux. Un des mérites du temps qui passe est de pouvoir remercier par ailleurs mon fils. Merci, Andrea. Pour ce livre également, j'ai pu compter sur la collaboration et sur le professionnalisme d'Angela Rastelli, de chez Einaudi. Je lui en suis très reconnaissante.

Chapitre premier

Dominer et subir

> « Et ce que la langue ne peut exprimer,
> une muette éloquence le traduit par ses gestes. »
>
> Le Tasse, *La Jérusalem délivrée*, IV, 85.

Les gestes du pouvoir et de son contraire : incapacité, soumission et défaite

Au Moyen Âge, ou disons pour simplifier jusqu'à la fin du XIIe siècle, le visage des personnages n'exprime pas les sentiments ni les mouvements intérieurs de l'âme, que l'on délègue au langage des gestes et des mains, comme si c'était le corps qui parlait. Ce que je viens d'affirmer reste vrai dans de nombreux cas, comme nous le constaterons, aux cours des siècles suivants.

Tous ceux qui ont pu assister aux spectacles de Giorgio Strehler, où le comédien Ferruccio Soleri jouait le rôle d'Arlequin le visage entièrement et toujours recouvert d'un masque noir, mais en communiquant, grâce à l'agilité expressive de son corps, diverses émotions au spectateur, comprendront sans peine quel genre de réaction pouvait avoir le spectateur médiéval devant un personnage qui, par exemple, saisit une de ses mains avec l'autre ou en serre le poignet. De même que le spectateur contemporain oublie le masque d'Arlequin-Soleri en observant ses gestes et transfère mentalement au visage qu'il ne voit pas tout un éventail d'expressions, comme si le comédien les lui manifestait avec d'éloquentes mimiques faciales, de même, le spectateur médiéval, devant le personnage que je viens d'évoquer, dont le geste témoigne d'une douleur intense, éprouvait une violente réaction émotive, comme s'il avait vu couler des larmes ou aperçu une âpre souffrance représentée dans ce visage immobile.

Durant les premiers siècles du Moyen Âge, l'Église s'avère profondément mal à l'aise face aux gestes de la douleur ostentatoire parce qu'ils évoquent beaucoup trop les gestes païens de la douleur funèbre ; sans compter que la certitude de la résurrection se concilie mal avec l'expression ostensible du deuil. Saint Ambroise soulignait l'attitude réservée de la Vierge : « Marie se tenait debout près de la croix du Fils et la Vierge contemplait le martyre de son fils unique. Je lis dans l'Évangile qu'elle se tenait debout, mais je n'y lis pas qu'elle pleurait[1]. » Ainsi la Vierge a-t-elle une attitude très convenable, se contentant de se serrer le poignet dans le geste de l'immense douleur (fig. 1 et 2) dans le groupe de sculptures en bois de la cathédrale de San Pietro de Bologne, où elle figure à côté du Christ crucifié et de saint Jean (1170-1180)[2].

Seuls les damnés, en raison de leur avilissement inhumain et des tortures qui ont déformé leurs visages bouleversés, montrent des corps désarticulés en faisant d'épouvantables grimaces, de même que les démons, occupés par surcroît à ridiculiser, en ricanant et en leur faisant la nique, les prisonniers sans défense pour l'éternité, ou à les terroriser avec leurs mines menaçantes et furibondes. Les démons lancent ainsi des insultes en tirant la langue ou en faisant

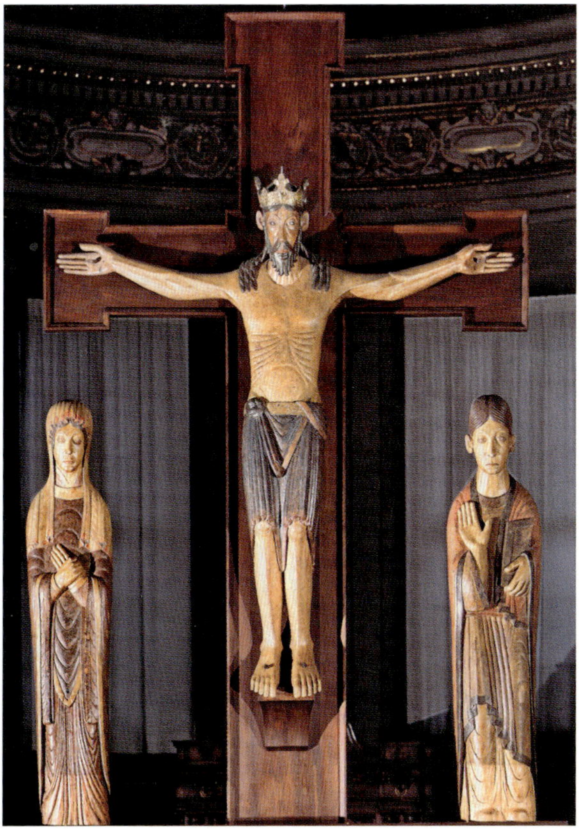

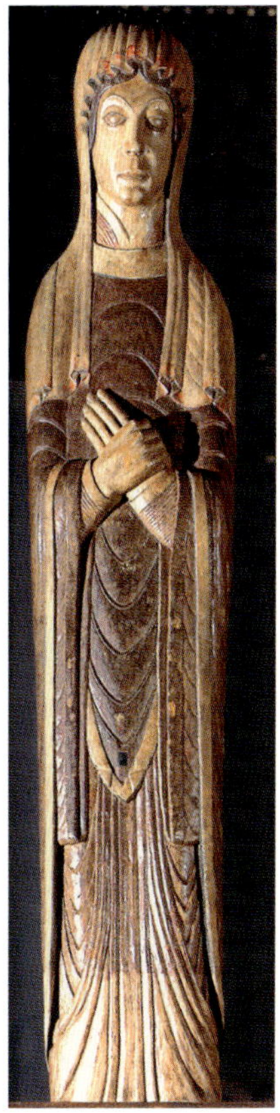

Fig. 1. *Le Christ crucifié entre Marie et saint Jean évangéliste*, groupe de sculptures en bois, 1170-1180, Bologne, San Pietro.

Fig. 2. *Marie dans le geste de la douleur*, détail de la figure précédente.

des gestes obscènes, ils coupent et embrochent avec véhémence et se permettent de multiplier leurs grimaces monstrueuses sur les articulations du corps ou sur les organes génitaux pour les rendre encore plus obscènes, avec leurs bouches grandes ouvertes et avides. Le désordre tourbillonnant envahit jusqu'à leur chevelure, qui se dresse en touffes flamboyantes.

Les exégètes du Moyen Âge font remarquer que le Christ, roi de l'univers, ne rit jamais, comme en témoignent les évangiles, mais qu'il se contenta de pleurer à voix basse la mort de Lazare, avant que les reproches de Marthe et de Marie ne le convainquent de faire le miracle retentissant qui ressuscita son ami. Face à un tel exemple, le fait de manquer de discrétion dans son maintien extérieur, même si on l'exprimait par des gestes codés, était perçu comme une démonstration de puissance et d'insolence.

Le souverain, le juge, mais aussi le pécheur orgueilleux se permettent de poser une voire deux mains sur leurs cuisses, sur leurs hanches ou sur leurs genoux, les coudes en général tournés vers l'extérieur ; et ils croisent les jambes. Dans le *Jugement dernier* (fig. 3) de la cathédrale Saint-Lazare d'Autun (XIIe siècle), le cortège

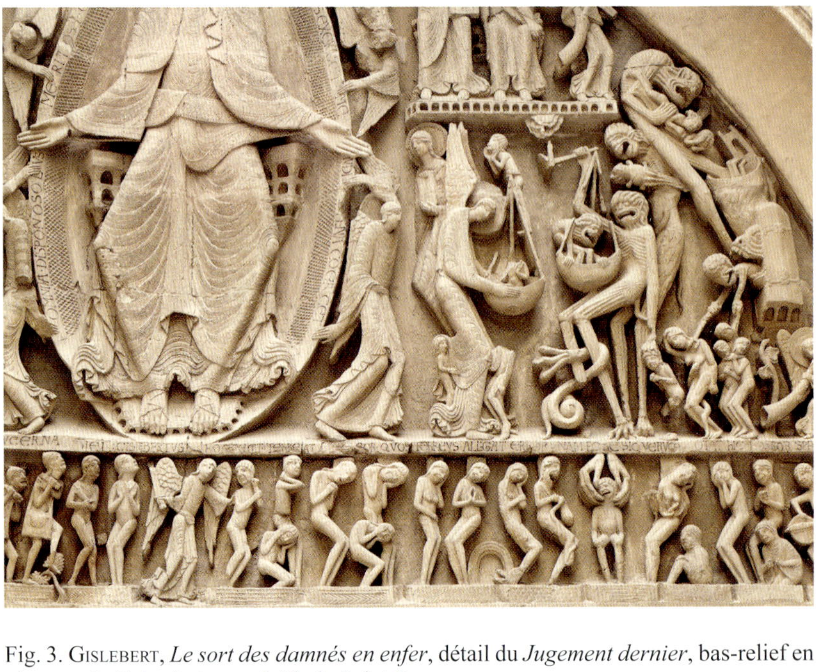

Fig. 3. GISLEBERT, *Le sort des damnés en enfer*, détail du *Jugement dernier*, bas-relief en pierre, XIIe siècle, Autun, cathédrale Saint-Lazare.

des ressuscités qui s'acheminent vers le paradis ou l'enfer sert de base aux nombreux personnages qui se pressent dans le tympan sculpté. Entre l'avare qui hurle, terrorisé, alors qu'un serpent s'en prend à sa bourse qui contient l'argent de sa perdition, et la femme luxurieuse mordue à la poitrine par le serpent, qui se repent trop tard, comme le montre le geste de douleur de sa main contre la joue, se trouve un damné saisi par deux mains gigantesques (fig. 4).

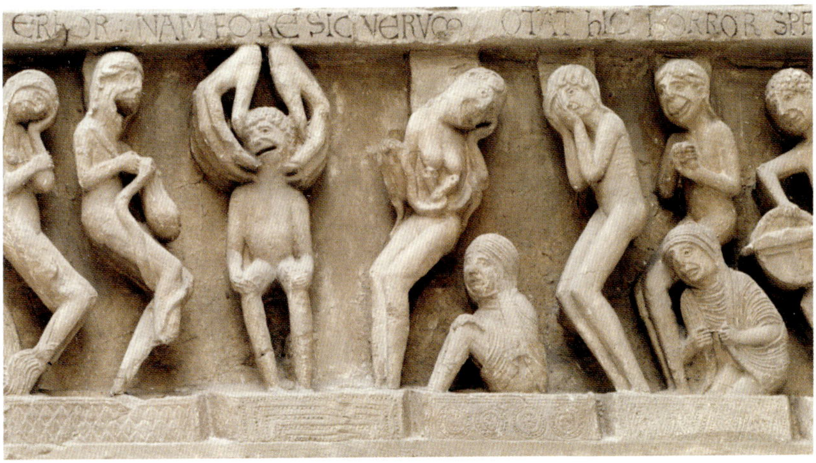

Fig. 4. Gislebert, *Le sort des damnés en enfer*, détail du *Jugement dernier*, bas-relief en pierre, XIIe siècle, Autun, cathédrale Saint-Lazare.

C'est une extraordinaire invention de Gislebert, le sculpteur d'Autun[3], que ces deux énormes mains qui sortent de nulle part et qui prennent en tenaille la tête du pécheur en l'immobilisant. Ces doigts fins et crochus, attachés à aucun corps, expriment une horreur et une angoisse si violentes qu'elles n'ont pas besoin d'instruments, de fourches ou de piques pour raconter leur histoire. Le prisonnier représente ce que l'on considère à l'époque comme le vice le plus grave, *radix vitiorum*, le péché d'orgueil, l'abus de pouvoir des puissants de la société féodale. Le spectateur médiéval l'aurait aussitôt compris en

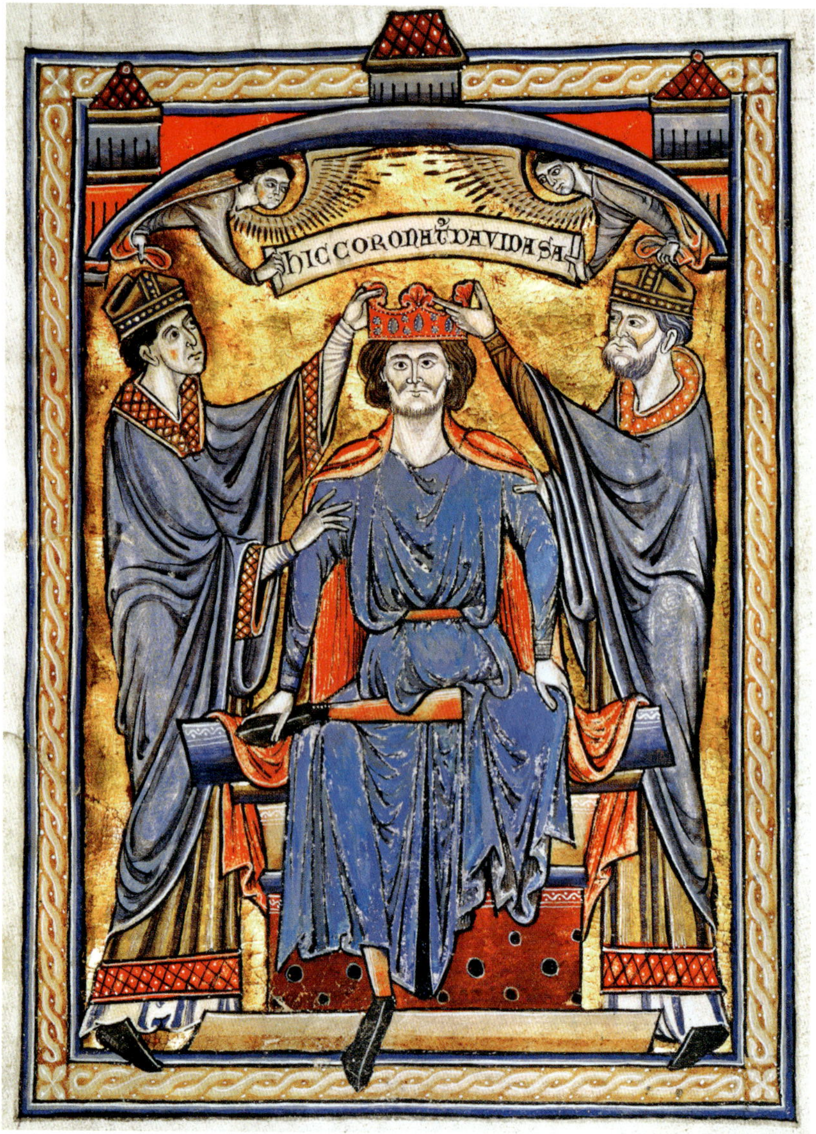

Fig. 5. *Le couronnement du roi David*, miniature, vers 1225, New York, Pierpont Morgan Library, ms. G. 25, f. 4r.

observant les mains posées sur les genoux de la victime infernale, le geste de l'arrogance de celui qui est imbu de sa personne.

Le roi, en revanche, peut légitimement montrer de cette manière son autorité. Observons par exemple la miniature d'un psautier, à savoir un recueil de psaumes, qui date de 1225 environ (fig. 5)[4]. Deux anges sont descendus du ciel et ils expliquent avec les mots du cartouche qui n'est pas entièrement déroulé la signification de la scène : « *Hic coronat*(*ur*) *David a sa*[*cerdotibus*] » (« Ici David est couronné roi par les prêtres »). Deux évêques, un jeune et un plus âgé, lui posent justement sur la tête un lourd et précieux diadème. Les deux prélats lèvent le bras gauche tout en appuyant le droit sur les épaules du souverain. En vertu de leur disposition spéculaire, ils impriment à leur geste un effet agréable de mouvement et confèrent en même temps un sentiment de profondeur à la scène. Le souverain montre qu'il est conscient de son pouvoir en levant sa jambe à angle droit ; il écarte les bras de manière triomphale et pose les mains sur son genou et sur son pied.

Les bras écartés de la même façon, mais ici le gauche tient également le sceptre, David, âgé cette fois – peu importe s'il a les cheveux blonds –, regarde fixement la jeune Abishag que ses conseillers ont choisie exprès comme servante attentionnée auprès du roi afin qu'elle lui réchauffe le corps dans son lit (fig. 6)[5].

Abishag croise les bras, qu'elle tient serrés contre sa poitrine, les paumes des mains tournées vers l'intérieur, dans le geste caractéristique de l'humilité, celui du serviteur au banquet ou de la Vierge annoncée qui se déclare disposée à accepter la volonté divine. Dans le tableau de l'*Annonciation* de Bernardo Daddi, de 1345 environ, aujourd'hui au Louvre (fig. 7 et 8)[6], la Vierge fait le geste d'une soumission volontaire à laquelle elle ne se contraint que pour démontrer son extraordinaire vertu. L'ange qui lui apporte le message est dans l'impossibilité de se montrer respectueux envers la future mère du Rédempteur : il tient dans une main le lys, symbole de chasteté et de pureté[7], et l'autre fait le geste de la main parlante, comme nous le verrons ; pour remédier à cette dissymétrie d'humiliation, on a joint au messager céleste un compagnon qui, avec ses mains croisées sur la poitrine, indique la déférence requise.

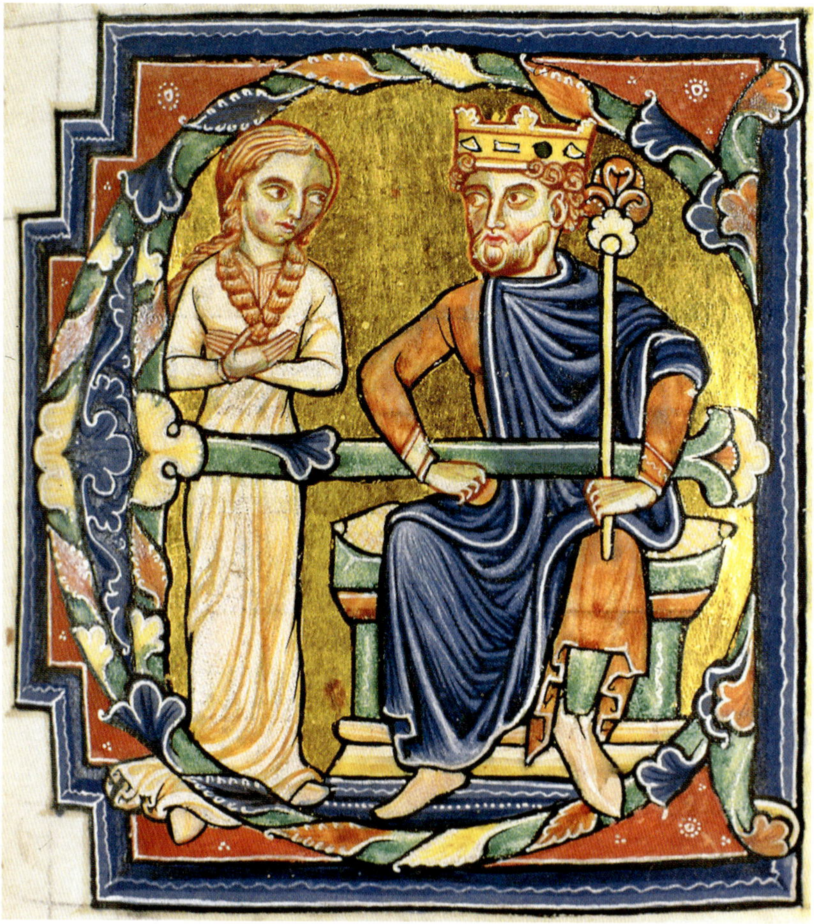

Fig. 6. *David sur le trône et Abishag*, miniature, seconde moitié du XIIe siècle, Paris, bibliothèque Sainte-Geneviève, ms. 8, f. 223r.

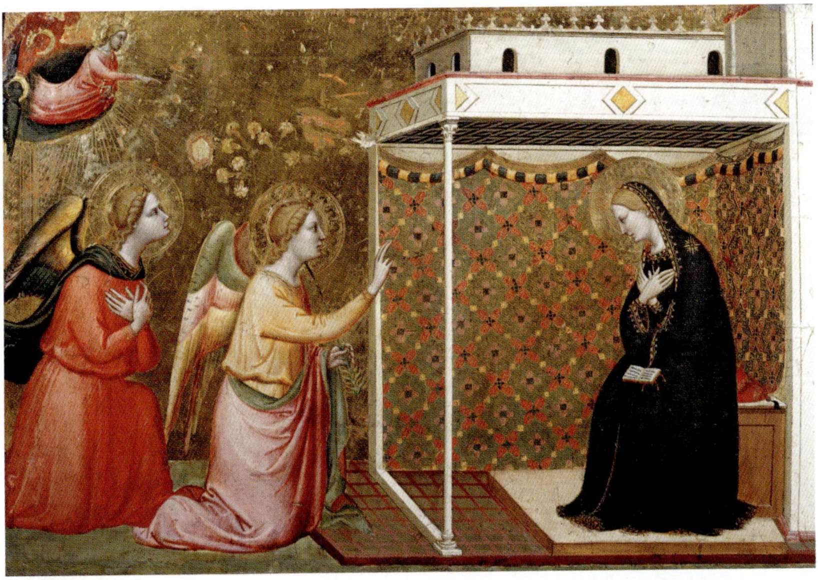

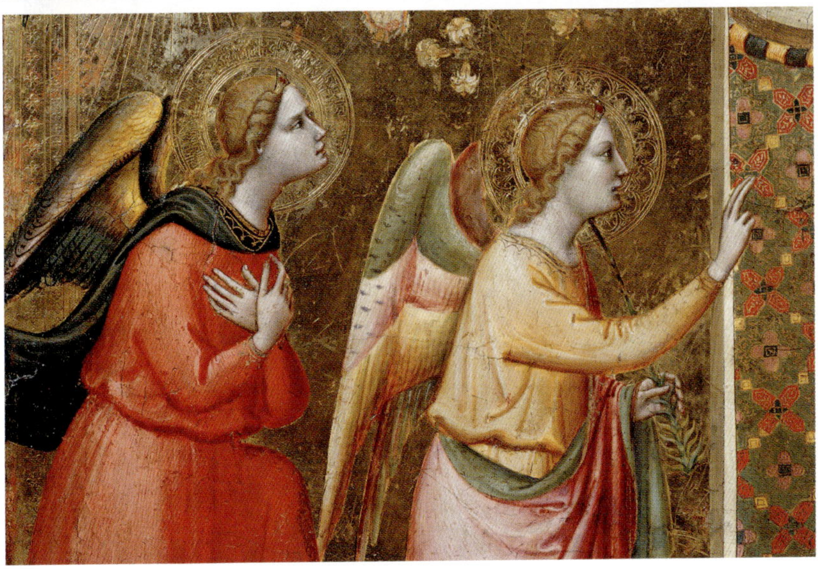

Fig. 7. Bernardo Daddi, *Annonciation*, peinture sur bois, XIVe siècle, Paris, musée du Louvre.
Fig. 8. Bernardo Daddi, *Les deux anges*, détail de la figure précédente.

De toute façon, comme on avait bien élevé Marie, qui dès l'âge de trois ans avait été offerte par ses parents au Temple d'où elle ne sortirait que pour rencontrer Joseph, elle n'avait pas oublié de monter les marches les bras croisés : c'est ainsi que Giotto l'a représentée, accueillie affectueusement par le grand prêtre, dans la chapelle des Scrovegni de Padoue, qui fut achevée entre 1304 et 1305[8] (fig. 9).

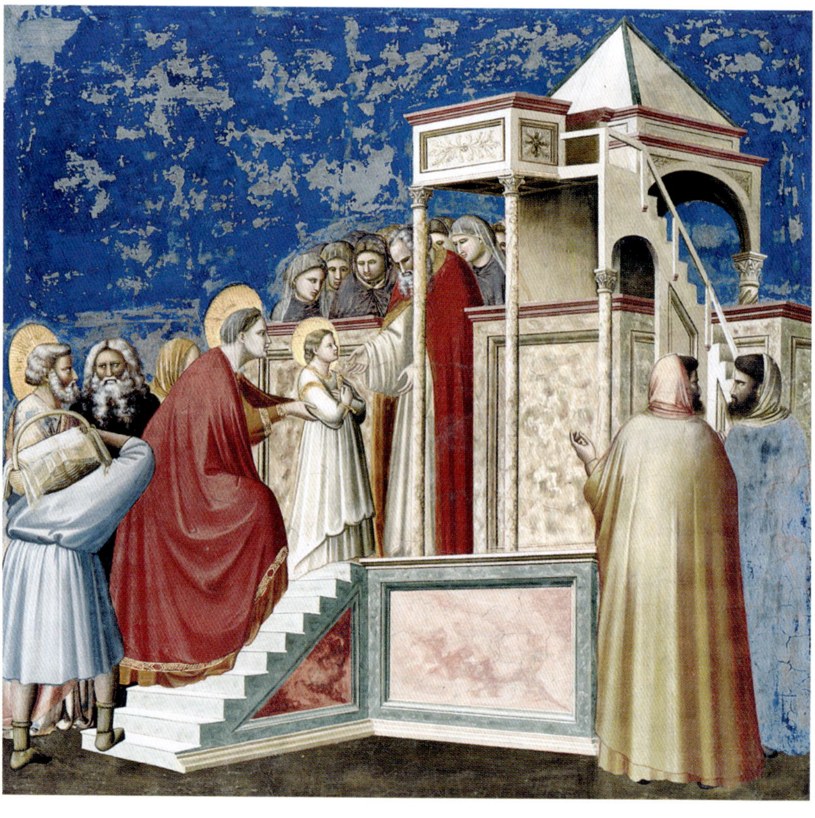

Fig. 9. GIOTTO, *Marie présentée au temple de Jérusalem*, fresque, 1304-1305. Padoue, chapelle des Scrovegni.

Dans le *Décaméron*, le médecin Maître Simon est cruellement dupé par deux peintres, Buffalmacco et Bruno, qui parviennent à le convaincre, dans la perspective d'une nuit de plaisirs à profusion, de monter sur la croupe d'un être infernal (Buffalmacco déguisé), de se montrer tout à fait respectueux envers l'accompagnateur insolite et de manifester sa soumission en croisant les bras sur sa poitrine. Buffalmacco dit en effet à Maître Simon :

> Et pour que vous soyez informé de tout, il viendra pour vous chercher une bête noire et cornue, pas très grande ; elle ira, faisant devant vous sur la place de grands sauts et soufflant très fort pour vous effrayer ; mais quand elle verra que vous ne vous épouvantez point, elle s'approchera doucement de vous. Quand elle sera tout près, vous descendrez alors sans crainte de dessus le tombeau, et sans penser à invoquer Dieu ou les saints, vous monterez sur son dos, et aussitôt que vous y serez monté, *vous vous croiserez les mains sur la poitrine*, sans plus toucher la bête[9].

Le démon se révèle de nouveau étonnamment « courtois » dans le grand cycle de 1367, peint à fresque par Bartoldo di Fredi dans l'église collégiale de San Gimignano (fig. 10 et 11)[10]. Job, le principal personnage du livre éponyme de l'Ancien Testament, est représenté au faîte de sa prospérité, en train de déjeuner avec sa femme : les époux sont coiffés d'une couronne alors que divers domestiques, hommes et femmes, attendent les ordres les bras croisés. La catastrophe imminente s'annonce en haut à gauche, où l'on voit Dieu dans une mandorle[11], entouré d'anges, permettre au démon, le corps ceint d'un serpent[12], de tenter le fidèle Job avec une série de malheurs (Jb 1, 1-12). L'index pointé – le geste du commandement –, Dieu s'adresse au convive inconscient, et, en l'occurrence, le démon a aussi croisé les bras comme un serviteur satisfait ; il indique d'ailleurs, à son tour, le pauvre Job. La répétition à l'identique d'un geste répond à une autre signification codifiée : ce qui a été déclaré ou ordonné a été accepté ou bien sera bientôt exécuté. C'est en ce sens qu'il faut aussi comprendre le geste du voyageur inconscient qui, en se retournant, indique les remparts d'Emmaüs, désormais proche, et invite son compagnon de voyage, le Christ en réalité, à un souper en commun, « car le soir approche et le jour a baissé » (Lc 24, 29)[13], et le geste identique que répète

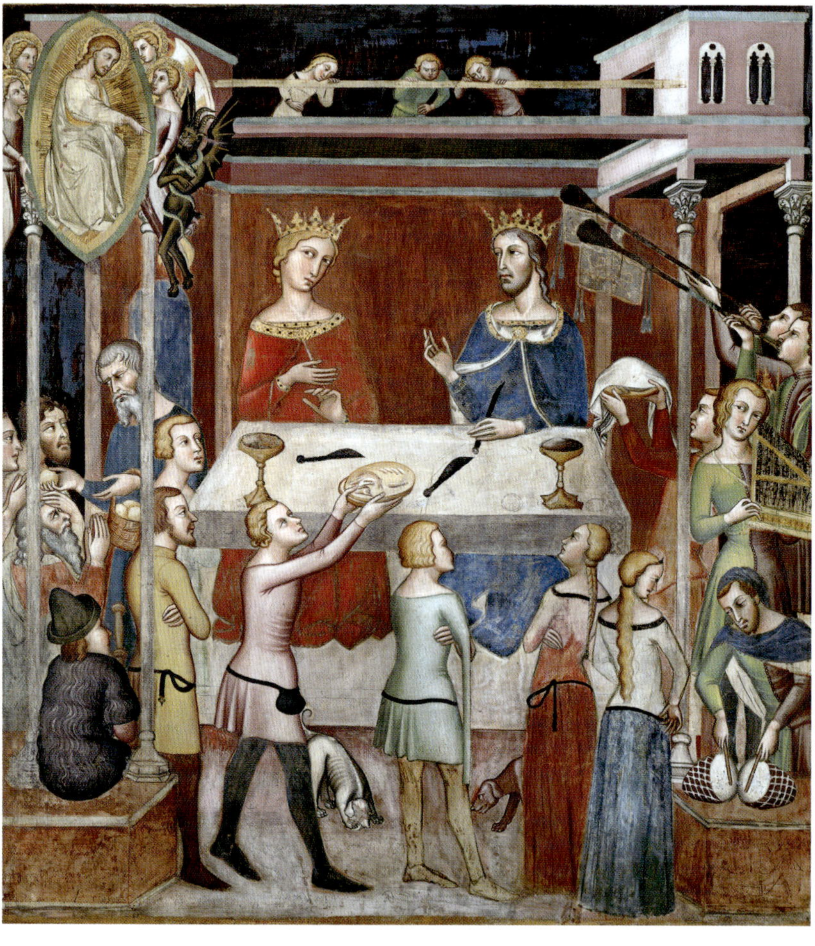

Fig. 10. Bartolo di Fredi, *Job au banquet*, fresque, 1367, San Gimignano (Sienne), église collégiale.

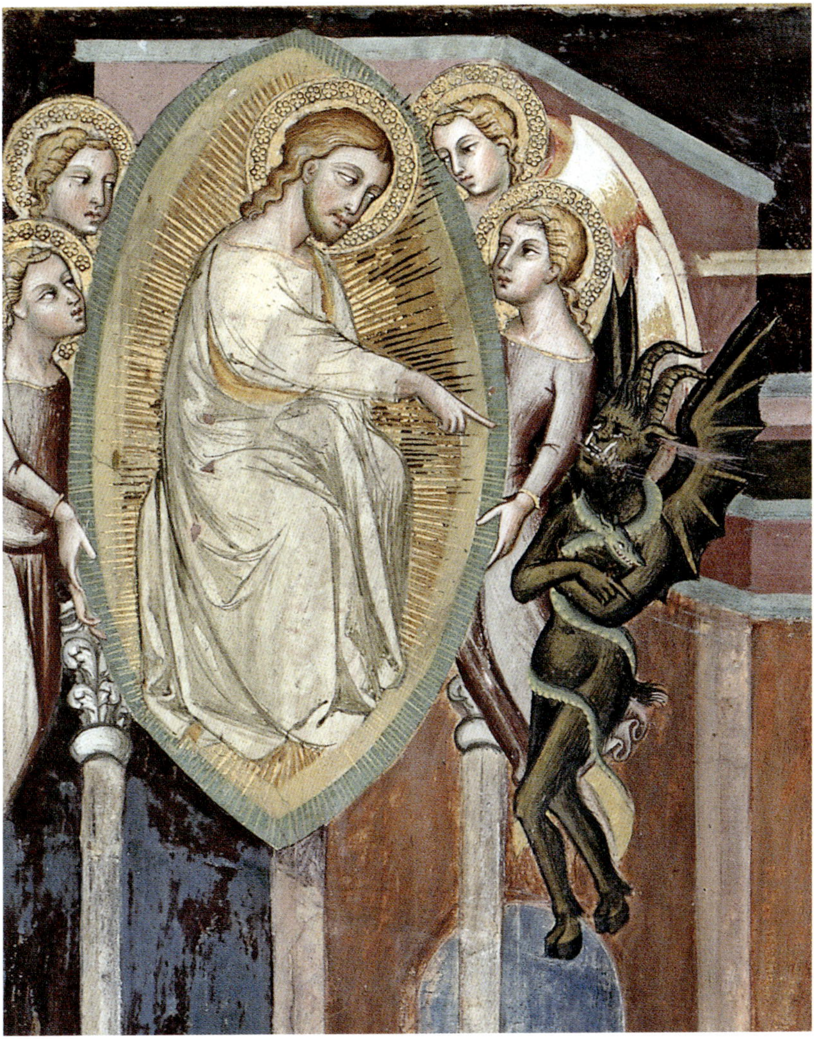

Fig. 11. Bartolo di Fredi, *Le démon demande à Dieu la permission de soumettre Job à la tentation*, fresque, détail de la figure précédente.

le pèlerin-Christ qui accepte la requête. C'est ainsi que Duccio di Buoninsegna représenta la scène sur le revers de la grande *Maestà* réalisée entre 1308 et 1311 pour la cathédrale de Sienne (fig. 12)[14].

Qu'on considère, comme dernier exemple, une miniature représentant la mission des apôtres (fig. 13), extraite d'une *Bible moralisée*[15] de la première moitié du XIIe siècle, où ne figurent que Pierre et Paul : le premier montre qu'il accepte l'ordre du Christ, la main ouverte tournée vers l'extérieur, contre sa poitrine, et le second répète le geste du Maître pour montrer son obéissance[16].

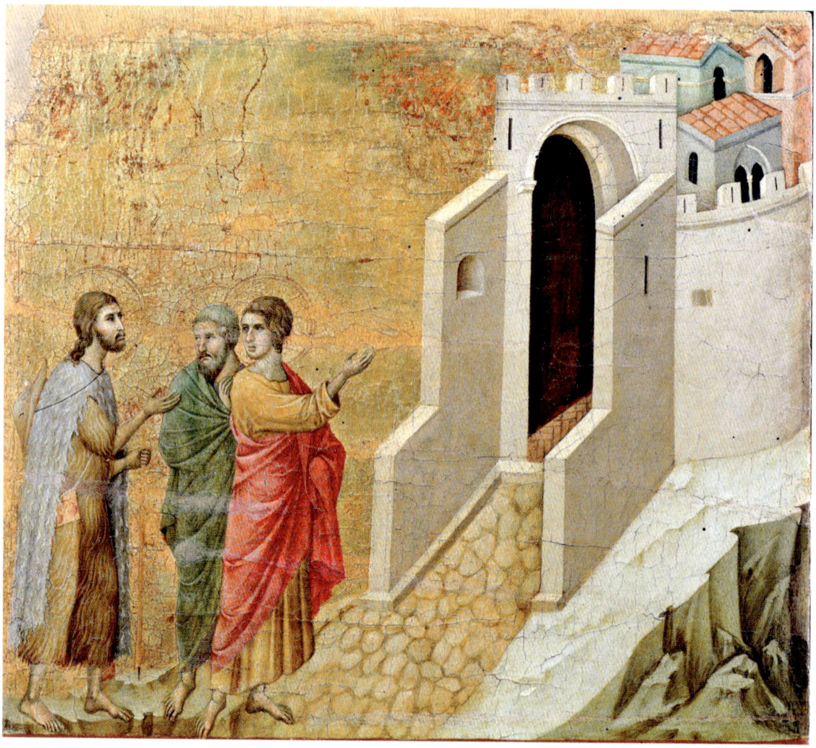

Fig. 12. Duccio di Buoninsegna, *Le Christ au bord de la route pour Emmaüs*, détail de la *Maestà*, peinture sur bois, 1308-1311, Sienne, musée de l'Œuvre de la cathédrale.

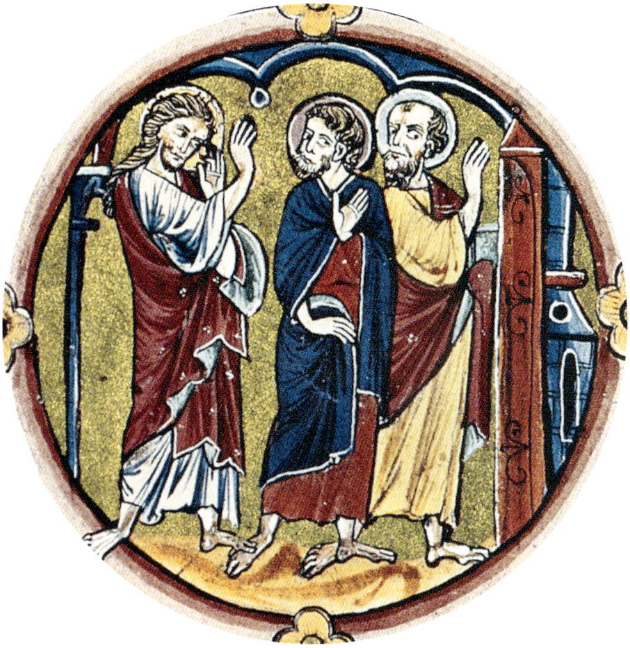

Fig. 13. *La mission des apôtres*, miniature, première moitié du XIIIe siècle, Vienne, Österreichischen Nationalbibliothek, Codex Vindobonensis 2554, f. 40v.

Mais revenons aux puissants. Sur le trône, coiffé d'une couronne, David n'oublie pas de croiser les jambes, comme le veut son rang, pour souligner son autorité, même si une forte douleur le dérange, comme en témoigne sa main appuyée contre sa joue (le geste de Marie et de Jean dans de nombreuses crucifixions) sur un chapiteau de la nef de l'église de la Madeleine de Vézelay, achevée et ornée de toutes ses sculptures en 1138 (fig. 14)[17].

Le fait d'appuyer sa main contre la joue pour exprimer une douleur intense est un geste dont la tradition iconographique remonte à l'Antiquité, comme on peut le constater sur cette stèle funéraire grecque de 350-340 av. J.-C. où l'adieu extrêmement décent entre

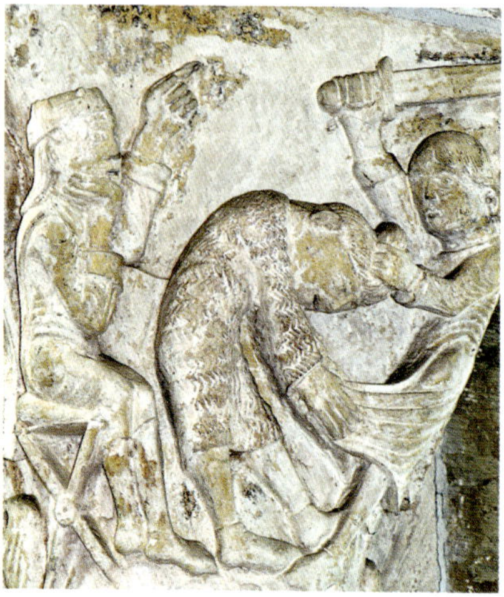

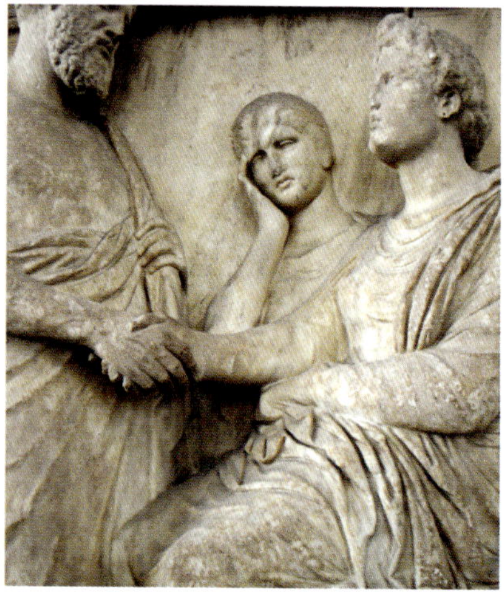

Fig. 14. *Le roi David ordonne la mort de l'Amalécite et lui communique qu'il a tué le roi Saül*, sculpture, première moitié du XIIe siècle, Vézelay, Sainte-Madeleine.

Fig. 15. *L'adieu entre les époux Thraséas et Euandria*, stèle grecque, 350-340 av. J.-C., Berlin, Pergamon Museum.

les époux Thraséas et Euandria est accompagné du témoignage beaucoup plus explicite de la douleur de leur servante ou de leur fille à l'arrière-plan (fig. 15)[18].

Sur le chapiteau de Vézelay, David fait un deuxième geste qui a un sens particulier. Le bras gauche levé – il pourrait même être plié à angle droit – et l'index pointé vers le haut révèlent la volonté d'un pouvoir qui ordonne. David souffre énormément parce que le messager, un ennemi vaincu (du peuple des Amalécites), vient de lui communiquer qu'il a tué le roi Saül, gravement blessé, celui-ci le lui ayant expressément demandé. La réaction du souverain ne se fait pas attendre et l'index pointé indique une sentence de mort. Saül n'en était pas moins « l'oint du Seigneur » : c'est pourquoi le meurtrier est considéré comme un assassin et son crime puni (2 R [2 S] 1, 2-16). La grosse épée est sur le point de s'abattre sur le cou du malheureux qui, les bras dans une position d'abandon, implore en vain la clémence en s'accrochant à l'ourlet de la tunique du bourreau[19].

Sur un autre chapiteau de cette même église (fig. 16), le Malin sort du veau d'or ; le bras levé et l'index pointé vers le haut, il voudrait donner des ordres, car son autre main, dont le pouce est replié à l'intérieur de la paume, indique le nombre quarante d'un air triomphant (dans son *De loquela per gestum digitorum*, Bède le Vénérable explique que, pour indiquer ce nombre, il faut se servir de la main gauche et : « Si tu veux dire quarante, il faut que tu places l'intérieur de ton pouce contre ton index ou par-dessus en tenant néanmoins les doigts bien droits[20] »). Quarante jours et quarante nuits ont en effet passé depuis que Moïse est monté sur la montagne pour parler avec Yahvé ; entre-temps, le peuple, qui craignait sa disparition, avait demandé et obtenu d'Aaron, le frère de Moïse, un autre dieu : une idole d'or en forme de bœuf guiderait ainsi Israël, le peuple de Dieu, vers la Terre promise. Si ce n'est que Moïse revient et nous le voyons brandir les Tables de la Loi, le trophée de la victoire, contre le diable, destiné à fuir et à être vaincu (Ex 31, 18-34, 35). Mais tout ne se passe pas aussi vite que la sculpture le résume admirablement, et le patriarche Moïse aura l'occasion de montrer sa colère au peuple batailleur, cette même colère qui l'avait poussé, encore jeune, alors qu'il vivait à la cour de Pharaon, à tuer un Égyptien parce qu'il l'avait vu frapper un Juif (Ex 2, 11-12). Tel est le sujet d'un autre chapiteau de Vézelay (fig. 17) : Moïse a attrapé son adversaire par les cheveux et il l'égorge avec un énorme couteau.

Le bras du mourant tendu vers le bas, en pronation, indique l'absence totale d'action, la défaite. C'est un geste emprunté à l'Antiquité : qu'on considère par exemple un sarcophage étrusque de la moitié du IIIe siècle av. J.-C. où figure le bel Adonis mourant (fig. 18)[21]. Ce geste s'applique à toute une gamme de situations

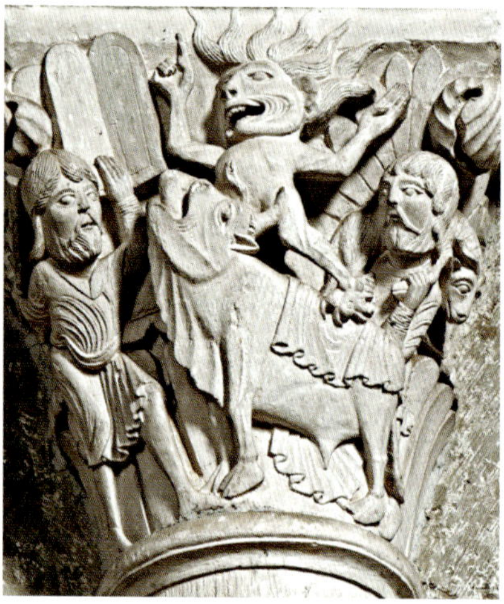

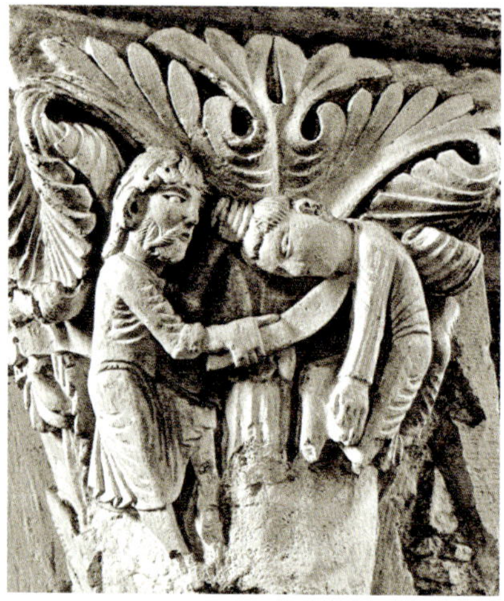

Fig. 16. *Le Malin sort en triomphant du veau d'or*, sculpture, première moitié du XIIe siècle, Vézelay, Sainte-Madeleine.
Fig. 17. *Moïse égorge un Égyptien*, sculpture, première moitié du XIIe siècle, Vézelay, Sainte-Madeleine.

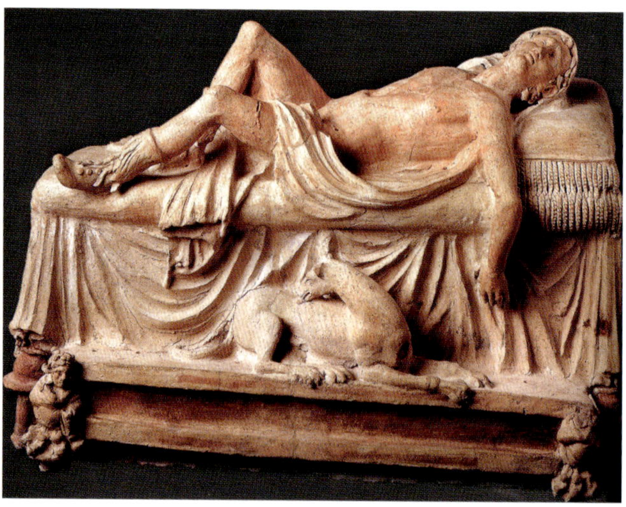

Fig. 18. *Adonis mourant*, sarcophage étrusque, terre cuite, milieu du IIIe siècle av. J.-C., Cité du Vatican, Musée grégorien.

voisines de la mort ou bien à la mort qui vient d'avoir lieu. C'est ainsi que se présente par exemple sainte Catherine de Sienne, épuisée pendant son extase mystique[22], ou le Christ quand on le détache de la croix[23], ou encore, à partir du XIIIe siècle, la Vierge évanouie[24], accablée par la douleur, au pied de la croix, après avoir retiré son voile pour couvrir la nudité du Fils (lequel, comme dans la *Crucifixion* de Giotto de la chapelle des Scrovegni, ne porte en effet qu'un très léger pagne ; fig. 19)[25].

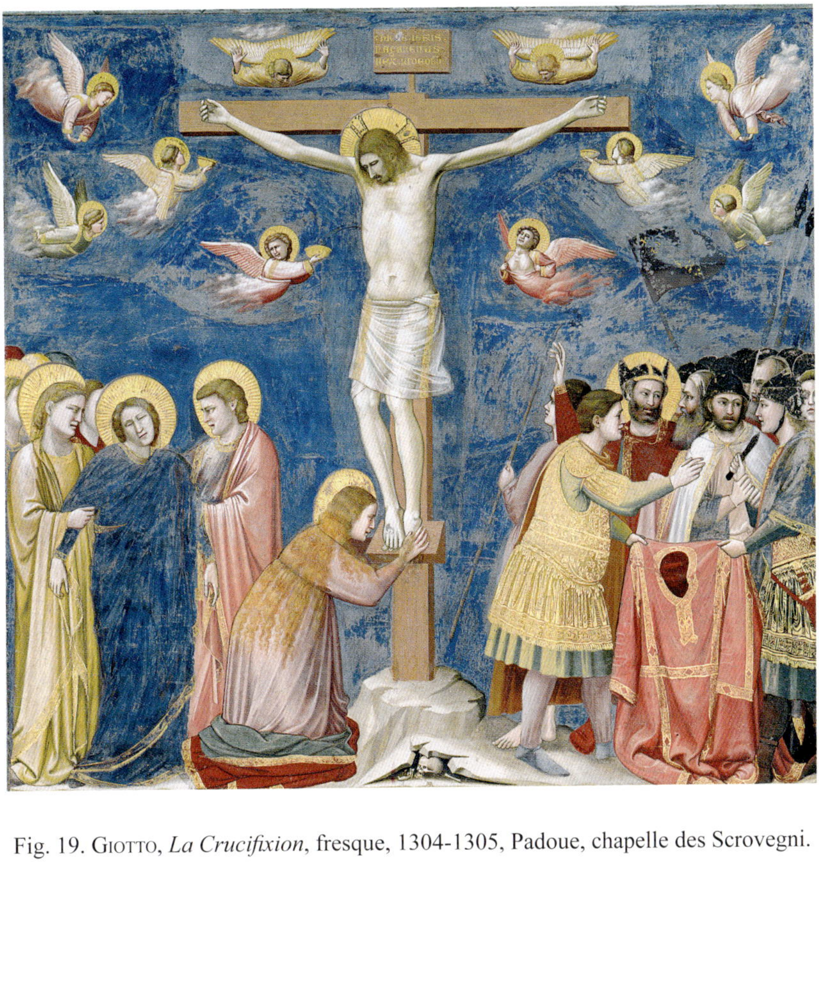

Fig. 19. GIOTTO, *La Crucifixion*, fresque, 1304-1305, Padoue, chapelle des Scrovegni.

Les bras en position d'abandon, les mains inertes et pendantes, expriment une condition non seulement physique, mais psychologique, qui indique l'impuissance, l'incapacité à réagir, associée au découragement : c'est ainsi que se tient le pauvre Ismaël qui s'est vu chassé avec sa mère Agar par Abraham – encouragé par son épouse Sarah, stérile et jalouse de l'esclave qui a donné un fils à son mari[26] (fig. 20).

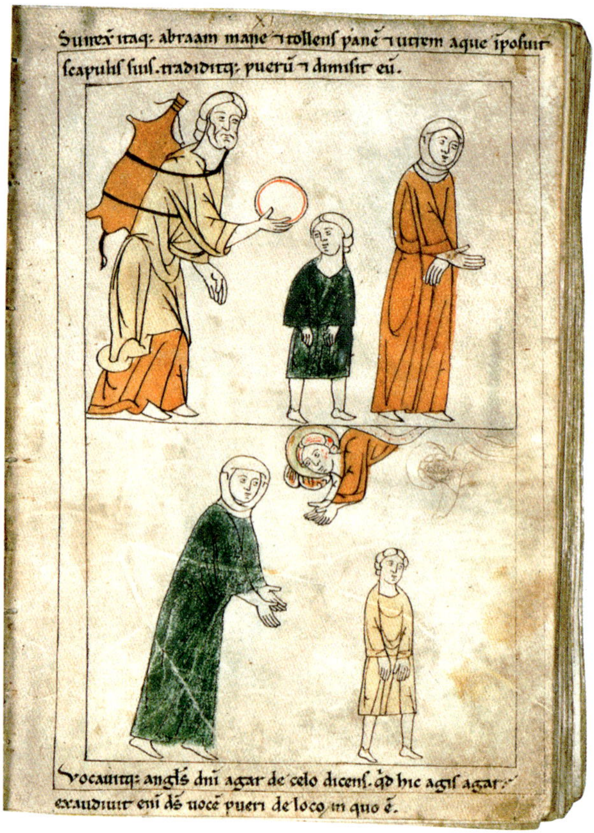

Fig. 20. *Ismaël chassé avec sa mère Agar par Abraham*, miniature, 1197, Amiens, Bibliothèque municipale, ms 108, f. 11r.

La situation va néanmoins changer, un ange étant descendu du ciel pour annoncer à Agar que la plainte d'Ismaël a été reçue par Dieu ; mais l'enfant, qui tourne le dos à sa mère, ne s'est pas rendu compte de l'apparition et il exprime efficacement le désarroi d'un fils condamné par son père à mourir de faim et de soif dans le désert. Attention, toutefois : si le bras ne tombe pas, comme attiré par la force de gravitation, mais se lève légèrement en indiquant un angle faible, quoique la main demeure sans vie et orientée vers le bas, l'interprétation du geste doit être différente. Il s'agit en effet d'un mouvement qui, tout en conservant sa valeur négative, prend une signification active, de refus, d'interdiction ou d'opposition.

Qu'on observe par exemple trois miniatures de la *Bible moralisée* que l'on a déjà évoquée : sur la première[27] (fig. 21), Moïse interdit aux Juifs de manger de la viande de loup, de lion ou de cochon (Lv 11, 4-8), « ne nule beste qui ne runge » (« ni aucune bête qui rumine seulement »). Le geste du patriarche est ponctuellement répété par les auditeurs qui montrent de la sorte leur refus de se nourrir de ces animaux.

Dans la seconde miniature (fig. 22), les méchants fidèles prétendent ne pas pouvoir comprendre l'excessive finesse de la religion chrétienne commentée par les bons prélats qui s'efforcent d'éduquer et d'instruire, comme l'explique la légende : « Li pueples les refusent, et dient qe il ne puent entendre la subtilitei de la divinitei iesucrist » (« le peuple les refuse et dit ne pouvoir comprendre les subtilités sur la divinité de Jésus-Christ »)[28].

Enfin, dans la troisième miniature (fig. 23), le geste de refus a une valeur symbolique. L'évêque, l'excellent et obligeant évêque, protège[29] sous sa chape les âmes des fidèles. Comme le dit la légende qui commente la miniature, si Moïse avait frappé la mer Rouge et divisé les eaux sur l'ordre de Dieu, l'évêque, nouveau Moïse, frappe « la mer du monde » sur l'ordre du Christ, qui le lui montre sous la forme d'un cercle bleu flottant dans lequel se trouvent deux

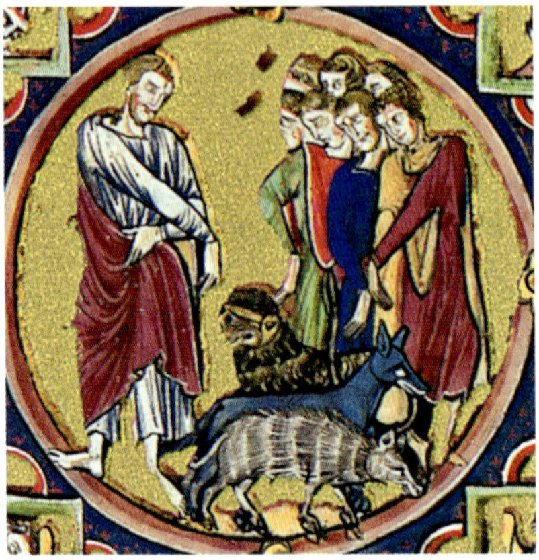
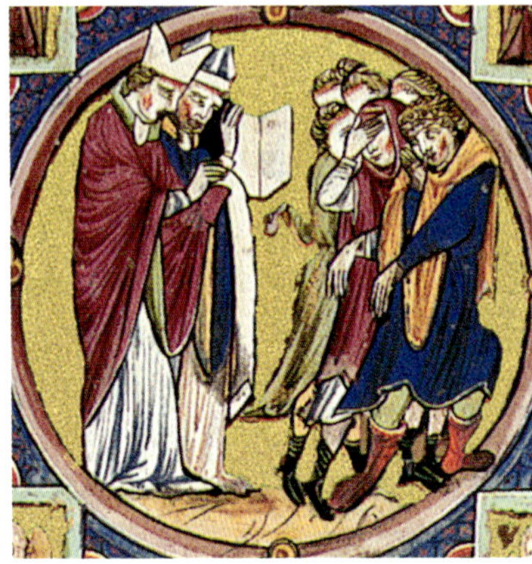
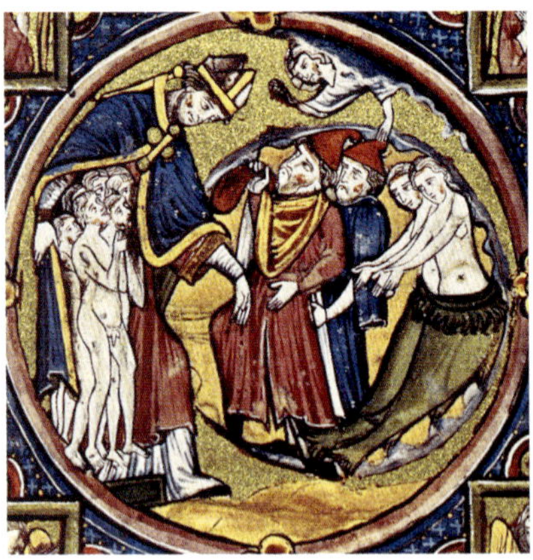
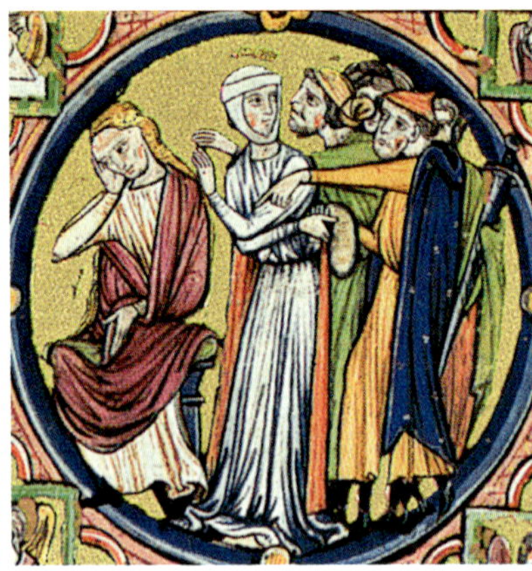

Fig. 21. *Moïse interdit aux Juifs de manger de la viande de loup, de lion ou de cochon*, miniature, première moitié du XIIIe siècle, Vienne, Österreichischen Nationalbibliothek, Codex Vindobonensis 2554, f. 28v.

Fig. 22. *Le peuple refuse les bons prélats qui essaient d'instruire sur la divinité de Jésus Christ*, miniature, première moitié du XIIIe siècle, Vienne, Österreichischen Nationalbibliothek, Codex Vindobonensis 2554, f. 26v.

Fig. 23. *L'évêque protège sous sa chape les âmes des fidèles contre la tentation de l'Avarice et de la Luxure*, miniature, première moitié du XIIIe siècle, Vienne, Österreichischen Nationalbibliothek, Codex Vindobonensis 2554, f. 21v.

Fig. 24. *Dalila reçoit le prix de la trahison de Samson*, miniature, première moitié du XIIIe siècle, Vienne, Österreichischen Nationalbibliothek, Codex Vindobonensis 2554, f. 63r.

marchands pourvus d'une bourse (l'Avarice, le pouvoir corrupteur de l'argent) et deux sirènes tendrement engageantes (la Luxure)[30]. Bon pasteur, il repousse, par le fait de refuser, les tentations qui menacent son troupeau comme des pièges dangereux.

Le fait de croiser les bras devant soi tout en gesticulant activement avec les mains a encore une signification négative : c'est une manière de manifester un comportement contradictoire, un conflit intérieur, une attitude mensongère ou une trahison en cours.

Par exemple, comme le raconte le livre des Juges (Jg 16, 5), la perfide Dalila montre de la main gauche Samson, qu'elle a trahi, à ses ennemis, tout en recevant la bourse remplie d'argent avec la droite (fig. 24)[31]. Elle consent par avidité à ce que lui ordonne l'homme à l'index pointé au premier plan, qui lui enjoint de lui livrer Samson, dont la force extraordinaire tenait au secret de sa très longue chevelure. Le héros biblique est assis, une main contre la joue, présage de son avenir douloureux (Dalila lui coupera les cheveux, et Samson, considérablement affaibli, sera aveuglé et emprisonné). L'inscription nous dit : « Ici vient la fame et tahist son segnor et le vent a ses anemis et emprent deniers » (« Ici vient la femme et elle trahit son seigneur ; elle le vend à ses ennemis en recevant l'argent »)[32]. Dans l'*Andria* de Térence (190/185-159 av. J.-C.), le serviteur Davos, personnage emblématique du menteur astucieux, est représenté sur un manuscrit de 1150[33] (fig. 25) en train d'écouter les propos de son maître (main parlante), le vieux Simon ; Davos *parle* au fils de Simon (main parlante), l'amoureux Pamphile, et *fait semblant* (bras croisés) de lui transmettre *les ordres* reçus de son père (main qui ordonne), mais de toute évidence sans les observer. Pamphile, que son père veut contraindre à un mariage qui ne lui plaît pas du tout, lève le bras droit en l'appuyant contre sa poitrine pour exprimer sa déception. Le manuscrit de Térence est particulièrement instructif parce que l'enlumineur médiéval a conservé les masques de l'Antiquité classique sur les visages des comédiens et confié aux mains et aux bras le rôle de donner vie aux sentiments.

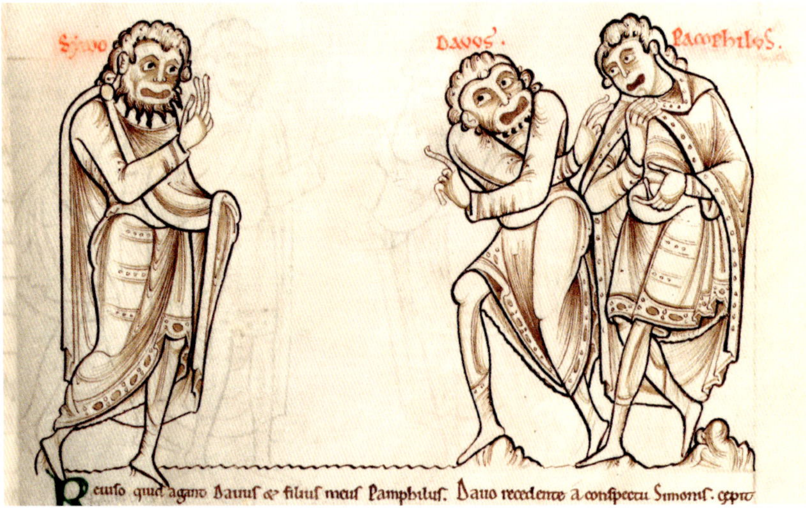

Fig. 25. *Davos fait semblant de transmettre les ordres reçus de son maître Simon au fils de celui-ci*, Pamphile, miniature, 1150, Oxford, Bodleian Library, ms auct. F2, 13, f. 16r.

Fig. 26. *Le prisonnier dace*, sculpture, IIe siècle ap. J.-C., Naples, Musée archéologique national.

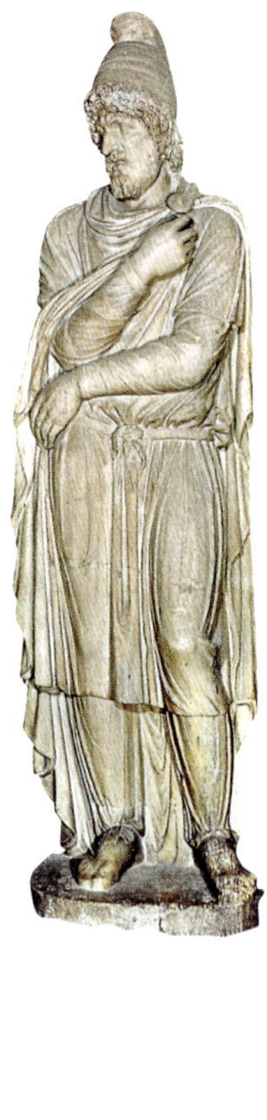

Le geste d'impuissance et de découragement de Pamphile répète celui du prisonnier dace (fig. 26), qui date du IIe siècle ap. J.-C.[34], et celui de la *Vierge annoncée* de Simone Martini, réalisée vers 1340 et conservée à Anvers[35] (fig. 27 et 28) : grâce à une étude attentive d'introspection psychologique, le peintre a fait prévaloir, comme réaction immédiate, l'effroi contrarié de Marie quand elle entend les mots de l'archange Gabriel, qui s'était pourtant approché d'elle les bras croisés dans le geste de la soumission.

Sur un manuscrit du *Digestum vetus* de Justinien, qui date de 1300 environ[36], l'hérétique, auquel on a attribué une laideur caricaturale, est également

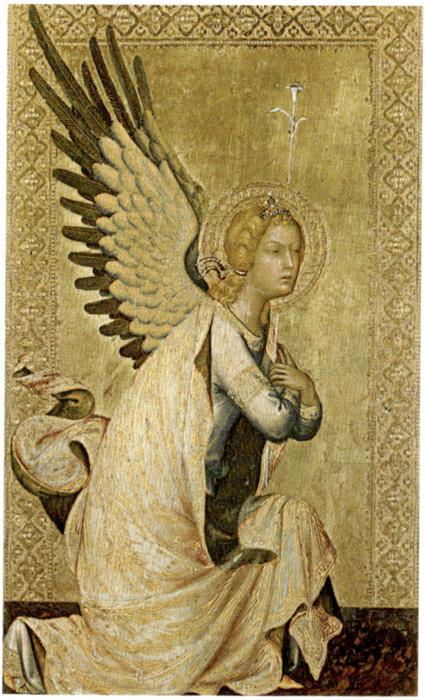

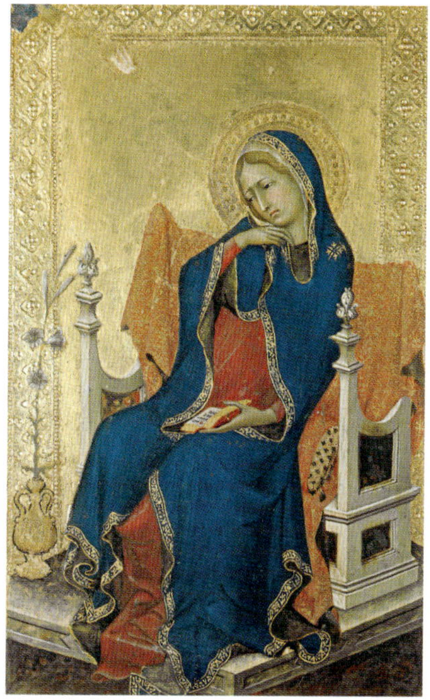

Fig. 27 et 28. Simone Martini, *L'archange Gabriel et la Vierge annoncée*, peinture sur bois, vers 1340, Anvers, Koninklijk Museum voor Schone Kunste.

représenté les bras croisés (fig. 29) puisqu'il se trouve à l'évidence complètement en désaccord avec l'opinion des deux religieux qui ont examiné et condamné ses ouvrages et qui à présent demandent péremptoirement au roi de faire exécuter la condamnation. Le roi accepte la requête (l'index pointé des religieux et du souverain compose le geste du commandement). L'hérétique, auteur des textes incriminés, extrait les manuscrits d'un large pli de son vêtement et les jette l'un après l'autre dans les flammes.

Dans le domaine de l'affectivité aussi, les rapports s'expriment souvent en fonction de celui qui commande et de celui qui subit. Si le fait de poser une main sur la poitrine d'un homme signifie qu'on le fait prisonnier, une main posée sur la poitrine d'une femme indique

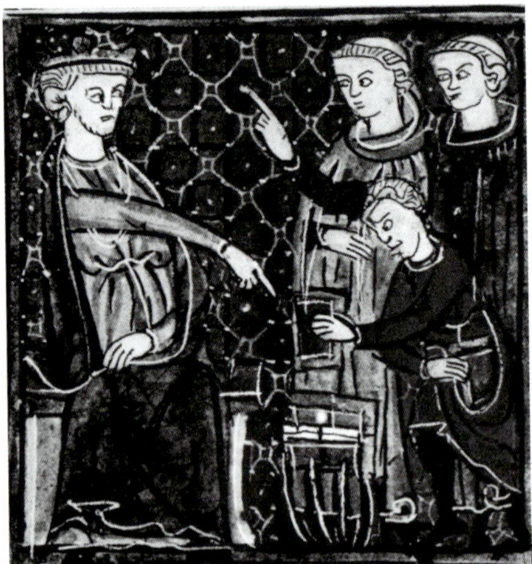

Fig. 29. *Un hérétique, dénoncé par deux clercs, est contraint par le souverain à jeter les livres incriminés aux flammes*, miniature, 1300 environ, Reims, Bibliothèque municipale, ms 811, f. 5r.

Fig. 30. *Bertrand du Guesclin fait prisonnier par John Chandos à la bataille d'Auray*, miniature, début du XVe siècle, Besançon, Bibliothèque municipale, ms 864, f. 250v.

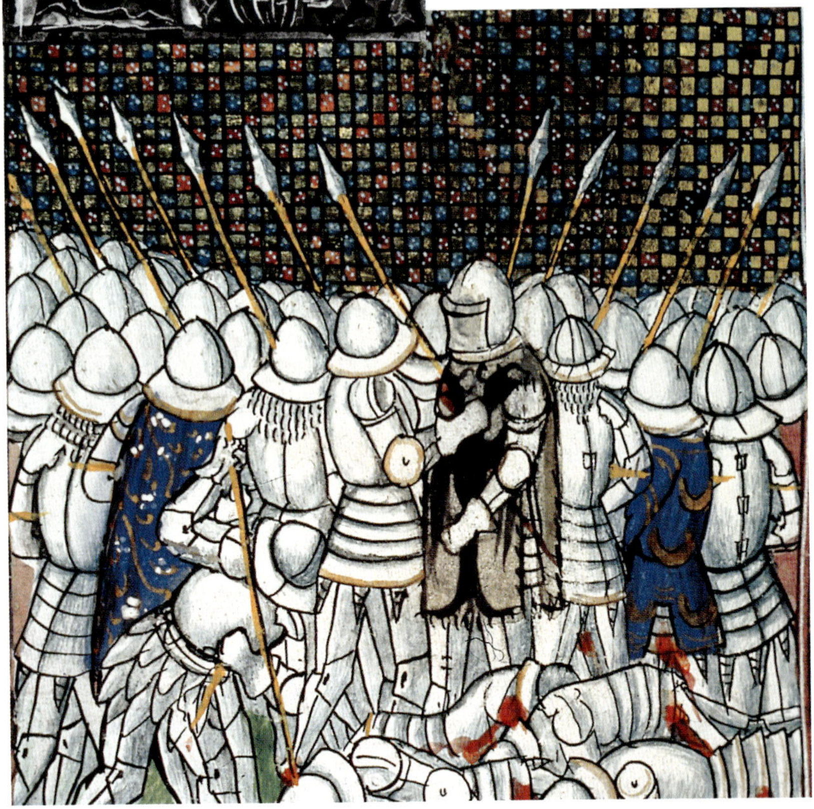

le pouvoir que détient le mari sur son épouse. Qu'on considère, en séquence rapide, Bertrand du Guesclin, que John Chandos a fait prisonnier à la bataille d'Auray le 29 septembre 1364 pendant la guerre de Cent Ans qui opposa la France à l'Angleterre (fig. 30)[37] ; un couple lors d'une cérémonie nuptiale dans une miniature du *Decretum Gratiani* de la seconde moitié du XIIe siècle[38] ; un autre couple allongé dans un lit, dans une mosaïque de Saint-Marc à Venise de la moitié du XIIIe siècle (fig. 31), qui illustre de manière très délicate l'inscription figurant au-dessus : « *Cresite* (*sic*) *et*

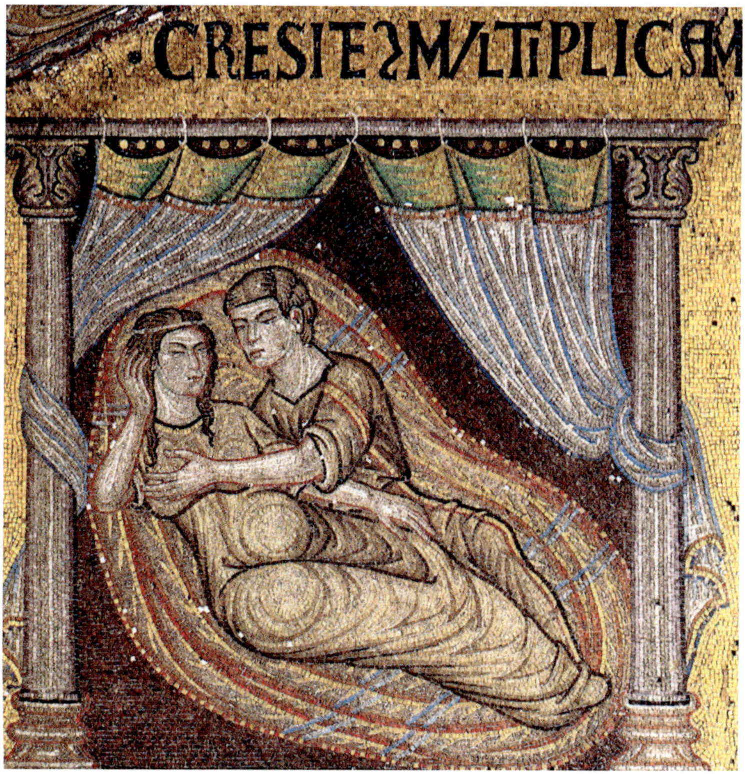

Fig. 31. *Couple allongé au lit*, mosaïque, moitié du XIIIe siècle, Venise, Saint-Marc, atrium, lunette au-dessus de la porte de Saint-Clément.

multiplicamini »[39] ; et enfin, pour prouver que ce geste a survécu bien après le Moyen Âge, les effusions maritales d'Isaac envers Rébecca du célèbre tableau de Rembrandt plus connu sous le nom de *La Fiancée juive*, réalisé entre 1662 et 1666 (fig. 32)[40].

Dans une miniature d'une *Bible moralisée* française de 1235-1245[41] (fig. 33), Sichem, au lit, viole Dinah, la fille de Léa et de Jacob (la victime lève et écarte les bras « en chandelier », le geste caractéristique du désespoir de Madeleine dans *La Déposition de croix*[42]). Ensuite Sichem – le couple est désormais vêtu – ne tient qu'un seul poignet de la femme (qui répète le même geste des bras en chandelier), mais il pose sa main droite sur son ventre d'une manière très explicite pour indiquer ses intentions. De fait, après le viol, comme nous l'apprend la Bible (Gn 34, 2-12), le violeur demande à Jacob la permission d'épouser sa victime.

Le geste de Milon, qui glisse sa main dans l'habit de Berthe à la hauteur du pubis (fig. 34), est moins dramatique, mais tout aussi explicite, dans l'une des deux frises de la *Torre del trabucco* (« tour du trébuchet ») de la cathédrale de Fidenza, qui date du XIIe siècle : ce bas-relief est censé montrer la conception du futur

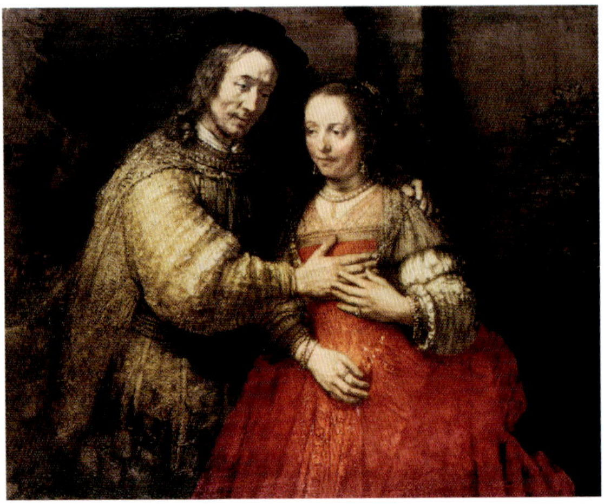

Fig. 32. REMBRANDT VAN RIJN, *La Fiancée juive*, huile sur toile, 1666 environ, Amsterdam, Rijksmuseum.

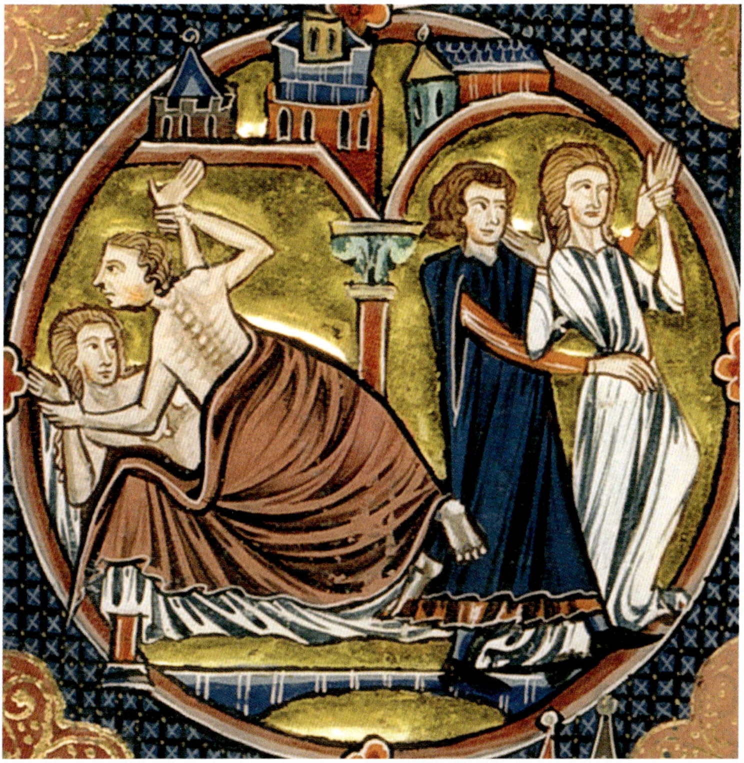

Fig. 33. *Sichem viole Dinah, fille de Léa et de Jacob*, miniature, 1235-1245, Oxford, Bodleian Library, ms 270b, f. 21v.

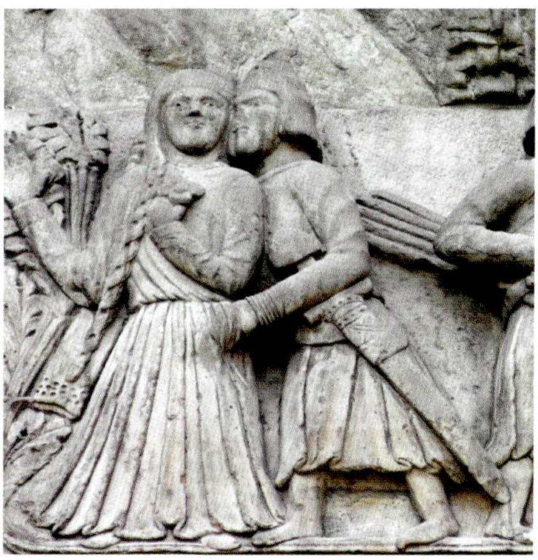

Fig. 34. *Milon et Berthe conçoivent le futur héros Roland*, sculpture, XIIe siècle, Fidenza, cathédrale.

héros Roland[43]. Comme le précise en effet *La geste Francor*, la source des sculptures de ce type, « Li amor tanto oit ovré Que ambidos oit fraito castité » (« L'amour a tellement œuvré qu'ils ont tous deux enfreint la chasteté »)[44].

L'attirance coupable qu'éprouve Hérode pour sa belle-fille Salomé, au terme de la danse qui décrétera la mort de Jean-Baptiste[45], s'exprime apparemment par une caresse innocente, sur un chapiteau des collaborateurs de Gislebert provenant du cloître de la cathédrale Saint-Étienne de Toulouse, réalisé entre 1125 et 1135 (fig. 35)[46].

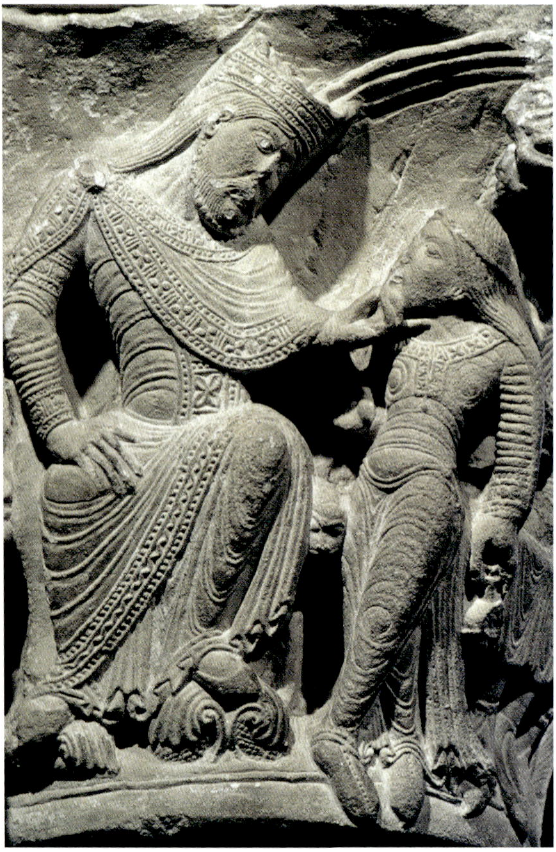

Fig. 35.
Collaborateurs de Gislebert, *Hérode attiré par sa belle-fille Salomé*, sculpture, XIIe siècle, Toulouse, musée des Augustins.

Hérode tient le menton de la jeune fille – le geste de l'affection, de l'amour maternel de Marie pour Jésus qui vient de naître[47], ou de l'amour charitable de la reine Radegonde pour un malade[48], ou de l'affection réciproque des amants[49] –, mais il appuie en même temps son autre main sur son genou, le coude tendu vers l'extérieur, un acte qui dénote pouvoir et autorité. D'autre part, Hérode est beaucoup plus grand que Salomé, qui semble en proportion minuscule et sans défense à un niveau inférieur par rapport au trône d'Hérode, les bras en arrière et presque dans une position d'abandon. Le beau-père pourrait franchir la ligne subtile de la tentation et la transformer en une prétention menaçante à l'assouvissement de ses désirs[50].

Saisir le poignet d'autrui signifie bien entendu exercer un pouvoir : il peut s'agir d'un geste coercitif au sens négatif, comme celui du sbire qui attrape un enfant dans le *Massacre des Innocents*[51], de Judas ou des sbires qui immobilisent le Christ au moment de la *Trahison* ou de la *Flagellation*[52] (fig. 36), ou bien coercitif au sens libératoire, comme celui de l'ange qui conduit saint Pierre hors de prison[53] ou du Christ qui, après être descendu aux enfers, tire vers soi le vieil Adam, suivi d'Ève et de tous les trépassés dans

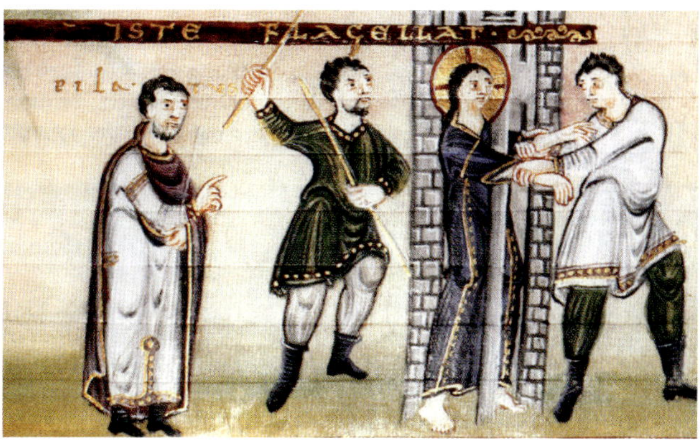

Fig. 36. *La flagellation du Christ*, miniature, 977-993, Trèves, Stadtbibliothek, ms 24, f. 80v.

l'attente du Salut, dans une des scènes de la *Maestà* de Duccio di Buoninsegna que nous avons déjà citée (fig. 37)[54].

Dans ce dernier cas, Duccio a manifestement repris le schéma de la *restitutio* romaine[55] représentée sur tant de pièces de monnaie, où l'empereur en place soulève une figure allégorique en signe de rétablissement de l'ordre et de la liberté ou de terres conquises[56] ; par exemple, sur une pièce romaine antique, un sesterce du IIe siècle ap. J.-C. (fig. 38), l'empereur Hadrien fait se relever une jeune fille

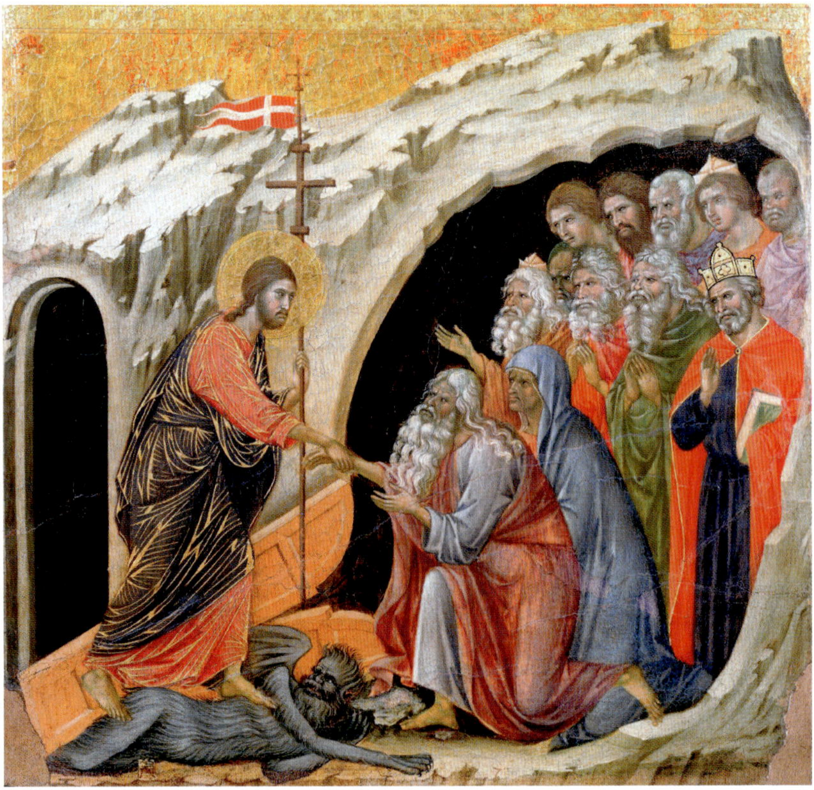

Fig. 37. Duccio di Buoninsegna, *La descente aux enfers*, détail de la *Maestà*, peinture sur bois, 1308-1311, Sienne, musée de l'Œuvre de la cathédrale.

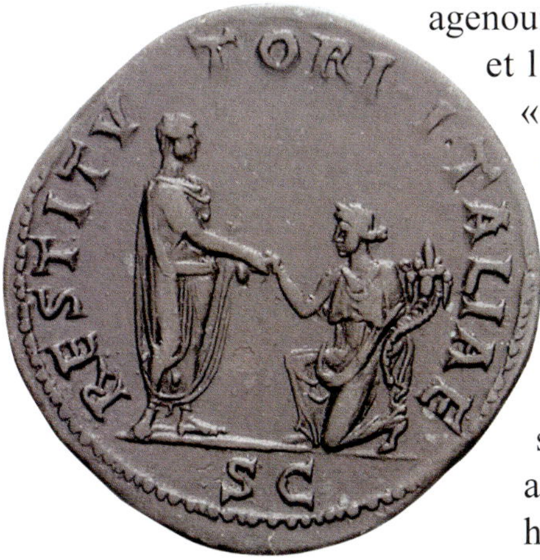

Fig. 38. *Adrien « restitutori Italiae »*, sesterce, IIe siècle ap. J.-C.

agenouillée en la prenant par le poignet, et l'on peut lire sur l'inscription : « *Restitutori Italiae* » (« À celui qui a restitué l'Italie »)[57].

Lors de la Création, c'est Dieu qui serre le poignet d'Ève en l'extrayant du corps d'Adam endormi pour lui donner la vie. Dans la cathédrale de Modène, le sculpteur Wiligelmo a représenté, au début du XIIe siècle, le premier homme les yeux fermés, un bras replié soutenant sa tête – le geste caractéristique du sommeil –, tandis que sa compagne, parfaitement asexuée car encore innocente, se tourne paresseusement vers le Créateur (fig. 39). Dans la scène suivante, celle du Péché originel,

Fig. 39. WILIGELMO, *La création d'Ève*, détail de la *Frise de la Genèse*, sculpture, XIIe siècle, Modène, cathédrale.

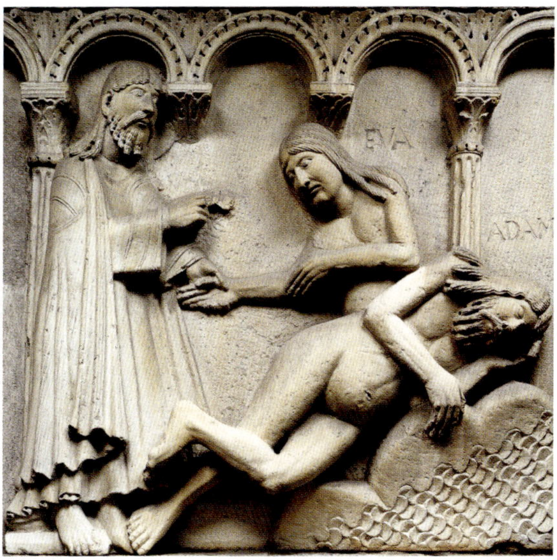

Ève a en revanche une poitrine bien prononcée (fig. 40) : ce n'est qu'après avoir mangé le fruit défendu que les premiers hommes découvrirent le sexe et eurent honte d'être nus[58].

Parfois Adam, après avoir mordu pour la première fois dans la pomme, porte la main à sa gorge parce qu'il comprend l'énormité de sa transgression. De là, à en croire la légende, la marque définitive de la « pomme d'Adam ». « Afin que l'homme sût que toutes les lignées devaient être coupables de ce péché, [Dieu] laissa le nœud qui saillit dans la gorge », lit-on dans le *Livre de Sydrac*[59] ; et, plus

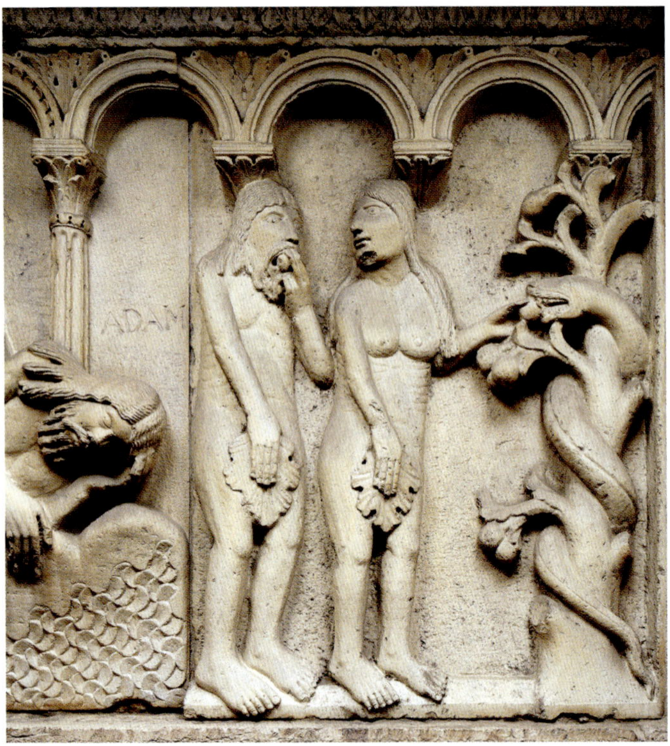

Fig. 40. Wiligelmo, *Le péché d'Adam et Ève*, détail de la *Frise de la Genèse*, sculpture, xiie siècle, Modène, cathédrale.

explicitement, dans les *Fioretti della Bibbia* (« Florilège de la Bible ») : « Et quand Adam mangea la pomme, il se trouva qu'elle lui parut bonne, mais il se souvint de l'ordre que Dieu lui avait donné, il porta alors la main à sa gorge, restreignit son envie et se repentit ; c'est pourquoi l'on dit que les hommes ont un nœud à la gorge et non pas les femmes[60]. »

Sur le pendentif d'un arc de la quatrième travée du côté nord du cloître de Saint-Paul-hors-les-Murs, à Rome, le sculpteur de l'atelier des Vassalletto (vers 1208/1210-1230/1235)[61] a condensé divers moments de l'histoire d'Adam et Ève (fig. 41)[62]. Le péché a

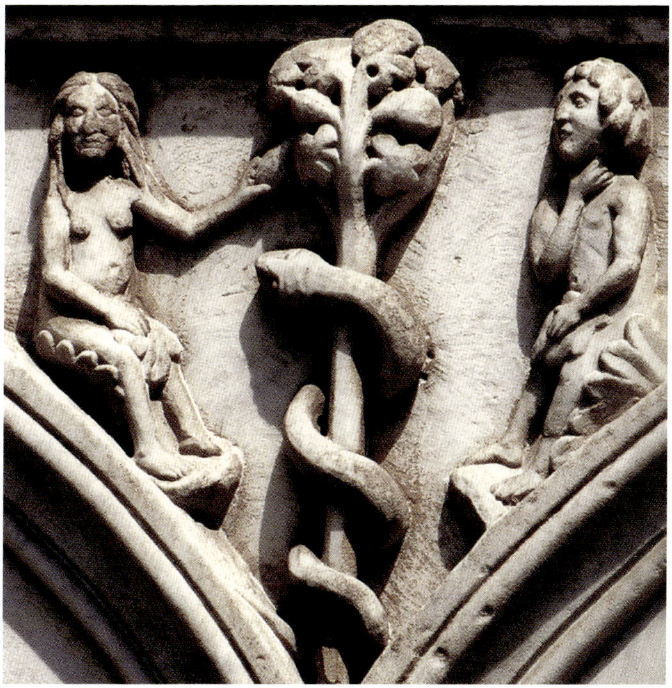

Fig. 41. Sculpteur de l'atelier des Vassalletto, *Le péché originel. Adam a du mal à avaler la pomme*, sculpture, vers 1208/1210-1230/1235, Rome, Saint-Paul-hors-les-Murs.

déjà été commis car, d'une main, ils couvrent leur sexe d'une feuille de figuier ; mais Ève, de son autre main libre, cueille le fruit du même arbre – elle mangea en effet une figue, d'après la tradition grecque de la Bible hébraïque, la Septante – et regarde le spectateur d'un air calme et effronté. Adam porte en revanche la main à sa gorge comme s'il allait étouffer ; Ève est assise, Adam debout, pour indiquer une participation émotive différente, de façon à susciter, chez l'observateur, un verdict de culpabilité plus sévère contre la femme.

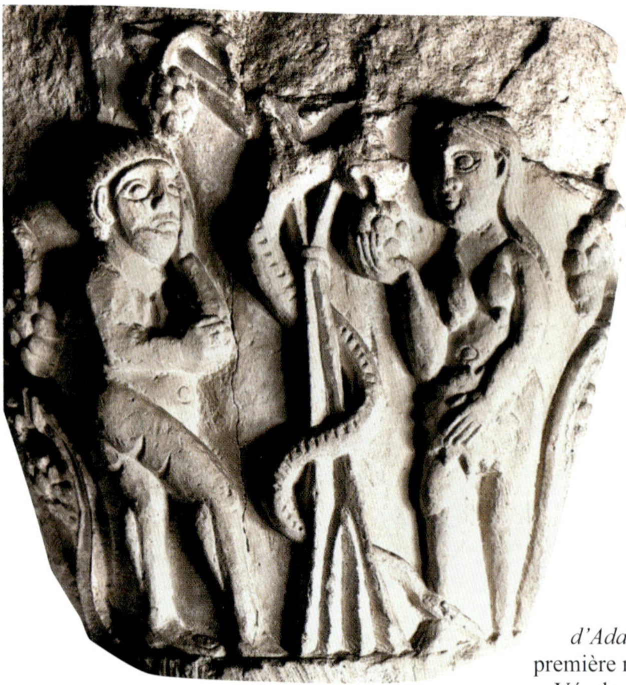

Fig. 42. *Le péché d'Adam et Ève*, sculpture, première moitié du XIIe siècle, Vézelay, Sainte-Madeleine.

Chapitre II

Le langage de la douleur, les gestes de la parole

Le langage de la douleur

Nous commençons à entendre la voix des images, une voix qui s'articule sous de multiples aspects, certains restant encore à explorer. Revenons dès lors à l'église de la Madeleine de Vézelay et arrêtons-nous devant le chapiteau du neuvième pilier de la nef, qui représente le péché des premiers hommes (fig. 42).

C'est de nouveau Adam, et uniquement Adam, qui exprime son désespoir en posant sa main tendue contre sa joue tout en soutenant par surcroît son bras avec l'autre main posée sous son coude, tandis qu'Ève, qui couvre son sexe d'une feuille de vigne, reçoit avec plaisir la grappe de raisin que le serpent lui offre en la tenant par la queue dans sa gueule[1]. Nous avons déjà pu voir ce même geste de désespoir à Autun, dans la pose du ressuscité qui se trouve juste derrière l'avare saisi d'épouvante quand, au moment où il sort de sa tombe, encore enveloppé d'un linceul, il découvre qu'il est damné (fig. 4). Sur une belle statue en bois de la seconde moitié du XIIe siècle (malheureusement dépourvue de sa polychromie d'origine), conservée aujourd'hui au MNAC (Museu Nacional d'Art de Catalunya) de Barcelone[2], Jean, au pied de la croix, exprime lui aussi son désespoir en soutenant son bras, alors que la main contre laquelle il appuie sa joue est fermée (fig. 43).

Une variante de ce geste, dont la signification est néanmoins la même, consiste à tenir les bras parallèles contre la poitrine ; une main soutient le coude et l'autre est abandonnée au creux du bras.

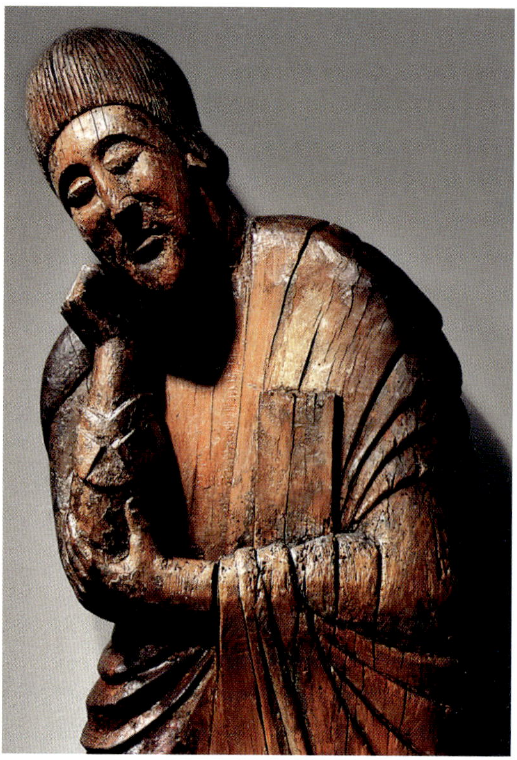

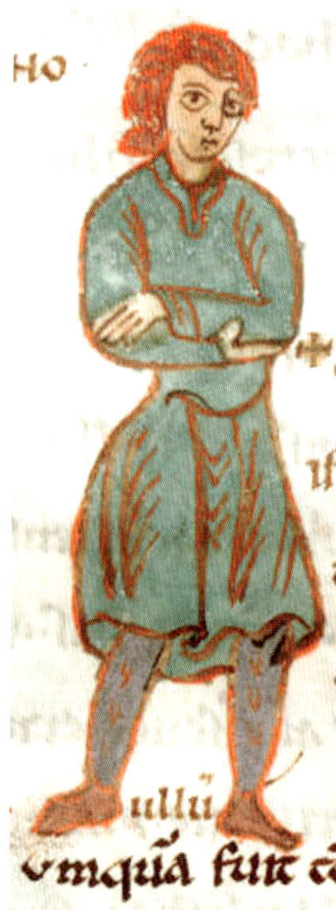

Jean au pied de la croixClitiphon en pleurs

C'est ainsi que se présente Clitiphon en pleurs, angoissé parce qu'il croit ignorer le nom de ses véritables parents, dans une autre comédie de Térence, l'*Héautontimorouménos*, sur un manuscrit du XIIe siècle (fig. 44)[3].

À Autun, le cortège des pécheurs, qui expriment leur souffrance dans toutes les attitudes possibles (fig. 3), devait constituer un avertissement effrayant pour les fidèles qui pouvaient lire sur la bande qui figure juste au-dessus ces hexamètres faciles à retenir : « *Terreat hic terror quos terreus alligat error, / nam fore sic verum notat hic horror specierum* » (« Que cette horreur épouvante ceux qui sont assujettis à l'erreur terrestre, / Car l'horreur de ces images montre ce qui les attend à coup sûr »)[4]. Une même angoisse émane d'une damnée, au visage pourtant parfaitement impassible, attachée par un nœud coulant autour du cou à son compagnon, un couple luxurieux de toute évidence, comme on peut le voir sur le tympan de l'église de Sainte-Foy de Conques, qui date de 1130 environ (fig. 45) ; cette femme pose ses mains l'une sur l'autre comme si elle voulait s'immobiliser toute seule, en se tordant le poignet[5].

Les éternels prisonniers de l'enfer médiéval répètent les gestes de douleur que les Romains attribuaient avec complaisance aux prisonniers dans leurs représentations : que l'on compare les damnés de Conques à ce barbare vaincu du « sarcophage de Portonaccio », découvert dans le quartier romain du même nom et qui remonte au IIe siècle ap. J.-C. (fig. 46) – on observe ce même geste que nous avions déjà vu faire par Agar dans le désert (fig. 20)[6].

Pour chacun d'eux, les mains croisées en pronation expriment la condition de la victime impuissante, incapable de réagir, paralysée par l'affliction. Sur un manuscrit du *Roman de la Rose* de Guillaume de Lorris, du troisième quart du XIVe siècle, la miniature censée illustrer le « portrait de la tristesse » (« Tristreice pourtraite ») montre une femme accroupie, la tête baissée, le regard perdu

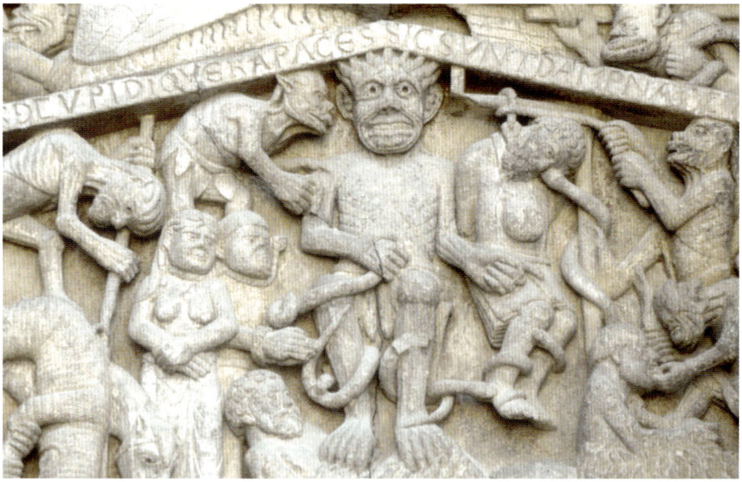

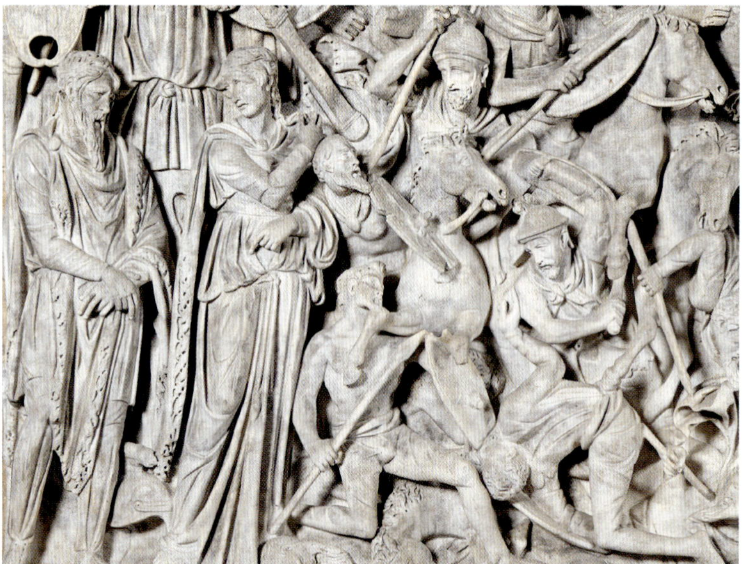

Fig. 45. *Un couple luxurieux*, détail du *Jugement dernier*, sculpture, vers 1130, Conques, Sainte-Foy.

Fig. 46. *Barbare prisonnier*, détail du *Sarcophage de Portonaccio*, sculpture, dernier quart du IIe siècle ap. J.-C., Rome, Palazzo Massimo alle Terme.

dans ses pensées et les bras croisés et en pronation sur ses genoux (fig. 47)[7].

Sur un ivoire du dernier tiers du xe siècle, seules les mains décrivent admirablement le drame psychologique en cours (fig. 48). Assis sur son trône, Pilate s'est déjà rituellement purifié et a prononcé la condamnation : on flagelle le Christ à la colonne du

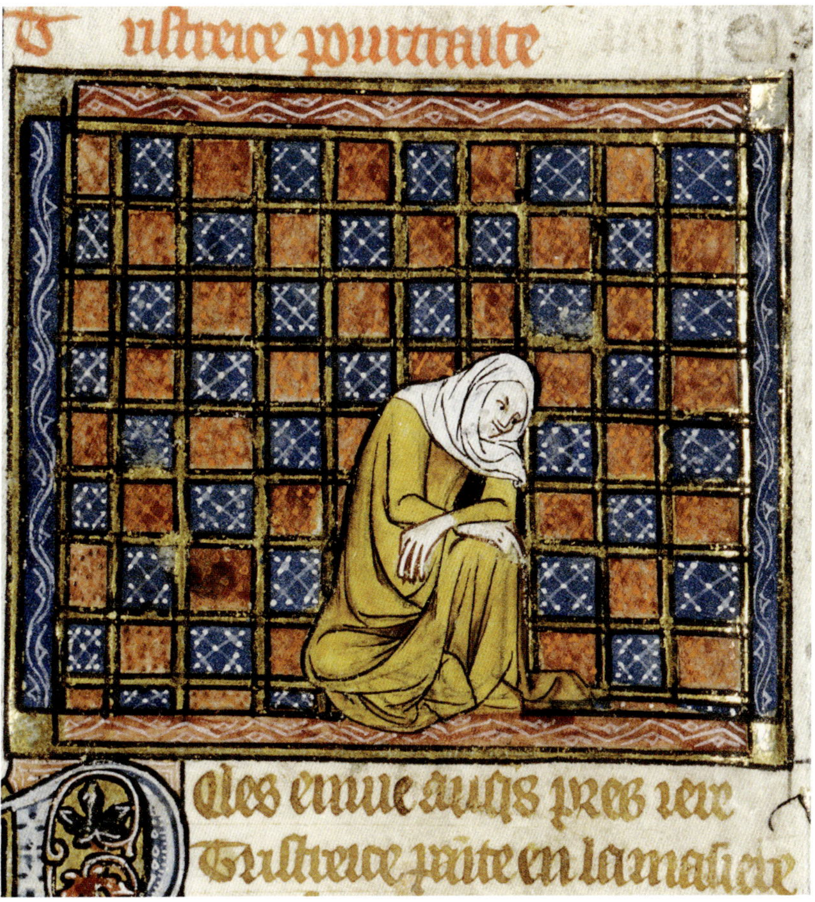

Fig. 47. *Le portrait de la Tristesse*, miniature du *Roman de la Rose*, troisième quart du xive siècle, Paris, bibliothèque Sainte-Geneviève, ms 1126, f. 3v.

prétoire, prodrome de la crucifixion, mais le geste du persécuteur qui emprisonne les mains du Christ dans les siennes est le même que celui qu'effectue Ponce Pilate sur soi-même, exprimant ainsi le violent conflit émotif : il n'a pas sauvé un innocent, quoique celui-ci ait déclaré son innocence, pour s'être senti accablé par la crainte d'affronter la foule en émeute décidée à obtenir la mort du « roi des Juifs » (Mt 27, 1-31)[8].

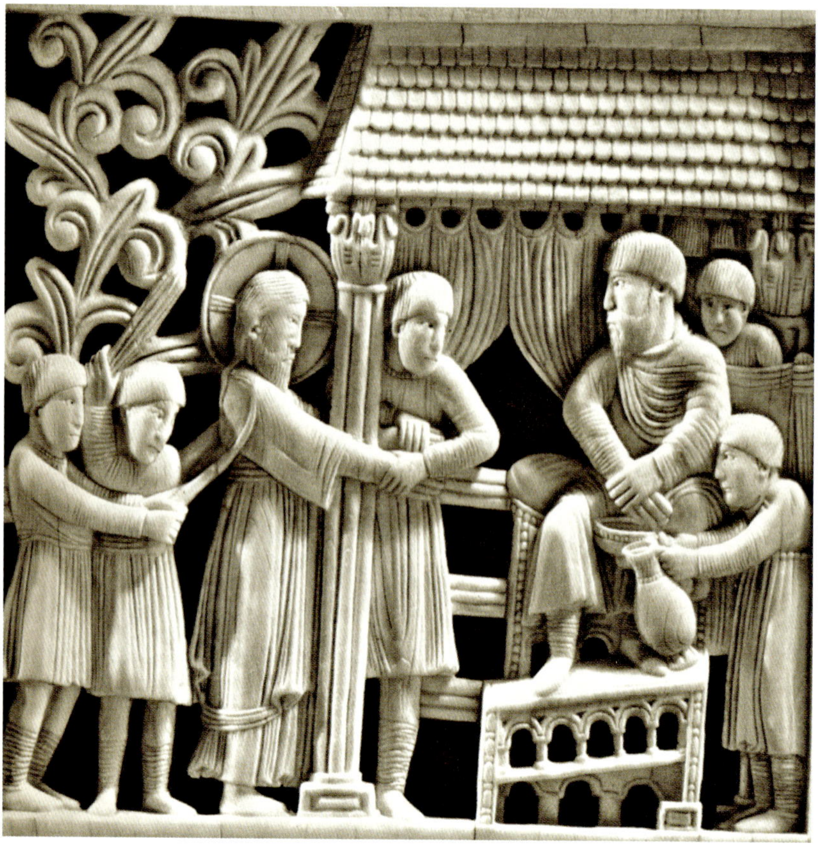

Fig. 48. *Le Christ prisonnier devant Ponce Pilate*, sculpture en ivoire, dernier tiers du Xe siècle, Munich, Bayerisches Nationalmuseum.

On permettait aux hommes âgés, en particulier de haut rang, d'exprimer leur émotion d'une autre manière encore, en la modulant sur une gamme qui va de la perplexité à la tristesse : ils pouvaient se prendre la barbe et se la tirer. Après avoir écouté les messagers du roi Marsile, dont le message est pétri de mensonges, et le propos de Roland qui voudrait que l'on refuse ce message, Charlemagne, « la tête baissée, tord sa moustache et tourmente sa barbe, sans dire oui ni non à son neveu[9] ». Sur un manuscrit de 1180 environ du *Ruolantes Lied* de « pfaffe Konrad », la miniature qui illustre l'épisode montre le souverain sur son trône, avec son sceptre et sa couronne, qui tire sa longue barbe, ne sachant à qui donner raison[10].

Hérode tire lui aussi sa longue barbe, profondément troublé par le terrible conseil que donne son épouse à sa fille Salomé, comme on peut le voir sur l'architrave de 1196 de la porte de la Vierge du baptistère d'Antelami, à Parme (fig. 49)[11].

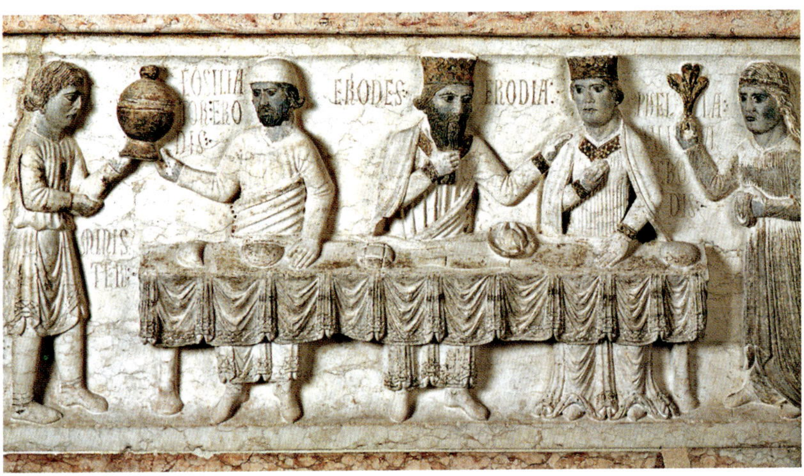

Fig. 49. Benedetto Antelami, *Hérode se tirant la barbe*, sculpture, détail de l'architrave où figurent les *Épisodes de la vie de saint Jean le Baptiste*, 1196, Parme, baptistère, porte de la Vierge.

La triste découverte du père de saint Alexis – « Quand le père apprend ce que disait la charte, / À deux mains il tiraille sa barbe blanche : / “Eh ! fils, dit-il, quelle douloureuse nouvelle !” » – nous parvient de manière tout à fait inattendue et d'autant plus douloureuse[12]. Comme il est raconté dans *La vie de saint Alexis* du XIe siècle, ce dernier avait disparu la nuit même de son mariage, pour toujours apparemment. Il était cependant revenu, mais son père n'était pas parvenu à reconnaître son fils dans ce mendiant qu'il avait accueilli et fait dormir pendant dix-sept ans chez lui dans une soupente. Quand Alexis se sentit sur le point de mourir, il écrivit l'histoire de sa vie ; il mourut en serrant dans ses mains le rouleau de papier où figurait son autobiographie. Sa mère exprime sa désolation de manière encore plus véhémente que son mari : « Elle accourut précipitamment comme une folle, battant ses paumes, criant, échevelée » ; les présents pleurent en la voyant « se frapper la poitrine, s'agiter, s'arracher les cheveux, se griffer le visage »[13]. Un comportement que l'Église du haut Moyen Âge condamnait, mais sans grand succès : le IIIe concile de Tolède de 589 décréta en effet que la mise au tombeau du défunt ne devait être accompagnée que du chant des psaumes, sans aucune autre plainte funèbre ; les accompagnateurs devaient s'abstenir de tout geste d'automutilation[14]. Cependant, au IXe siècle, Agnellus de Ravenne décrit le désespoir qu'a causé le massacre d'un groupe entier d'habitants (*Tegurienses*) à Ravenne, en 692, en évoquant des gestes qu'il semble puiser dans ses propres souvenirs : ce sont les hommes et non les femmes qui pleurent, s'arrachent la barbe et les cheveux, se griffent le visage avec les ongles, se déchirent les vêtements[15], précisément comme nous voyons le faire, après un bond de quelques siècles, des femmes décoiffées, mais aussi des hommes à la longue barbe, représentés sur certains panneaux de bois de la fin du XIIIe siècle, destinés à décorer le tombeau du chevalier Sancho Sáiz Carrillo (fig. 50 et 51)[16]. Les femmes ne sont donc pas les seules, comme le prétendait par exemple Philippe le Solitaire au XIe siècle, avec une réserve toute misogyne, à être incapables, en raison de leur faiblesse intrinsèque, de maîtriser leurs sentiments[17].

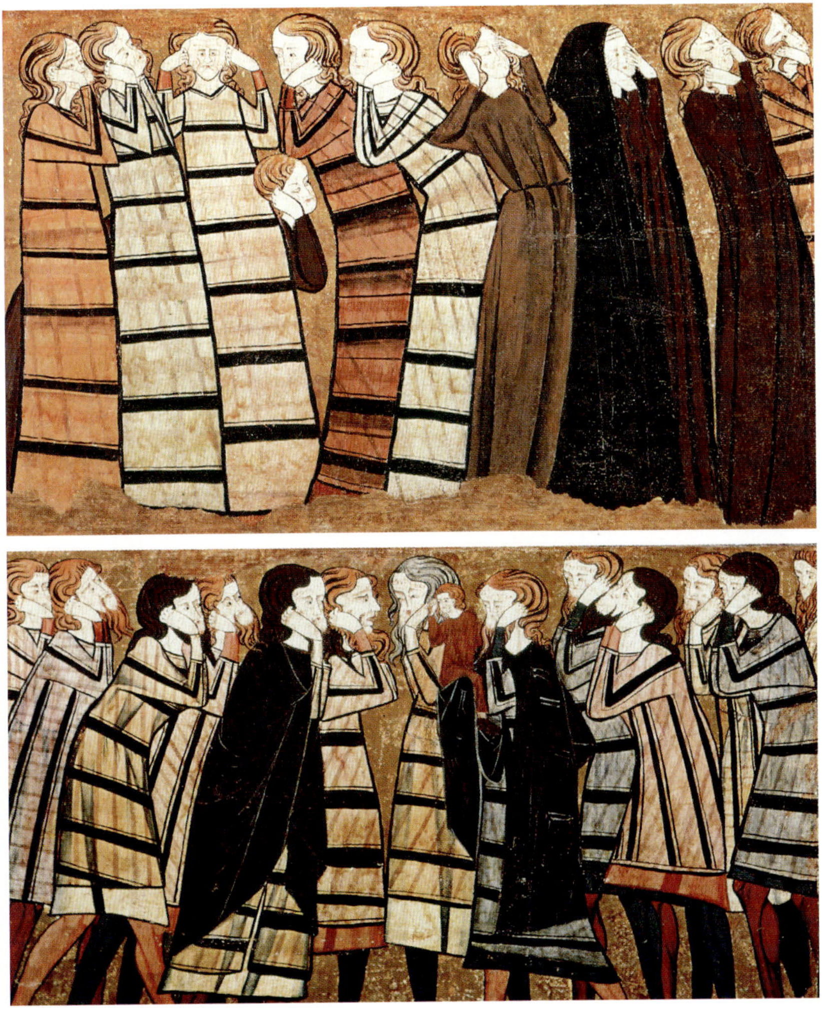

Fig. 50 et 51. *Le deuil à la mort du chevalier Sancho Sáiz Carrillo*, peinture sur bois, fin du XIIIe siècle, Barcelone, Museu Nacional d'Art de Catalunya.

Au XIIIe siècle, on exhibe la lamentation véhémente jusque dans les sujets sacrés les plus traditionnels : le tourment des femmes pieuses de *La Déposition de croix*, par exemple, dans la scène que nous avons déjà évoquée d'un grand tabernacle à volets de 1280-1290 environ, réalisé par un maître anonyme originaire d'Ombrie (fig. 52), semble recourir à l'ensemble du répertoire des gestes du désespoir : l'une se blesse les joues, une autre essuie ses larmes avec son voile, une autre encore lève les bras en les écartant avec véhémence tandis qu'au ciel les anges lui font écho en répétant son geste[18]. À côté d'elles, saint Jean se tient mieux, la main contre la poitrine, se contentant de toucher le suaire.

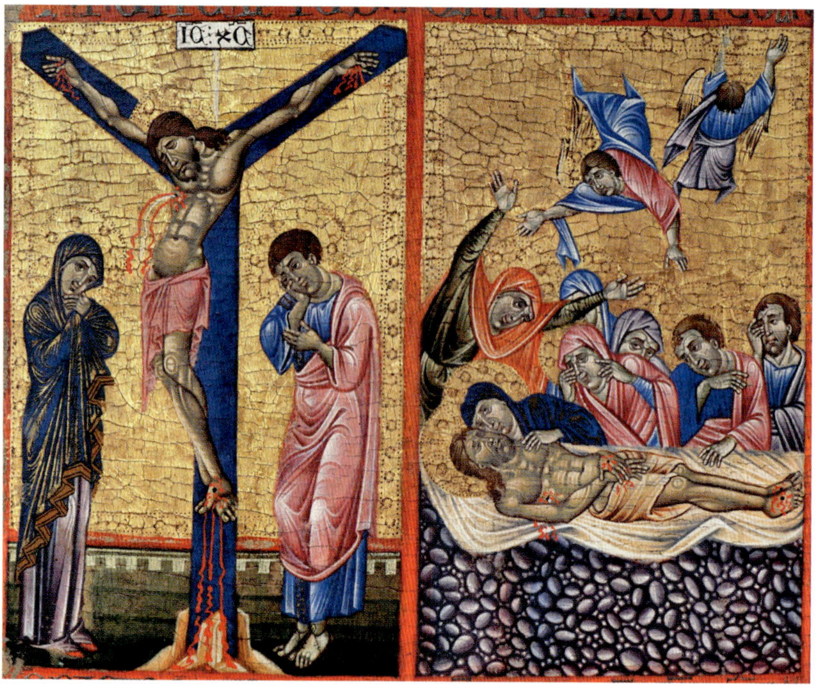

Fig. 52. ANONYME ORIGINAIRE D'OMBRIE, *La Déposition de croix*, détail d'un polyptyque, peinture sur bois, 1280-1290, Pérouse, Musée national de l'Ombrie.

C'est justement à Jean que Giotto, en revanche, attribue l'expression du désespoir la plus manifeste et la plus vive dans sa fresque de *La Déposition de croix* de la chapelle des Scrovegni à Padoue, où il a représenté l'évangéliste les bras ouverts, mais tournés en arrière (fig. 53), réinterprétant ainsi une figure que l'on voit sur les sarcophages représentant la mort de Méléagre (fig. 54), pleuré par les femmes et par sa mère qui, dans un moment de colère, dont elle se repentit amèrement par la suite, avait souhaité sa disparition[19].

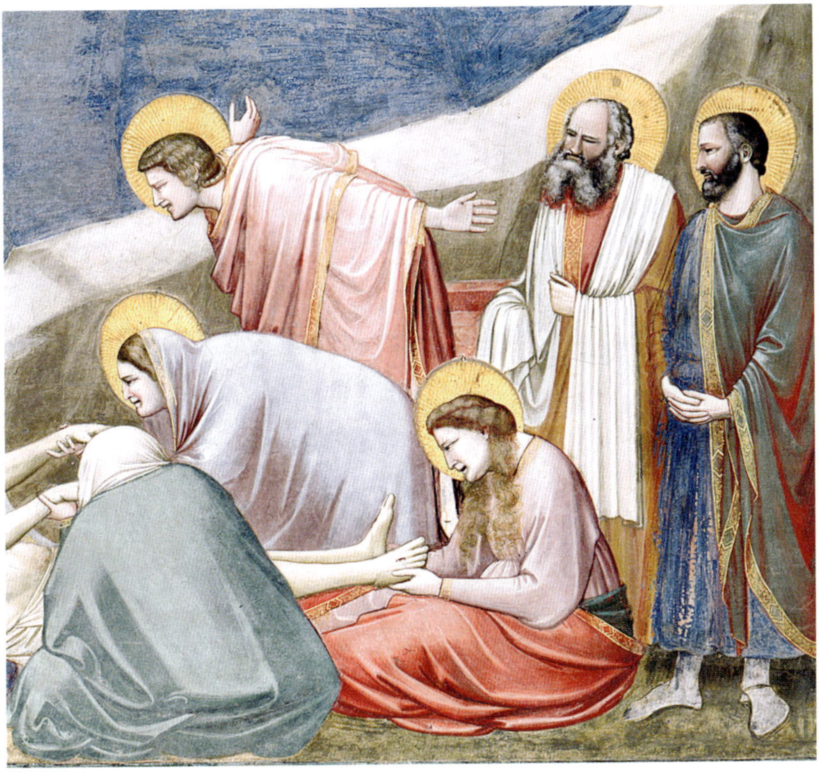

Fig. 53. Giotto, *La douleur de Jean l'évangéliste*, détail de la *Déposition de croix*, fresque, 1304-1305, Padoue, chapelle des Scrovegni.

Dans le *Massacre des Innocents*, réalisé également par Giotto dans la basilique inférieure d'Assise vers la première décennie du XIVe siècle (fig. 55), la comparaison avec la mère de Méléagre est encore plus exacte parce que c'est justement une mère qui écarte les bras en arrière, tandis qu'une de ses semblables se griffe les joues selon un autre geste caractéristique du désespoir, et qu'une

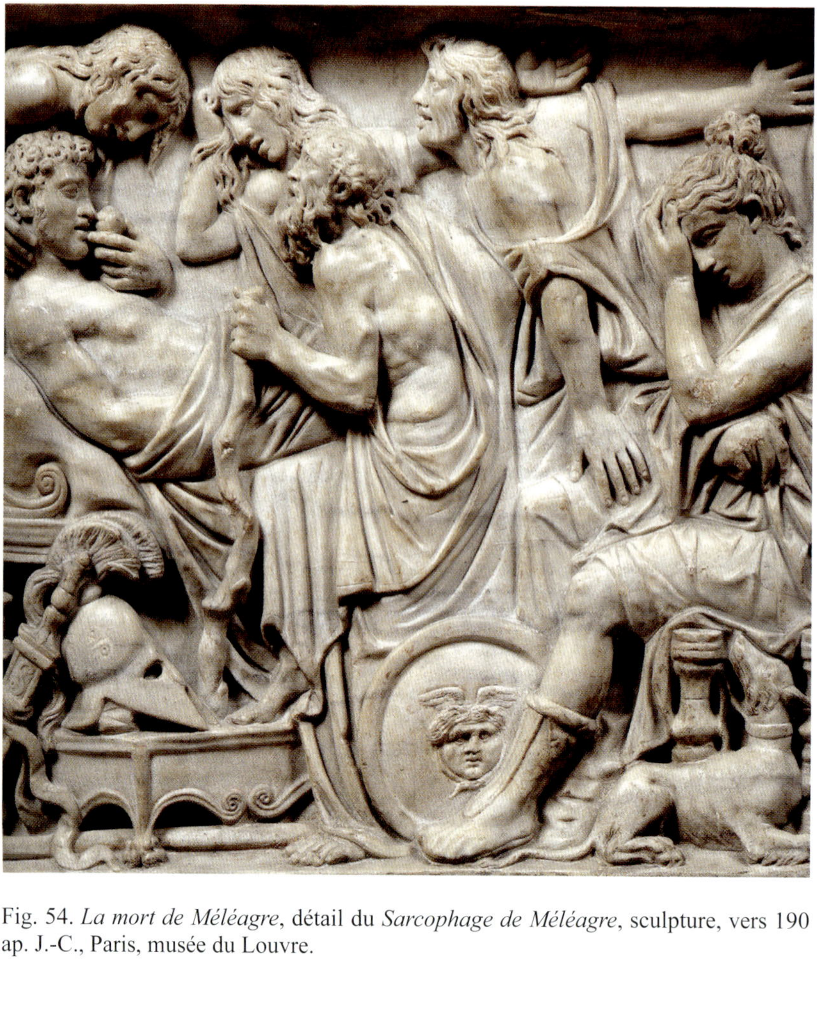

Fig. 54. *La mort de Méléagre*, détail du *Sarcophage de Méléagre*, sculpture, vers 190 ap. J.-C., Paris, musée du Louvre.

autre encore s'évanouit les bras ballants le long du corps, ne pouvant supporter la vue de son enfant massacré sur ses genoux. Les nombreux sarcophages où figure le mythe de Méléagre ou celui d'Hippolyte fournirent en effet un excellent répertoire d'expression de la douleur aux artistes du Moyen Âge[20].

Toujours dans *La Déposition de croix* que Giotto peignit à fresque dans la chapelle des Scrovegni de Padoue, la figure de Nicodème

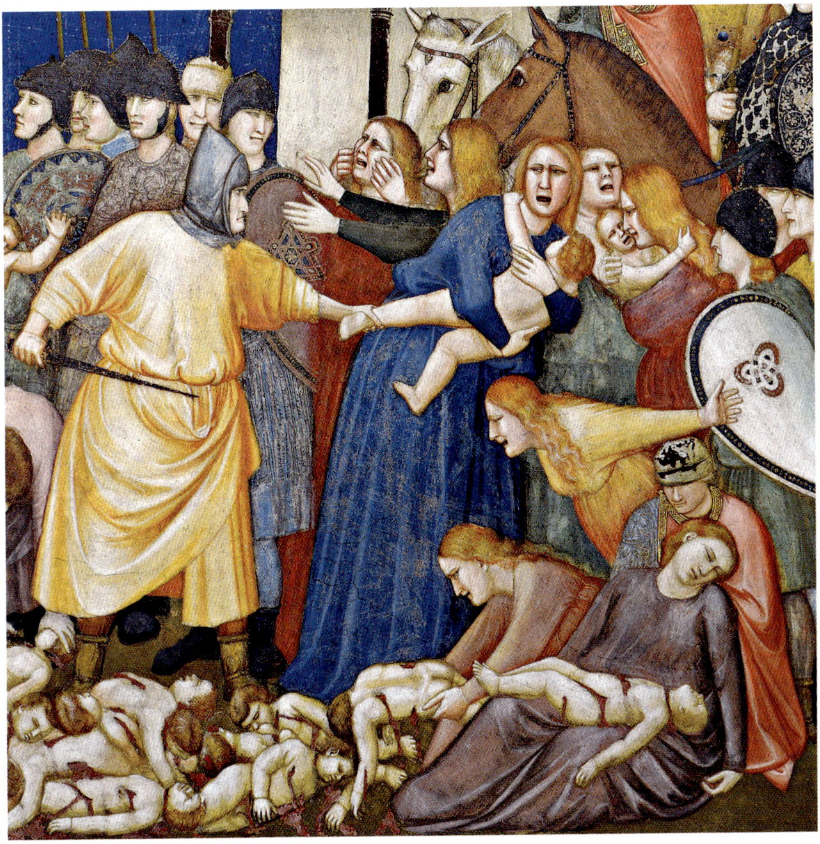

Fig. 55. GIOTTO, *Le Massacre des Innocents*, fresque, première décennie du XIVe siècle environ, Assise, basilique inférieure.

les bras allongés et les doigts entrelacés, un geste qui indique la sollicitude pensive d'une maîtrise de soi douloureuse, renvoie à un autre archétype classique, celui de Démosthène en méditation, d'après un original grec de Polyeuktos, dont on peut voir une copie romaine de 280 av. J.-C. à la glyptothèque Ny Carlsberg de Copenhague (fig. 56)[21].

Plutarque avait déjà décrit l'iconographie de cette statue en soulignant non seulement la position des mains, mais aussi l'expression

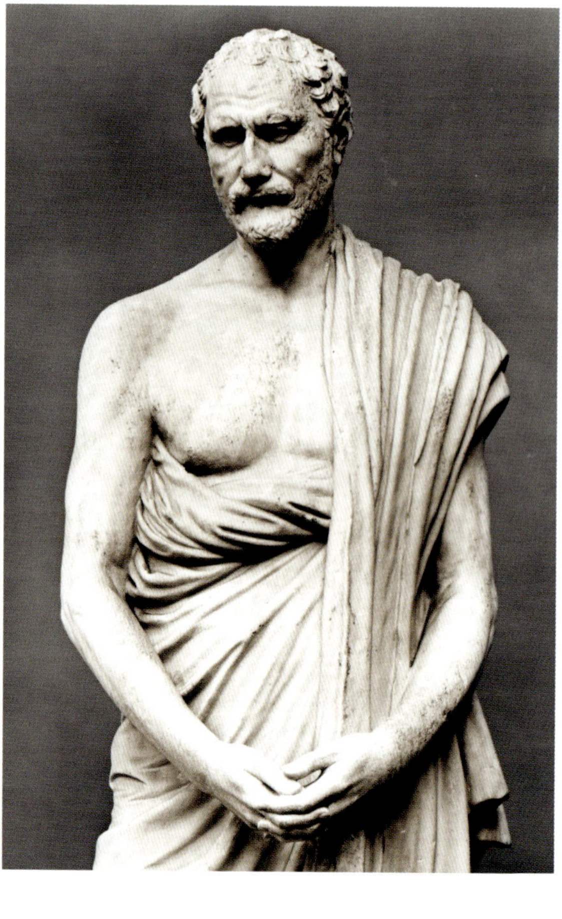

Fig. 56. *Démosthène en méditation*, copie romaine d'après un original grec de Polyeuktos, sculpture, 280 av. J.-C., Copenhague, glyptothèque Ny Carlsberg.

concentrée du visage[22]. Quant à Médée, qui observe les fils qu'elle a eus avec Jason en train de jouer, tout en méditant leur mort pour se venger de l'infidélité de Jason, elle prend cette même pose de concentration tragique dans une fresque de l'*Augusteum* d'Herculanum (fig. 57)[23].

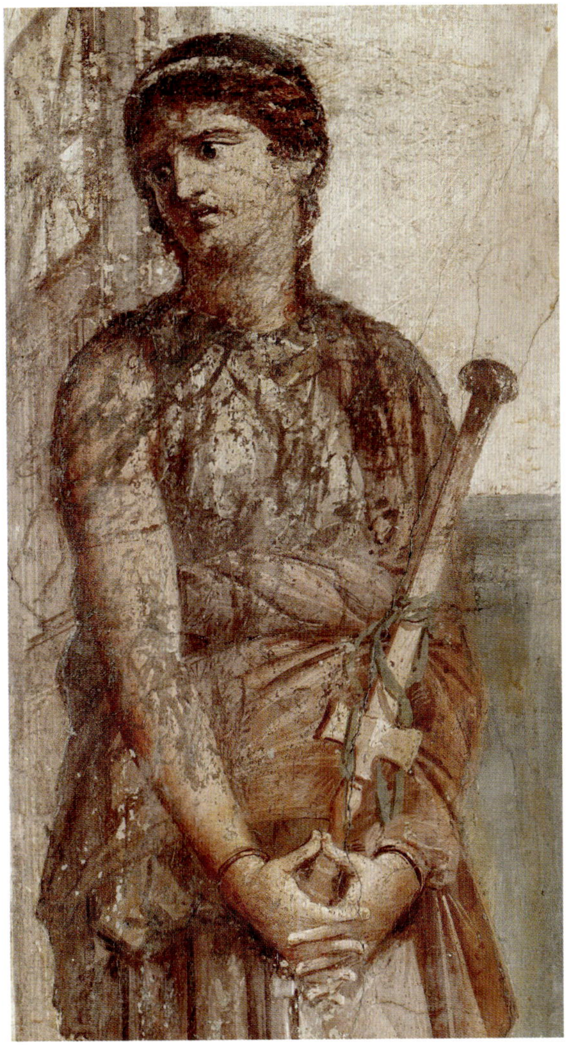

Fig. 57. *Médée songe à tuer ses enfants*, fresque, avant 79 ap. J.-C., Naples, Musée archéologique national.

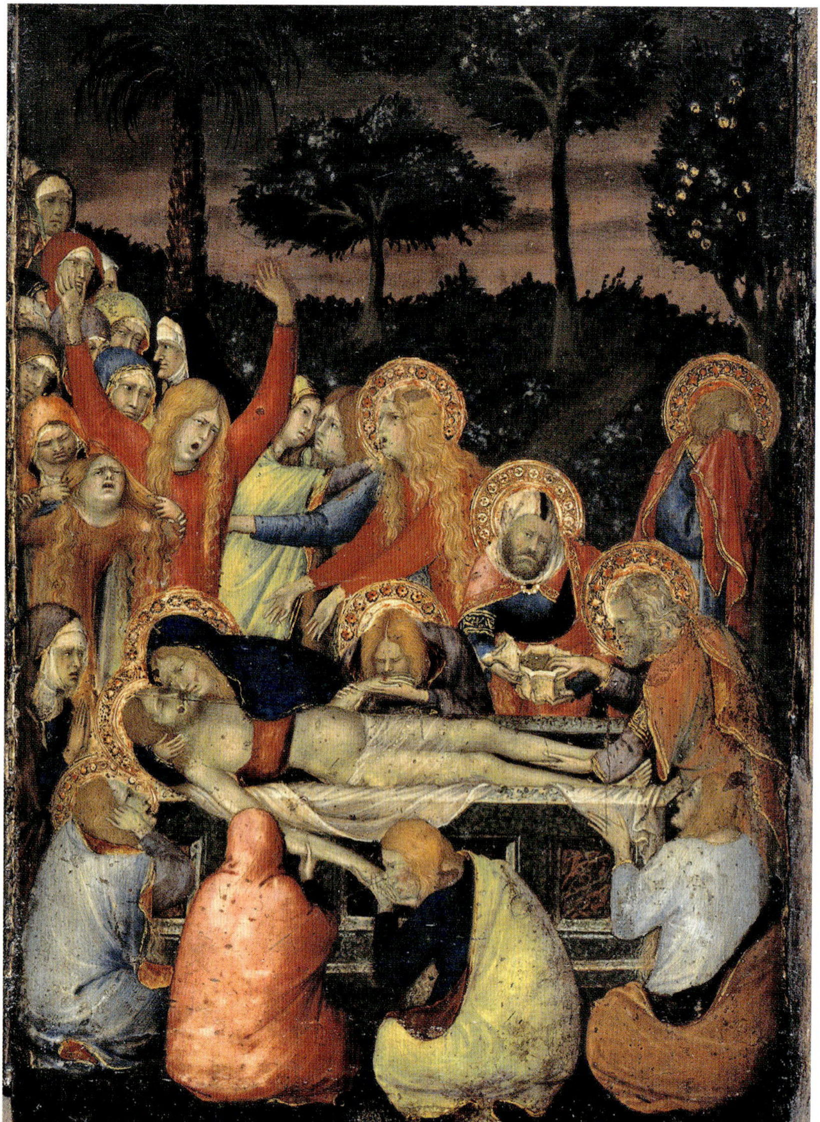

Fig. 58. SIMONE MARTINI, *La Mise au tombeau du Christ*, détail du « polyptyque Orsini », peinture sur bois, vers 1330-1340, Berlin, Staatliche Museen.

Simone Martini, en revanche, propose une sorte de représentation sonore des lamentations et des cris que poussent les femmes pressées les unes contre les autres autour du corps du Christ dans un des panneaux (fig. 58 et 59) du polyptyque dit « Orsini »[24], dont la datation est controversée, mais qui fut probablement peint entre les années trente et quarante du XIVe siècle.

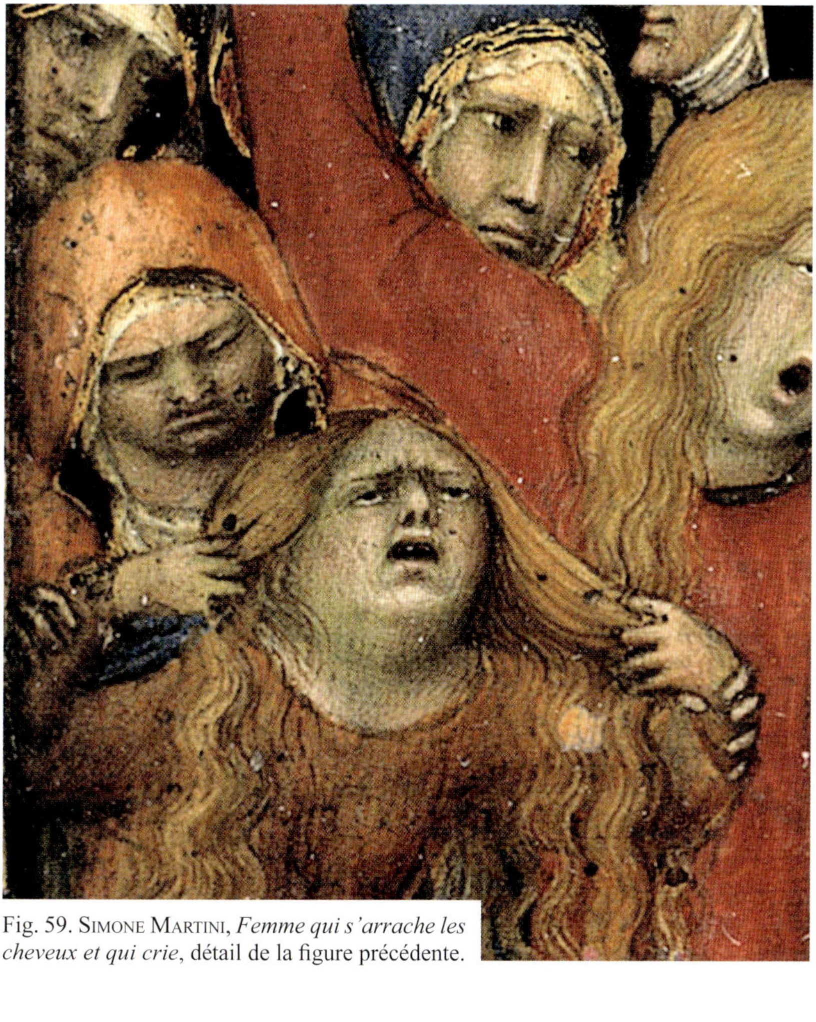

Fig. 59. SIMONE MARTINI, *Femme qui s'arrache les cheveux et qui crie*, détail de la figure précédente.

Les gestes traditionnels du désespoir – le fait de lever les bras, de s'arracher les cheveux et de se griffer les joues – sont désormais accompagnés d'une mimique faciale dramatique : les bouches sont grandes ouvertes et les visages bouleversés. Simone Martini avait également montré la douleur d'une mère comme les autres, qui se penche par-dessus un balcon en bois en voyant tomber son enfant par terre, avant que ne le sauve

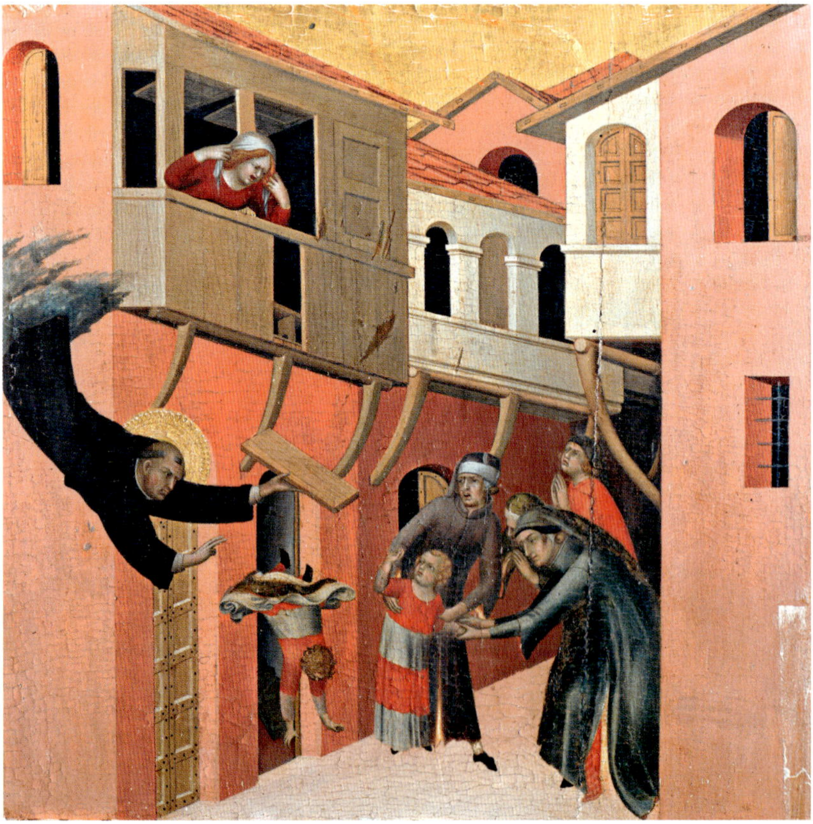

Fig. 60. Simone Martini, *L'enfant tombé du balcon et sauvé par le bienheureux Agostino Novello*, détail du retable du *Bienheureux Agostino Novello et quatre de ses miracles*, peinture sur bois, peu après 1309, Sienne, Pinacothèque nationale.

miraculeusement le bienheureux Agostino Novello (fig. 60 et 61)[25] ; ainsi qu'une autre mère en train de pleurer son enfant qu'elle croit mort, ne s'étant pas rendu compte que saint Louis de Toulouse est arrivé du ciel[26]. Ces deux femmes s'arrachent discrètement les cheveux, un geste que l'observateur distrait pourrait prendre pour un simple réajustement de leur voile ; ces attitudes faisaient partie de l'expérience quotidienne des habitants des villes au Moyen Âge, elles étaient par conséquent beaucoup plus directes et parlantes qu'elles ne le paraissent aujourd'hui.

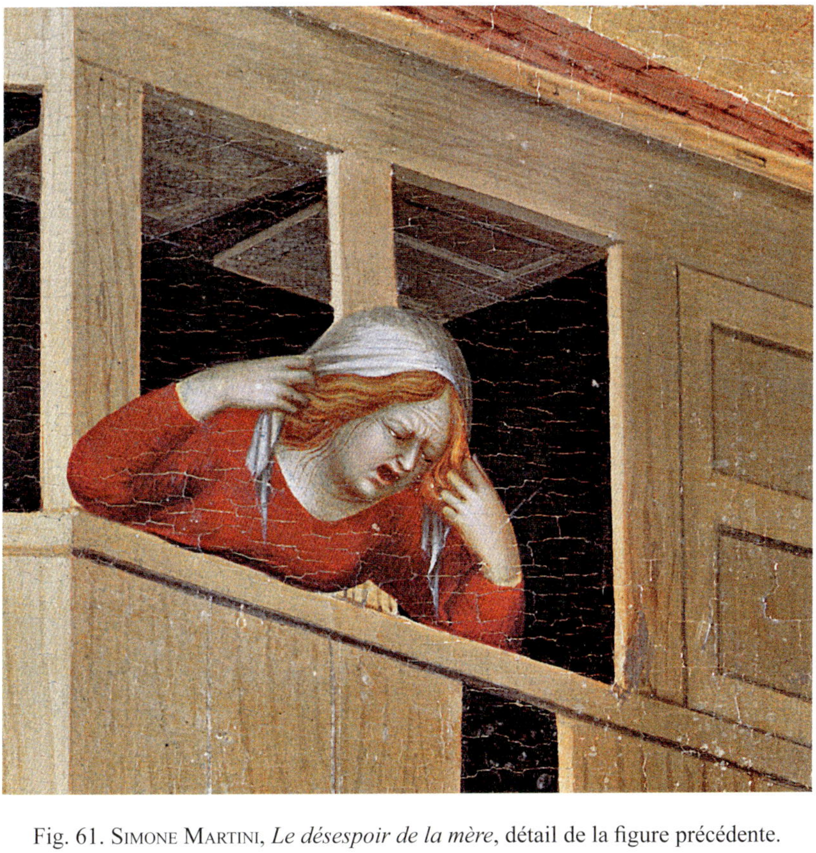

Fig. 61. Simone Martini, *Le désespoir de la mère*, détail de la figure précédente.

Les gestes de la parole

Les empereurs romains tiraient parti de l'usage « propagandiste » des *missoria*, de grandes assiettes en métal réalisées[27] pour célébrer des événements particuliers. En 388, Théodose Ier fit représenter sur un *missorium* la cérémonie d'investiture d'un grand dignitaire par lui-même, et il apparaît sur le trône entre ses fils et les dignitaires armés, entouré des figures allégoriques de la Victoire et de l'Abondance. À sa gauche, un de ses fils, Flavius Honorius (fig. 62 et 63), tient dans sa main le globe qui symbolise la partie de l'empire sur laquelle il règne (l'Occident), et il fait un geste significatif de la

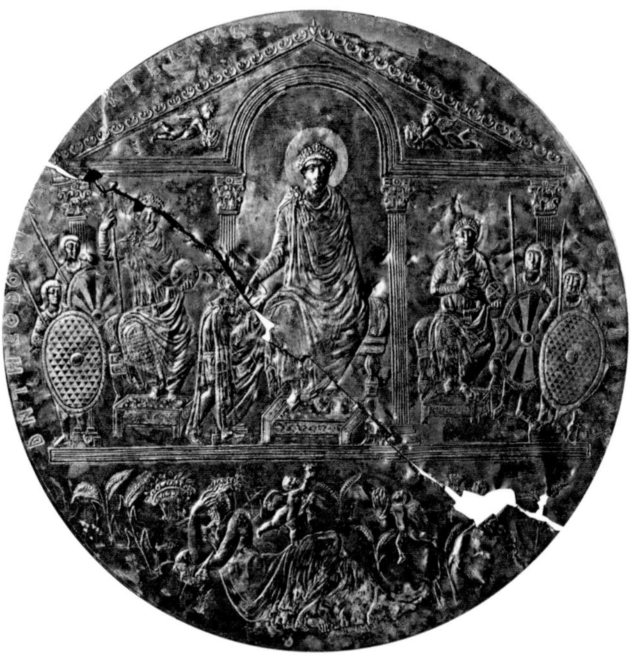

Fig. 62. *Missorium de Théodose*, assiette en argent, 388 ap. J.-C., Madrid, Academia de la Historia.

main droite. Ce geste de la main, dont l'annulaire et l'auriculaire sont repliés, signifie qu'il est en train de parler, et c'est ainsi que l'on représentait par convention l'empereur romain quand il transmettait un ordre à l'un de ses subordonnés[28].

C'était aussi, plus simplement, le geste de celui qui parle, comme on le voit par exemple sur une stèle funéraire du Ier siècle av. J.-C. en l'honneur d'un médecin qui fait étalage de son métier devant

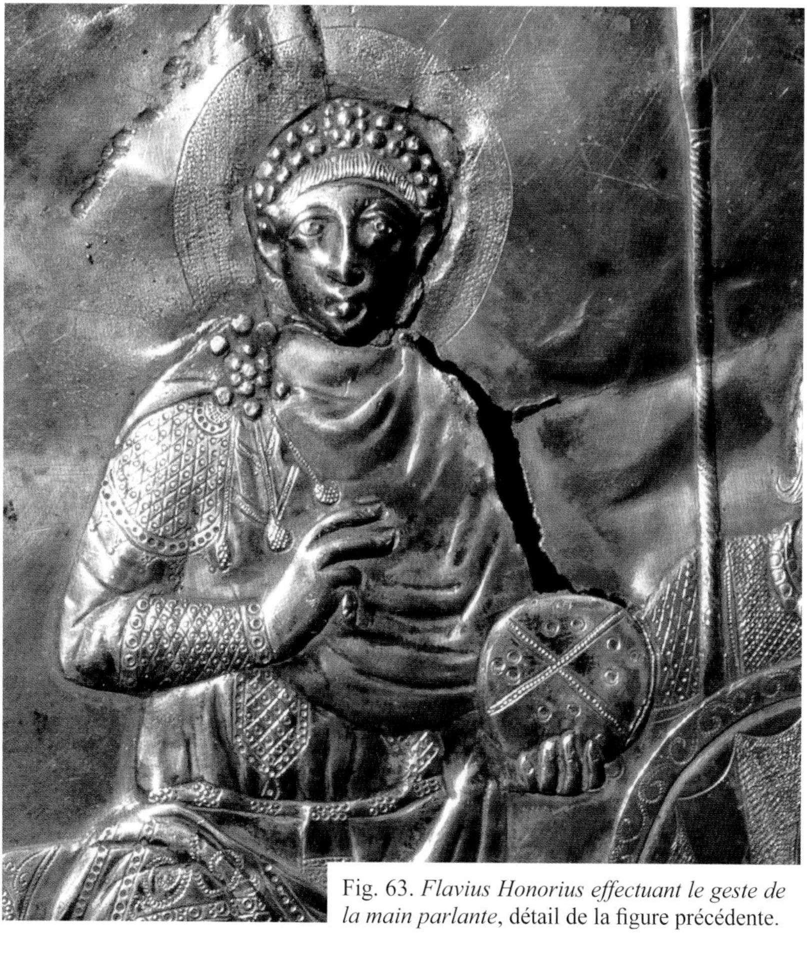

Fig. 63. *Flavius Honorius effectuant le geste de la main parlante*, détail de la figure précédente.

ses patients reconnaissants, un métier qu'évoquent également les instruments chirurgicaux à l'arrière-plan (fig. 64)[29].

Dans *L'Âne d'or* ou *Les Métamorphoses* d'Apulée (IIe siècle ap. J.-C.), il est dit que Télyphron, avant de se mettre à raconter son extraordinaire aventure de gardien de cadavres (pour empêcher les sorcières de s'en emparer), assis sur un coussin, « déploya la main droite en avant à la manière des orateurs, c'est-à-dire en fermant les deux derniers doigts et en tendant les autres vers le haut, avec le pouce en saillie[30] ». La main parlante était en effet le geste le plus caractéristique de l'orateur pendant l'Antiquité, comme l'explique Quintilien dans l'*Institutio oratoria*[31], qui en décrit par ailleurs une variante : on replie le médius contre le pouce tout en gardant les autres doigts déployés.

Fig. 64. *Stèle funéraire d'un médecin*, sculpture, Ier siècle ap. J.-C., Berlin, Pergamon Museum.

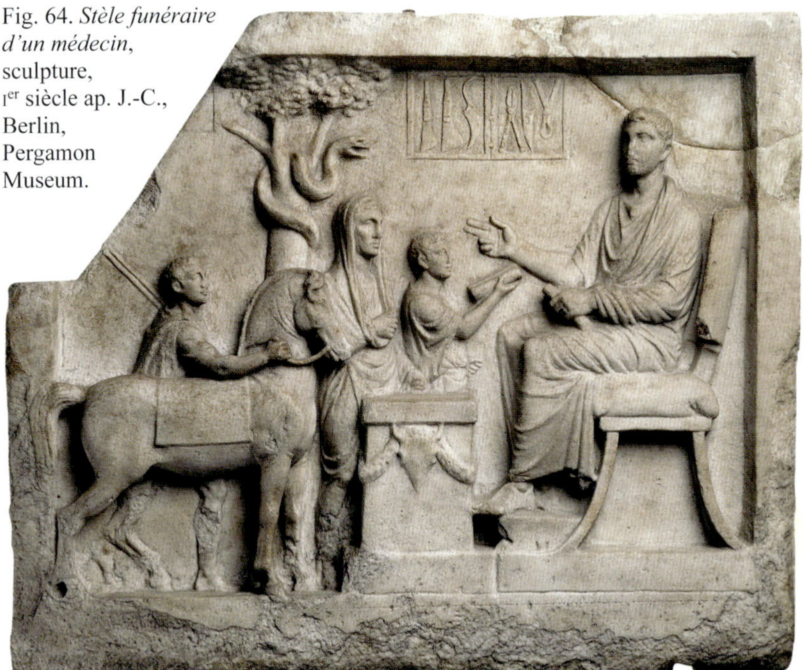

Dans une miniature d'un des manuscrits les plus anciens qui nous soient parvenus, le *Vergilius Romanus* de 500 environ, nous voyons Énée et Didon lors d'un banquet, étendus selon l'usage classique (fig. 65)[32]. Parée de bijoux, Didon est assise au centre ; Énée est à sa droite et il porte le couvre-chef phrygien, comme l'autre convive troyen. La reine veut savoir l'histoire et les pérégrinations du héros dont elle est amoureuse, et Énée lui répond en lui racontant ses

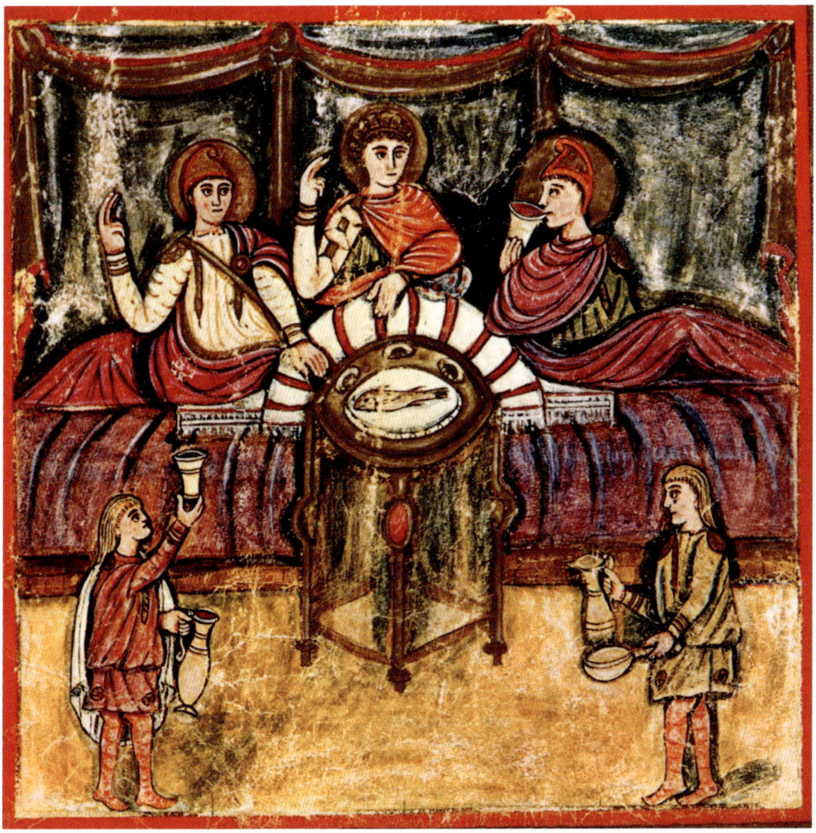

Fig. 65. *Énée et Didon lors d'un banquet*, miniature, vers 500, Rome, Bibliothèque apostolique vaticane, ms Vat. Lat. 3867, f. 100v.

aventures avec force détails (*Énéide*, IV, v. 77 s.). La conversation est indiquée par la répétition de ce même geste de la main parlante.

Moins d'un siècle après la rédaction du *Vergilius Romanus*, les Lombards bouleverseraient l'Italie avec une avalanche de violence, de morts et de destructions. À partir de 568 environ, ils commencèrent cependant à s'installer sous l'influence d'un long processus d'acculturation au contact de la société très civilisée du monde romain. En témoigne la singulière coexistence d'éléments lombards et latins dans le domaine des thématiques du pouvoir, comme le montre une lame de bronze[33] sur laquelle se fit représenter Agilulf, roi des Lombards de 591 jusqu'à 616 environ (fig. 66 et 67).

La longue chevelure d'Agilulf, séparée symétriquement par une raie au milieu, sa moustache tombante et sa barbe en pointe, son pantalon et son manteau ouvert sur la poitrine, contrairement à la tradition classique qui veut qu'il soit attaché à l'épaule, renvoient à une iconographie foncièrement lombarde, sans parler de la *spatha* posée sur ses genoux, arme typiquement lombarde. La main droite du souverain, dont les derniers doigts sont repliés, est toutefois levée pour effectuer le geste de la parole, caractéristique, comme nous l'avons vu sur le *missorium* de Théodose, de l'iconographie

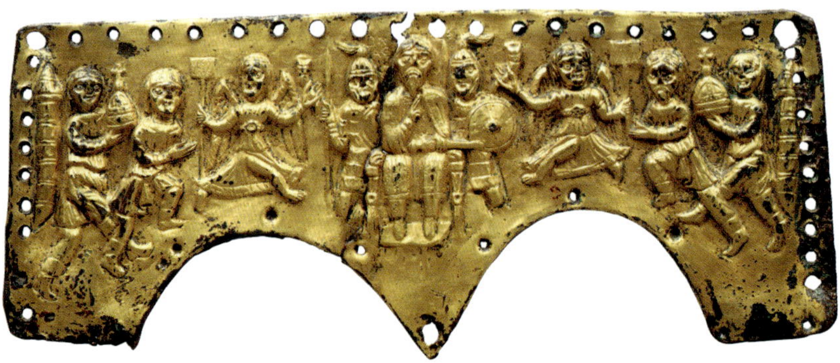

Fig. 66. *Plaque d'Agilulf*, sculpture de bronze, entre 591 et 616 environ, Florence, musée national du Bargello.

impériale classique. Pour achever son portrait de chef influent, Agilulf reçoit l'hommage des vaincus, deux personnages déférents qui lui offrent une couronne, précédés de deux Victoires ailées avec corne d'abondance et étendard.

De minuscules inscriptions poinçonnées, « *Dn Agilulf regi* » et « *Victuria* », dans un latin certes mauvais, mais latin tout de même, permettent de composer la phrase suivante : « À notre seigneur et roi Agilulf, victoire ! » Le souverain a beau s'être montré vêtu selon l'usage de son peuple en empoignant la *spatha* menaçante, il n'en a pas moins choisi la langue, le geste de la main parlante et un contexte propres à la culture des vaincus.

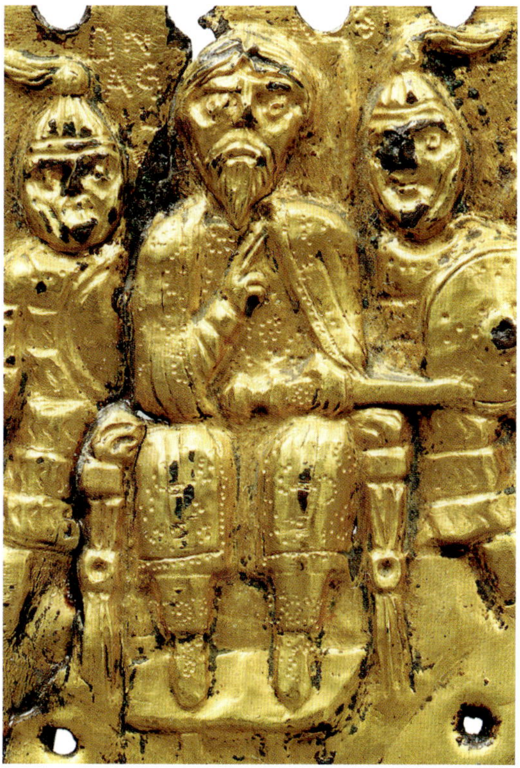

Fig. 67. *Agilulf faisant le geste de la main parlante*, détail de la figure précédente.

Sur un manuscrit du célèbre *Édit* de Rothari (643)[34], rédigé au début du XIe siècle dans cette Italie méridionale où la tradition juridique lombarde avait mieux survécu, Rothari est en revanche représenté sans allusions iconographiques à son origine : il s'agit d'un roi, avec sa couronne, son sceptre, sa longue tunique brodée et son manteau richement festonné ; assis sur le trône, les pieds posés sur le *suppedaneum*, protégé par un porte-glaive, il promulgue

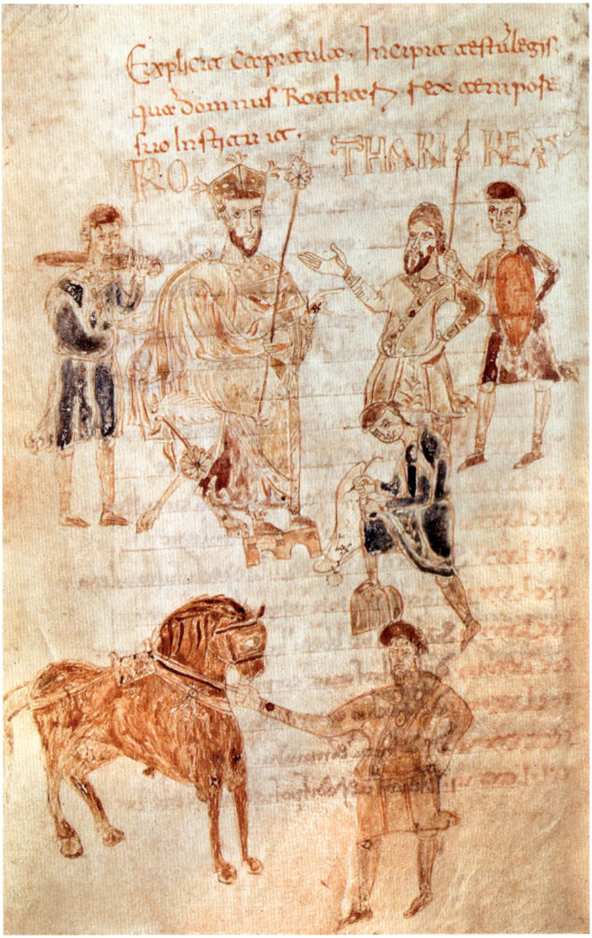

Fig. 68. *Rothari promulgue son Édit*, miniature, début du XIe siècle, Cava de' Tirreni, bibliothèque de l'abbaye, ms 4, f. 15v.

son *Édit*. De fait, on peut lire le mot *lex* sur la main de Rothari qui fait le geste de la parole, et de nouveau *lex* sur le rouleau de papier que le scribe déroule devant lui pour écrire sous la dictée, tout en tenant prête sa corne remplie d'encre[35] (fig. 68).

En France, des siècles plus tard, la « main de justice » – une main parlante en ivoire, en réalité, sculptée dans la corne d'une licorne, c'est-à-dire dans la dent démesurée d'un cétacé particulier, le narval (au Moyen Âge, on considérait la corne de cet animal fantastique comme un talisman très efficace) (fig. 69)[36] – est venue s'ajouter aux symboles traditionnels du pouvoir royal. Saint Louis (Louis IX) la tient à la main, outre le sceptre, dans une miniature de 1320 environ (fig. 70)[37], et d'autres souverains la tiendront encore après lui le jour de leur couronnement, jusqu'à Napoléon Ier, immortalisé par Jean-Auguste-Dominique Ingres[38] (fig. 71).

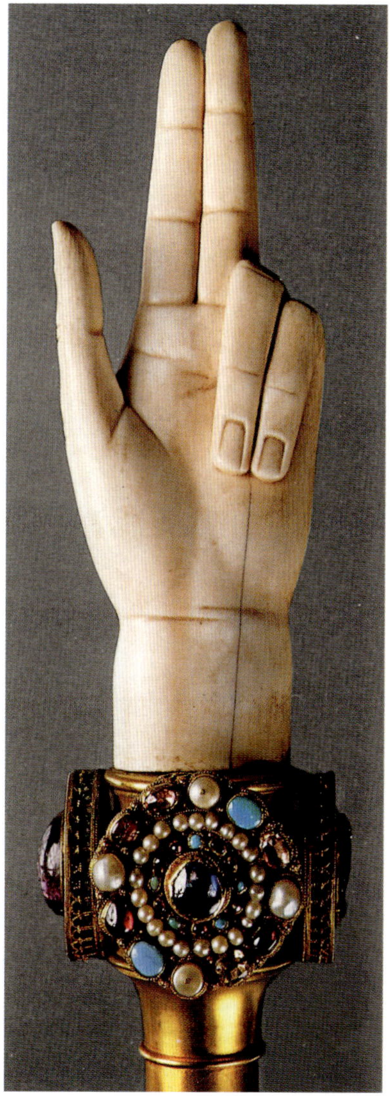

Fig. 69. *Main de justice*, sculpture en ivoire, reconstitution de 1804, d'après l'originale médiévale disparue, Paris, musée du Louvre.

La main parlante de Rothari, à laquelle on a superposé le mot *lex*, et la « main de justice » des

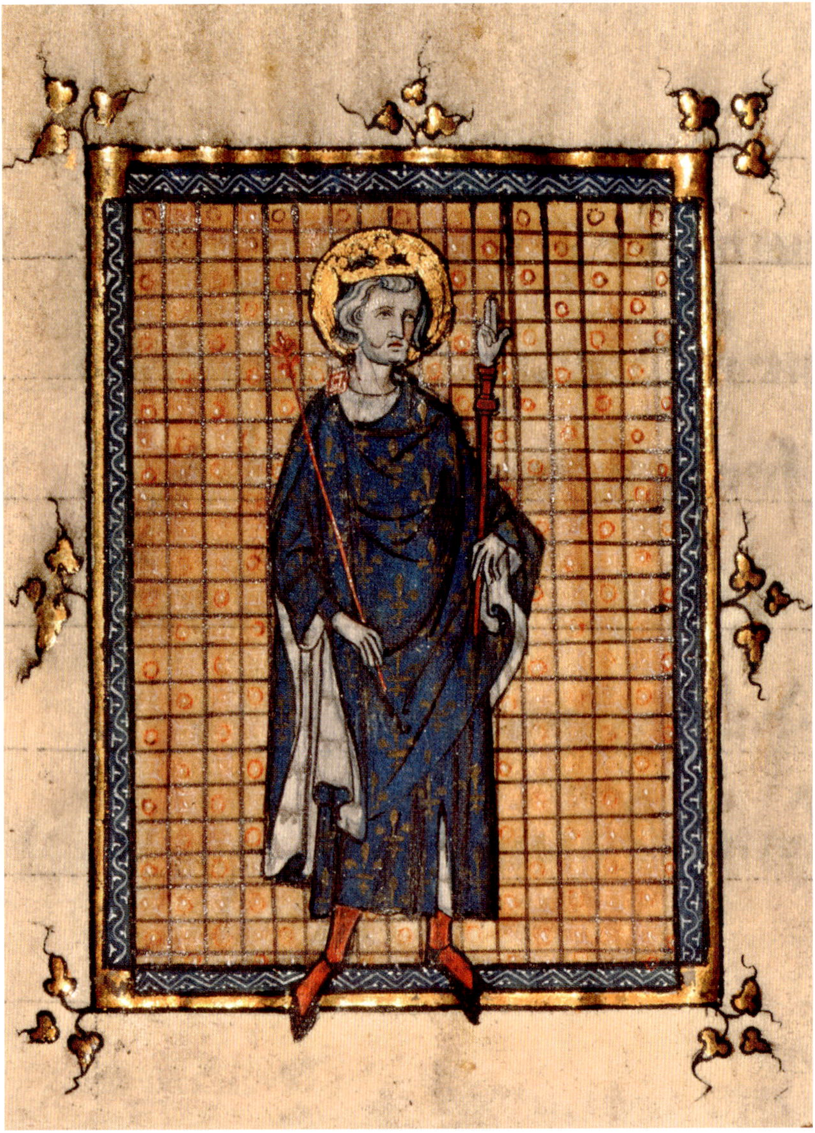

Fig. 70. *Louis IX avec le sceptre et la main de justice*, miniature, vers 1320, Paris, Archives nationales, JJ 57 (AE II 327), f. 20r.

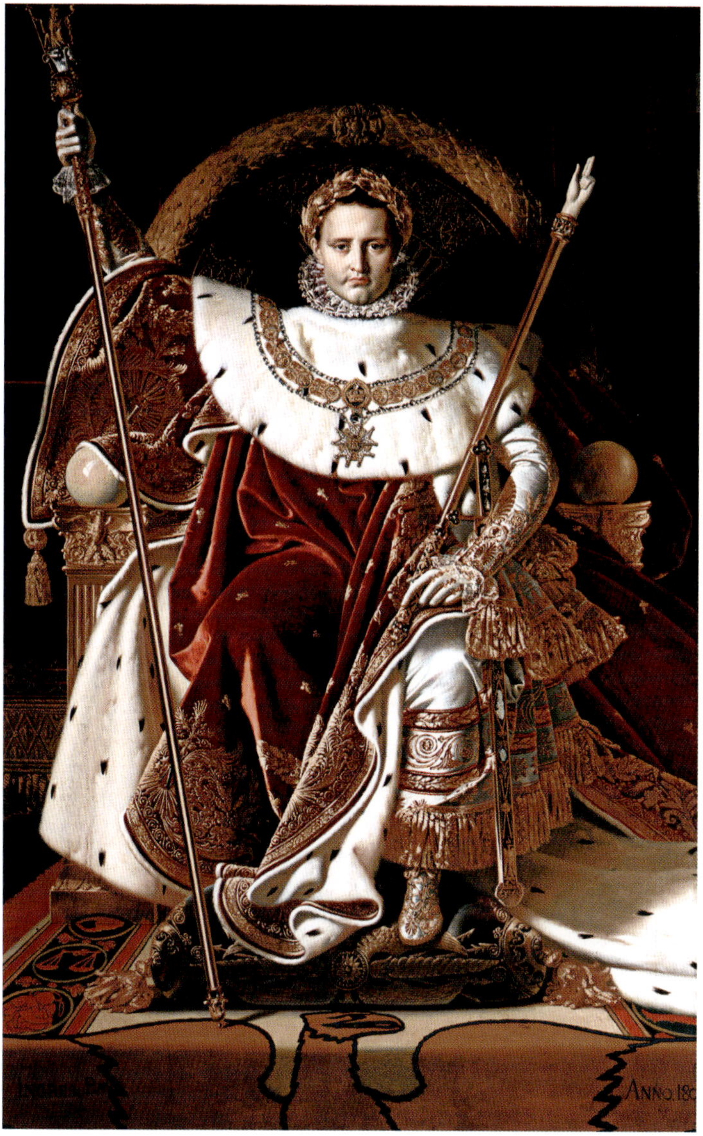

Fig. 71. Jean-Auguste-Dominique Ingres, *Napoléon Ier sur le trône impérial*, huile sur toile, 1806, Paris, musée de l'Armée.

rois français expriment le même concept : il appartient au souverain d'administrer la justice ; une des composantes fondamentales de son autorité consiste à prononcer des jugements.

Le geste de la parole, aussi bien dans la simple acception d'un langage codé que dans le sens plus spécifique du signe du pouvoir chargé de juger, est également présent dans l'iconographie du Christ. Sur un ivoire de la fin du XIe siècle, le Rédempteur, qui vient de ressusciter, est reconnu par Marie-Madeleine qui l'avait pris auparavant pour un maraîcher[39] (fig. 72).

Cette femme aux mains tendues, de profil, accourant presque, exprime son désir ardent de retenir le Christ, juste après l'avoir entendu l'appeler « Myriam », le nom qui lui a permis de « voir » le Maître. D'après l'évangile selon Jean (20, 17), le Christ lui ordonne cependant : « *Noli me tangere !* » (« Ne me touche pas ! »). Le sujet de la plaque en ivoire est éclairé par l'inscription : « *Dominus* loquitur *Marie* » (« Le Seigneur *parle* à Marie-Madeleine »). Alors qu'il monte vers le ciel, le Christ se tourne et s'exprime désormais avec ses deux mains : la droite « parle » impérieusement (son bras est par surcroît raide et démesuré) et la gauche « ordonne », l'index pointé, refusant à jamais tout contact.

Quand, en revanche, le Christ *pantocrator* (du grec, « tout-puissant », « dominateur de l'univers ») lève la main droite dans les deux variantes, latine et byzantine (ou grecque), en faisant le geste que nous connaissons bien, il parle au fidèle, mais avec l'autorité d'un souverain. Dans la variante latine, comme en témoigne par exemple le Christ en mandorle entre les quatre évangélistes (fig. 73), œuvre de la fin du XIe siècle - début du XIIe, de Bernard Gilduin[40] (ou d'un de ses élèves[41]), dans la basilique de Saint-Sernin à Toulouse, seuls l'annulaire et l'auriculaire sont repliés.

Petite digression : l'iconographie des évangélistes dérive de la vision d'Ézéchiel (1, 10) relative au tétramorphe (du grec, « quatre figures » ou « quatre êtres vivants ») qui tire le char de Dieu, reprise par les versets de l'Apocalypse (4, 6-8) qui décrivent les quatre mystérieux êtres vivants autour du trône divin[42]. Matthieu est symbolisé par un ange ou par un homme parce qu'il fait commencer son évangile par la liste des ancêtres masculins du Christ ; Marc par le lion, parce qu'il fait commencer le sien par la prédication de Jean le Baptiste dans le désert, dont la voix s'élève « pareille à un

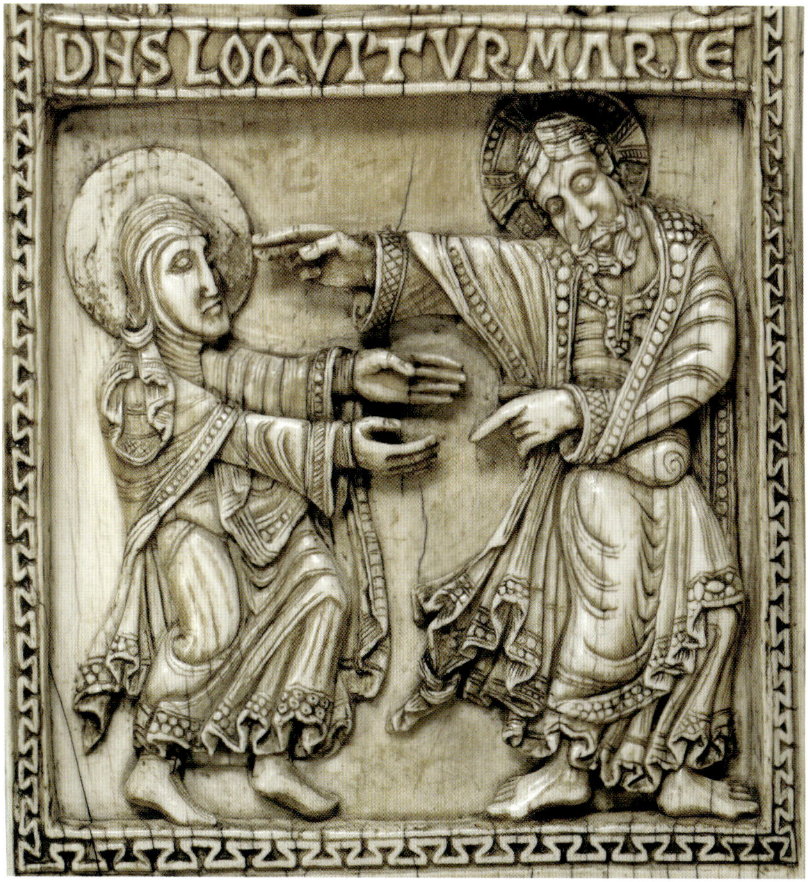

Fig. 72. *L'entrevue entre le Christ ressuscité et Marie-Madeleine*, sculpture en ivoire, fin du XIe siècle, New York, Metropolitan Museum of Art, The Cloisters.

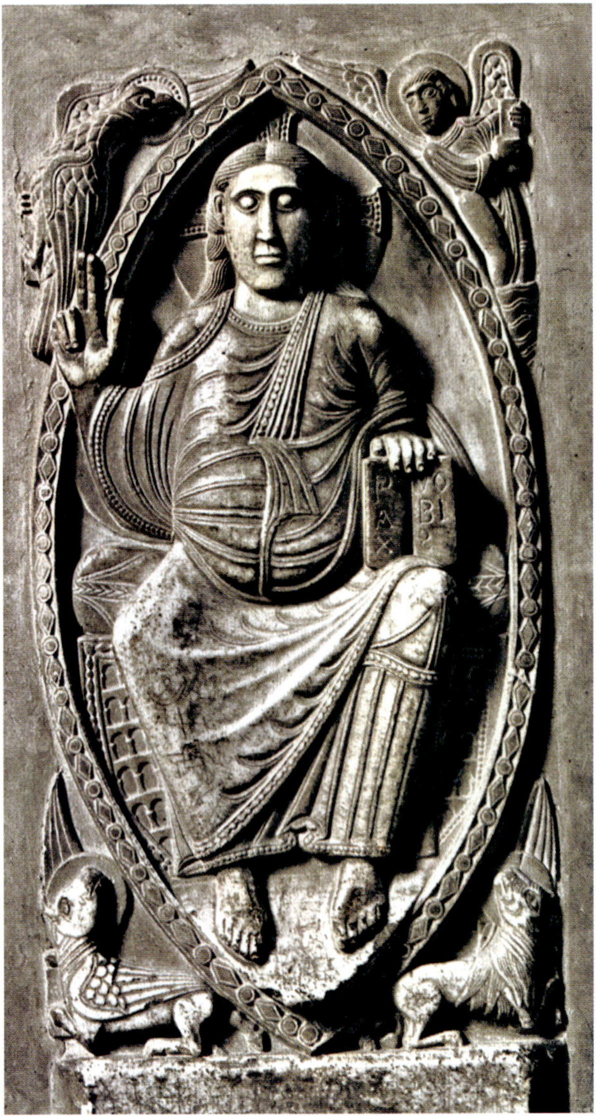

Fig. 73. Bernard Gilduin ou l'un de ses élèves, *Le Christ en mandorle entre les quatre évangélistes*, sculpture, fin du XIe siècle - début du XIIe siècle, Toulouse, Saint-Sernin.

rugissement » ; Luc par le bœuf ou le veau, animal voué au sacrifice parce que son évangile souligne la mansuétude et la douceur du Christ venu s'immoler ; et enfin Jean, dont l'évangile commence par une forte propension au surnaturel : « Au commencement était le Verbe, et le Verbe était avec Dieu, et le Verbe était Dieu », est symbolisé par l'aigle parce que dans de nombreux versets bibliques Dieu est comparé à l'aigle en plein vol, par exemple dans Ézéchiel (17, 3) : « *Aquila grandis, magnarum alarum, longo membrorum ductu, plena plumis et varietate*[43]. »

Fin de la digression. Revenons à l'iconographie de la main parlante. Dans la variante byzantine, dont témoigne par exemple une mosaïque du XIe siècle d'Hagia Sophia à Istanbul (fig. 74)[44], l'annulaire s'unit au pouce pour former un anneau tandis que les autres doigts sont repliés[45]. La reprise de ce trait de l'iconographie impériale révèle une fois encore le désir de souligner la puissance et la majesté du Seigneur.

Il arrive que le Christ tienne devant lui un livre ouvert ; guidé par la main parlante, l'observateur médiéval savait bien que le Rédempteur prononçait alors la phrase offerte à la lecture des fidèles. Ce n'est pas un hasard s'il s'agit d'une phrase où le Christ parle à la première personne, comme le Christ de Toulouse qui proclame : « *Pax vobis* » (« La paix soit avec vous »), ou le Christ de Cimabue, dans la cuvette de l'abside de la cathédrale de Pise, qui déclare : « *Ego sum lux mundi* » (« Je suis la lumière du monde », Jn 8, 12)[46]. Sur le pavement de mosaïque de la cathédrale d'Otrante (1163-1165)[47], carrefour intense de plusieurs cultures, en premier lieu latino-normande et byzantine, la main de Dieu surgit du ciel, « à la grecque » (pouce et annulaire unis), pour accueillir en la bénissant l'offrande d'Abel, et « à la latine » (annulaire et auriculaire repliés), alors qu'il demande péremptoirement à Caïn de justifier son crime, comme nous le dit l'inscription à côté : « *Ubi est Abel, frater tuus ?* » (« Où est Abel, ton frère ? »). Il est à remarquer que la main divine est employée comme une figure rhétorique, une synecdoque, la partie pour le tout, parce qu'on la considère comme la partie la plus éloquente du corps, plus que le visage (fig. 75, 76 et 77).

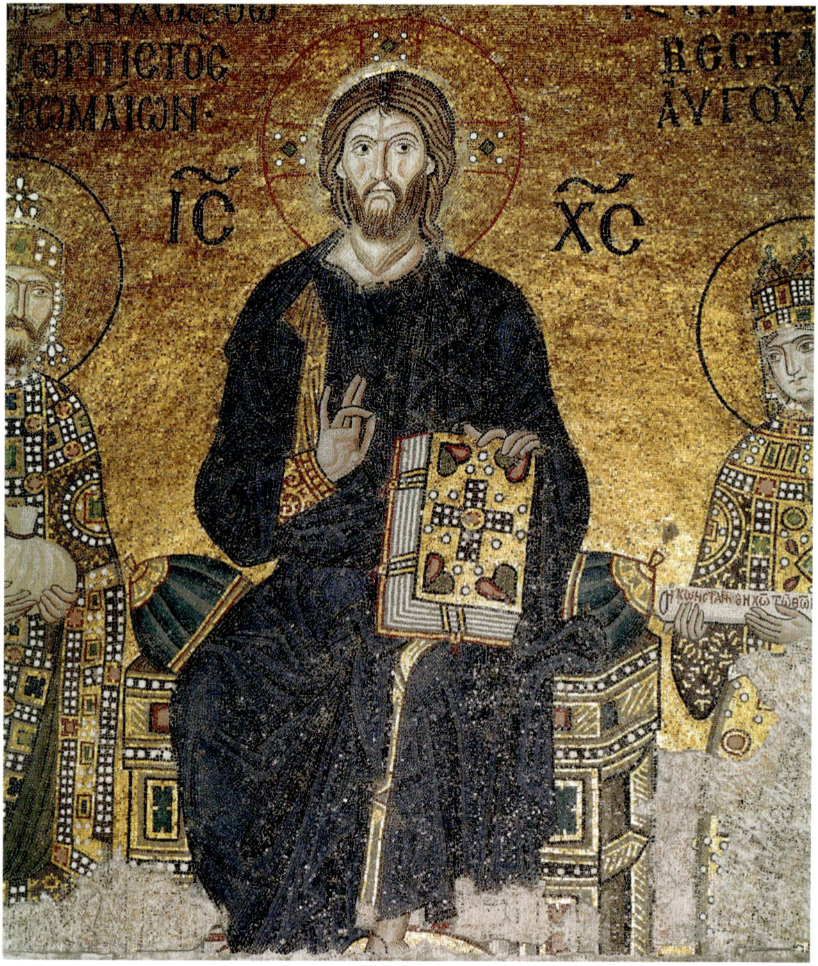

Fig. 74. *Le Christ entre l'impératrice Zoé et Constantin VIII* (?), mosaïque, XIe siècle, Istanbul, Hagia Sophia.

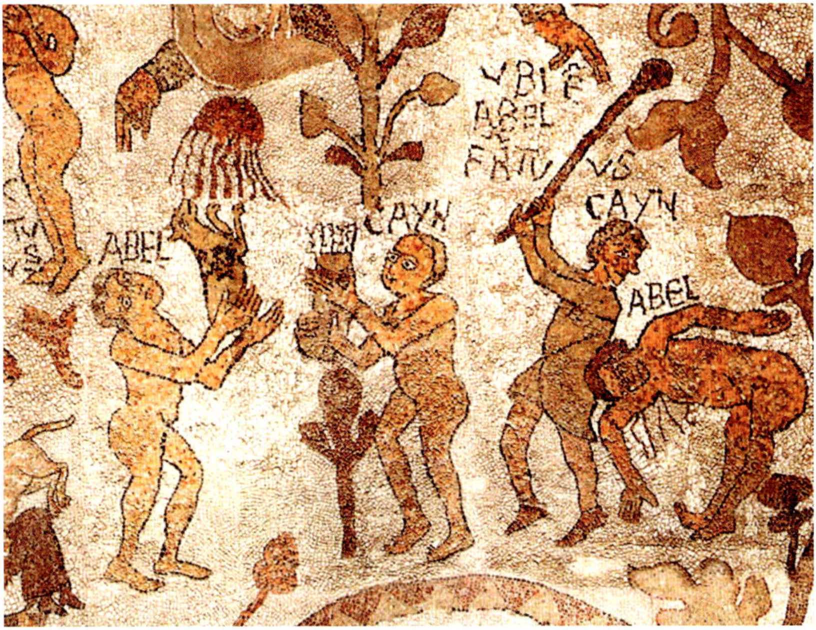

Fig. 75. *Dieu accepte l'offrande d'Abel et demande à Caïn de justifier son crime*, mosaïque, 1163-1165, Otrante, cathédrale.

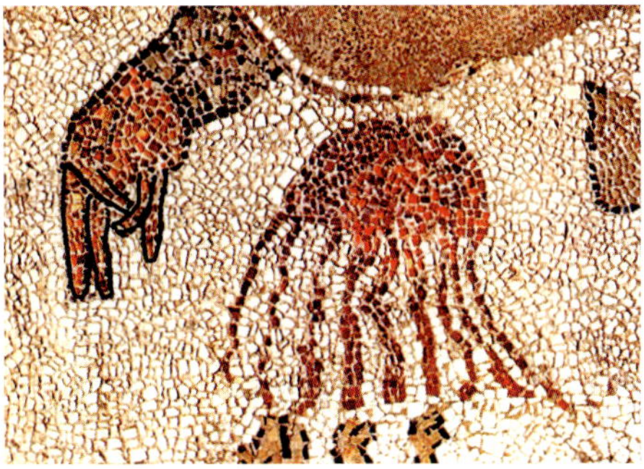

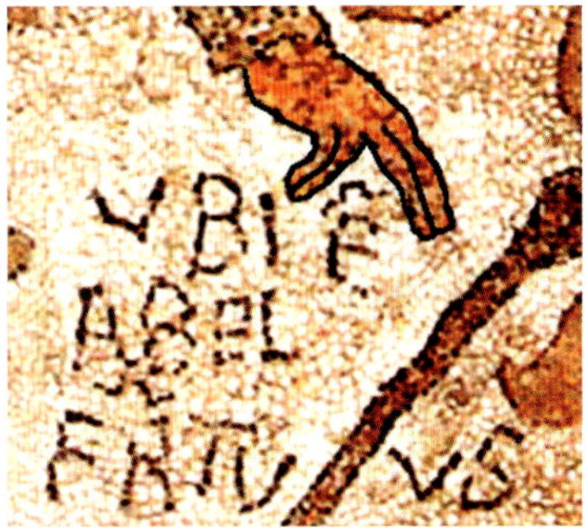

Fig. 76. *Main parlante de Dieu*, à la grecque, détail de la figure 75 (figure retouchée).
Fig. 77. *Main parlante de Dieu*, à la latine, détail de la figure 75 (figure retouchée).

Ce n'est qu'au Moyen Âge tardif, avec l'attention croissante que l'on accorde au Christ évangélique, pauvre et souffrant, au moment où se répand la vénération pour la Vierge et où s'affirment en général de nouveaux et plus humbles modèles de sainteté, saint François par exemple, que l'image sévère et autoritaire de la divinité commence à changer, de même que le geste impérieux du Christ finit par désigner simplement le geste rassurant de la bénédiction.

D'autres personnages de l'histoire sacrée se sont bien entendu approprié la main parlante du Christ suivant ses deux déclinaisons, grecque et latine. Contentons-nous de citer trois exemples : le premier est saint Paul sur le trône, avec ses épîtres (fig. 78), dans

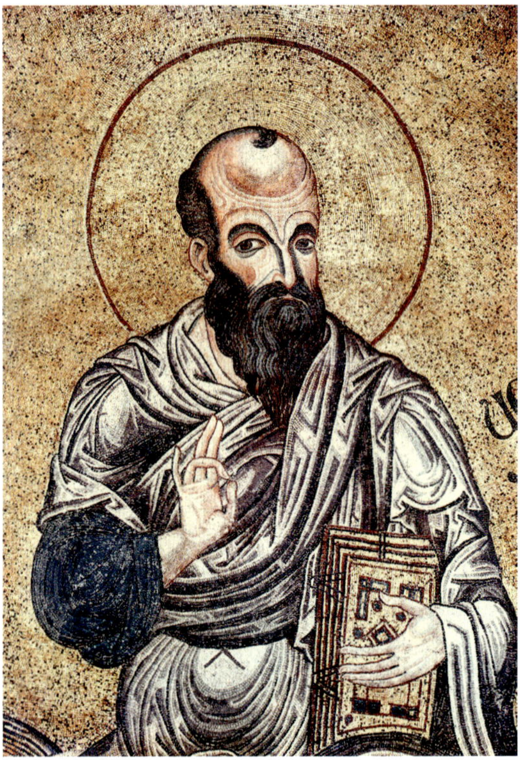

Fig. 78. *Saint Paul sur le trône avec ses épîtres*, mosaïque, 1180-1190, Monreale, cathédrale.

les mosaïques d'artistes byzantins de la cathédrale de Monreale, entre 1180 et 1190[48]. Le second exemple nous est fourni par les Rois mages qui s'entretiennent avec Hérode (Mt 2, 1-7) dans l'un des panneaux du « devant d'autel de Salerne » de la fin du XIe - début du XIIe siècle (fig. 79)[49]. Après avoir informé les voyageurs que la naissance du Messie devait avoir lieu à Bethléem, le monarque leur ordonne de revenir avec des informations plus précises car il affirme (mais il ment) qu'il veut lui aussi adorer l'Enfant Jésus.

Dans le troisième exemple, non seulement saint Paul se montre avec la main parlante pour donner voix à ses épîtres, mais un saint

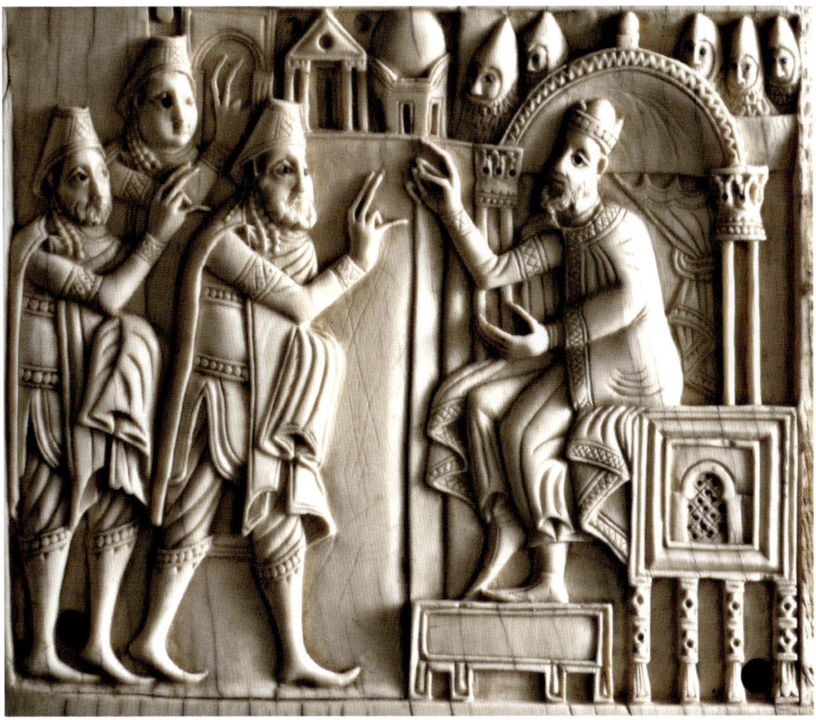

Fig. 79. *Les Rois mages s'entretiennent avec Hérode*, sculpture en ivoire, fin du XIe siècle - début du XIIe siècle, Salerne, Musée diocésain.

Pierre méconnaissable (on peut lire *Petrus apostolus* à l'arrière-plan) donne voix, quant à lui, à son autorité de guide suprême de la chrétienté en se montrant comme le premier évêque de Rome : le pape, successeur de Pierre, est en effet évêque de Rome. Il s'agit d'une partie d'un devant d'autel provenant de San Pere de Orós, réalisé entre 1220 et 1240[50], qui va nous permettre de nous attarder sur les vêtements liturgiques (fig. 80).

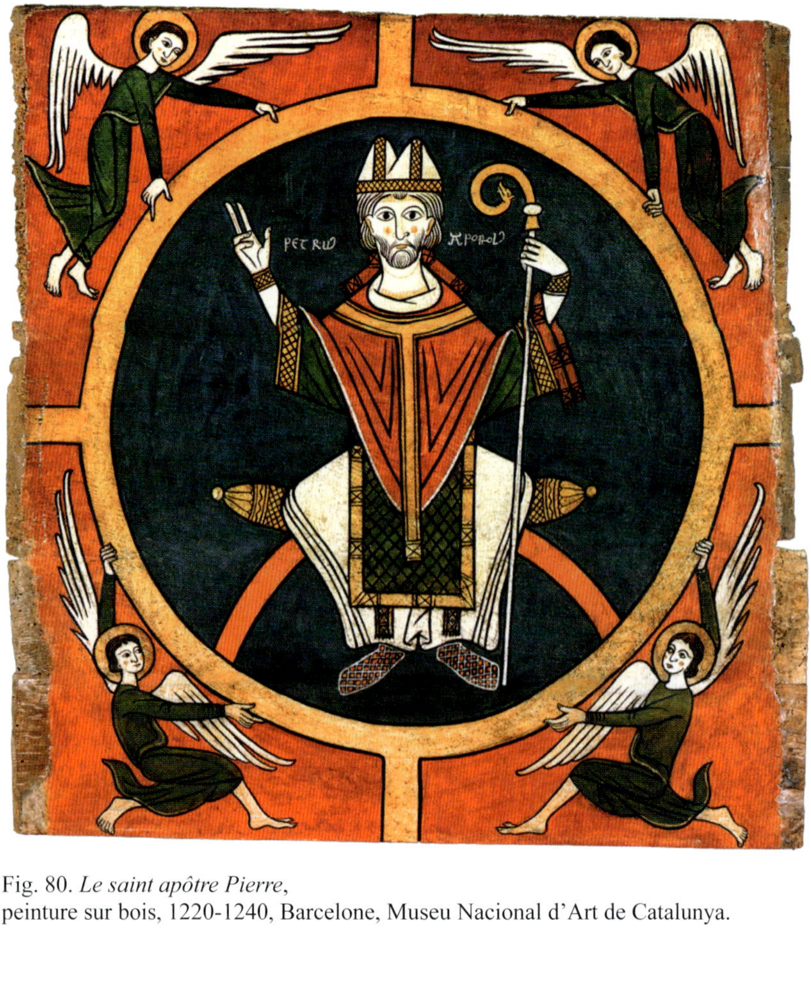

Fig. 80. *Le saint apôtre Pierre*,
peinture sur bois, 1220-1240, Barcelone, Museu Nacional d'Art de Catalunya.

Si nous avions assisté à la prise d'habit de Pierre – qui n'a en réalité jamais eu lieu, bien entendu –, en tant qu'évêque médiéval tel que nous le voyons, il se serait passé autour du cou un *amict*, à savoir un rectangle de toile fine qui recouvre le cou et les épaules, puis il aurait endossé l'*aube* ou *tunique talaire* (parce qu'elle descend jusqu'aux talons) blanche, la serrant à la taille à l'aide du *cordon* (*cingulum*), une tresse de fil ou de soie dont les deux extrémités sont terminées par des glands (on ne l'aperçoit pas dans le tableau) ; puis il aurait encore endossé l'*étole*, une longue bande d'étoffe qu'il aurait portée autour de son cou et dont il aurait fait pendre les deux extrémités devant lui, sur sa poitrine. Il aurait alors enfilé la *dalmatique*, une tunique aux amples et courtes manches, qui descend jusqu'aux genoux (le peintre lui a donné ici une couleur verte et l'a bordée d'or). Par-dessus la dalmatique, il aurait ajouté, en la passant par la tête, la chasuble, une espèce de manteau à deux pans et sans manche avec une ouverture pour la tête, dont le nom évoque du reste sa forme à capuchon (du latin *casula*, « petite maison »). Il lui aurait encore adjoint le *manipule*, que l'on appelle aussi *mappula*, « petite serviette », et qui devait être de la même couleur que la chasuble (dans notre tableau, ils sont tous deux rouges) : une mince bande d'étoffe que l'on porte, à partir du XIIe et du XIIIe siècle, à l'avant-bras gauche. Mais ce n'est pas fini : en tant qu'évêque, Pierre aurait mis, par-dessus sa dalmatique, le *pallium*, une bande en laine blanche que l'on passe autour du cou de façon que ses deux pans pendent l'un sur la poitrine et l'autre sur les épaules (il était orné de six petites croix et franges noires si celui qui la portait était archevêque ou pape). Enfin Pierre aurait coiffé la *mitre*, dont la forme a changé avec le temps : les mitres les plus anciennes, vers l'an 1000, avaient une forme de cône en pointe ; elles prirent ensuite une forme ronde légèrement aplatie au centre, puis résolument écrasée au milieu, afin de créer sur les tempes deux gonflements rigides, comme sur cette représentation de Martin de Tours, détail d'un devant d'autel espagnol de la seconde moitié du XIIe siècle (fig. 81)[51].

Le stade final de la mitre est l'actuelle mitre haute et en pointe, mais il faut savoir que jusqu'au XIIIe siècle, la mitre resta très basse et ne s'éleva singulièrement qu'au cours des siècles suivants : la forme de la mitre permet par conséquent d'attribuer une date à une œuvre.

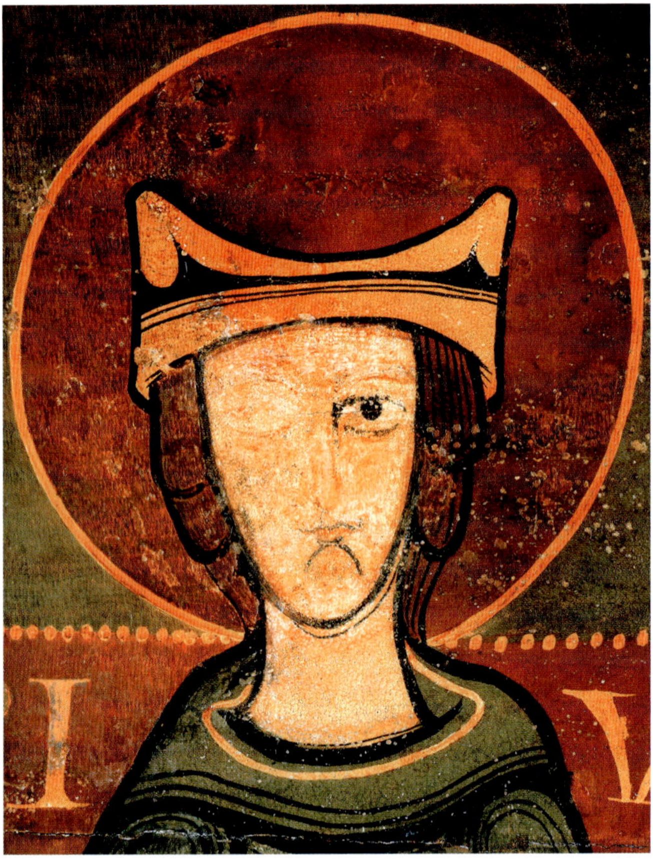

Fig. 81. *Saint Martin, évêque de Tours*, peinture sur bois, seconde moitié du XIIe siècle, Barcelone, Museu Nacional d'Art de Catalunya.

Sur notre devant d'autel de San Pere de Orós, d'après les règles de la perspective, nous n'aurions dû voir qu'un seul triangle de la mitre, le triangle antérieur ; le peintre inconnu a cependant souhaité que l'observateur puisse voir le couvre-chef dans son intégralité, si bien qu'il a déplacé le triangle postérieur, qui aurait dû être invisible, légèrement sur le côté, vers la gauche. Derrière la mitre, il a également représenté les *vittae* ou *infulae*, deux bandelettes d'étoffe qui y sont attachées et qui retombent sur les épaules.

Enfin, notre Pierre-évêque aurait parfait sa vêture en tenant dans sa main et en montrant la *crosse*, une espèce de long bâton dont l'extrémité supérieure se recourbe en volute, souvent richement décorée, car, comme le dit le Christ, « le bon berger sacrifie sa vie pour ses brebis » (Jn 10, 11), et l'évêque est tenu de guider le troupeau de fidèles qu'on lui a confié.

Devant l'autel où est prêt le calice pour la consécration du vin, le prêtre porte lui aussi la chasuble, l'amict, l'aube et l'étole dans une miniature de la fin du XIe siècle du *Discours sur les psaumes* de saint Augustin (fig. 82). Il se montre entièrement respectueux de la volonté divine (la main parlante vient du ciel)[52]. Les mains

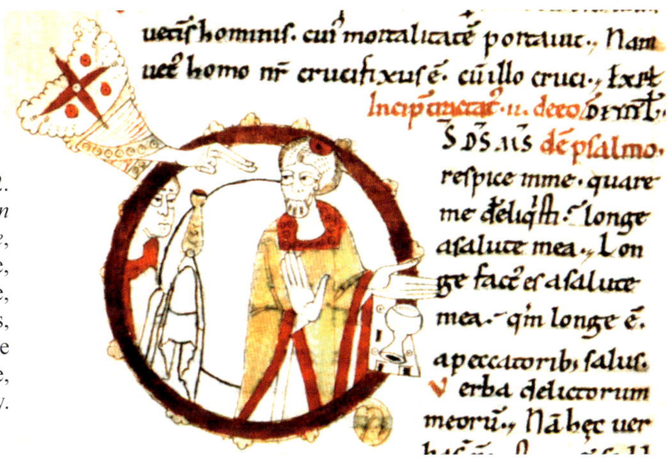

Fig. 82. *La célébration de la messe*, miniature, fin du XIe siècle, Le Mans, Bibliothèque municipale, ms 228, f. 37v.

du célébrant ouvertes vers l'extérieur (souvent plaquées contre la poitrine) forment ici le geste par lequel le subalterne manifeste au supérieur qu'il est disposé à accueillir sa doctrine, son inspiration et sa volonté. Ce geste évoluera au point d'avoir la signification du serment, comme on peut le lire dans un livre de 1654 attribué à John Bulwer :

> Lever la main droite vers le ciel est la forme naturelle du cérémonial du serment, qu'utilisent ceux qui prennent Dieu à témoin de leur promesse solennelle, comme confirmation ou garantie d'engagement sous la foi du serment[53].

Les apôtres sont très souvent représentés dans cette attitude, comme saint Paul (fig. 83), par exemple (reconnaissable en raison

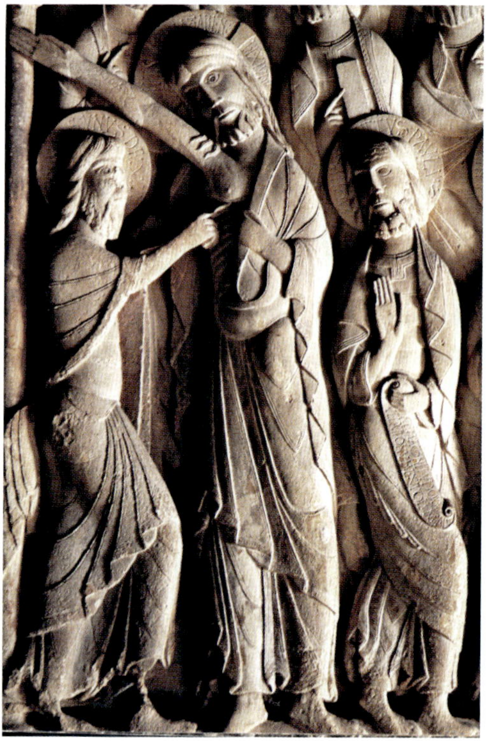

Fig. 83.
Saint Paul parmi les apôtres témoins de l'incrédulité de saint Thomas, sculpture, XIIe siècle, Burgos, Saint-Dominique de Silos, cloître.

de son nom sur son auréole, mais aussi du cartouche où figure la citation de la seconde épître aux Corinthiens 12, 7[54]), parmi les apôtres témoins de l'incrédulité de Thomas, sur l'un des piliers du cloître de l'abbaye Saint-Dominique de Silos, à Burgos, en Espagne (XIIe siècle)[55].

La Vierge annoncée d'un panneau espagnol du XIIIe siècle est un autre exemple du même genre (fig. 84)[56].

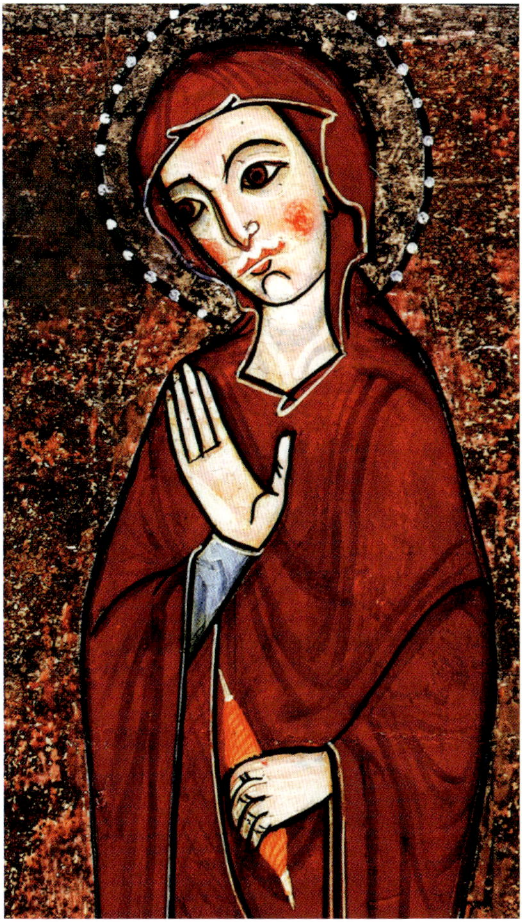

Fig. 84.
Maître de Lluçà,
détail de l'*Annonciation*,
peinture sur bois,
XIIIe siècle, Vic,
Museu Episcopal.

Par ce geste, ils témoignent tous de leur acceptation et de leur entière adhésion à la parole divine. Job, « *exemplar pacientie* », ouvre même les mains pour manifester son entière soumission à Dieu et à son impénétrable volonté, ayant été mis à rude épreuve par de terribles malheurs, dans une miniature du prologue du livre de Job, qui figure dans la Bible dite « de Saint-Bénigne » de la première moitié du XIIe siècle[57].

Les querelleurs qui avaient fait appel lèvent eux aussi les mains, la paume ouverte vers l'extérieur pour indiquer qu'ils acceptent entièrement la sentence, alors que le juge leur remet le texte du jugement ; on peut lire en effet « *res iudicata* » sur les feuillets ouverts d'une miniature du XIIIe siècle qui illustre le début du XLIIe livre du *Digestum novum* de Justinien[58]. Un geste apparemment semblable a en revanche une signification un peu différente : les bras levés et les mains tendues, mais avec une paume tournée vers l'intérieur, indiquent toujours le geste de l'accueil, mais avec une nuance de contrainte, de repli. Sur le trône, Childebert, qui domine aussi bien par sa taille que par les gestes autoritaires qu'il fait avec ses mains et ses bras[59], est entouré de ses frères, couronnés eux aussi, mais debout et plus petits, qui écoutent les ordres qu'on leur donne (fig. 85). Leurs mains levées et tendues indiquent l'exécution des dispositions qu'ils ont entendues, mais la paume de la main droite tournée vers la poitrine et le coude légèrement à l'extérieur, alors que la main gauche effleure tout juste la cuisse – timide souvenir du geste du puissant, qu'exprime Childebert avec un air fort différent –, suggèrent que leur allégeance est en l'occurrence contrainte.

Le geste de l'hommage du vassal au *senior*, « le plus âgé », autrement dit le plus puissant, est néanmoins spontané dans la société féodale. Le premier s'engage à servir le second sa vie durant, en temps de paix ou de guerre ; et le second lui assure en échange qu'il le protégera et subviendra à ses besoins pour toute la vie également, pourvu que le serment d'allégeance soit respecté. La cérémonie est publique et il importe de souligner que celui qui décide de se soumettre est entièrement libre de le faire. Le vassal s'agenouille et met ses mains jointes dans celles du *senior* ; il devient son « *homo* », et c'est la raison pour laquelle ce rite s'appelle *homagium*, « hommage » ; s'ensuivait le serment de fidélité, que l'on prêtait la main posée sur l'Évangile ou sur les reliques.

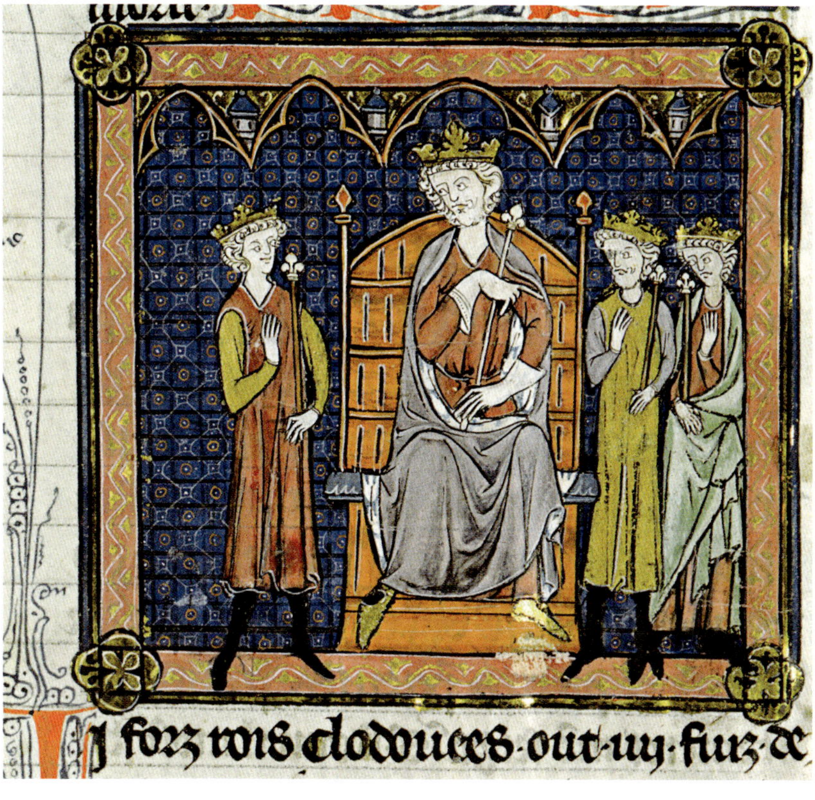

Fig. 85. *Les frères de Childebert jurent allégeance à leur souverain*, miniature extraite des *Grandes Chroniques de France*, 1275, Paris, bibliothèque Sainte-Geneviève, ms 782, f. 16v.

C'est précisément la raison pour laquelle l'acte d'hommage stipulé avec le diable, traître et menteur par excellence, devait produire une vive impression et susciter de l'angoisse. C'est ce qui serait arrivé au diacre Théophile dont la légende, d'origine grecque, fut racontée par une chanoinesse érudite, Roswitha de Gandersheim, au xe siècle[60]. Tombé en disgrâce auprès de son évêque, Théophile n'hésita pas à signer de son propre sang, avec l'aide d'un Juif expert en arts magiques, un pacte avec le diable par lequel il vendit son âme en échange du pouvoir, comme le fera bien des siècles plus tard le docteur Faust de Goethe. Dans cette miniature extraite du psautier de la reine Ingeburge, qui date de 1200 environ, Théophile effectue les gestes essentiels du rite de l'hommage, comme l'explique la légende : « Si come Teophilus fait ommaige au deable » (fig. 86).

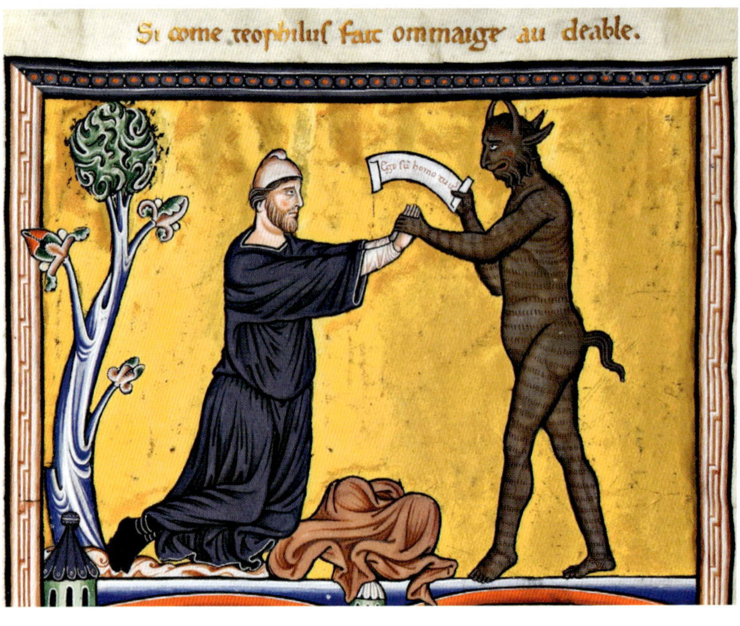

Fig. 86. *L'hommage de Théophile au diable*, miniature, vers 1200, Chantilly, musée Condé, ms 9, f. 35v.

À genoux, le diacre pose ses mains jointes dans celles du démon, s'engageant ainsi, comme fidèle vassal, à lui prêter allégeance et à dépendre de lui pour toute la vie. Satisfait, le Malin agite une bande de papier sur laquelle Théophile a écrit de manière significative : « *Ego sum homo tuus.* » Il est à noter que la formule juridique de l'allégeance est exprimée en latin, langue non seulement de l'Église, mais du droit, alors que la légende de la miniature est en français. La gestuelle de l'hommage a survécu longtemps, et même jusqu'à nos jours. Quand nous employons aujourd'hui l'expression : « Je suis entre tes mains », nous faisons sans le savoir allusion au rite de l'hommage ; et l'habitude qu'ont les fidèles – substantif qui est d'ailleurs en soi tout un programme – de prier à genoux et les mains jointes fait également allusion à la cérémonie de l'hommage pour signifier que toute la confiance du fidèle repose sur Dieu et qu'il est le vassal du Seigneur. Dans l'Antiquité, en revanche, on invoquait Dieu les mains ouvertes et les bras levés, tel qu'on le lit également dans la Bible ; les premiers chrétiens priaient encore ainsi, comme la petite défunte Nicatiola, qu'on a peinte dans la première moitié du ve siècle dans les catacombes de San Gennaro, à Naples (fig. 87)[61].

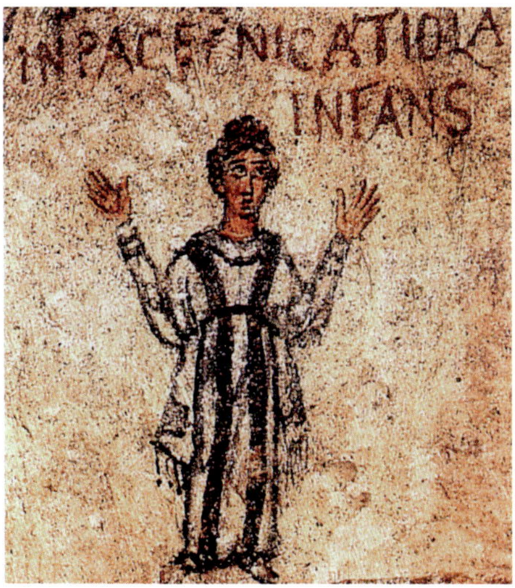

Fig. 87.
La petite défunte Nicatiola, fresque, première moitié du ve siècle, Naples, catacombes de San Gennaro.

Aujourd'hui seul le prêtre prie les bras levés quand il célèbre la messe, où l'on a conservé en plusieurs points la manière de prier Yahvé de l'Ancien Testament : souvenons-nous de Moïse, obligé de garder sans cesse les bras levés (fig. 88) pour s'assurer la faveur divine dans la guerre que son peuple menait contre les Amalécites ; ayant constaté que la protection du Seigneur cessait dès qu'il baissait les bras par fatigue, il se fit soutenir par son frère Aaron et par Hour[62] (Ex 17, 11-12).

La consécration sacerdotale et monacale comporte également l'*immixtio manuum* lors d'une cérémonie qui a des points de tangence avec celle de l'hommage. Dans une miniature de la *Bible moralisée* de Vienne, que l'on a déjà citée plusieurs fois, le moine qui fuit les tentations, représentées par le serpent qui incita Ève au péché, est accueilli au monastère par l'abbé ; avant d'en

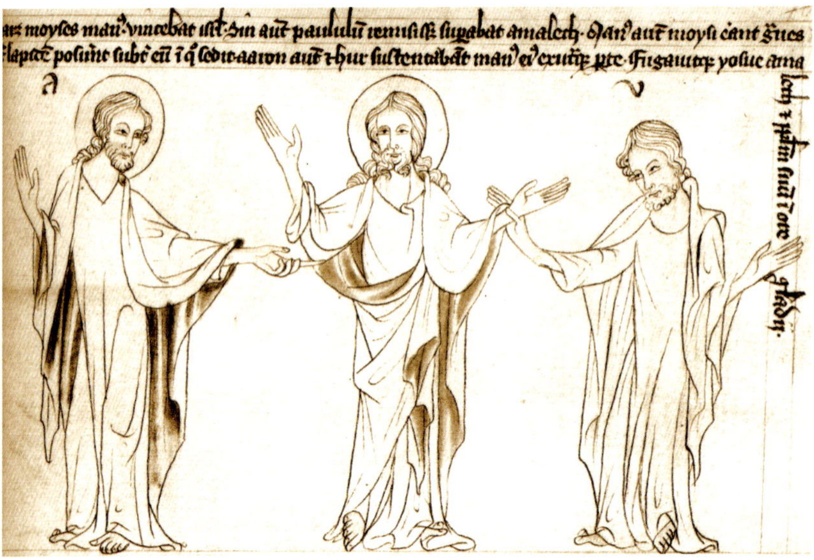

Fig. 88. *Moïse prie sans cesse Dieu, soutenu par Aaron et Hour*, miniature, 1325-1349, Prague, Národní knihovna České republiky, ms n. XXIII C 124, f. 77r.

franchir le seuil, il incline humblement la tête et plie légèrement les genoux en posant sa main libre entre celles de son supérieur, qui la lui prend (fig. 89)[63].

Entre un homme et une femme, le fait de se serrer la main droite a en revanche une signification matrimoniale, symbole du lien que les conjoints établissent en convolant en justes noces, un geste d'ascendance classique, comme le montre notamment le mariage

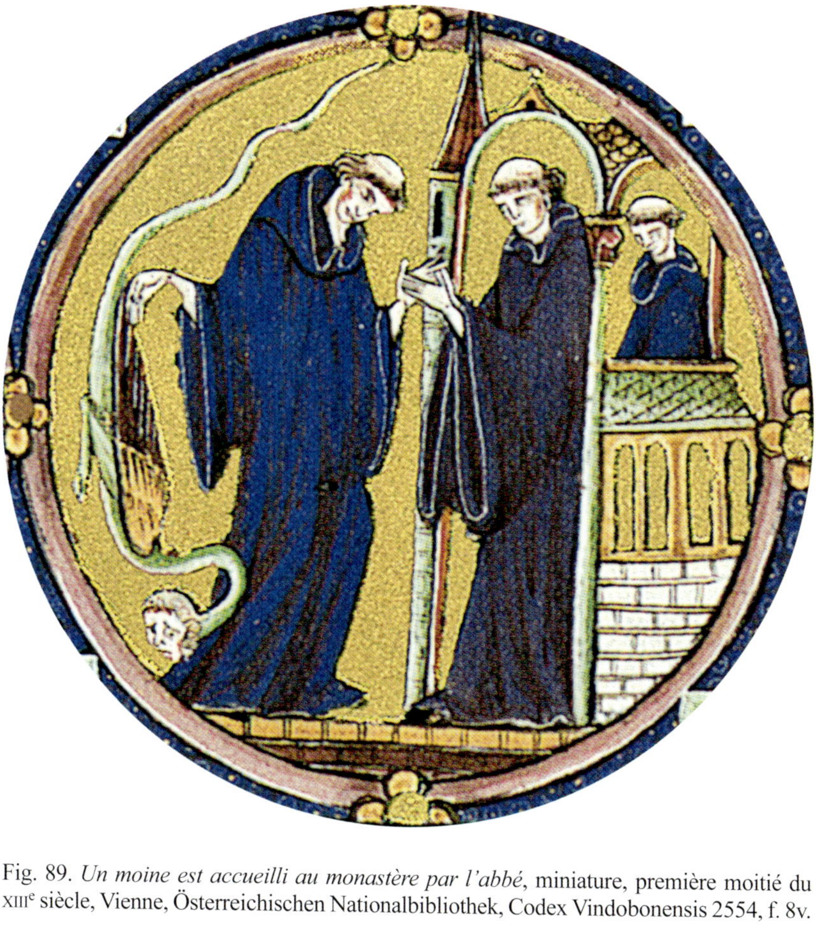

Fig. 89. *Un moine est accueilli au monastère par l'abbé*, miniature, première moitié du XIIIe siècle, Vienne, Österreichischen Nationalbibliothek, Codex Vindobonensis 2554, f. 8v.

d'un haut fonctionnaire romain sur un sarcophage de 160-170 du musée du palais ducal de Mantoue (fig. 90)[64]. Les époux sont rapprochés l'un de l'autre par la déesse Concorde ou par « Junon *pronuba* » (propice aux mariages) ; le jeune garçon qui tient le flambeau nuptial devant le couple est le dieu du mariage Hyménée. Derrière l'homme se trouve probablement le témoin du contrat de

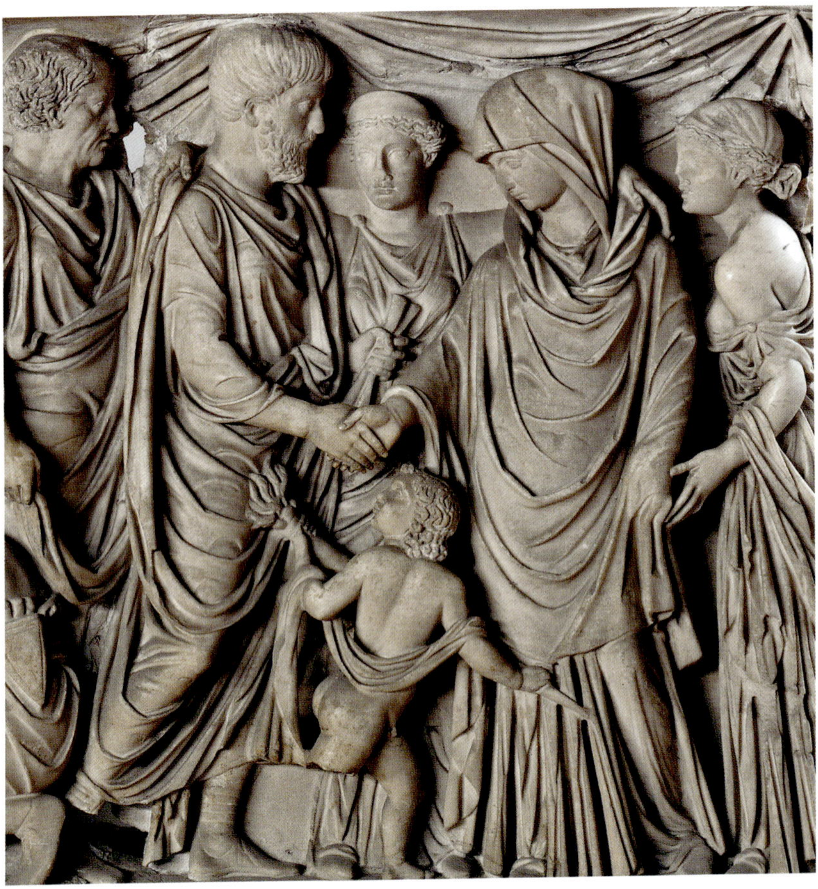

Fig. 90. *Le mariage d'un haut fonctionnaire romain*, sculpture, 160-170 ap. J.-C., Mantoue, Musée du palais ducal.

mariage que l'époux tient à la main. La jeune fille souriante qui incite avec douceur la timide épouse à serrer la main à son mari est la déesse Péitho, compagne d'Aphrodite, personnification de l'harmonie et de la vie conjugale.

La *dextrarum iunctio* (l'union des mains droites) unit le Christ à l'Église[65], Catherine d'Alexandrie au moment de son mariage mystique avec le Christ[66], et naturellement Marie et Joseph, comme dans une miniature d'un évangéliaire[67] d'Othon III (980-1002) où, sur la même page, se succèdent l'*Annonciation*, le *Mariage* et la *Nativité* (fig. 91)[68].

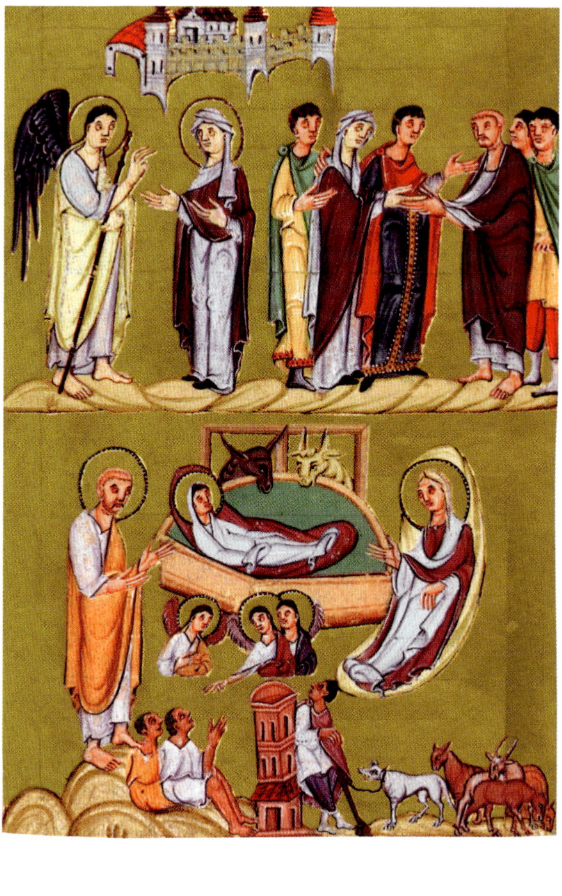

Fig. 91. *Annonciation, Mariage de Joseph et de Marie, Nativité*, miniature, fin du xe siècle, Munich, Staatsbibliothek, ms Clm. 4453 Cin. 58, f. 28r.

Dans la scène du *Mariage*, le prêtre est au centre, comme s'il faisait office de Junon *pronuba* : il pose sa main droite sur le dos de Marie qui tend les mains vers Joseph, lequel est à son tour prêt, les mains tendues, à l'accueillir ; les témoins se trouvent derrière les époux.

Il est à noter que c'est là l'unique scène où Joseph et Marie sont dépourvus d'auréole. En ce qui concerne le mariage, l'Église ne joue pas un rôle essentiel pour la validité du rite ; elle se contente de bénir une union que le consentement et le contrat ont déjà établie. On en est venu très lentement à envisager le mariage comme un sacrement, que l'on n'a consacré comme tel qu'au XIIIe siècle. Du reste, l'Église ne peut proposer aucun exemple de mariage digne de foi puisque, dans le Nouveau Testament, les noces constituent plutôt un problème à surmonter qu'un modèle à imiter : Marie et Jean sont en effet nés de parents très âgés (Anne et Joachim, Élisabeth et Zacharie) et seulement par l'intervention divine. Au demeurant, le mariage de Joseph et de Marie, en tant qu'union virginale, est également très singulier. Le mariage est par ailleurs associé au péché d'Adam et Ève, et c'est surtout sur cette dernière que l'on fait retomber, à partir de saint Paul, tout le poids de la culpabilité.

Concluons en revenant au point de départ : les gestes de la parole, dont celui de la *disputatio*, déjà décrit par Quintilien[69], le geste caractéristique de l'enseignant, du prédicateur, du juriste.

Par le geste de la *disputatio*, on entend énumérer ses arguments : l'index de la main droite s'appuie sur les doigts ouverts de la main gauche, ou bien l'index et le pouce de la main droite saisissent l'index de la main gauche. Sainte Catherine d'Alexandrie (martyrisée en 304) est souvent représentée dans cette attitude lors de sa controverse avec les philosophes païens, d'où elle est sortie victorieuse et qui s'est conclue par leur conversion et le martyre relatif en masse. Que l'on considère par exemple la fresque de Masolino da Panicale (fig. 92) dans la chapelle Branda Castiglioni de la basilique

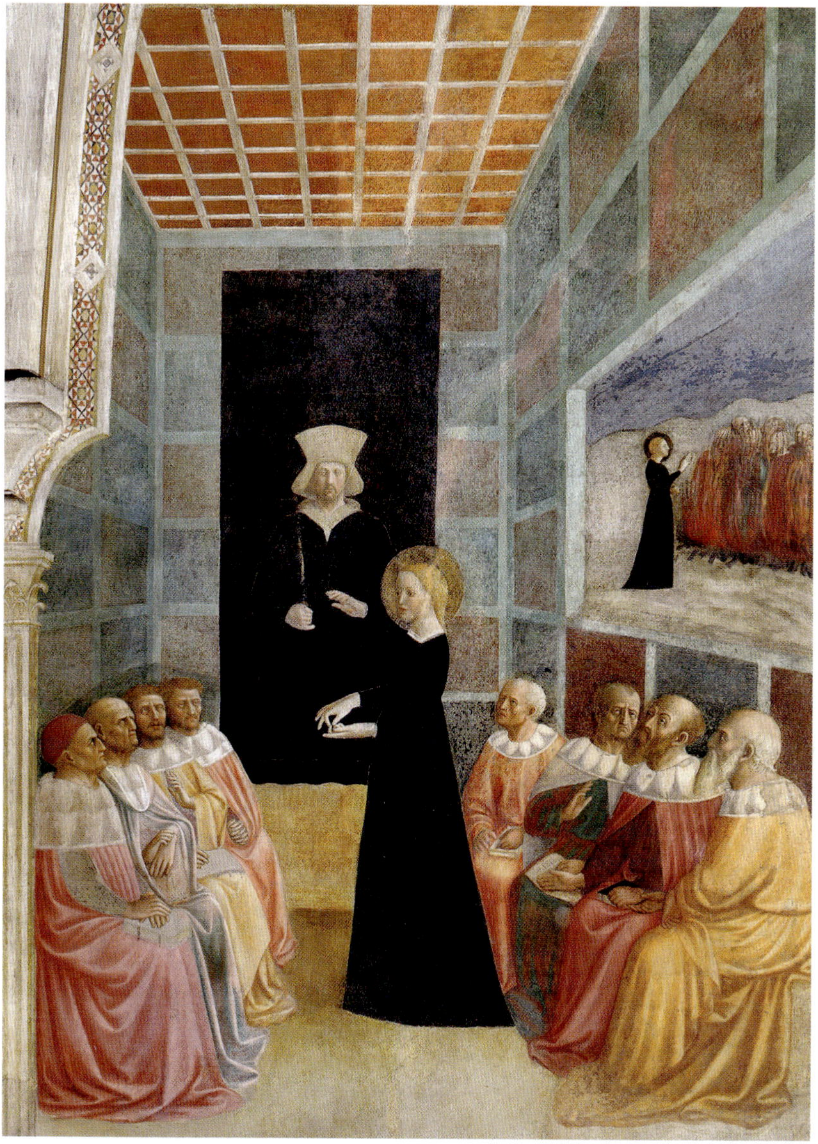

Fig. 92. Masolino da Panicale, *Catherine d'Alexandrie discute avec les philosophes païens*, fresque, vers 1428-1431, Rome, Saint-Clément, chapelle Branda Castiglioni.

Saint-Clément de Rome (1428-1431 environ)[70], où l'artiste a fait preuve d'une singulière imagination en représentant non seulement une Catherine convaincante, mais aussi l'issue dramatique et édifiante de son discours, qu'il a conçu dans une sorte de coulisse théâtrale à l'intérieur du mur de la salle où a lieu la controverse : le bûcher de tous les philosophes réconfortés jusqu'au dernier moment par la sainte.

Dans le *Triomphe de la Mort* de 1485 de Clusone (Bergame), réalisé très probablement par Giacomo Busca sur le mur extérieur de l'église des Disciples du Christ[71], les puissants de la terre supplient en vain qu'on les épargne : certains offrent des pièces de monnaie, d'autres des couronnes, d'autres encore des bijoux ; seul le philosophe explique calmement au roi ahuri, en faisant ce même geste de la *disputatio*, que la fin est inéluctable (fig. 93).

Une variante ultérieure du geste du calcul digital, destiné à survivre au fil des siècles, nous est fournie par la fresque de l'église de San Giovanni Evangelista (vers 1350-1360) de Priverno (province

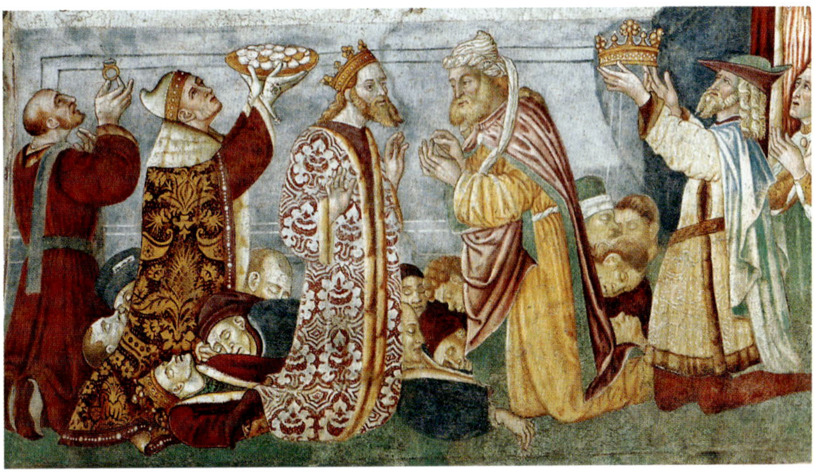

Fig. 93. Giacomo Busca (?), *Le philosophe démontre que la fin est inéluctable*, détail du *Triomphe de la Mort*, fresque, 1485, Clusone, église des Disciples du Christ.

de Latina)[72]. Le porte-parole des philosophes que sainte Catherine d'Alexandrie n'a pas encore convertis oppose ses propres raisons à la future martyre (fig. 94) : le pouce et l'index de sa main droite se referment pour former un anneau en serrant l'annulaire de la main gauche, un geste que, dans un passé récent, les hommes politiques démocrates-chrétiens avaient l'habitude de faire, mais uniquement de la main droite, pour mettre en évidence la précision de leurs arguments (fig. 95)[73].

Il n'est pas jusqu'au grand prédicateur saint Bernardin qui ne referme sa main droite pour former un anneau dans le polyptyque de Paolo da Visso, à l'œuvre dès 1478 environ[74] (fig. 96), alors qu'il montre à l'assistance, avec sa main gauche, un manuscrit ouvert sur lequel on peut lire le verset de l'épître de saint Paul aux Philippiens (2, 10) : « [*Ut*] *in nomine Iesu omne genu flectatur caelestium*

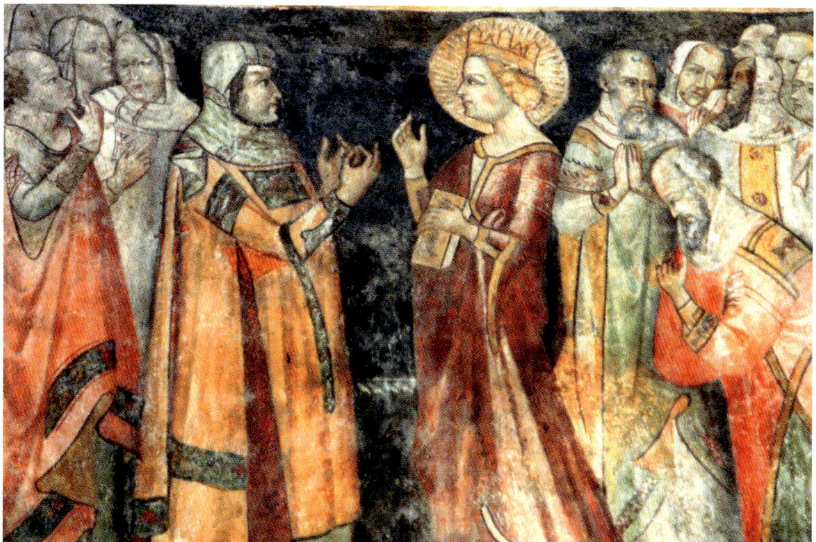

Fig. 94. *Le philosophe que Catherine d'Alexandrie n'a pas encore converti s'oppose aux arguments de celle-ci*, fresque, vers 1350-1360, Priverno, San Giovanni Evangelista.

terrestrium et infernorum et omnis [*lingua confiteatur quia Dominus Iesu Christus in gloria est Dei Patris*] » (« [Afin qu']au nom de Jésus tout genou fléchisse dans le ciel, sur la terre et dans les enfers, et que toute [langue confesse que le Seigneur Jésus-Christ est dans la gloire de Dieu le Père] »)[75].

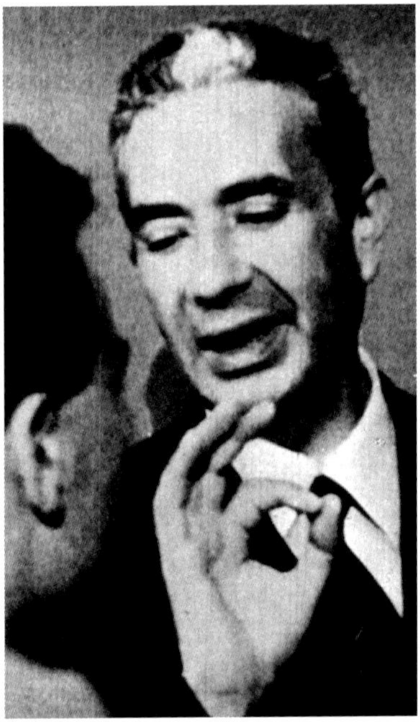

Fig. 95. *Aldo Moro*, extrait de *Panorama*, 21 mars 1978.

Sur le fond doré, on voit briller le soleil d'or flamboyant avec le trigramme IHS[76]. On pourrait également penser que, caractéristique tout à fait insolite dans l'iconographie de saint Bernardin, le saint tient entre ses doigts l'un des fils de lumière de la couronne du soleil que l'on distingue à peine, or sur or. Même s'il en était ainsi, cela ne modifierait pas la signification du geste parce que la main servirait à relier le symbole abstrait de l'astre à la citation paulinienne en suggérant, par la position de l'index et du pouce, la subtilité de l'explication.

S'il est si important de savoir parler et argumenter, il est tout aussi important de savoir se taire : c'est une discipline intérieure qui conduit à la méditation, à l'ascèse, mais aussi à la sagesse et à la prudence. C'est pourquoi le silence et le fait de maîtriser son propos et de se disposer plutôt à écouter entrent dans le cadre de la communication. Le bienheureux Siennois Pietro Pettinaio, mort en 1289, était devenu capable, après quatorze ans d'exercices difficiles, de ne parler qu'à de très rares occasions – nous informe son biographe –,

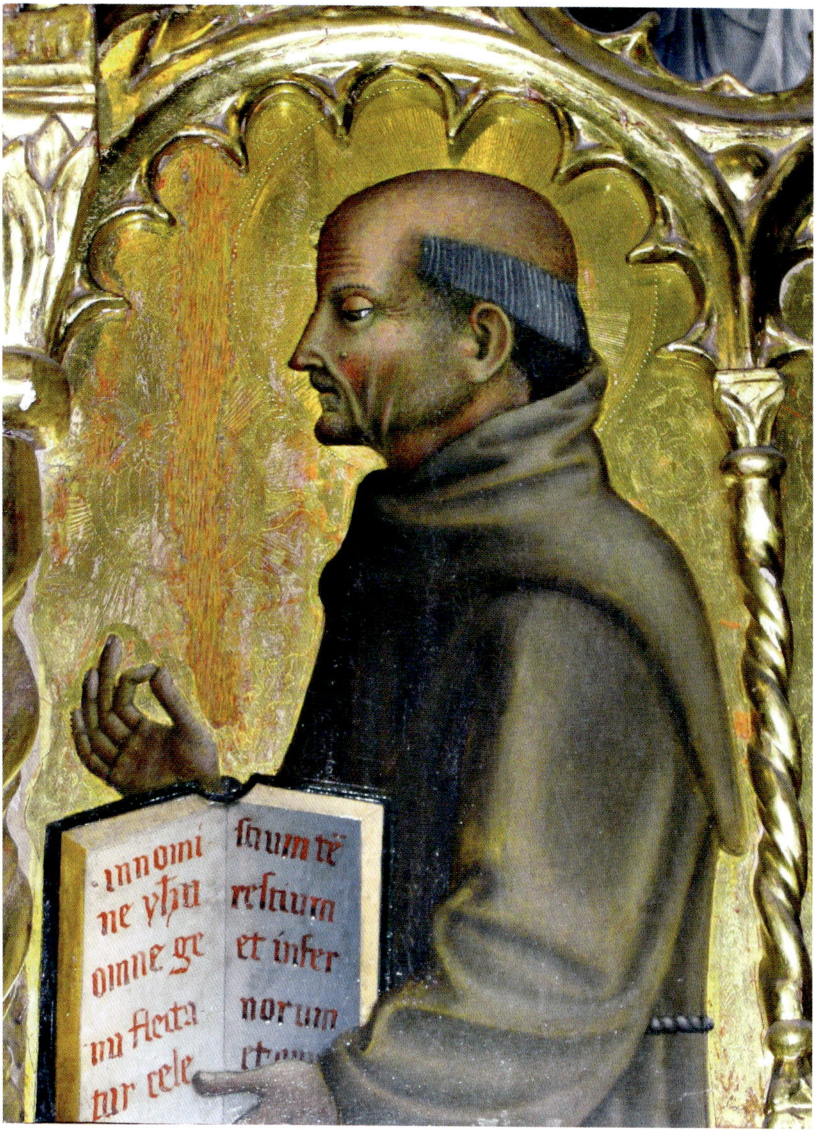

Fig. 96. Paolo da Visso, *Saint Bernardin*, détail d'un polyptyque, peinture sur bois, seconde moitié du xve siècle, Visso, Musée municipal et diocésain.

mais ses concitoyens tenaient ses précieuses opinions en haute estime[77]. Il est représenté parmi d'autres saints importants de la ville, le doigt sur les lèvres, geste du silence (fig. 97), sur les portes d'une grande armoire à reliques qui provient de la grande sacristie de l'hôpital de Santa Maria della Scala, à Sienne, et qui fut peinte entre 1445 et 1446 par Lorenzo di Pietro dit « Vecchietta »[78].

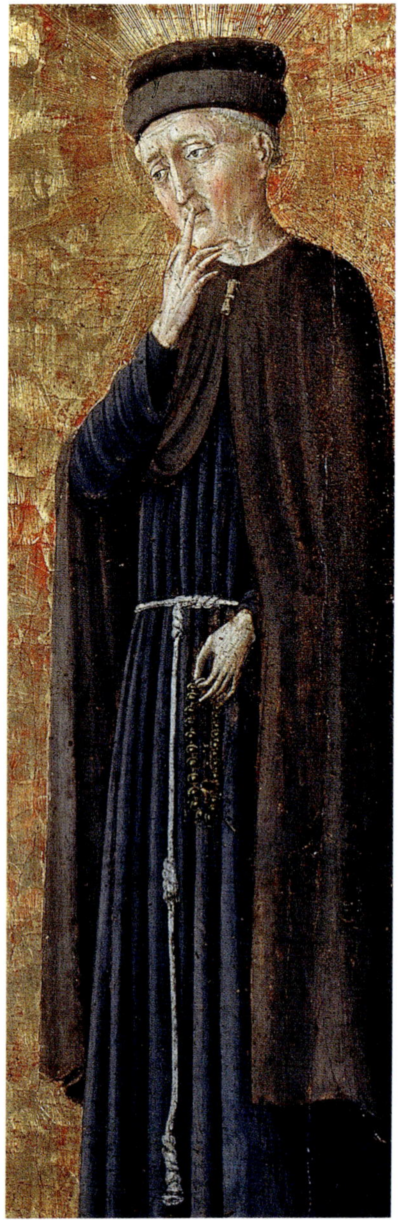

Ce geste s'appelle *signum harpocraticum* précisément parce qu'Harpocrate, le dieu enfant de la mythologie égyptienne, connu aussi bien des Grecs que des Romains, « tient un doigt appliqué sur sa bouche, nous explique Plutarque, pour marquer qu'il a la vertu du silence et qu'il est le silence même[79] ». Le *signum harpocraticum* peut avoir une signification passive – fermer la bouche pour se taire – ou active – imposer le silence au

Fig. 97.
LORENZO DI PIETRO DIT « VECCHIETTA », *Pietro Pettinaio faisant le geste du silence*, détail d'une armoire à reliques, peinture sur bois, moitié du XVe siècle, Sienne, Pinacothèque nationale.

spectateur, comme la Vertu de l'Obéissance que Giotto a peinte à fresque dans la chapelle Bardi de l'église Santa Croce, à Florence, en 1325 environ (fig. 98) : le doigt sur les lèvres et le joug autour du cou, elle invite le moine au renoncement et à se soumettre, l'exhortant « à la patience, fruit du calme intérieur[80] ». Obéissance, chasteté et pauvreté sont les trois vœux religieux que prononce le franciscain quand il s'engage à faire partie de l'ordre.

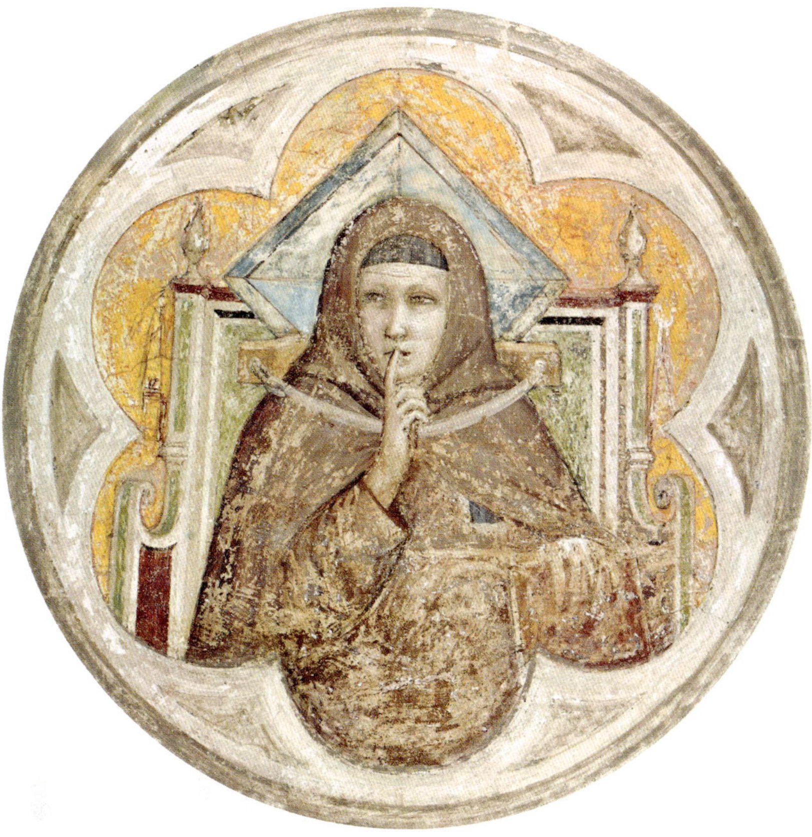

Fig. 98. Giotto, *L'Obéissance*, fresque, vers 1325, Florence, Santa Croce, chapella Bardi.

Chapitre III

Devant dedans, dessus dessous et autres conventions symboliques

Trois images et trois questions : comment se fait-il que sur le toit d'un *scriptorium*[1], dans une miniature du début du XIe siècle, les divers édifices soient empilés les uns sur les autres ? Comment se fait-il que dans *Le Sermon aux oiseaux* de saint François, qui figure dans le retable Bardi de 1243 environ, les oiseaux soient représentés comme s'ils étaient posés sur les portées d'une partition musicale ? Comment se fait-il que, dans une fresque du XVe siècle, les onze mille vierges, compagnes de sainte Ursule et martyrisées comme elle, semblent avoir pris place sur un escalier invisible au lieu de reposer tranquillement dans leurs tombes ou sur le drap d'une blancheur éclatante qui porte leurs âmes au ciel ? Nous examinerons ces diverses images en détail, mais nous pouvons d'ores et déjà répondre qu'elles procèdent toutes trois d'une même intention. Si distants qu'ils soient les uns des autres dans l'espace et le temps, les trois artistes ne souhaitaient pas représenter la réalité telle que la percevait leur regard ; ils se proposaient aussi bien de l'interpréter que de la rendre tout à fait intelligible à l'observateur, même aux endroits où l'œil humain n'aurait pu accéder.

La ville qui repose sur les tuiles (fig. 99) ne témoigne pas d'un renversement de tout principe statique : elle sert simplement à situer

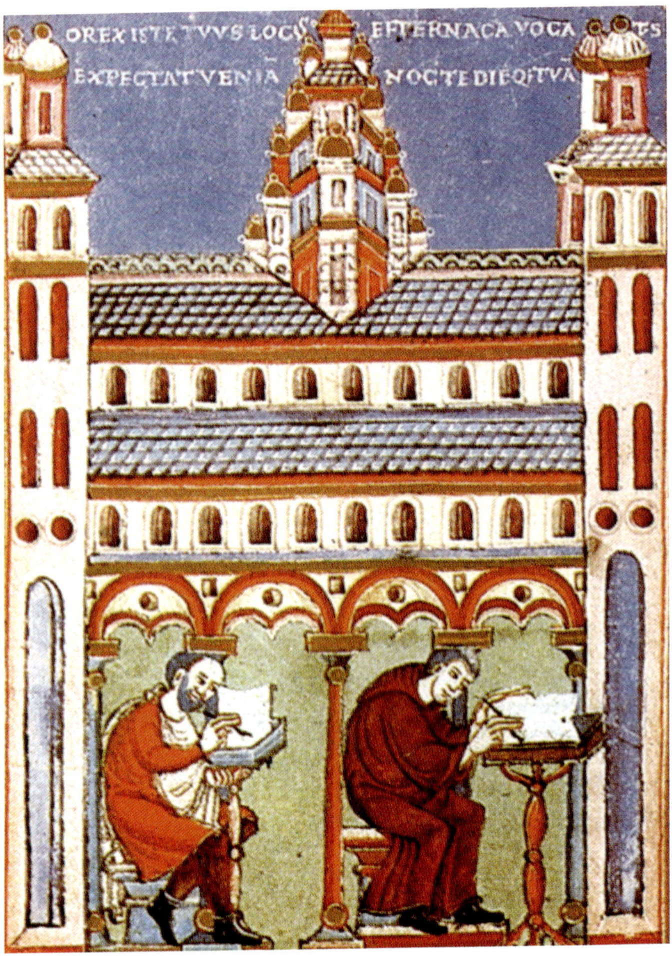

Fig. 99. *Scribes à l'œuvre dans un scriptorium*, miniature, vers 1039, Brême, Staatsbibliothek, ms b. 21, f. 124v.

l'édifice à des coordonnées géographiques précises. Il s'agit du *scriptorium* lumineux (la double galerie de fenêtres indique peut-être les salles de la bibliothèque et du *scriptorium*) d'Echternach[2], une ville qui s'est développée autour de l'enceinte extérieure de son abbaye (ce qui explique la présence du « pinacle » au beau milieu du toit). On a fait coulisser un mur de sorte que l'on puisse en voir l'intérieur : en raison d'une inversion volontaire des proportions, le frère lai et le moine occupés si laborieusement à écrire à la main sur le parchemin sont démesurés par rapport au lieu où ils opèrent parce que l'homme doit être placé au premier plan, expression et véhicule de sentiments. La structure architecturale n'est que la projection et le cadre d'une prière permanente ; en haut, dans cette même miniature, nous lisons : « *O rex, iste tuus locus, Efternaca vocatus, expectat veniam nocte dieque tuam* » (« Ô roi, ce lieu nommé Echternach, qui est le tien, attend ta faveur, nuit et jour »). Le manuscrit comporte les portraits et le nom d'Henri III et de sa mère, l'impératrice Gisèle, et on le remit probablement au souverain à l'occasion de sa visite à Echternach, en 1039, afin qu'il fût bien disposé à l'égard d'une supplique du monastère : on espérait que le travail ininterrompu du *scriptorium* serait un titre de mérite, de même que le magnifique manuscrit qu'on allait offrir au souverain.

Le peintre du retable Bardi de 1243 environ (dans la chapelle du même nom de l'église Santa Croce de Florence), dédié à la vie et aux miracles de saint François[3], se trouva aux prises avec un autre problème : parvenir à faire voir, dans la scène du *Sermon aux oiseaux*, le rassemblement de la multitude emplumée qui écoute le prêche du saint (fig. 100).

Conformément aux règles de la perspective, il aurait pu s'appliquer à ne distinguer dans leur individualité que les oiseaux du premier rang et se contenter d'ajouter derrière celui-ci le sommet des autres têtes à plumes. Il adopta une solution différente : il disposa les diverses espèces d'oiseaux en rangs ordonnés les uns au-dessus

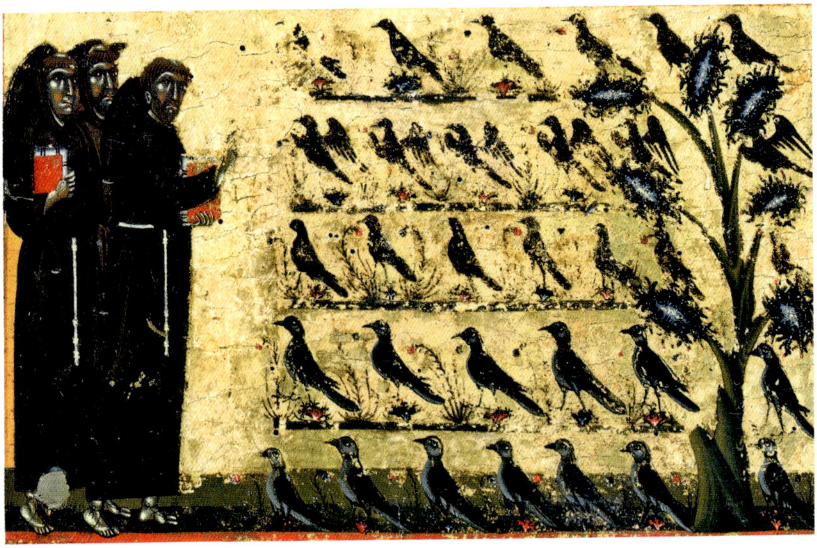

Fig. 100. Maître du retable Bardi, *Le Sermon aux oiseaux*, retable, vers 1243, Florence, Santa Croce, chapelle Bardi.

des autres, sachant que l'observateur comprendrait que ce que nous voyons *au-dessus* doit être situé *derrière* : tous les oiseaux posés sur les lignes sont au sol, sur la terre brune, un rang après l'autre.

Des siècles plus tard, le peintre de sainte Ursule (fig. 101)[4] employa le même langage conventionnel. Comme il lui fallait représenter onze mille martyres, il eut l'idée de les répartir dans au moins deux tombes. Pour évoquer leurs corps et leurs âmes que les anges portent au ciel, il adopta le même principe que les anciennes photographies scolaires de groupe, lorsqu'on plaçait tous les élèves d'une classe sur des gradins de sorte qu'ils soient tous visibles de la même manière. Mais puisqu'il s'agissait d'onze mille corps et d'onze mille âmes, notre peintre dut trouver un compromis et il se contenta d'indiquer une profusion d'auréoles sans visages à l'arrière-plan.

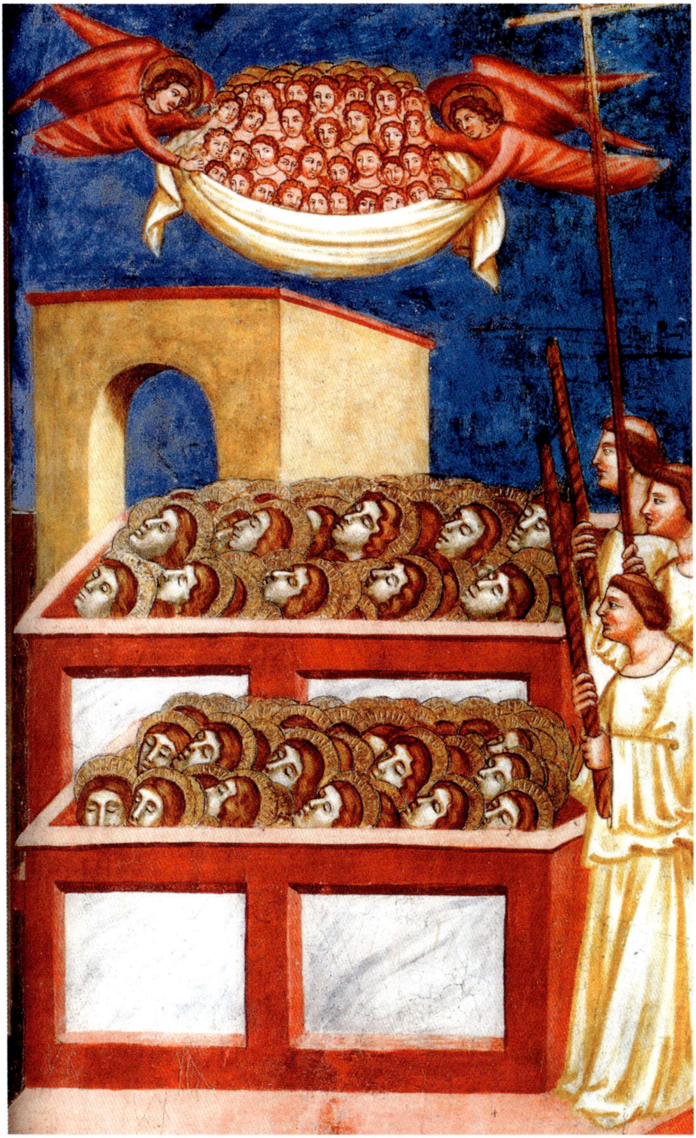

Fig. 101. Anonyme vénitien, *Les onze mille vierges*, fresque, XVe siècle, San Vigo di Cadore, Sant'Orsola.

Comme le montre la brève juxtaposition de ces trois images, on préféra pendant des siècles, au Moyen Âge, un langage conventionnel plutôt que naturaliste. Pour quelle raison ?

Par rapport à l'âge classique, marqué par la recherche de la vraisemblance, les critères de représentation de l'Antiquité tardive entraînèrent une mutation profonde. Selon Richard Brilliant[5], l'avènement du culte impérial, avec tout son attirail de gestes symboliques et conceptuels, contribua à la détermination d'un langage codifié, figé et répétitif, même si nous n'en avons pas aujourd'hui une compréhension immédiate. Dans l'art grec et romain classique, en revanche, le récit des sentiments et des émotions faisait l'objet d'épisodes librement composés et variés, dont les mouvements expressifs étaient fonction des divers états psychologiques.

Sur une pièce de monnaie romaine, un aureus frappé entre 202 et 210 par Septime Sévère (fig. 102), empereur de 193 à 211, année de sa mort[6], le Cirque Maxime de Rome est représenté à la fois vu de haut et de côté : comme si nous le survolions, nous distinguons à l'intérieur les athlètes ; et comme si nous étions en face de lui, juste au centre, nous pouvons en admirer l'entrée principale et les arcades extérieures. Les entrées latérales, que notre point d'observation ne nous aurait pas permis d'embrasser du regard, se sont aimablement soustraites à l'architecture dont

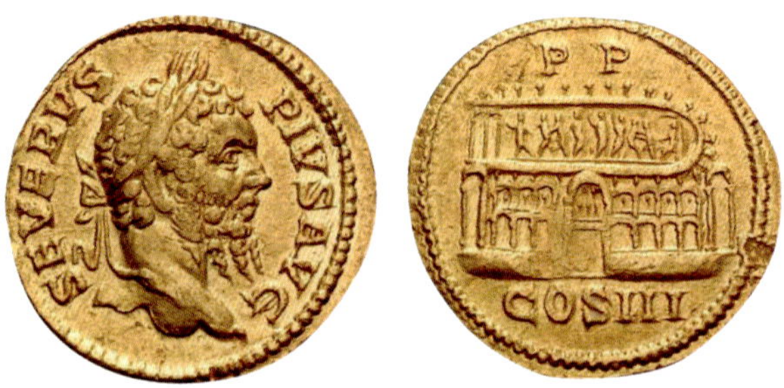

Fig. 102.
Aureus de Septime Sévère, pièce d'or, entre 202 et 210 ap. J.-C., Londres, British Museum.

elles font partie pour être également bien exposées à la vue. Si l'on avait respecté les règles de la perspective, on aurait dû faire disparaître les athlètes en leur faisant toucher le sol, les empêchant ainsi d'être suspendus en l'air pour qu'on puisse les voir ; on aurait dû demander aux entrées latérales de se recomposer et de s'éclipser discrètement en pivotant vers l'intérieur sur des gonds imaginaires.

Dans une mosaïque funéraire du ve-vie siècle provenant de Thabraca, aujourd'hui Tabarka en Tunisie, et conservée au musée national du Bardo à Tunis (fig. 103 et 104)[7], la structure d'une

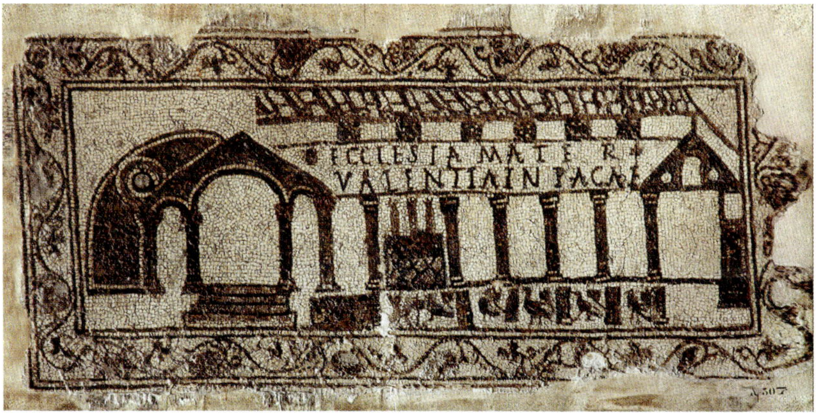

Fig. 103. *Ecclesia mater*, mosaïque funéraire, ve-vie siècle, Tunis, musée national du Bardo.

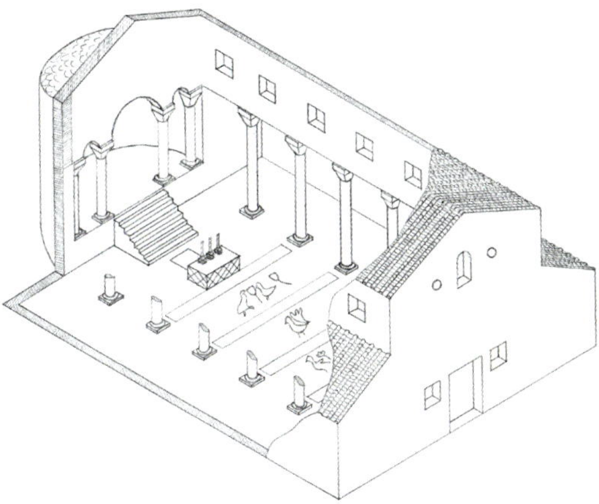

Fig. 104. Reconstitution de l'église représentée dans *Ecclesia mater*.

basilique chrétienne est rendue selon les mêmes principes : nous voyons à la fois la façade, le côté le plus long de l'église – qui comporte trois nefs, celle du centre étant la plus haute, avec une rangée de fenêtres – et son intérieur en coupe, avec un autel sur lequel brûlent trois flambeaux. Le toit est vu de l'extérieur ; l'abside, vue en revanche de l'intérieur, est précédée d'un escalier. Les pigeons qui défilent devant nous décorent en réalité la mosaïque qui recouvre le sol. Grâce à la présence contemporaine du texte épigraphique et de l'image, l'édifice ecclésiastique apparaît dans sa représentation aussi bien physique que métaphorique de « mère de tous » : maison de Dieu et « *mater Ecclesia* », lieu approprié au repos éternel de la défunte Valentia[8] ; on peut en effet y lire : « *Ecclesia mater. Valentia in pacae.* »

Combien de détails nous auraient échappé si nous avions respecté les règles de la vraisemblance de la perspective, nous auraient fait remarquer le graveur de l'aureus de Septime Sévère et le mosaïste de Tabarka ! Ces deux artistes n'en faisaient pas qu'à leur guise, mais ils mettaient en œuvre les principes esthétiques de leur temps, principes formalisés par le philosophe grec Plotin (205-270)[9] et destinés à rester les mêmes tout au long du haut Moyen Âge, se prolongeant, quoique d'une manière moins unitaire, jusqu'à Giotto. Selon ces principes, l'image doit être pourvue de la plus grande lisibilité en reproduisant tous les éléments au premier plan de façon à éviter les raccourcis et les ombres, en décomposant un solide, c'est-à-dire en alignant ses côtés les uns à côté des autres comme ceux d'une boîte qu'on n'a pas encore assemblée, et en adoptant enfin une perspective dont les lignes de fuite semblent inversées et par conséquent divergentes, de sorte que les images s'agrandissent au fur et à mesure qu'elles s'éloignent, ou bien une perspective à vol d'oiseau, comme si nous survolions l'image et la voyions s'aplatir au sol avec un « effet domino ».

Si le mécanisme additif est dès lors justifié par un objectif « pédagogique », il en découle aussitôt qu'il n'y a pas de fusion entre le personnage et l'espace où il est censé agir, espace qui, avec le fond doré, prend parfois l'épaisseur opaque d'une coulisse architecturale.

Le temps atmosphérique, le temps présent et contingent, devient le temps éternel de Dieu. Le fond doré est immobile : c'est le ciel du paradis, du sacré, où il ne se passe rien. Pour apercevoir en peinture le ciel bleu, avec des nuages en flocons et des oiseaux qui volent, il faudra attendre la maestria de Fra Angelico (1395-1455). Ambrogio Lorenzetti peignit toutefois à fresque – et il fut sans doute le premier à transformer le temps des saints en temps des hommes – un orage au sein du vaste cycle qui, vers 1330, occupait le cloître de San Francesco de Sienne : de ce cycle et de l'orage en particulier, Ghiberti nous a laissé une description minutieuse et fascinante :

> Une sombre perturbation atmosphérique se déplace avec beaucoup de grêle, d'éclairs, de tremblements et de grondements de tonnerre ; on dirait, en la voyant peinte, que le ciel et la terre sont menaçants, on dirait que tout le monde, dans la tourmente, essaie de se mettre à l'abri ; les hommes et les femmes sont renversés, leurs vêtements sur la tête, et ils mettent aussi leurs armes sur la tête, tant l'averse de grêle qui tombe du ciel semble forte ; on a vraiment l'impression que la grêle rebondit sous l'effet, dirait-on, de vents prodigieux. On voit les arbres se plier jusqu'à terre, au point que certains se brisent, et tout le monde a l'air de fuir, chacun se voit porté à s'enfuir [...] Pour une histoire peinte, cela me paraît chose merveilleuse[10].

Ambrogio Lorenzetti fut un grand innovateur et précurseur : nous sommes cependant obligés, pour suivre le fil de notre récit, de le quitter et de revenir un siècle plus tôt. Nous allons voir comment les principes d'après lesquels, en 1235, Bonaventura Berlinghieri raconta dans un tableau la vie et les miracles de saint François pour l'église San Francesco de Pescia permettent de jeter un pont inattendu avec les principes du mosaïste inconnu de Tabarka.

Observons une scène (fig. 105), celle qui illustre le miracle de la jeune fille au cou tordu qui, quand on la mit devant la caisse en bois – la tombe provisoire de saint François dans l'église de San Giorgio d'Assise –, se trouva guérie[11].

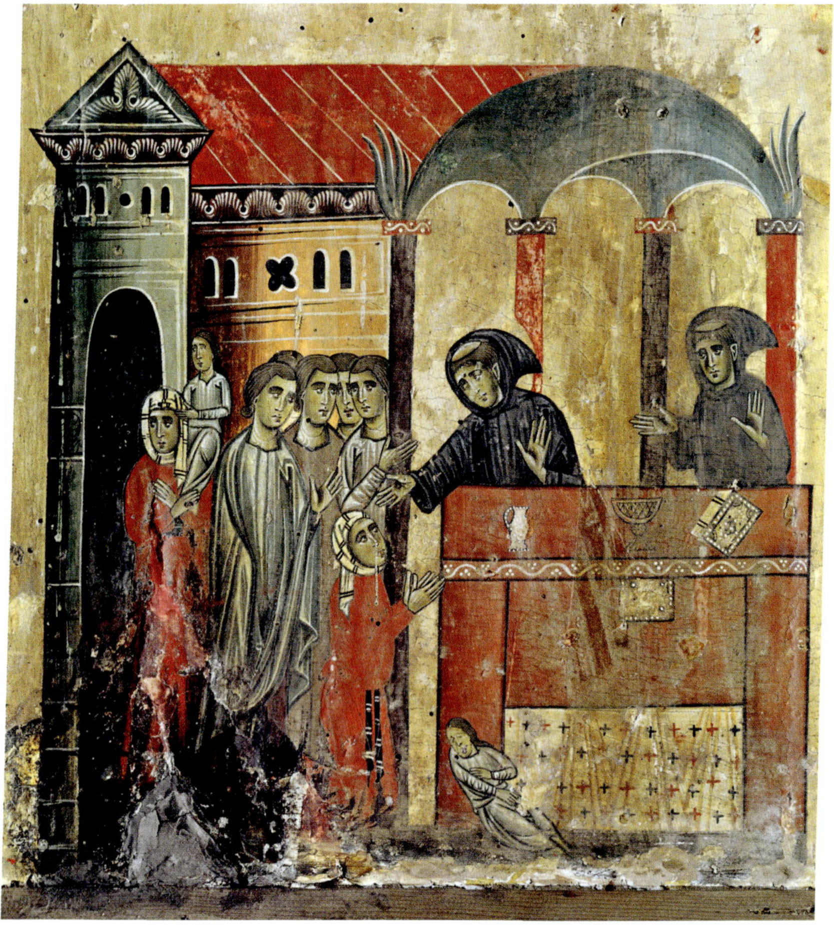

Fig. 105. Bonaventura Berlinghieri, *Le miracle de la jeune fille au cou tordu*, peinture sur bois, 1235, Pescia, San Francesco.

À l'arrière-plan, le peintre a placé l'église vue de côté et en face, la façade ayant pivoté de 90 degrés ; au premier plan figure l'autel, avec un ciboire auquel est adossée la caisse, source des miracles. Nous voici donc, dirait l'observateur médiéval, à l'intérieur (autel et ciboire) de San Giorgio d'Assise (l'église derrière les personnages représentés). Pour suggérer la profondeur, Bonaventura Berlinghieri a recouru aux couleurs, mais les colonnes rouges, qui auraient dû se trouver devant les moines, les cachant en partie à la vue, ont été en revanche placées en retrait et alignées à leurs consœurs pour ne pas gêner l'observateur. Il suffit ensuite d'être un peu familiarisé avec les lois de la perspective à vol d'oiseau pour distinguer les deux parallélépipèdes : le plus grand est celui de l'autel, sur la table parfaitement verticale duquel sont posés, selon le même critère, la burette, le calice et le missel. Le parallélépipède le plus petit est celui de la caisse en bois, fermée au-dessus par une solide serrure qui, d'après les règles de la perspective, aurait dû être invisible. Adossée à la caisse, la petite figure rigide de la jeune fille, drapée d'une étoffe légère et blanche à croix rouges et noires, attend le miracle, en équilibre précaire, comme si elle allait tomber par terre : en réalité, nous devons penser qu'elle est étendue, mais pour mieux la faire voir, le peintre l'a représentée de biais. Pour renforcer la participation émotive de l'assistance à la scène, Bonaventura Berlinghieri ajouta de son propre chef le personnage de la mère, qui d'abord implore le saint, avant de s'éloigner, heureuse, avec sa fille qui se tient bien droite : un personnage que le franciscain Thomas de Celano ignora complètement dans la première biographie consacrée à saint François et écrite en 1228-1229 – la source écrite de cet épisode.

Deux exemples carolingiens, une miniature et un ivoire datant tous deux du début du IXe siècle, requièrent une complicité encore plus profonde entre l'artiste et l'observateur.

La miniature occupe la première page de l'évangile selon Luc des « Évangiles de Saint-Médard » de Soissons (fig. 106). Au centre de la lettrine *Q* de *Quoniam* figure l'enseignement du *Christ au Temple*, tandis que l'*Annonciation* et la *Visitation* sont disposées de part et d'autre de la lettrine[12].

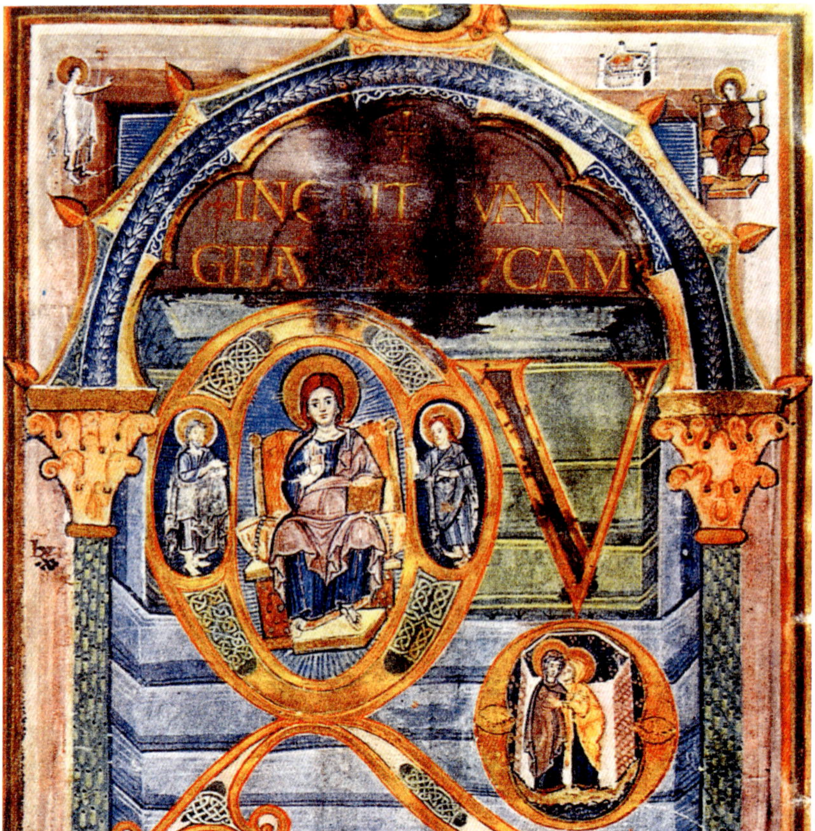

Fig. 106. *Annonciation et Visitation*, miniature, début du IXe siècle. Paris, Bibliothèque nationale, ms Lat. 8850, f. 124r.

Quand sainte Élisabeth entra dans le sixième mois de sa grossesse, « l'ange Gabriel fut envoyé par Dieu dans une ville de Galilée, appelée Nazareth, auprès d'une vierge fiancée à un homme de la maison de David, nommé Joseph. Le nom de la vierge était Marie. L'ange entra chez elle et lui dit : "Je te salue Marie, pleine de grâce, le Seigneur est avec toi" » (Lc 1, 26-28)[13]. L'ange apporte le message à Marie *à Nazareth* – ville qui apparaît en haut à droite comme un idéogramme lointain –, *chez elle* : Marie en conversation est assise sur une somptueuse chaise à haut dossier qui, à la place du cadre architectural manquant, suffit à indiquer de manière allusive un intérieur.

Toujours dans l'évangile de Luc, il est écrit que, juste après le passage du messager angélique, Marie se mit en chemin. « Elle entra dans la maison de Zacharie et salua Élisabeth » (Lc 1, 40). Le verset a été visuellement traduit par l'étreinte des deux femmes devant une structure hexagonale parfaitement vide à l'intérieur, une image simplifiée de la ville et de ses remparts. Dans les deux cas, l'observateur devra réintégrer mentalement les figures à l'intérieur de l'espace dont elles semblent avoir été expulsées, et situer *dedans* ce qui apparaît *devant*.

Une même structure hexagonale – il suffit, pour l'établir, de compter les tours des remparts –, sans édifices ni habitants à l'intérieur, désigne les villes de Nazareth et de Bethléem, emplacement topographique abstrait de l'*Annonciation* et de la *Naissance du Christ*, dans un diptyque[14] carolingien (fin du VIIIe siècle - début du IXe) en ivoire, conservé au Schnütgen Museum de Cologne (fig. 107), qui constituait la couverture d'un manuscrit des évangiles : la parole de Dieu devait être conservée dans un coffret précieux[15].

Les minuscules agrégats de remparts à l'arrière-plan font simplement office de connotation topographique afin d'achever la scène. Une représentation réaliste – la grotte ou la maison représentées à l'intérieur de la ville et en partie dissimulées par les remparts – n'aurait pas été une solution adéquate, précisément parce qu'elle n'aurait pas offert une vue tous azimuts ; de même que les rideaux d'une scène, si on ne les tire pas complètement, empêchent de voir la totalité de ce qui s'y passe.

À l'époque, le langage conventionnel était d'autant plus facilement compréhensible qu'il était le plus répandu et le plus utilisé : une fois que l'on avait reconnu le sujet, on n'avait aucun mal à situer mentalement les personnages à la place qui leur revenait.

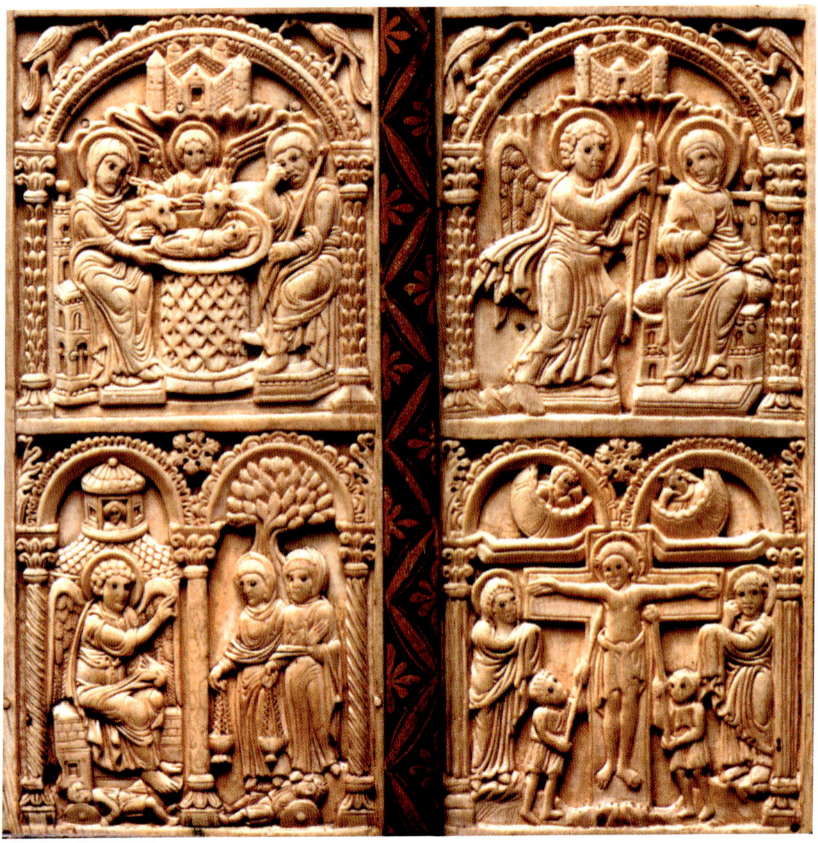

Fig. 107. *Annonciation et Naissance du Christ*, sculpture en ivoire, fin du VIIIe siècle - début du IXe siècle, Cologne, Museum Schnütgen.

Cette même équivalence *devant = derrière* fonctionne également pour le troisième épisode représenté dans le diptyque (fig. 107, cadre en bas à gauche). Par le geste de la main parlante, l'ange avertit les femmes pieuses que le Christ est ressuscité. Il devrait être à l'intérieur du mausolée où se trouve la tombe découverte, mausolée qu'on a représenté sous l'apparence anachronique de la basilique du Saint-Sépulcre de Jérusalem et qui se dresse en revanche derrière le messager céleste. À ses pieds, les gardes assommés, dont parle l'évangile selon Matthieu (28, 3-20), sont minuscules, d'après un principe emprunté à l'Antiquité qui règle la taille des personnages de manière hiérarchique. Qu'on considère par exemple un détail (fig. 108) du monument sépulcral de la *gens* Haterii (autour de 110-120 ap. J.-C.). Par rapport au défunt étendu solennellement sur le lit funèbre, les personnes qui le veillent et le pleurent paraissent minuscules parce qu'elles appartiennent à une classe inférieure[16].

Fig. 108. *La veillée funèbre devant le cadavre du défunt*, détail du *Monument sépulcral de la gens Haterii*, bas-relief, 110-120 ap. J.-C. environ, Cité du Vatican, Musées du Vatican.

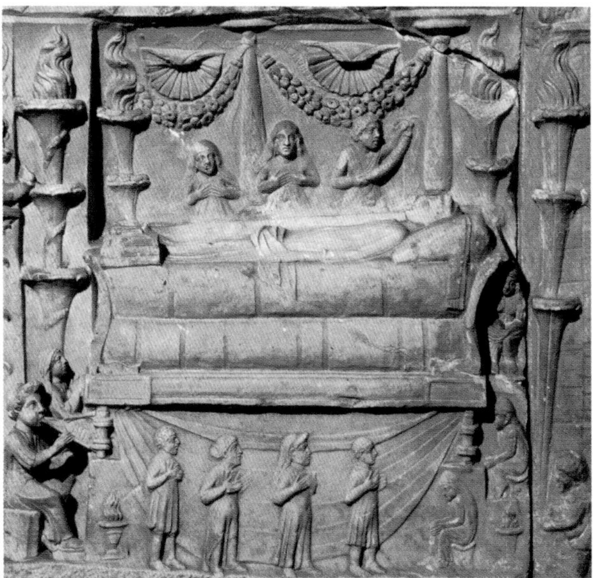

Je me permets de faire une autre digression, toujours à propos de l'apparence du Saint-Sépulcre de Jérusalem (soutenu à l'intérieur par huit piliers et douze colonnes). En Occident, sa forme est évoquée par le baptistère circulaire à huit façades : un magnifique exemple de ce type est l'édifice de Benedetto Antelami, à Parme, dont la porte où figure l'Adoration des Rois mages nous fournit la date de 1196 (fig. 109).

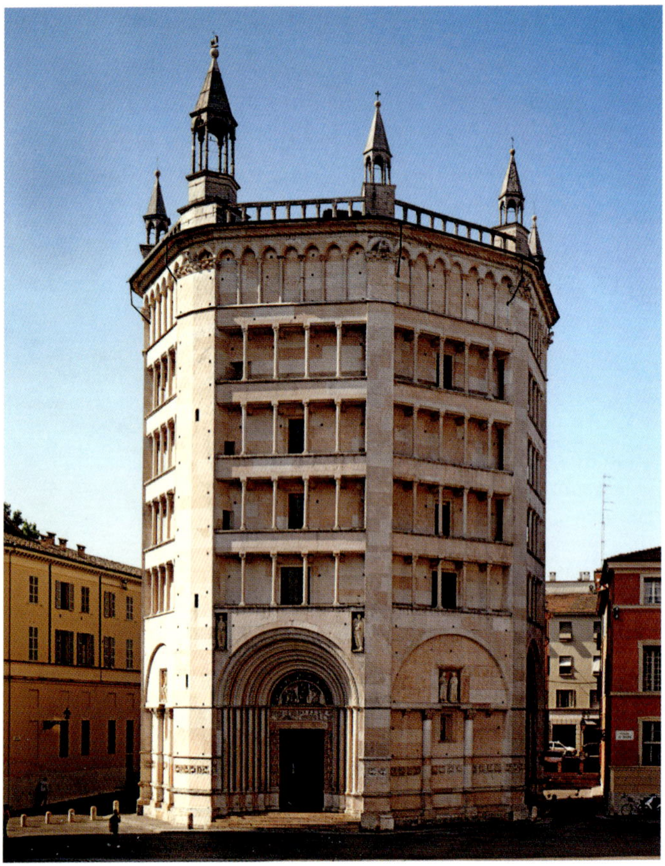

Fig. 109. Benedetto Antelami, *Le baptistère de Parme*, fin du XIIe siècle.

La structure octogonale a une valeur métaphorique précise à cause de la signification symbolique du chiffre huit : le « huitième » jour – après les sept jours de la Création, les sept jours de la semaine –, est le jour de la mort et de la résurrection du Christ[17], et il fait également allusion au baptême, comme l'a annoncé saint Paul : « Ignorez-vous que nous tous qui avons été baptisés en Jésus-Christ, c'est en sa mort que nous avons été baptisés ? Nous avons donc été ensevelis avec lui par le baptême en sa mort, afin que, de même que le Christ a été ressuscité d'entre les morts par la gloire du Père, nous vivions nous aussi une vie nouvelle » (Rm 6, 3-5)[18]. À l'intérieur du baptistère octogonal du Latran, à Rome, se trouve une inscription, composée selon toute vraisemblance à l'époque du pape Léon Ier le Grand (440-461), où l'on peut lire : « Ceci est la source de vie qui baigne le monde entier en naissant de la blessure au flanc du Christ[19]. »

Au Moyen Âge, on ne se souciait guère de copier un modèle conformément aux canons en vigueur de nos jours : il importait de saisir (et par conséquent de copier) la signification symbolique d'une architecture et non pas d'en imiter soigneusement les formes. Comme l'a démontré Richard Krautheimer, l'architecte d'une copie médiévale ne se proposait pas d'imiter le prototype tel qu'il apparaissait dans la réalité : « Il voulait le reproduire *typice* et *figuraliter* en tant que *memento* d'un lieu vénéré et aussi en tant que symbole du salut promis[20]. » Le baptistère, peu importait qu'il fût circulaire ou octogonal, était par conséquent une imitation consciente du Saint-Sépulcre, là où le Rédempteur, en ressuscitant de sa tombe, posa « le prototype de la résurrection et symboliquement du baptême[21] ». Pour renforcer l'idée de copie de l'Anastasis de Jérusalem (« église de la Résurrection » en grec), à partir du XIe siècle – alors que les rapports avec la Terre sainte deviennent plus étroits –, on commence à voir apparaître à l'intérieur des baptistères occidentaux (nous l'apercevons également à Parme) une galerie interne qui n'a, dans ce type d'édifice, aucun usage fonctionnel ni liturgique[22].

Mais reprenons le fil de notre récit en revenant à notre langage codifié.

De Parme, déplaçons-nous à présent à Padoue, dans la chapelle des Scrovegni où l'on retrouve la même équation *devant = derrière*. Selon Cennino Cennini, Giotto « traduisit de nouveau l'art de peindre du grec au latin et l'adapta à la modernité[23] » ; en dépit de ce célèbre point de vue, notre peintre témoigne encore de sa dette envers la tradition. Dans la scène du *Mariage de Joseph et de Marie* (fig. 110)[24], le temple-église à l'arrière-plan a été coupé de moitié, comme s'il s'agissait de coulisses théâtrales. La cérémonie se déroule à l'intérieur, nous avons désormais retenu la leçon.

Mais nous n'en avons la certitude qu'en ce qui concerne Joseph, Marie et le grand prêtre. Giotto ne se limite toutefois pas aux acteurs du rite sacré : il dispose de nombreuses autres figures dans l'espace, en fonction des divers degrés de profondeur. Où devons-nous placer les prétendants déçus dont la baguette n'est pas fleurie[25] ? Ont-ils ou non franchi le seuil ? Sont-ils en dehors de l'édifice ? Nous découvrons, avec stupeur peut-être, que ce sont là des questions auxquelles Giotto ne se préoccupait pas de répondre parce que son but, malgré tout son réalisme, n'était pas de montrer la scène telle qu'aurait pu la voir un témoin imaginaire ou comme pourrait la restituer de nos jours un cliché photographique. Il ne prétend pas figer le moment où la scène a réellement eu lieu. D'ailleurs, le spectateur médiéval connaissait déjà tous les moments de cet épisode, le début, le développement et la fin ; l'image ne devait donc que *les lui rappeler* en alignant tous les éléments du récit les uns à côté des autres. Il nous aurait par conséquent expliqué que le groupe de gauche est composé de jeunes gens qui avaient apporté une baguette sur l'autel parce que le grand prêtre avait dit que l'une d'elles fleurirait. Le jeune homme qui casse sa branche avec son genou exprime toute sa colère en constatant qu'elle est demeurée sèche, tandis que le morceau de bois de Joseph s'est transformé en lys (cette branche est même le terme du voyage de la colombe du Saint-Esprit). Le jeune âge et les vêtements qui laissent imaginer un corps athlétique accentuent le contraste avec la figure solennelle de Joseph, dont le visage est marqué par les années. Au reste, le jeune homme qui s'apprête à frapper le prédestiné et élu est *évidemment* le parrain.

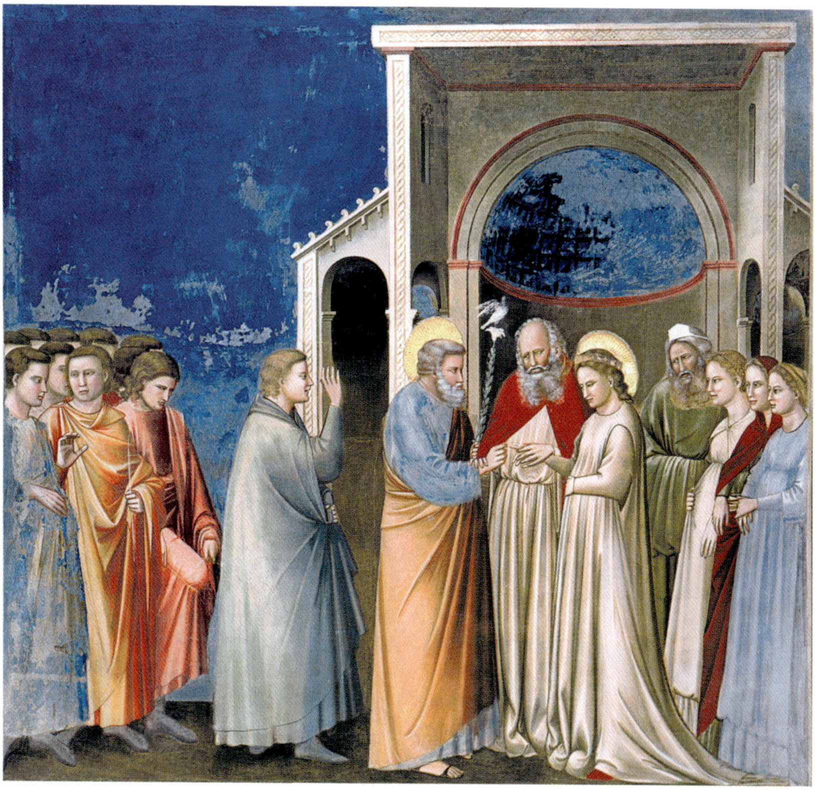

Fig. 110. GIOTTO, *Le mariage de Joseph et de Marie*, fresque, 1304-1305, Padoue, chapelle des Scrovegni.

Mais interrompons notre cicérone ; selon les rites nuptiaux du Moyen Âge, c'était au parrain qu'il revenait d'assener un coup pour éprouver et démontrer la virilité du futur père. Giotto introduisit ce personnage afin de rendre contemporain et plus vivant son récit, sans se soucier de l'avoir placé à un endroit parfaitement indéterminable, ni à l'intérieur ni à l'extérieur de l'édifice sacré.

Le principe *devant = derrière* a une très forte viscosité et nous découvrons que Raphaël, âgé de vingt ans seulement, en tint encore compte dans le tableau (fig. 111) où il illustra le même sujet que

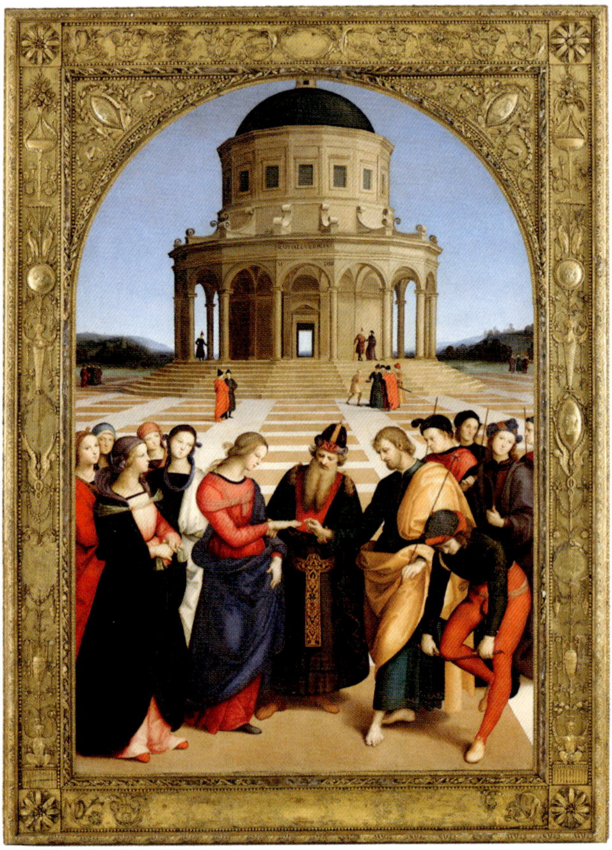

Fig. 111. RAPHAËL, *Le mariage de la Vierge*, huile sur toile, 1504, Milan, pinacothèque de Brera.

Giotto, même si, en l'occurrence, la disposition des hommes et des femmes et du grand temple à l'arrière-plan est tout à fait justifiable au point de vue de la vraisemblance topographique.

On voit au premier plan la Vierge et ses compagnes, Joseph et le cortège des prétendants déçus, y compris celui qui brise sa baguette, ainsi que le grand prêtre en train d'unir les mains des deux époux.

Une esplanade de marbres blancs et roses parfaitement en perspective où se sont arrêtés pour causer plusieurs Juifs, figures minuscules qui nous disent à quel point le temple est éloigné, guide le regard vers la merveilleuse construction où le peintre a orgueilleusement gravé son nom et la date (1504) sur l'arc au-dessus de l'entrée. La porte nous conduit à la porte correspondante du côté opposé, grande ouverte sur le ciel azuré et voilé, qui suggère un imperceptible horizon impossible à atteindre. Le mariage a certes lieu en plein air, mais le temple grandiose, qui dispute aux figures au premier plan le rôle de protagoniste, est là pour rappeler au spectateur où aurait dû se dérouler la cérémonie ; la composition du tableau évoque l'emplacement traditionnel des personnages devant l'édifice qui aurait dû les accueillir.

Lorsque, entre 1435 et 1440, Rogier Van der Weyden voulut peindre l'évangéliste Luc occupé à dessiner la Vierge et l'Enfant sous un baldaquin[26] (fig. 112), il se sentit en revanche obligé, pour indiquer la grande distance qui sépare les colonnes du ravissant paysage à l'arrière-plan, figuré de manière réaliste, d'insérer un élément pictural qui répond à un code de représentation symbolique tout à fait médiéval.

Les fleurs des buissons en miniature indiquent un jardin très vaste qui confine non pas, comme on en a l'impression, avec un chemin de ronde, mais avec une rue large (il suffit, pour s'en rendre compte, de déplacer son regard vers la gauche) et fermée par des remparts crénelés auxquels s'appuient deux pèlerins en train de contempler la rivière située au-dessous. Ces deux pèlerins sont très éloignés des personnages sacrés au premier plan et par conséquent minuscules : si nous rétablissions néanmoins les justes proportions, nos observateurs, qui ont rejoint le parapet au bout du jardin, seraient des géants.

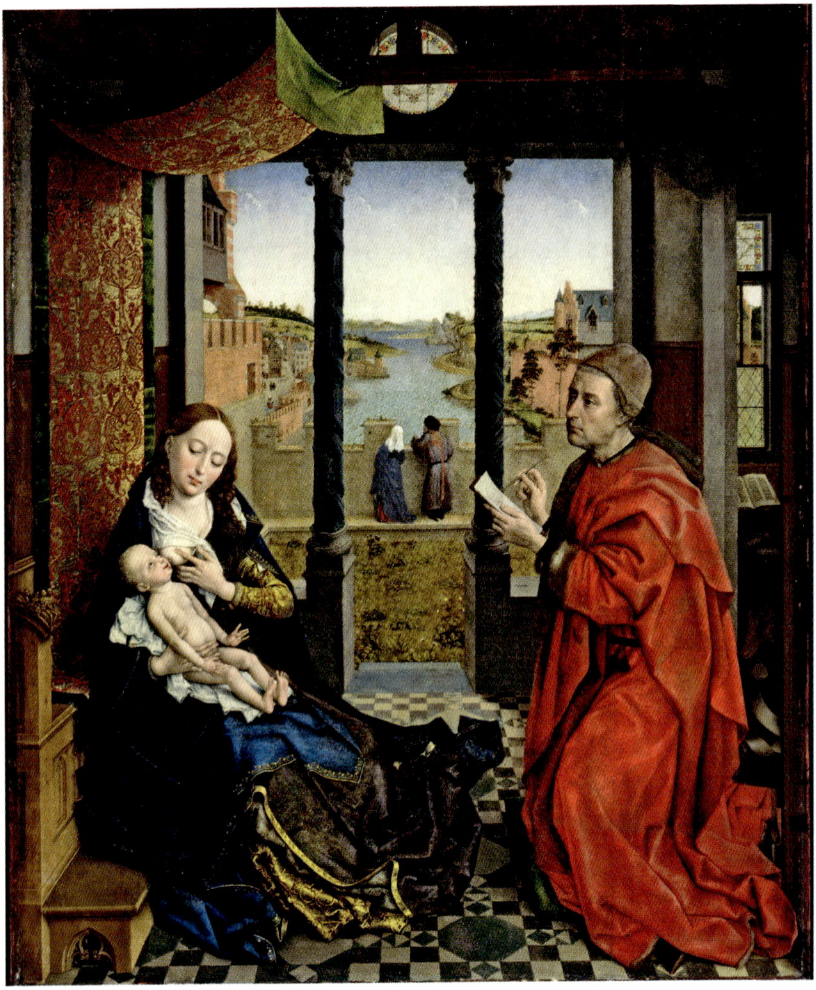

Fig. 112. Rogier Van der Weyden, *Saint Luc dessinant la Vierge et l'Enfant sous un baldaquin*, huile à la tempera sur panneau, entre 1435 et 1440, Boston, Museum of Fine Arts, don de M. et Mme Henry Lee Higginson.

Giotto, comme nous l'avons dit, a introduit le personnage du parrain de l'époux, compagnon grisonnant de Marie, qui s'apprête à frapper celui-ci. Raphaël recourt à un autre expédient pour mettre au jour l'événement éloigné et attirer l'observateur dans la sphère de ses propres expériences quotidiennes. Le grand prêtre et Joseph sont habillés à l'ancienne parce qu'ils doivent être reconnus comme tels ; cependant, si Joseph a les pieds nus et la traditionnelle cape dorée, c'est-à-dire jaune[27], il s'est permis de revêtir une chemise à col rond sous sa tunique (fig. 113). Le jeune homme qui brise la baguette (fig. 114) porte, lui, les vêtements des contemporains de Raphaël, de même que tous les autres personnages, y compris la Vierge, qui arborent des coiffures et des couvre-chefs d'après la mode de l'époque du peintre.

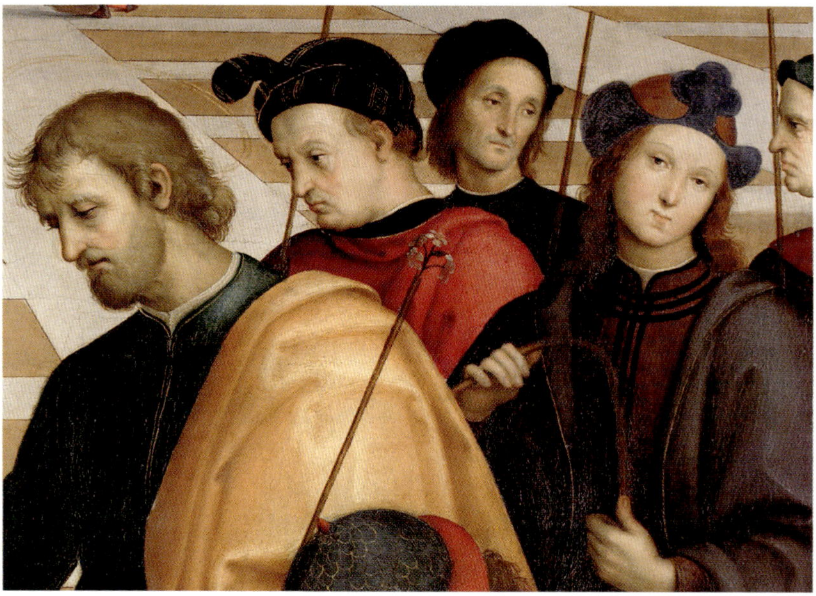

Fig. 113. Raphaël, *L'habillement de Joseph avec une chemise à col rond*, détail de la figure 111.

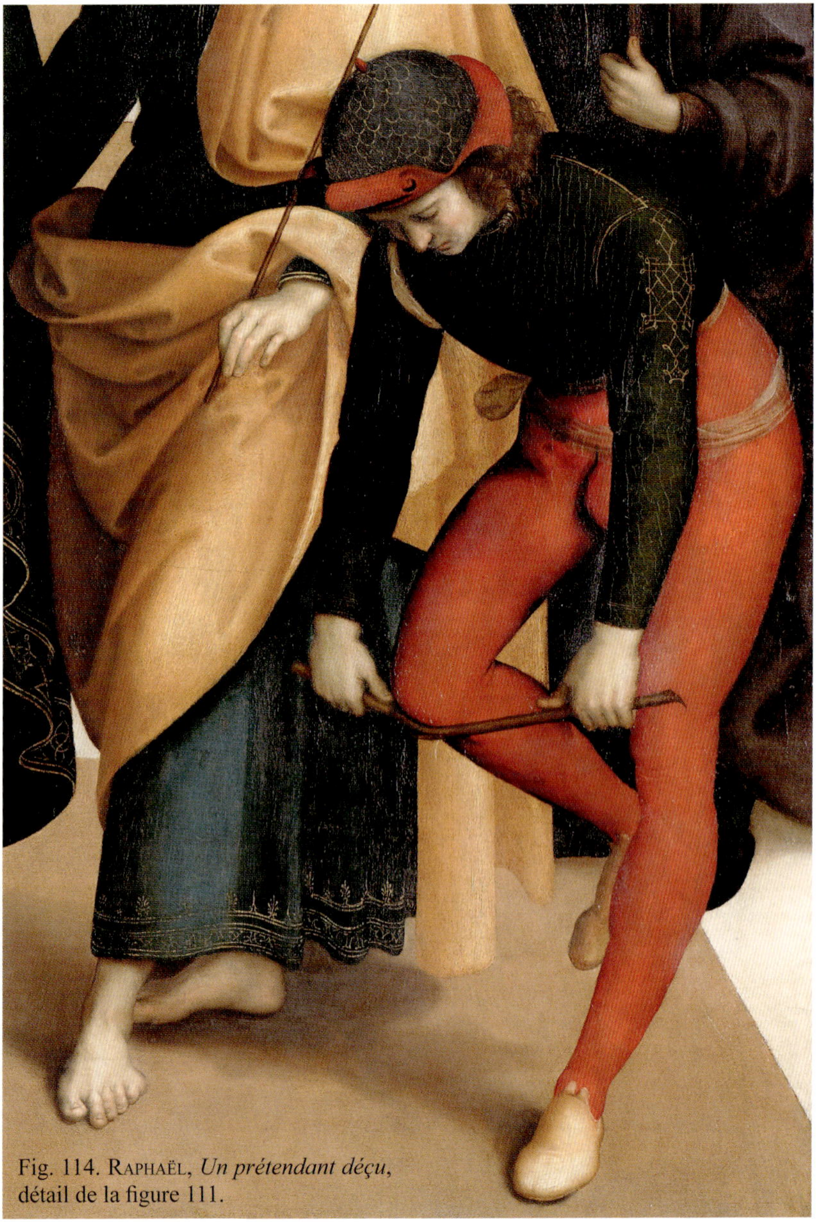

Fig. 114. Raphaël, *Un prétendant déçu*, détail de la figure 111.

Les personnages à l'arrière-plan sont, quant à eux, coiffés de chapeaux pointus[28] qui indiquent qu'il s'agit de Juifs, comme nous l'avons dit (fig. 115).

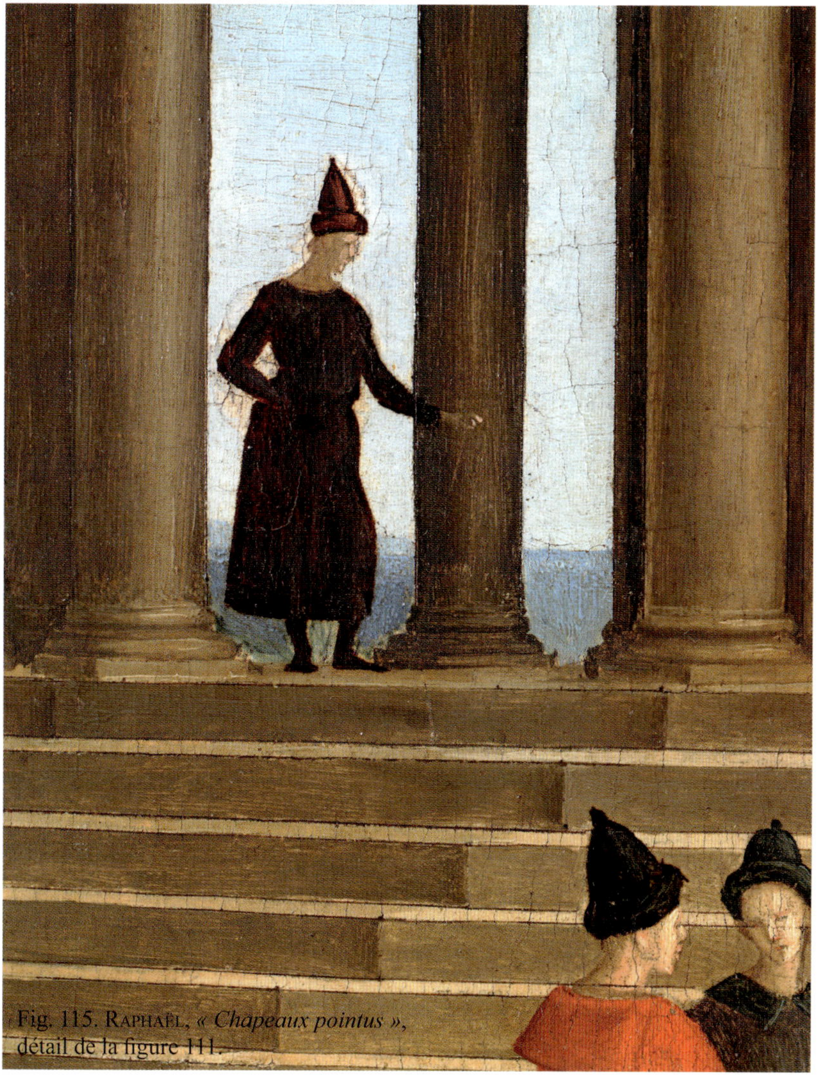

Fig. 115. Raphaël, « *Chapeaux pointus* », détail de la figure 111.

Le couvre-chef a d'une part pour fonction de reporter l'événement dans l'histoire, de rappeler où le mariage eut lieu géographiquement et à quelle ethnie appartenaient les personnages de l'Histoire sainte, et il sert d'autre part à introduire un trait résolument moderne, un retour au temps présent, à la faveur d'un court-circuit foudroyant : le chapeau pointu était en effet, pour les Juifs du XVIe siècle, un signe non seulement d'identification, mais aussi de discrimination.

La polémique antijudaïque est toutefois reléguée discrètement à l'arrière-plan et limitée aux « figurants », sans déranger la cérémonie du mariage.

Auréole, nimbe, « *signum viventis* »

Dans le ciel franciscain de la basilique supérieure d'Assise, Giotto[29] représenta François sur un char de feu lorsqu'il apparaît aux frères endormis à Rivotorto, entouré du nimbe et de l'auréole (fig. 116[30]). Ces signes ne sont pas une invention chrétienne ; on les connaissait déjà pendant l'Antiquité : le nimbe, un cercle ou un disque autour de la tête, symbole de dignité et de puissance[31], signalait les divinités, les empereurs romains divinisés, les personnages influents. Dans le second livre de l'*Énéide*, Virgile fait raconter à Énée la fin de Troie durant laquelle lui apparut l'ombre de sa mère Vénus, qui lui montra comment la ville succombait à l'assaut de ses adversaires ; parmi ceux-ci se trouve Pallas, la Minerve romaine : « Déjà au sommet de la citadelle (regarde) la Tritonienne Pallas a pris position, nimbée des éclairs qui partent d'elle et de la Gorgone enragée[32] », « *Iam summas arces Tritonia (respice), Pallas / insedit,* nimbo effulgens *et Gorgone saeva.* » Servius commente ainsi ces vers : « *nimbo effulgens* : nuage lumineux ; nuage divin. C'est en effet d'une lumière resplendissante que sont entourées les têtes des dieux ; ainsi sont-ils *peints d'ordinaire*[33]. » Si Servius avait écrit

« *sanctorum* » au lieu de « *deorum* », il aurait donné une définition parfaite du nimbe chrétien. Peu avant (v. 590), Énée avait dit qu'un flot de lumière éblouissante avait éclairé la nuit où Vénus lui était apparue (« *per noctem in luce refulsit* »), et Servius commente de

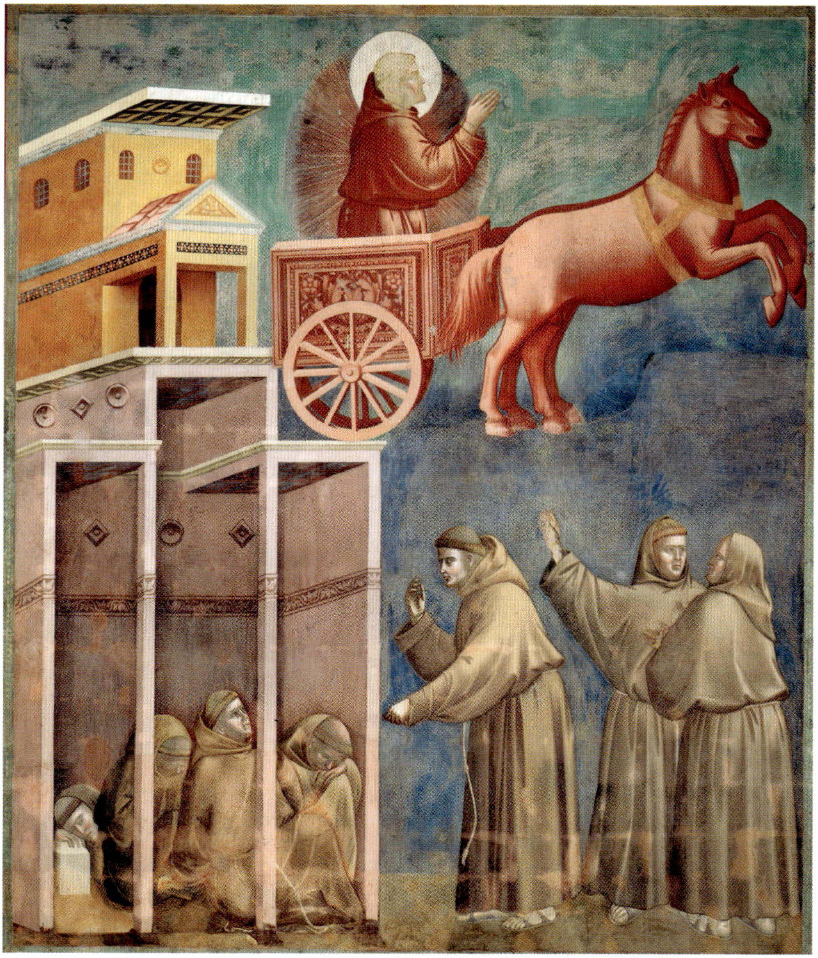

Fig. 116. Giotto (?), *François sur un char de feu*, fresque, première décennie du xive siècle. Assise, basilique supérieure.

nouveau : « *in luce, in nimbo, qui cum numinibus semper est*[34] » (« la lumière est le nuage qui accompagne toujours les dieux »). Dans ce cas aussi, si nous effectuons la même substitution hypothétique, nous aurons une définition parfaite de l'auréole ou mandorle, c'est-à-dire de la lumière qui, comme une gloire rayonnante (auréole) ou un cadre au bord défini (mandorle), entoure complètement la figure d'un saint et surtout du Christ quand il est représenté au plus haut des cieux (fig. 213)[35].

En observant comment sont représentés les saints, nous constatons toutefois que le nimbe apparaît tantôt comme un cercle ou un disque d'or, tantôt comme une couronne émettant des rayons. La distinction n'est pas fortuite et elle reflète la progression de la reconnaissance de la sainteté par l'Église, le passage de la condition de bienheureux à celle de saint. Le processus de canonisation dont la formalisation s'est lentement réalisée au fil des siècles prévoit aujourd'hui diverses étapes successives : serviteur de Dieu, vénérable, bienheureux, saint. On peut dire en gros que l'on ne rend au bienheureux qu'un culte local ; on ne peut donner son nom à des églises et à des autels, et l'on ne fixe pour lui aucun jour de fête avec une messe qui lui revienne de droit, privilèges dont jouit en revanche le saint auquel on rend par ailleurs un culte universel.

Au point de vue iconographique, les différentes formes du nimbe indiquent les divers degrés de sainteté. C'est ce que prétend le nouvelliste Franco Sacchetti, l'auteur des *Trois cents nouvelles*, dans une autre de ses œuvres, son exposé des évangiles (*Sposizioni dei Vangeli*, 1378-1381), où il exprime toute la contrariété que lui cause la prolifération des saints à son époque. Il déplorait en particulier qu'on eût récemment nommé un si grand nombre de saintes et de saints « nouveaux », reléguant du même coup aux oubliettes les saints « anciens » dont la tradition était pourtant affermie, jusqu'à la Vierge elle-même et au Sauveur : « Ghino, marquis de Cittadella, déclara que ces saints nouveaux lui faisaient perdre la foi dans les anciens. Ce que dit ce gentilhomme n'est-il pas vrai ? Et qui peut être sûr qu'il n'y a pas un certain nombre de gens qui en viennent à douter si les autres saints n'ont pas commencé de cette manière et que, avec le temps, les rayons de la tête ne puissent être convertis en un diadème et, aux pieds, le bienheureux en un saint[36] ? » (autrement dit, la couronne rayonnante en un nimbe et l'inscription « *beatus* » aux pieds de la figure en « *sanctus* »).

Lorsque, en 1350, Bertrand de Saint-Geniès, patriarche d'Aquilée, conclut sa vie agitée à l'âge de quatre-vingt-dix ans, massacré par des mercenaires à la solde d'Henri de Spilimbergo, comte de Gorizia, les habitants d'Udine lui rendirent aussitôt un culte local, même si Bertrand ne dépassa jamais le rang de bienheureux. Sur la table d'autel conservée au musée de la cathédrale d'Udine, œuvre d'un maître émilien du XVe siècle, nous le voyons contraint de conclure sa vie, transpercé par les lances de ses ennemis (fig. 117). Bertrand

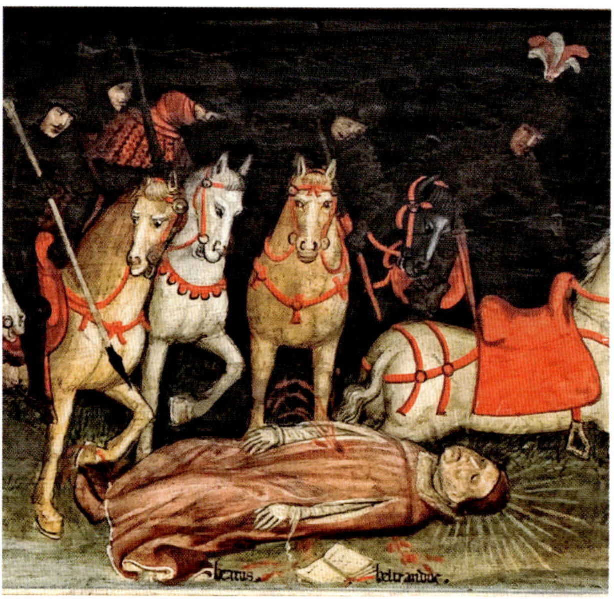

Fig. 117.
La mort du bienheureux Bertrand, peinture sur bois, XVe siècle, Udine, Musée de la cathédrale.

est étendu par terre, entouré de ruisseaux de sang (quant au sang qui jaillit du côté droit de sa poitrine, suggère-t-il une comparaison avec le Christ ?), le visage éclairé par une grande couronne émettant des rayons, tandis que l'inscription nous informe consciencieusement : « *Beatus Bertrandus*[37]. »

L'éblouissante carrière hagiographique de saint Bernardin de Sienne (confirmée par un extraordinaire succès iconographique) nous permet de suivre toutes les étapes de son chemin vers le ciel. Sano di Pietro le représenta une première fois (fig. 118) dans un panneau – jadis dans la salle capitulaire de la cathédrale de Sienne et conservé aujourd'hui au musée de l'Œuvre métropolitaine de cette même ville – devant l'église inachevée de

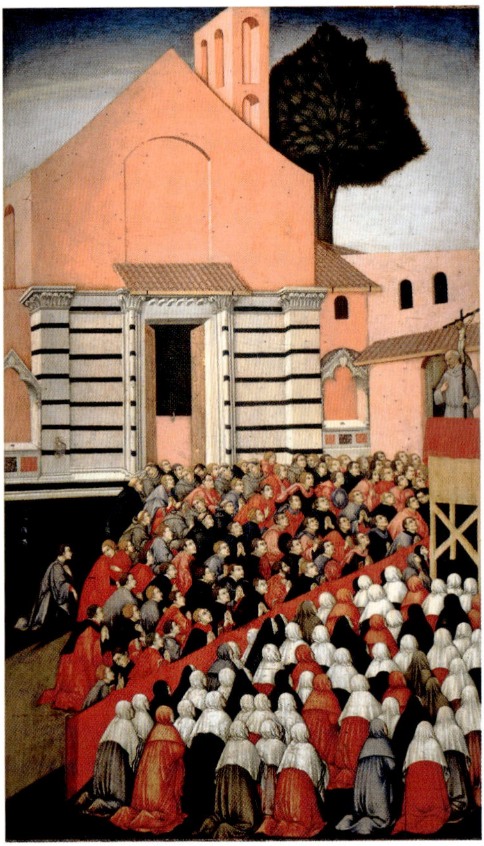

Fig. 118.
Sano di Pietro,
Le prêche de saint Bernardin sur la piazza San Francesco,
peinture sur bois,
1427 environ, Sienne,
musée de l'Œuvre
de la cathédrale.

Saint-François, en train de prêcher, en 1427, une assistance médusée et immobile, avec une « toile » qui sépare pudiquement les sexes[38].

Le saint est alors vivant, et le document visuel a la même valeur qu'un document écrit en tant que chronique fidèle d'une dévotion et d'un succès déjà très vastes ; sa tête est dépourvue de nimbe et il brandit le crucifix et non le soleil radieux peint sur une tablette, qui deviendra par la suite son célèbre attribut. Le portail de l'église est grand ouvert pour suggérer la présence d'une foule nombreuse que l'édifice ne peut contenir.

Le même Sano di Pietro le représenta de nouveau, devant le Palazzo Pubblico de Sienne cette fois, dans un panneau de 1444, année de la mort de l'orateur franciscain (fig. 119).

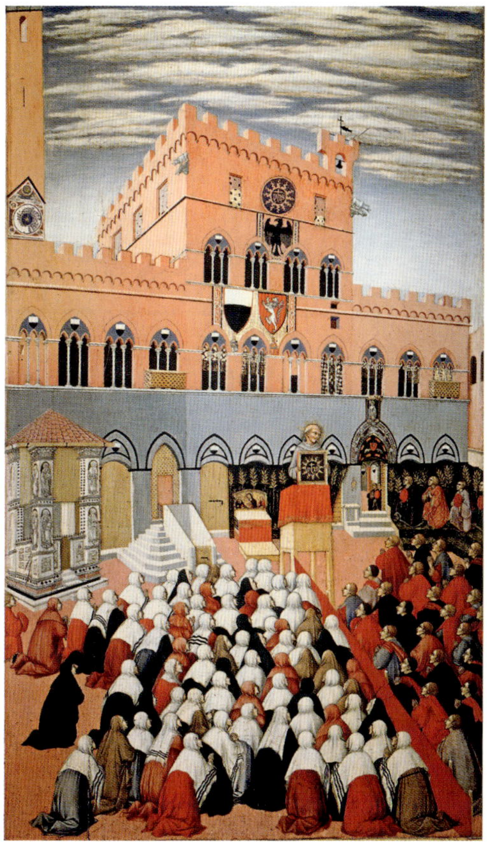

Fig. 119.
Sano di Pietro,
Le prêche de saint Bernardin devant le Palazzo Pubblico,
peinture sur bois,
1444, Sienne,
musée de l'Œuvre
de la cathédrale.

En l'occurrence, Bernardin s'est approprié non pas le parvis d'une église, mais la place qui est au cœur de la vie citadine. Il n'a pas encore été sanctifié : le peintre peignit donc scrupuleusement autour de sa tête le halo de rayons du bienheureux (que la dévotion populaire réclamait). Il se plut à l'auréoler de la même coiffure rayonnante en gerbes qui caractérise le soleil de sa tablette. Bernardin montre bien, en effet, cette invention iconographique que nous allons expliquer sur-le-champ (fig. 120).

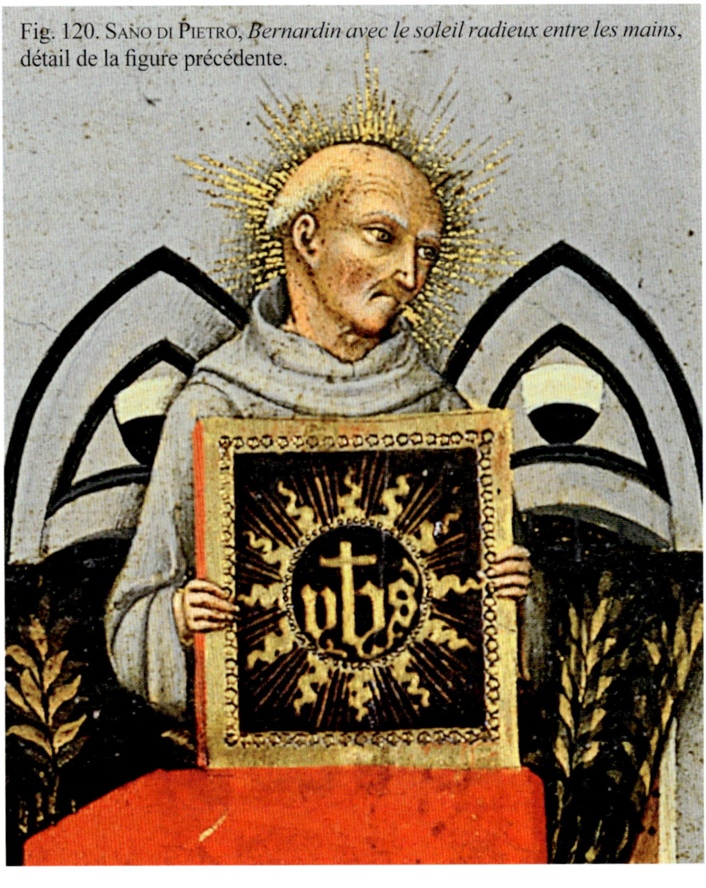

Fig. 120. Sano di Pietro, *Bernardin avec le soleil radieux entre les mains*, détail de la figure précédente.

À l'origine, cette tablette était un tableau de plomb teinté de bleu où l'on avait gravé un soleil miroitant, mais elle devint par la suite de plus en plus ornée et immatérielle : d'après son inventeur, elle avait à ce point le pouvoir de tenir tous les maux à distance et de protéger du danger, en vertu de ses propriétés apotropaïques, que Bernardin fut soumis à cause d'elle à trois procès en sorcellerie, en 1426, 1431 et 1438 ; on l'accusait de rien de moins que d'être « le signe du diable qui, comme on le sait bien, est justement désigné par un cercle », à telle enseigne que « les illettrés font plus attention, dans ce cercle, à la splendeur de l'or et aux rayons qu'à ce qu'il y est écrit[39] » ; craintes qui n'étaient pas tout à fait sans fondement : « À Urbin, les paysans ont commencé à adorer le soleil qui se lève, convaincus qu'il s'agit du Créateur ; réprimandés par un érudit qui passait par là, ils lui ont répondu : "C'est ainsi que nous le représente et que nous le dit frère Bernardin[40]." »

Illuminé comme il l'était, le moine franciscain était évidemment persuadé que les emblèmes et les blasons des palais, symboles de pouvoirs trop souvent en conflit les uns avec les autres, devaient être remplacés par un unique emblème où figurerait le nom de Jésus, dont les initiales seraient dorées dans un soleil radieux ; qu'il fût peint ou sculpté, ce blason protégeait la maison qui l'avait accueilli en éliminant toutes les factions et tous les partis. L'influence d'un passage de Catherine de Sienne sur l'heureuse invention de saint Bernardin est loin d'être improbable : c'est Dieu qui parle pour dire qu'il veut que par l'intermédiaire des prêtres « soit administré le sang de l'humble Agneau immaculé, mon Fils unique. J'ai donné à ceux-ci le soleil à administrer en leur fournissant la lumière de la science, la chaleur de la charité divine et la couleur unie à la chaleur et à la lumière, qui est le Sang et le Corps de mon Fils. Ce Corps est un soleil parce qu'il ne fait qu'un avec moi, véritable soleil, et il est tellement uni [à moi-même] que l'on ne peut séparer l'un de l'autre, ni les partager, de même qu'au sein du soleil, on ne peut séparer la chaleur de la lumière ni la lumière de sa chaleur, à cause de la perfection de leur union[41] ». Après la canonisation de Bernardin, Sano di Pietro représenta encore une fois le saint la tête couronnée d'or comme cela lui revenait de droit : on en trouve un exemple datant de 1460-1461 environ dans une fresque du Palazzo Pubblico de Sienne (fig. 121).

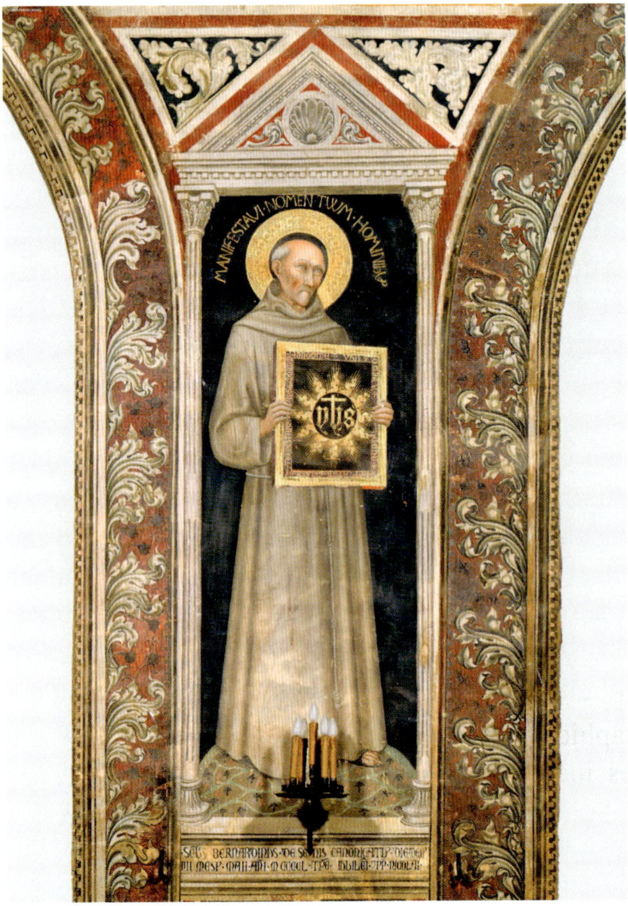

Fig. 121. Sano di Pietro, *Saint Bernardin*, fresque, 1460-1461, Sienne, Palazzo Pubblico.

Le saint a les pieds posés sur le monde pour indiquer l'étendue de sa mission sur la terre entière, comme le confirme l'inscription autour du nimbe : « *Manifestavi nomen tuum hominibus*. » Mais la citation complète, tirée de l'évangile selon Jean (17, 6), est la suivante : « *Manifestavi nomen tuum hominibus quos dedisti mihi de mundo* » (« J'ai manifesté ton nom aux hommes que tu as pris dans le monde pour me les donner »). Autour du cadre, on peut lire une inscription du verset de l'épître de saint Paul aux Philippiens (2, 10), que nous avons déjà rencontrée dans le polyptyque de Visso : « [*Ut*] *in nomine Iesu omne genu flectatur caelestium terrestrium et infernorum et omnis* [*lingua confiteatur quia Dominus Iesu Christus in gloria est Dei Patris*] » (« [Afin qu']au nom de Jésus tout genou fléchisse dans le ciel, sur la terre et dans les enfers, [et que toute langue confesse que le Seigneur Jésus-Christ est dans la gloire de Dieu le Père] ») – le verset justifie, en lui donnant une seconde signification, la présence du monde comme piédestal du saint muni de sa tablette.

Saint Bernardin jouissait d'une telle popularité qu'il était déjà représenté de son vivant, comme nous l'avons vu, quoique évidemment dépourvu de rayons ou de cercle d'or. Mais si des saints canonisés et des personnages très influents encore en vie, ou bien donnant des ordres et pas forcément *saints in pectore*, étaient présents dans une même image, comment les distinguait-on aux yeux du spectateur afin que la pleine compréhension de leur signification se perpétue ? On recourait alors à une autre convention iconographique, à ce qu'on appelle le *signum viventis*, un cadre carré dessiné autour de la tête. C'est ainsi que l'on a représenté par exemple le pape Pascal Ier (817-824) dans la cuvette absidale de la basilique Sainte-Praxède, à Rome, avec le modèle réduit de l'église du même nom à côté de la martyre (fig. 122), laquelle offre au Rédempteur la couronne de son martyre, alors que saint Paul l'entoure affectueusement de son bras en la présentant au Christ, au centre de la composition[42]. Ce fut Jean Diacre (fin du IXe siècle) qui, dans la *Vie de Grégoire le Grand*, souligna explicitement que le portrait perdu du souverain pontife dans le monastère de Sant'Andrea al Celio, à Rome, n'était pas caractérisé par un nimbe, mais par un cadre carré en guise de table, « *quod viventis insigne est*[43] », et pendant longtemps les spécialistes ont été d'accord pour estimer que ce cadre démontrait sans équivoque que la personne caractérisée de la sorte était sûrement vivante au moment où on la représenta. La situation est en réalité plus compliquée parce qu'on a

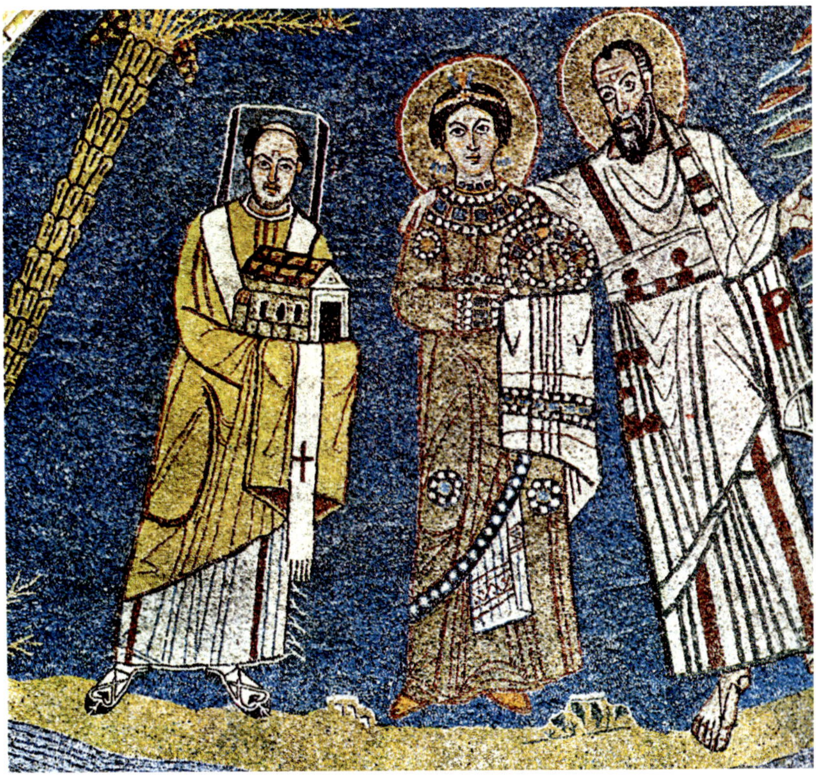

Fig. 122. *Le pape Pascal Ier avec le nimbe carré, sainte Praxède et le Rédempteur*, mosaïque, premier quart du IXe siècle. Rome, Sainte-Praxède.

constaté que le cadre carré fut également appliqué à des personnes manifestement déjà mortes.

Mais d'où vient, avant tout, cette convention iconographique ? On a longtemps soutenu qu'elle provenait de l'Égypte hellénistique et romaine où l'on appliquait sur la momie une tablette avec le portrait du défunt, à moins que le défunt lui-même ne fût représenté devant le pilier rectangulaire d'accès à son tombeau[44]. Il n'est toutefois pas nécessaire de supposer une provenance aussi éloignée puisque dans la Rome antique on avait déjà l'habitude d'élaborer à part le portrait du défunt et de le monter ensuite sur son buste. Selon Ignazio Baldelli[45], lorsque la plastique naturaliste vint à manquer, on suppléa au portrait physionomique et ressemblant par une forme métaphorique, signalée par le cadre, qui indiquait le commanditaire : le cadre carré est censé indiquer un commanditaire dont on a fait le portrait de son vivant ou tel qu'il était de son vivant.

On constatera que dans la mosaïque de Sainte-Praxède, l'atmosphère paradisiaque où se déroule la scène est indiquée par un grand palmier sur lequel est posé un phénix, dans un reflet réciproque de béatitude éternelle. Petite glose : en grec, palmier se dit *phoenix*, mot qui signifie également phénix, l'oiseau fabuleux qui – comme le raconte le *Bestiaire*[46] – renaît éternellement de ses cendres[47], symbole d'immortalité pour les Grecs comme pour les Romains. Dans l'Ancien Testament, on parle souvent du désert aride et ensoleillé où l'eau fraîche et les palmiers de l'oasis constituent le concept même de bonheur. Les palmiers, que l'on voyait déjà sur quantité de peintures et de sarcophages paléochrétiens, font donc allusion au paradis parce qu'ils renvoient à la fois à l'éternité et à la joie.

Enfin, ce sont surtout les Vertus qui sont caractérisées par un nimbe polygonal, une manière de signaler la positivité, mais aussi l'aspect tout à fait symbolique de leur sainteté. Sur la porte sud du baptistère de Florence, on peut voir un très beau défilé de Vertus au nimbe hexagonal (théologales : Foi, Espérance [fig. 123] et Charité ; cardinales : Justice, Courage, Prudence et Tempérance, ainsi que l'Humilité), œuvre d'Andrea Pisano (1330-1336)[48]. Et, toujours à Florence, entre 1320 et 1325, pour représenter la Vertu de l'Obéissance sur la voûte de la chapelle Bardi de l'église Santa Croce, Giotto peignit, sur fond de nimbe rhomboïdal, un moine qui met son doigt devant sa bouche (fig. 98), un geste dont nous avons déjà évoqué la signification au chapitre précédent[49].

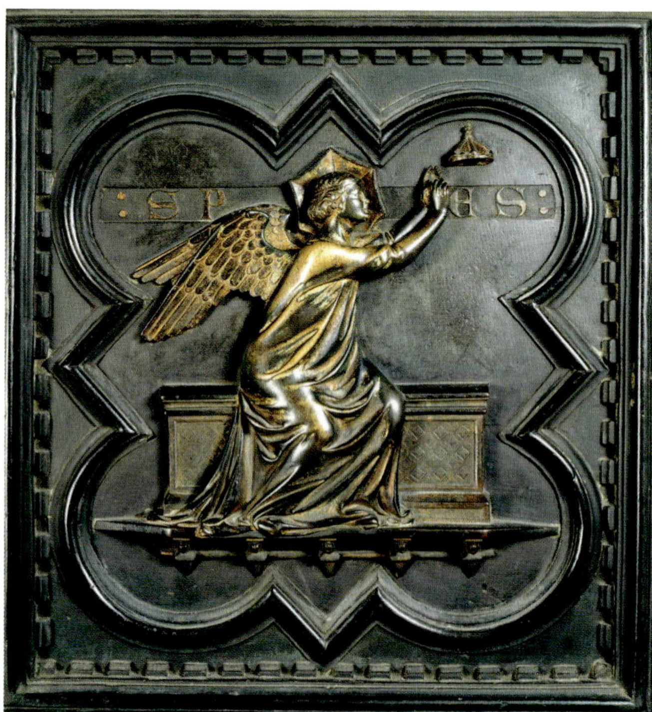

Fig. 123. ANDREA PISANO, *L'Espérance avec un nimbe hexagonal*, sculpture, 1330-1336, Florence, baptistère.

Chapitre IV

La représentation de la différence

Comme l'a démontré Bernhard Blumenkranz dans *Le Juif médiéval au miroir de l'art chrétien*, il était impossible, jusqu'à l'apparition de l'art roman, de reconnaître un Juif dans une image, en l'absence aussi bien de signes distinctifs d'habillement que de traits physiques qui le caractérisaient comme tel. En 1096, la première croisade fit prendre les armes à une grande partie de l'Occident contre un ennemi étranger, mais ce fut aussi la première guerre, remarque l'auteur[1], à laquelle on empêcha d'emblée les membres de la communauté juive de participer. Une exclusion sociale qui, à partir de ce moment-là, conditionna lourdement la vie des Juifs.

Avec les croisades, l'antisémitisme commence donc à faire son apparition, contre les descendants des assassins du Christ, et cette hostilité est renforcée par le problème non résolu du taux d'intérêt sur les prêts pour lequel l'Église ne trouvait pas de solution théorique. Il était en effet interdit aux chrétiens de vendre le temps, qui n'appartient qu'à Dieu, à savoir les intérêts perçus en rémunération d'un prêt, alors que, dans la pratique, il était à l'évidence indispensable d'avoir recours au crédit rémunéré. Pendant des siècles, on résolut le problème en permettant aux Juifs « perfides », que l'on décrivait comme d'impitoyables usuriers, d'accorder des prêts à intérêt ou sur gage.

Avec le canon 68 du IVe concile du Latran de 1215[2], qui statua sur le statut des Juifs et des Sarrasins, le pape Innocent III formalisa l'antisémitisme diffus en établissant que les Juifs devraient dorénavant porter une marque distinctive, qui se traduisit par la rouelle, un petit cercle d'étoffe cousu sur leurs habits et d'une couleur bien visible – jaune, comme l'imposa Louis IX[3] (fig. 124) –, ou, dans la zone germanique surtout, mais pas exclusivement, par un chapeau pointu.

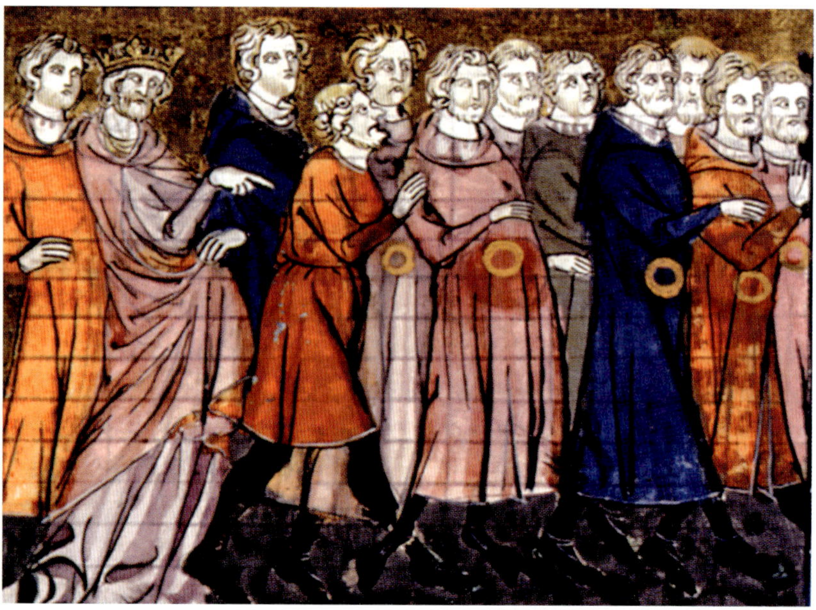

Fig. 124. *Philippe Auguste expulse les Juifs de France*, miniature, après 1321, Bruxelles, Bibliothèque royale, ms 6931(5), f. 265r.

Dans une miniature de la seconde moitié du XIVe siècle de l'unique manuscrit qui illustre la *Nuova Cronica* de Giovanni Villani[4], on a représenté une légende d'origine française. Un prêteur juif avait obligé une pauvre chrétienne à lui procurer une hostie consacrée pour la profaner en échange de l'habit de fête que cette femme lui avait précédemment laissé en garantie. Vêtu à la mode italienne de l'époque, le prêteur sur gage est en l'occurrence identifiable à la rouelle cousue à sa cape (fig. 125).

Le troc blasphématoire se conclut tragiquement par la mort des deux coupables. Non seulement le Juif est condamné au bûcher, mais aussi l'ensemble de sa famille, y compris ses petits enfants innocents. Avec un regard à l'évidence fort différent du nôtre, cette histoire, jusqu'à la punition considérée comme exemplaire, fut

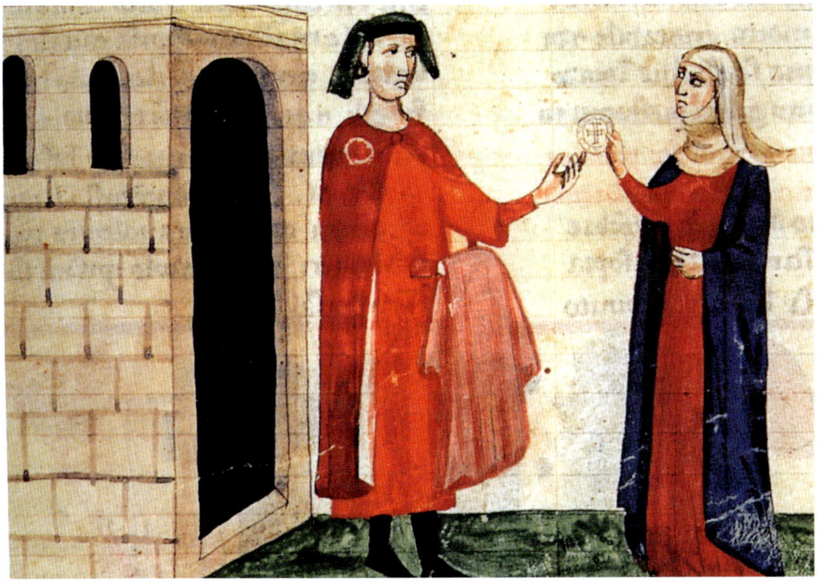

Fig. 125. *La profanation de l'hostie consacrée*, miniature, seconde moitié du XIVe siècle, Rome, Bibliothèque apostolique vaticane, ms Chigiano L VIII 296, f. 149v.

immortalisée de bout en bout par Paolo Uccello, en 1465-1469, dans un panneau qui se trouve à présent au Musée national des Marches à Urbino (fig. 126)[5].

Les Juifs au chapeau pointu figurent en revanche, à titre d'exemples, dans le *Chemin de croix*, un panneau de bronze de la porte de San Zeno à Vérone, qui date de 1138 environ (fig. 127)[6], et dans une miniature d'une *Bible moralisée* de la moitié du XIIIe siècle, qui représente une querelle doctrinale (fig. 128)[7]. Dans la miniature, les Juifs sont évidemment les perdants : l'agneau prêt pour le sacrifice, le couteau et le rouleau de la Torah (le texte de la Loi juive) leur glissent des mains, tandis que les dominicains brandissent comme une bannière triomphale le manuscrit du Nouveau Testament.

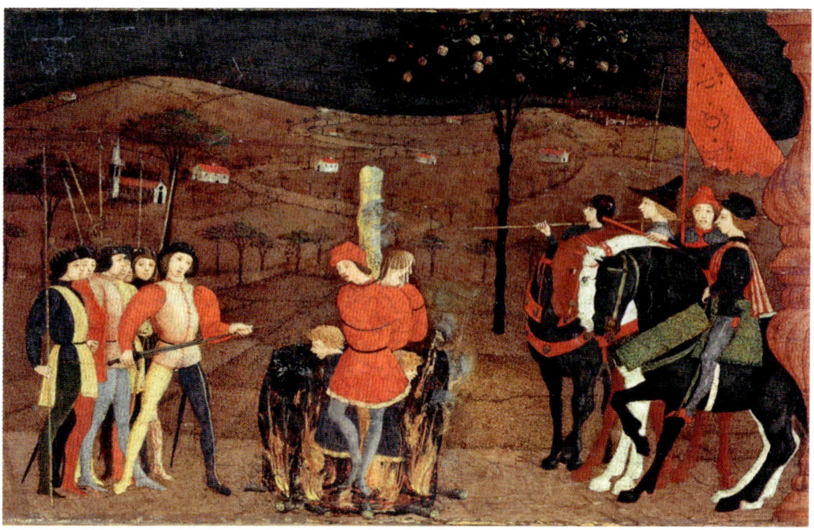

Fig. 126. PAOLO UCCELLO, *La punition de la famille du Juif qui avait profané l'hostie*, détail de la prédelle du retable de JUSTE DE GAND, *La Communion des apôtres*, peinture sur bois, 1465-1469, Urbino, Galleria Nazionale delle Marche.

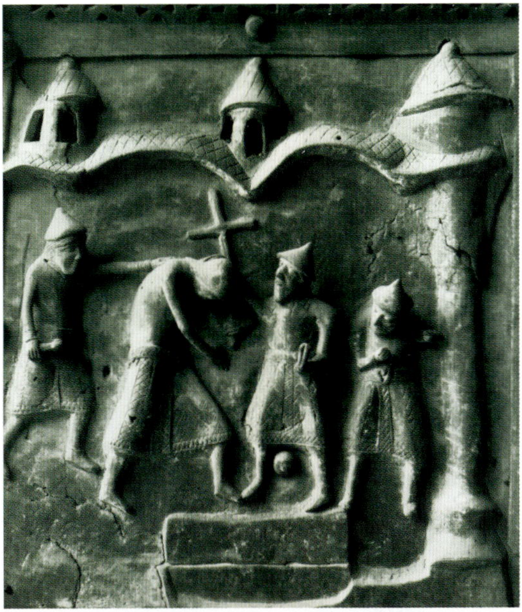

Fig. 127.
Le Chemin de croix,
bas-relief de bronze,
1138 environ,
Vérone, San Zeno.

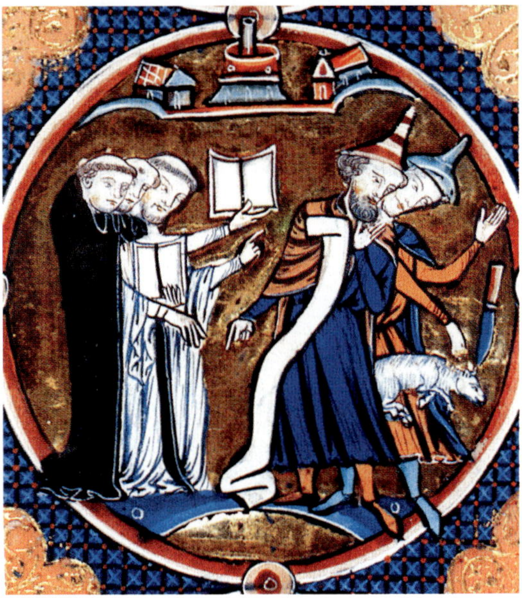

Fig. 128.
Les dominicains triomphent des Juifs lors d'une querelle doctrinale,
miniature,
moitié du XIIIe siècle,
Oxford,
Bodleian Library,
ms. 270b, f. 43v.

Signes d'identification mais non de discrimination

Le *tefillin* ou phylactère est une indication neutre qui ne sert qu'à conférer une autorité au personnage représenté et à définir son rôle : Giotto le met sur la tête d'un prêtre anonyme et du prêtre Ruben (c'est le Pseudo-Matthieu qui indique son nom[8]) dans la scène où Joachim se voit chassé du temple (fig. 129), une des fresques de 1304-1305

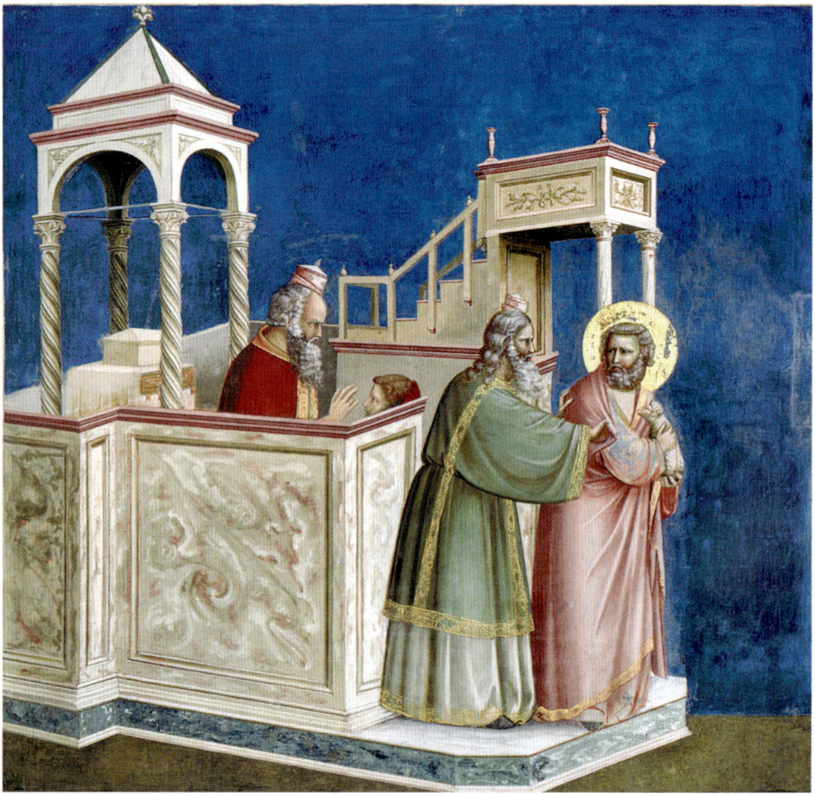

Fig. 129. Giotto, *Le prêtre Ruben chasse Joachim du temple*, fresque, 1304-1305, Padoue, chapelle des Scrovegni.

de la chapelle des Scrovegni à Padoue. De fait, Ruben repousse résolument hors du temple Joachim, jugé indigne, et celui-ci se retourne, le visage empreint d'angoisse, en tenant inutilement dans ses bras le petit agneau du sacrifice (fig. 130). Le vieil homme n'était pas encore devenu le père de Marie : dans l'Ancien Testament, on croyait que Dieu ne récompensait pas par un enfant l'union matrimoniale d'un pécheur. Derrière l'autel, on aperçoit l'autre prêtre qui bénit un jeune homme, peut-être un jeune père.

Dans le Talmud (le texte de l'interprétation de la Torah), les *phylacteria*, qu'on appelle *tefillin*, étaient deux petites boîtes de cuir contenant des bandes de parchemin où figuraient les textes de l'Exode (13, 1-10 et 13, 11-16) et du Deutéronome (6, 4-9 et 11, 13-21), et que l'on attachait pendant la prière au front et à l'avant-bras

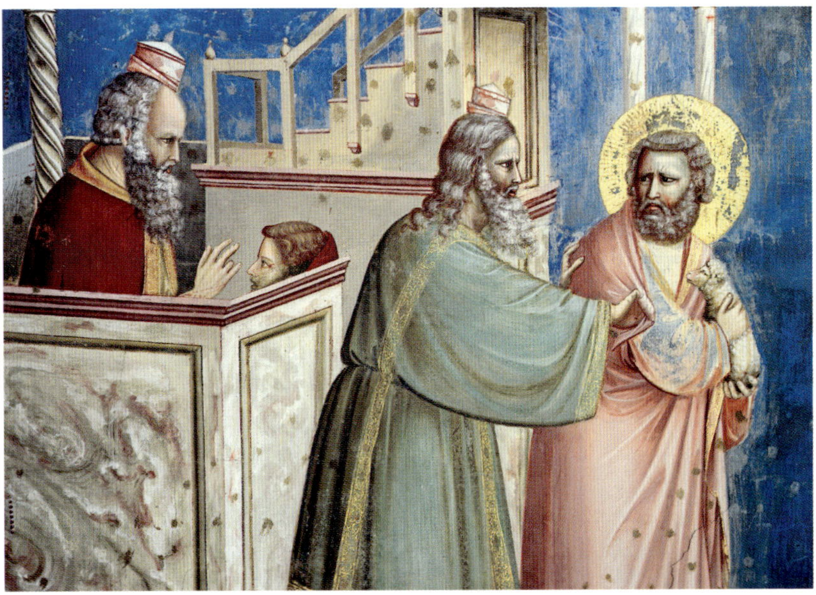

Fig. 130. Giotto, *Le prêtre Ruben avec le tefillin*, détail de la figure précédente, Padoue, chapelle des Scrovegni.

gauche par des lanières de cuir[9]. Giotto simplifie la représentation en ne laissant que la petite boîte sur la tête en équilibre précaire. Nous pouvons néanmoins admirer à quel point le peintre s'était soigneusement documenté en comparant le visage de Ruben au visage intense d'un vieil homme juif de notre époque (fig. 131) qui porte, pendant une cérémonie religieuse, non seulement le *talith*, le châle de la prière, mais aussi le *tefillin* ou phylactère.

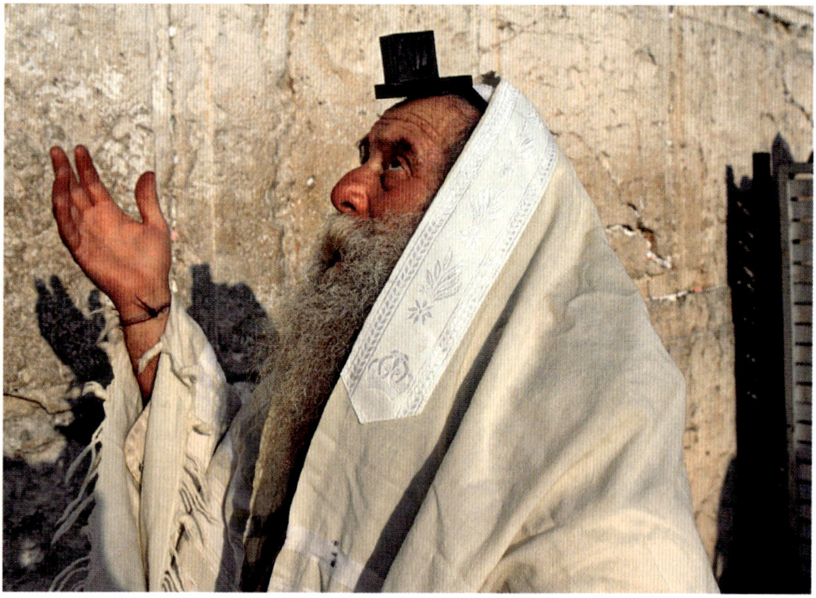

Fig. 131. *Prière intense avec talith et tefillin au cours d'une cérémonie religieuse.*

Le portrait du méchant

Hormis les rares exemples de signes connotatifs mais non intentionnels que nous venons de rappeler, on appliqua en général aux Juifs le miroir déformant du préjugé : ils sont presque toujours dessinés de profil parce qu'il est plus facile de les enlaidir ainsi, de faire voir leur nez crochu et leurs lèvres épaisses, d'accentuer les traits ethniques et de les caricaturer. Ajoutant un préjugé racial à un autre, il arrivait qu'ils fussent représentés avec la peau noire, comme le bourreau qui vient de décapiter Jean-Baptiste (dans la miniature d'un psautier de 1200 environ, provenant de Cantorbéry : fig. 132[10]), ou les flagellateurs du Christ à la colonne dans une miniature d'un

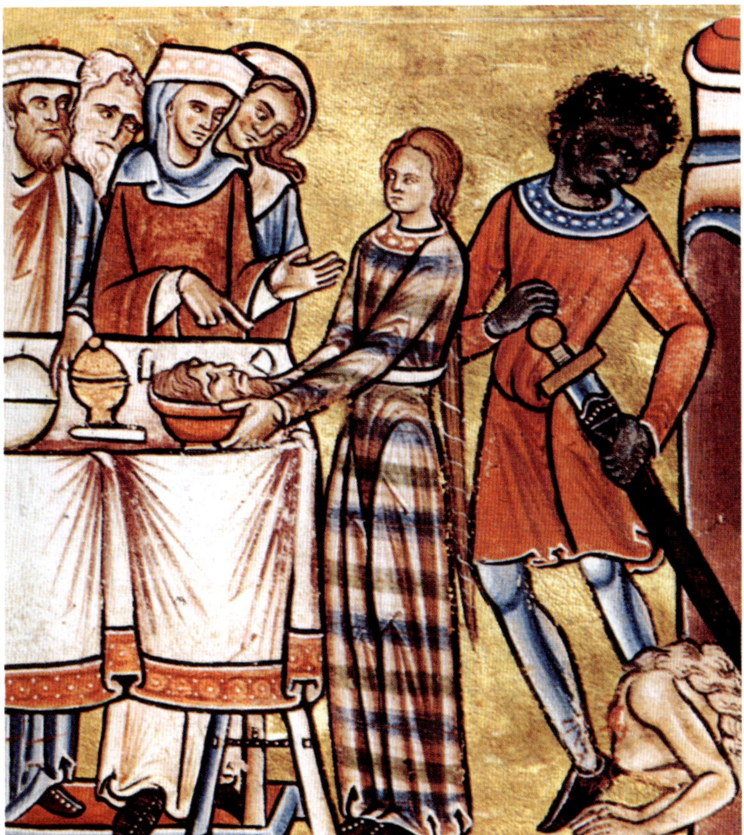

Fig. 132. *Le bourreau noir vient de décapiter Jean-Baptiste*, miniature, 1200 environ, Paris, Bibliothèque nationale, ms Lat. 8846, f. 2v .

évangéliaire de la fin du XIIe siècle et dans un fragment de rouleau enluminé de la fin du XIIIe siècle (fig. 133[11]).

Parmi les très rares Noirs « bons », outre saint Maur ou Maurice (fig. 134 et 135), dont on changea la couleur de peau d'après ce

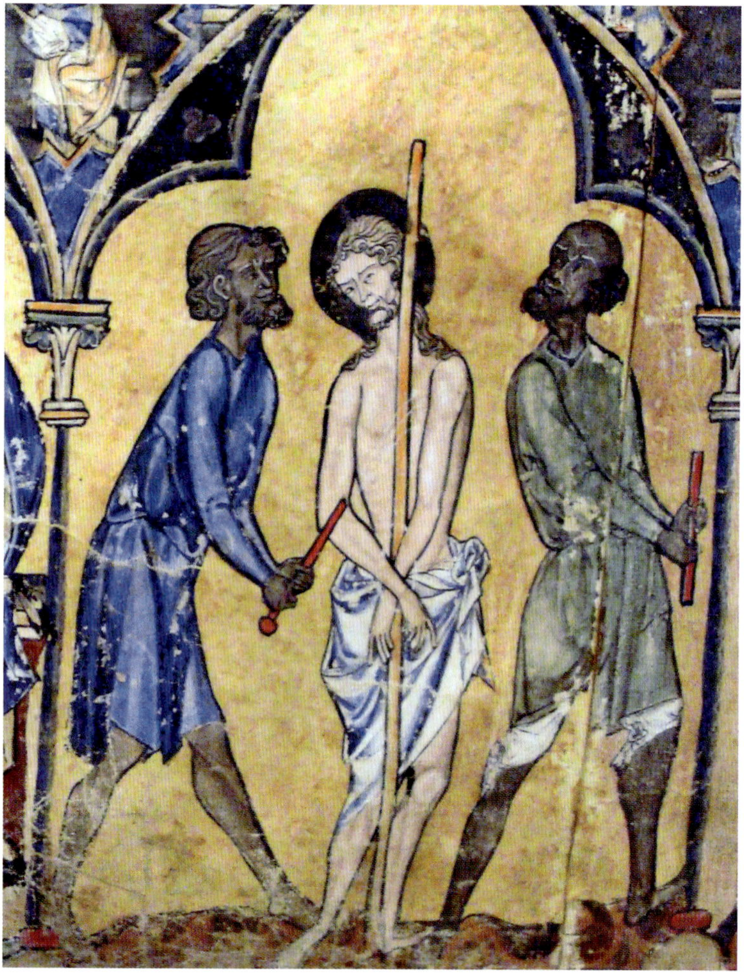

Fig. 133. *La flagellation du Christ à la colonne*, fragment de rouleau enluminé, fin du XIIIe siècle, Velletri, Musée diocésain.

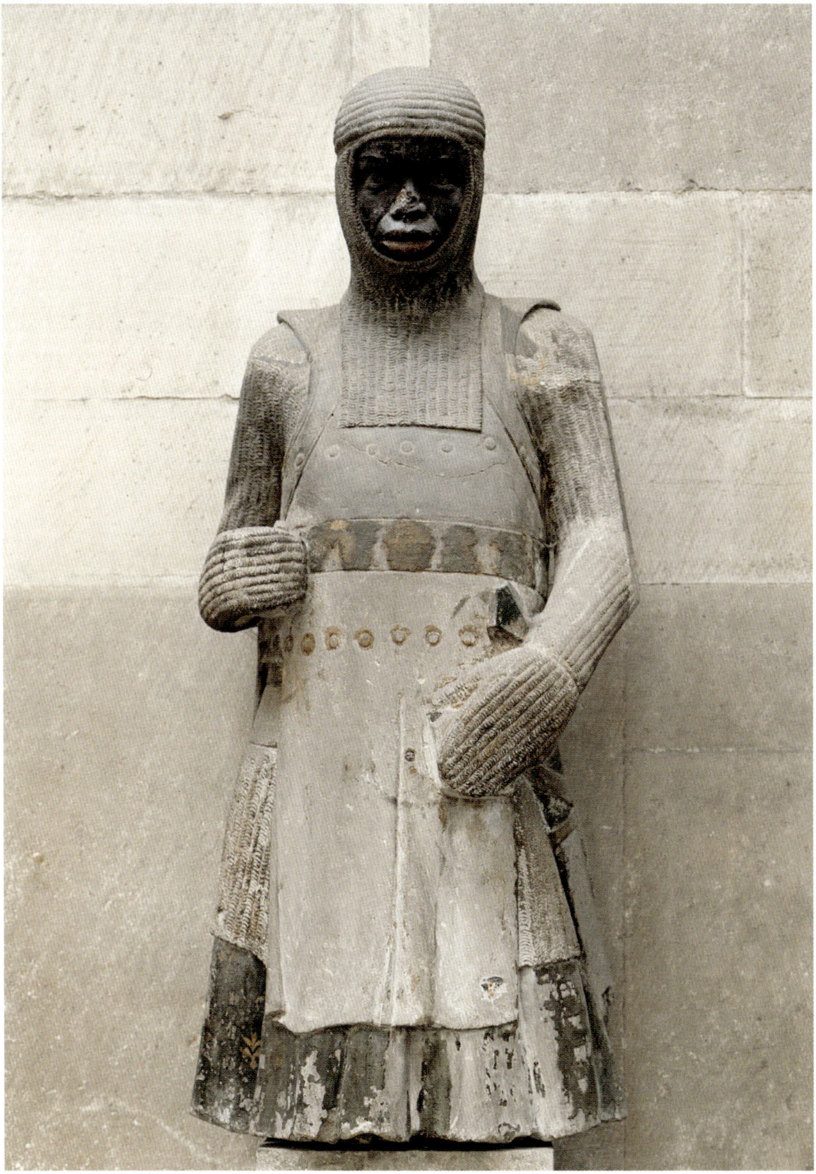

Fig. 134. *Saint Maurice*, sculpture, 1240-1250, Magdebourg, cathédrale.

qu'indiquait son nom[12], on vit apparaître, à la fin du Moyen Âge, un Roi mage noir (fig. 136)[13].

Le noir était la couleur du démon et du mal. C'est pourquoi l'iconographie a longtemps hésité à introduire un homme de couleur dans la triade des Mages, représentés à l'origine tous pareils, puis individualisés par leur nom à partir du IXe siècle : Gaspard, Melchior et Balthazar. Chacun d'eux se serait présenté avec un cadeau pour Jésus : l'or en hommage à la royauté, l'encens comme signe de la divinité, et la myrrhe, destinée à embaumer les cadavres, allusion au supplice de la croix : « *aurum regi, thus Deo, morituro myrram* », nous apprenait déjà Pierre Chrysologue au Ve siècle[14].

À partir du XIIe siècle, les Rois mages, caractérisés par trois âges différents de la vie, furent chargés de représenter les trois parties du monde connues alors, venues rendre hommage au Christ incarné. Ce fut Jean d'Hildesheim qui, dans son *Historia trium regum*, composée entre 1338 et 1375[15], « assombrit » l'un des Rois mages, Gaspard, l'« Éthiopien noir », en réunissant toutes les légendes sur les Rois mages

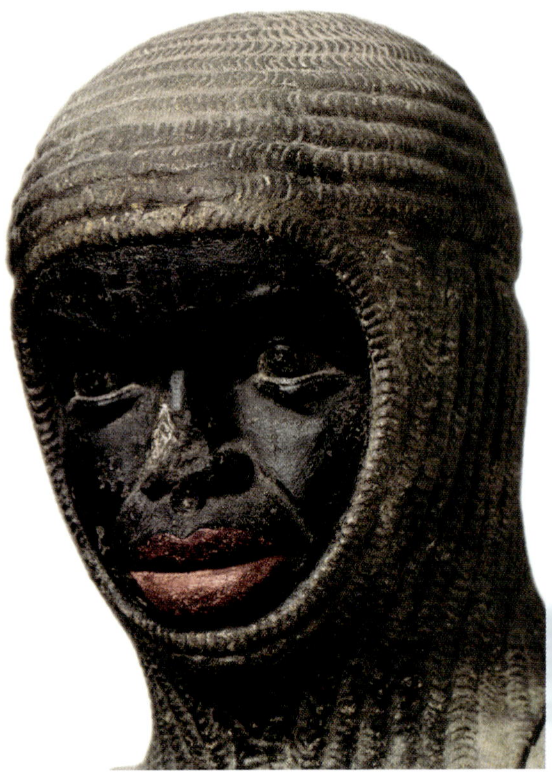

Fig. 135.
Le visage de saint Maurice,
détail de la figure précédente.

que l'on connaissait jusqu'alors (mais il arrive aussi que les deux autres soient représentés comme des Noirs). Il s'agit en tout cas de représentations de la différence assez exceptionnelles.

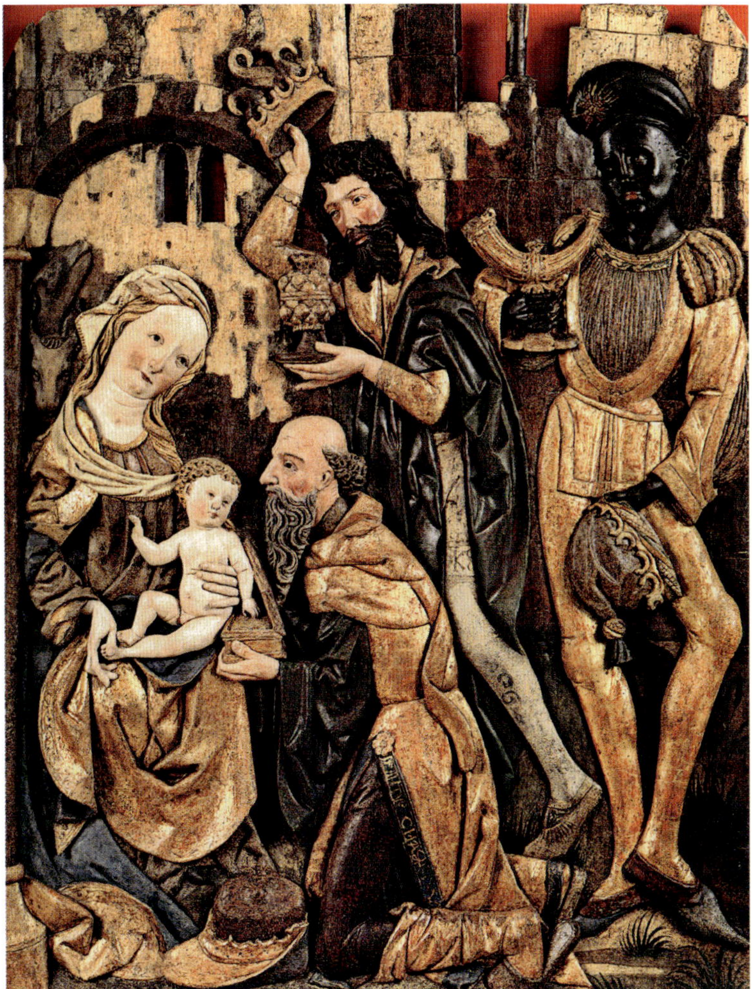

Fig. 136. *Adoration des Rois mages*, sculpture, 1485 environ, Linz, Oberösterreichische Landesmuseen, Schlossmuseum.

La polémique antijuive donna aussi naissance à une représentation allégorique, celle de la Synagogue vaincue, par opposition à l'Église triomphante[16]. Dans cette miniature (fig. 137), qui se trouve dans

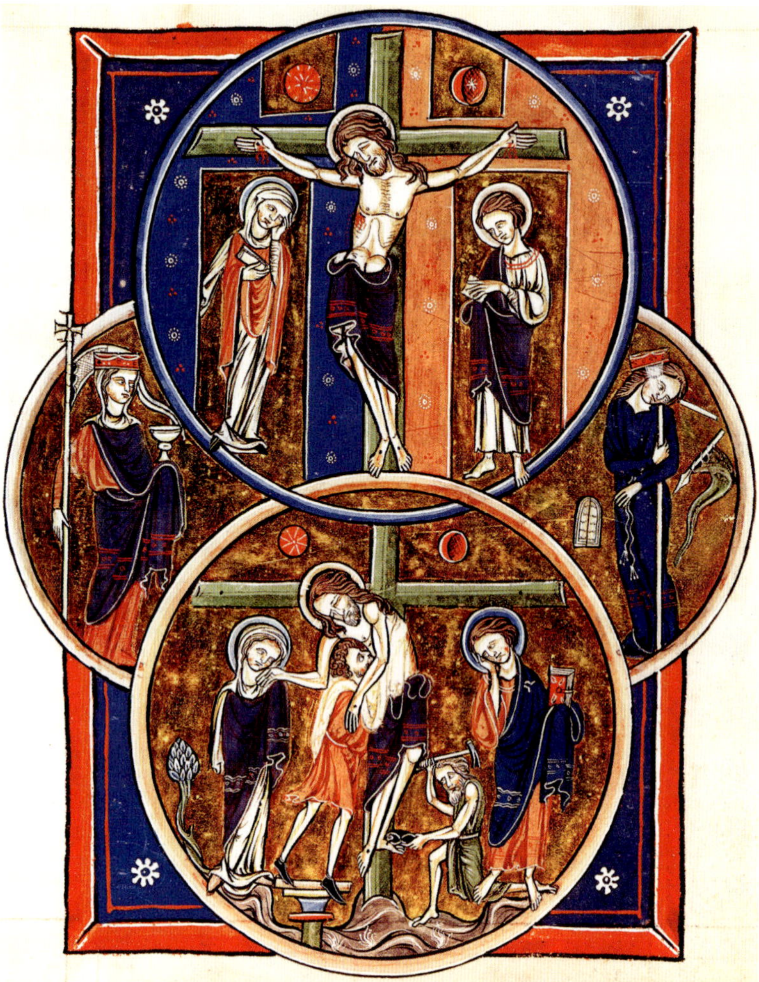

Fig. 137. *Crucifixion et Descente de croix avec l'Église et la Synagogue*, miniature, 1230 environ, Paris, bibliothèque de l'Arsenal, ms Lat. 1186, f. 24r.

le psautier de Blanche de Castille de 1230 environ[17], nous voyons, dans le médaillon du haut, le Christ crucifié et déjà mort entre Marie et Jean ; et dans le médaillon du bas, les mêmes personnages qui assistent à la descente de croix. Membre du Sanhédrin (l'institution qui émettait les lois et administrait la justice) et ami de Jésus, Joseph d'Arimathie tient sur ses épaules le linceul pour le sépulcre et soutient le cadavre divin, encore en partie cloué à la croix. Dans les deux parties latérales, à gauche pour le spectateur, l'Église triomphante et couronnée tient l'étendard surmonté de la croix et tend le Saint Calice de la Cène qui a servi à recueillir le sang issu du flanc du Messie ; à droite, la Synagogue se tient à l'étendard cassé qui se termine par la lance qui a blessé le Christ, alors que les Tables de la Loi de Moïse lui ont déjà glissé des mains. Dépourvue de manteau, avec sa couronne vacillante et un voile sur les yeux, la Synagogue est également vêtue beaucoup plus pauvrement que l'Église. Quant aux connotations de la gauche et de la droite : l'Église, à gauche pour le spectateur, se trouve en réalité à droite du Christ, la place d'honneur, de même que le Christ ressuscité et monté au ciel s'assied à la droite du Père (Mc 16, 19). La Synagogue est toujours, en revanche, à la gauche du Christ ; elle occupe ainsi la place, sémantiquement connotée, du déshonneur, de l'ignominie : ce n'est du reste pas un hasard si l'on peut qualifier un incident de « sinistre » (du latin *sinister*, « qui est à gauche » et par conséquent préjudiciable).

Il n'est pas jusqu'au soleil et à la lune qui ne soulignent la portée cosmologique de l'événement : grands et brillants dans le médaillon du haut, ils sont plus petits et plus sombres dans celui du bas. De fait, à la mort du Christ, le voile du Temple se déchira par le milieu et il y eut un tremblement de terre et une éclipse de soleil (Lc 23, 44-45).

En Italie, une des premières représentations de l'opposition Église-Synagogue est celle qu'a signée Benedetto Antelami, datée

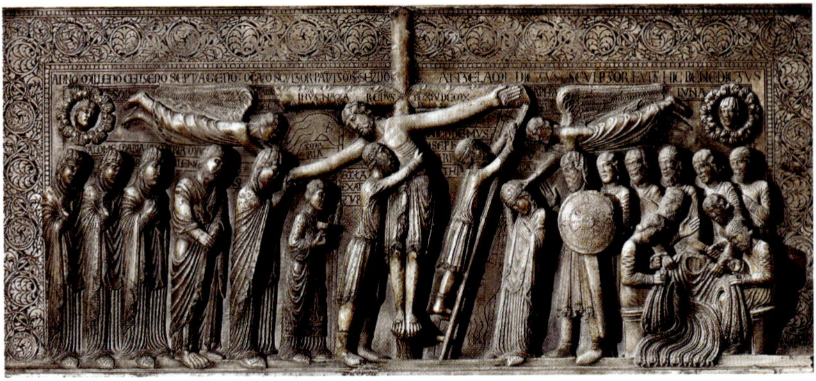

Fig. 138. Benedetto Antelami, *Crucifixion et Descente de croix avec l'Église et la Synagogue*, sculpture, 1178, Parme, cathédrale.

de 1178 (fig. 138)[18]. Il s'agit de la plaque, provenant peut-être d'une chaire perdue, conservée aujourd'hui dans la cathédrale de Parme : elle est accompagnée de nombreuses inscriptions qui aident l'observateur à identifier correctement les personnages et qui sont gravées sur un fond façonné selon une technique qui rappelle celle du niellage[19] (un mastic noir remplit le marbre gravé pour composer une frise somptueuse). Une unique illustration condense deux différents sujets narratifs, la *Crucifixion* et la *Descente de croix*, et leur interprétation symbolique. Le Christ mort, entre « *Sol* » et « *Luna* », va être décroché de la croix. Le bois provient d'un arbre verdoyant, comme le montrent les branches coupées : c'est le *lignum vitae*, l'arbre porteur de vie, et c'est pourquoi la *Descente de croix* fait déjà allusion à la *Résurrection*, le vendredi saint renvoie au dimanche de Pâques. Sur le bras horizontal, nous pouvons lire : « *Ihesus Nazarenus rex Iudeorum.* »

Tandis que « *Ioseph ab Arimathie* », Joseph d'Arimathie, prend tendrement le corps divin, lourd et inerte, dans ses bras, l'archange « *Gabriel* », qui arrive du ciel, et la mère du Messie, « *Sancta Maria* », soutiennent le bras droit du Christ, déjà libéré du clou. La

Vierge est précédée de l'Église, une jeune femme vêtue d'une riche dalmatique et d'une aube ; elle tient dans une main l'étendard flottant et croisé, et dans l'autre le calice du sang du Christ : « *Ecclesia exaltatur* », l'Église triomphe. Derrière Marie, effectuant le geste de la douleur la plus vive (une main saisissant l'autre), se tiennent saint Jean, « *sanctus Iohannis* », et « *Maria Madalene* », alors que « *Maria Iacobi* » et « *Salome* », c'est-à-dire Marie, mère de Jacques, et Marie Salomé, font le geste du témoignage (main ouverte contre la poitrine) : l'homme crucifié est vraiment le Messie.

De l'autre côté, « *Nicodemus* » (l'autre ami de Jésus, membre du Sanhédrin comme Joseph d'Arimathie, qui fournira la myrrhe et l'aloès pour le sépulcre) se penche sur l'échelle pour libérer la main du Christ, tandis que Joseph d'Arimathie embrasse la blessure au flanc de celui-ci, nouveau trait iconographique[20]. À côté de lui se trouve la « Synagogue », une figure féminine contrainte à plier la tête de l'archange « *Raphael* » qui la domine, alors que l'étendard est retourné et brisé : « *Sinagoga deponitur* », la Synagogue doit se soumettre. Pour souligner davantage l'obstination humiliée des Juifs qui n'avaient pas voulu reconnaître le Messie, et dont la femme vaincue est la représentante, le centurion, armé d'une grande épée et d'un bouclier rond sur lequel est écrit « *Centurio* », s'exclame (nous le lisons gravé sur la plaque) en même temps que ses cinq soldats, dont deux pointent le doigt vers le Christ : « *Vere iste Filius Dei erat.* » De fait, comme on le lit dans l'évangile selon Matthieu (27, 54), après que le Christ eut expiré, à la vue du tremblement de terre et de la résurrection des morts qui sortaient des tombeaux, « le centurion et les hommes qui avec lui gardaient Jésus furent saisis d'une grande frayeur et dirent : “Assurément, cet homme était fils de Dieu”[21] ».

Au premier plan, deux hommes imberbes et deux autres avec une barbe et une moustache, assis sur des tabourets – l'équipe préposée à l'exécution –, déplient vers l'observateur la tunique inconsutile du Christ, c'est-à-dire sans couture et constituée d'un seul morceau d'étoffe, tunique que les Pères de l'Église considèrent comme le symbole de l'unité de l'Église[22]. Deux d'entre eux jouent aux dés, deux autres se demandent s'il faut couper ou non l'étoffe avec un grand couteau. Ils traduisent exactement ce que dit Matthieu (27, 35-36) : « Après l'avoir crucifié, ils se partagèrent ses vêtements, en tirant au sort. Puis, *s'étant assis*, ils le gardèrent là[23]. » Antelami avait précisément Matthieu à l'esprit, le seul évangéliste qui note le détail des gardes assis et l'expression que nous pouvons lire inscrite dans le marbre, « *Vere iste Filius Dei erat* », exclamation que partage le centurion avec ses gardes[24]. Alors que, toujours d'après l'évangile de Matthieu (27, 39-44), les passants, les prêtres, les scribes et les vieillards, voyant Jésus mourir sur la croix, l'insultaient et se moquaient de lui, cette voix solitaire et discordante des *milites* de Ponce Pilate[25] frappa les anciens commentateurs des textes évangéliques. Un passage de Bède le Vénérable semble avoir été écrit devant la plaque d'Antelami : « Non sans raison, le centurion représente la foi de l'Église qui, une fois levé le voile des mystères célestes avec la mort du Christ, confirme que le Christ est un homme juste et le fils de Dieu, au contraire de la Synagogue qui se tait[26]. »

D'après le principe si cher au Moyen Âge qui consistait à unifier les personnages qui avaient quelque dénominateur commun (qu'on songe aux trois femmes résumées en une seule, Madeleine[27]), le centurion peut assimiler un autre personnage secondaire de la Crucifixion.

À l'exception de Marc, les trois autres évangélistes disent en effet que, avant qu'on ne permette à Joseph d'Arimathie et à Nicodème d'enterrer le corps du Christ, un soldat avait percé le côté du Rédempteur avec sa lance pour s'assurer de sa mort, « et il en sortit aussitôt du sang et de l'eau » (voir par exemple Jn 19, 34[28]). Selon une complexe tradition orientale et grecque qui se répandit par la suite en Occident, il s'agissait d'un soldat aveugle ou du moins victime d'une grave maladie oculaire – l'homme idéal pour une telle vérification ! – que le jet de sang aurait néanmoins guéri sur-le-champ[29]. Sur un ivoire du troisième quart du XIe siècle provenant du Sud de l'Italie (fig. 139)[30], le soldat aveugle, « *Longinus* », qui a en effet les yeux clos[31], est justement en train de percer le côté du Christ. Étant donné l'époque à laquelle cette plaque d'ivoire fut sculptée, l'iconographie du crucifix est celle du *Christus triumphans*, du Dieu qui triomphe de la mort, indifférent aux souffrances de la chair : c'est la raison pour laquelle le Rédempteur a une expression sereine et les yeux ouverts, alors que si l'on s'en tient aux évangiles, il aurait déjà dû les avoir clos, ayant expiré[32].

Ce sont les *Acta Pilati* apocryphes[33] du début du Ve siècle qui affirment que le soldat en question s'appelait Longin. Dans une présumée *Lettre de Pilate à Hérode* (datant du Ve siècle au moins), Longin est aussi le nom du centurion qui commandait le piquet de soldats en faction devant le sépulcre du Christ et qui avaient assisté à sa mort.

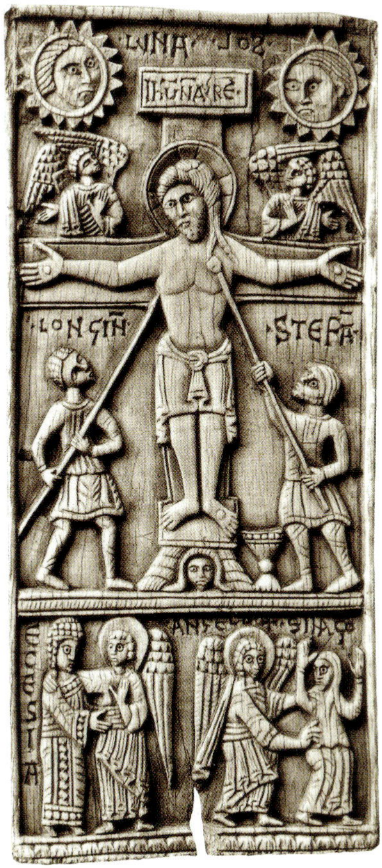

Fig. 139. *Crucifixion avec Longin et Stéphaton*, sculpture en ivoire, troisième quart du XIe siècle, Berlin, Bode Museum.

Sans suivre pour autant l'entrelacs des textes de la tradition orientale, grecque et latine, il suffit de rappeler que Longin est, en Occident, soit celui qui frappa le Christ d'un coup de lance, soit le centurion qui proclama la divinité du Messie avant de devenir saint Longin. Cette fusion est clairement attestée par la *Légende dorée*, rédigée vers 1273 par Jacques de Voragine, le grand prédicateur dominicain.

> Longin fut le centurion qui, debout avec les soldats près de la Croix, par l'ordre de Pilate, perça le côté du Sauveur avec une lance. En voyant les miracles qui s'opéraient, le ciel obscurci et le tremblement de terre, il crut en Jésus-Christ, surtout dès l'instant où, selon le dire de certains auteurs, ayant la vue obscurcie par la maladie ou la vieillesse, il se frotta les yeux avec du sang de Notre Seigneur coulant le long de sa lance et vit plus clair aussitôt[34].

C'est pourquoi il renonça à la vie de soldat, fut instruit par les apôtres et finalement martyrisé. Le porteur d'éponge, celui qui donna le vinaigre à boire au Christ, était également un soldat romain (Lc 23, 36) auquel une sainte tradition attribua le nom de Stéphaton (il ne figure pas dans les évangiles). La polémique antijuive conduisit néanmoins à l'« hébraïsation » des soldats romains Longin et Stéphaton parce qu'on interpréta leurs gestes comme des actes malveillants. Ainsi pouvons-nous voir par exemple l'aveugle Longin guéri, mais coiffé d'un chapeau juif, dans une miniature anglaise du début du XIVe siècle (fig. 140)[35].

Ici l'enlumineur suivit l'exégèse de saint Augustin selon laquelle les Juifs offrirent du vinaigre au Christ sur la croix parce qu'« ils sont eux-mêmes vinaigre, vin mauvais des prophètes, remplis de l'iniquité du monde comme de la surabondance d'un vase qui déborde, et leur cœur, pareil à une éponge, recèle la duplicité méchante dans ses profonds et tortueux recoins[36] ».

Il n'est pas jusqu'à Ponce Pilate qui ne porte le couvre-chef pointu, comme les Juifs qui sont derrière le Christ, dans une miniature

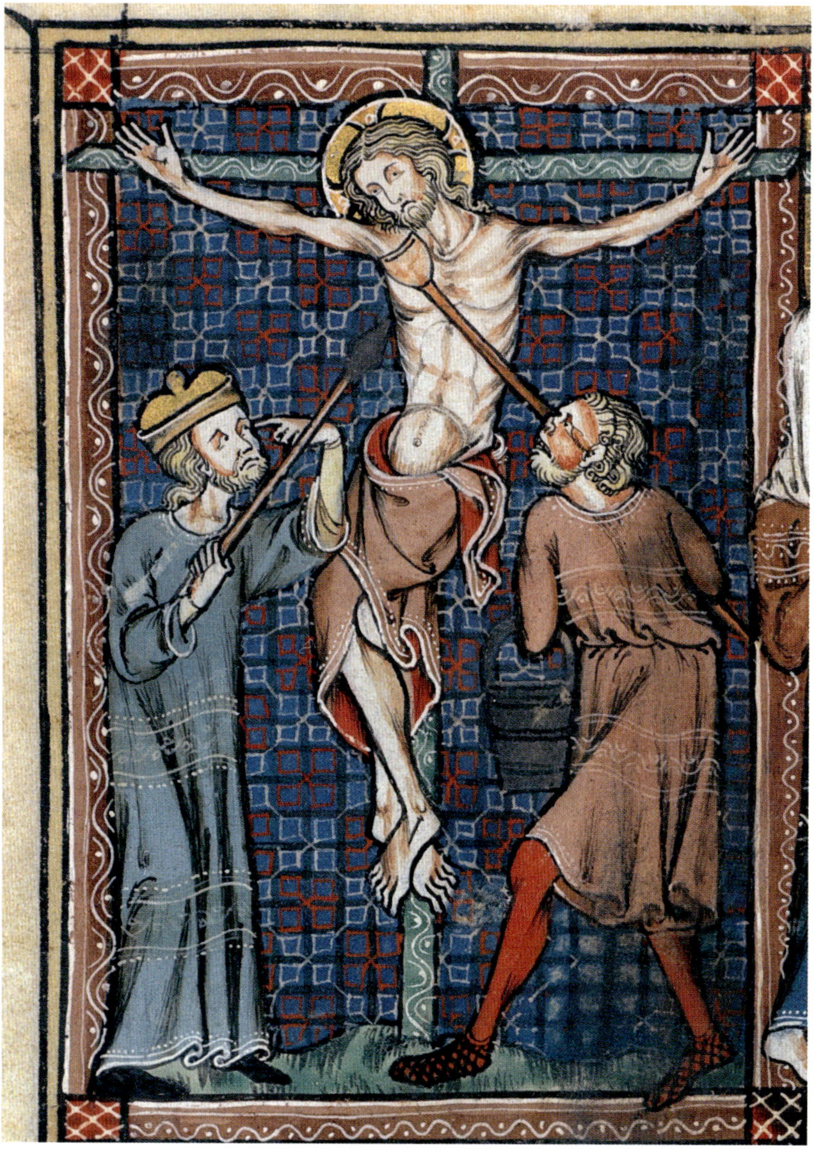

Fig. 140. *Longin guéri avec un chapeau de Juif*,
miniature, début du XIVe siècle, Oxford, Bodleian Library, ms Barlow 22, f. 13v.

du XIIIe siècle (fig. 141)[37], pour indiquer par ce détail la culpabilité de tous ceux qui contribuèrent à la mort du Messie.

Les soldats qui brisèrent les jambes des larrons sont en revanche sûrement juifs dans une miniature du IXe siècle qui représente la

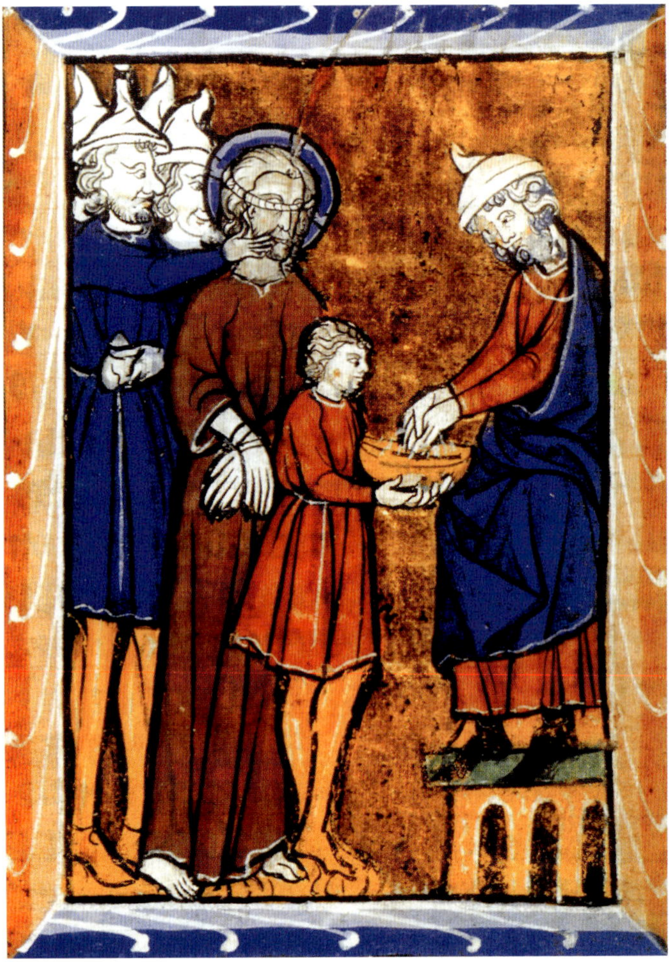

Fig. 141. *Ponce Pilate avec un couvre-chef juif*, miniature, XIIIe siècle, Paris, Bibliothèque nationale, ms Lat. 1077, f. 163r.

Crucifixion et le partage des vêtements du Christ (fig. 142). De fait, parmi les nombreuses inscriptions qui la commentent, nous lisons, à côté des exécuteurs du crucifiement[38] : « *Duo Iudei qui fregerunt crura* » (« Les deux Juifs qui brisèrent les jambes »).

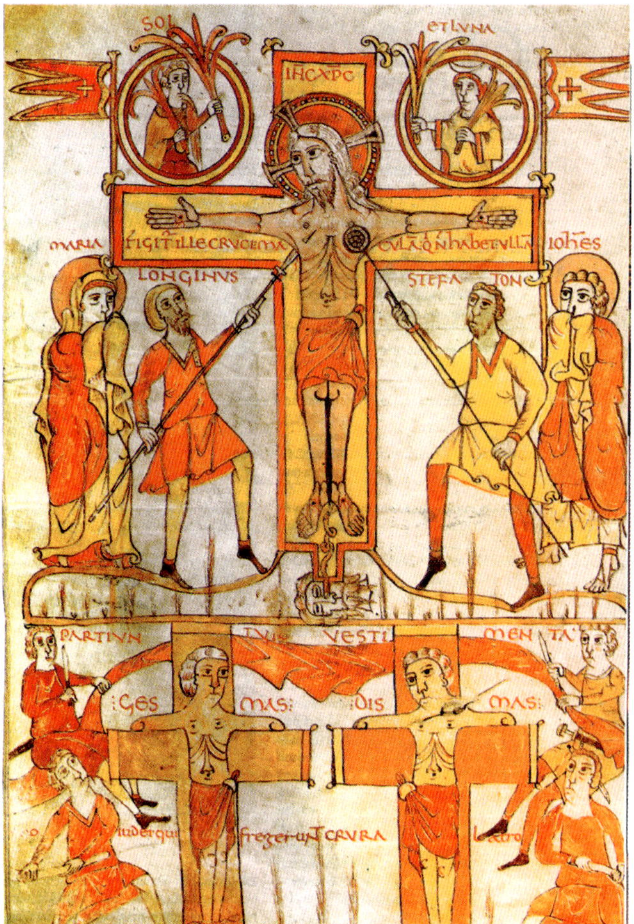

Fig. 142. *Crucifixion, Partage des vêtements du Christ et crucifiement*, miniature, IXe siècle, Angers, Bibliothèque municipale, ms 24 (20), f. 7v.

Mais l'évangile selon Jean (19, 32) nous dit : « *Venerunt ergo milites et primi quidem fregerunt crura et alterius qui crucifixus est cum eo*[39]. »

En réalité, en proposant des opinions discordantes sur le rôle que jouèrent les Romains et les Juifs dans la condamnation à mort du Christ, les évangiles canoniques incitèrent eux-mêmes les exégètes à une certaine élasticité quant à l'attribution de l'ethnie des persécuteurs. Matthieu, par exemple, se soucie de préciser les responsabilités des Romains et des Juifs, tandis que Jean est très dur à l'égard des Juifs et permet de supposer que de nombreux gardes autochtones furent activement présents à plusieurs étapes de la Passion. De fait, les prêtres avaient leurs propres gardes (Jn 18, 3) : lorsqu'il s'en va trahir son Maître, Judas conduit « la cohorte et les gardes de la part des grands prêtres et des Pharisiens » (« *Cum accepisset cohortem et a pontificibus et pharisaeis ministros* [...] » : la cohorte des soldats romains était venue renforcer les milices du Temple qui agissaient sur l'ordre du Sanhédrin). La cohorte commandée par le tribun et les gardes des Juifs s'emparent tous ensemble du Christ et l'emmènent chez Caïphe (« *Cohors ergo et tribunus et ministri Iudaeorum comprehenderunt Iesum* », Jn 18, 12). Ce sont « les grands prêtres et les gardes » qui demandent avec insistance la mise à mort du Christ : « *Cum ergo vidissent eum pontifices et ministri clamabant dicentes : "Crucifige, crucifige eum !"* » (Jn 19, 6).

Luc est le seul évangéliste qui évoque la présence d'Hérode Antipas à Jérusalem et son rôle lors du procès du Christ (23, 7). Le prince juif espérait assister à un miracle du prisonnier, mais après avoir interrogé le présumé roi des Juifs sans avoir obtenu de réponse, déçu et irrité, « *cum exercitu suo* », « avec ses soldats, il le traita avec mépris ; et, s'étant moqué de lui et l'ayant revêtu d'un habit écarlate, il le renvoya à Pilate[40] ». Après avoir en vain proposé la libération du Christ à la tumultueuse foule juive, le gouverneur romain, contraint de libérer en revanche Barabbas, remit l'innocent à la volonté des grands prêtres, des notables et du peuple (Lc 23, 10-25).

Matthieu (27, 65-66) précise, lui, que lorsque les prêtres demandent que le tombeau où a été déposé le Christ soit sous bonne garde, Ponce Pilate leur répond : « "Vous avez une garde ; allez, gardez-le comme vous l'entendrez." Ils s'en allèrent, et s'assurèrent du sépulcre au moyen de la garde, après avoir scellé la pierre » (« *Ait illis Pilatus : "Habetis custodiam ; ite, custodite sicut scitis". Illi autem abeuntes munierunt sepulcrum signantes lapides cum custodibus* »)[41].

L'« hébraïsation » du porte-lance, et toute la série de personnages qui se confondent avec son ombre, dérive donc assurément d'une polémique antijuive spécifique, mais elle s'appuie par ailleurs sur la manière dont les évangélistes relatent la Passion du Christ : c'est Jean surtout, parmi les quatre, qui prétend que les Juifs furent entièrement responsables de la mort du Messie.

Cette « hébraïsation » est de signe négatif. Il est dès lors d'autant plus surprenant de découvrir sur la plaque d'Antelami l'« hébraïsation » du centurion, personnage indubitablement positif (fig. 143) : sa tête est en effet recouverte d'un tissu au bord somptueusement décoré, semblable à celui que porte la Synagogue sous sa couronne inutile. Par un contraste délibéré, le centurion voit et croit, alors que la Synagogue, la tête baissée et les yeux clos, ne voit pas et ne croit pas.

Ce même tissu, encore plus flottant, qui correspond au châle de prière des Juifs, le *talith*, enveloppe la tête d'un soldat, manifestement juif, dans la grande plaque de la *Crucifixion* de Nicola Pisano, sur la chaire du baptistère de Pise de 1260 (fig. 144 et 145)[42].

Il s'agit d'un homme moustachu à la barbe épaisse, avec une énorme épée, un habit court et une cape, qui lève l'index de la main droite en s'adressant au Christ crucifié ; à côté de lui se trouve l'un de ses compagnons dont l'habit descend jusqu'aux pieds, la tête également voilée, qui se tire la barbe, encore plus fournie, dans le geste de la perplexité et de la tristesse. Derrière eux, dans le groupe compact de personnages, se détachent le soldat porte-éponge et l'ange qui chasse la vieille Synagogue aux yeux clos, aveuglée

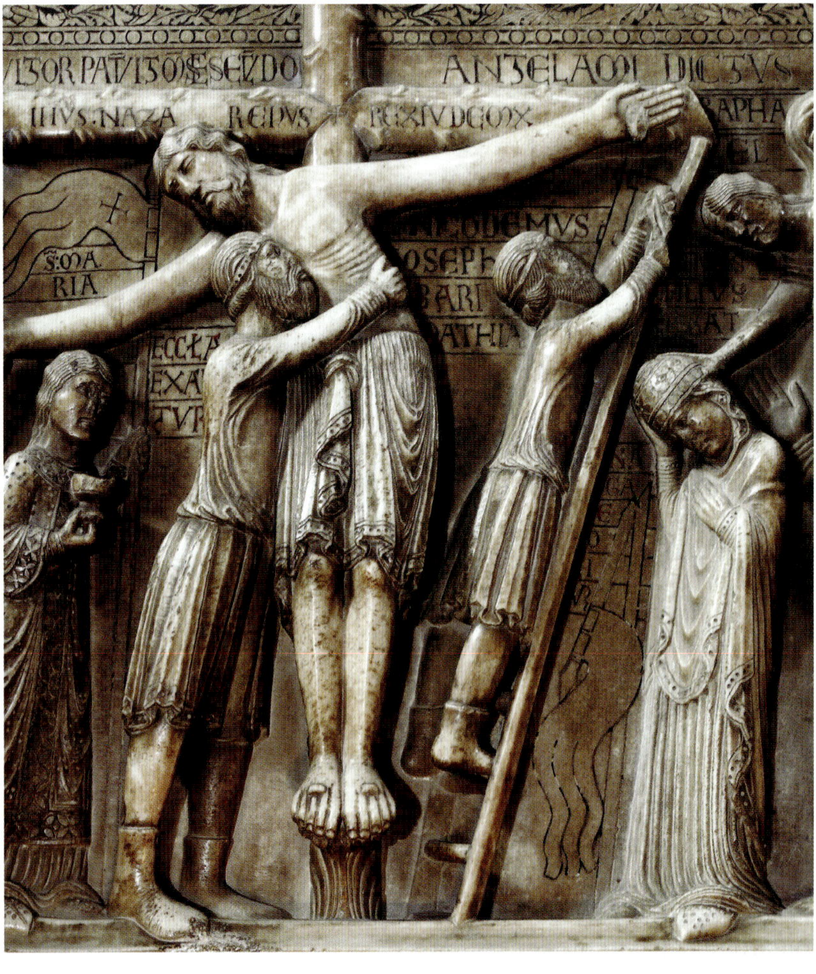

Fig. 143. Benedetto Antelami, *Le bon centurion avec le talith*, détail de la figure 138.

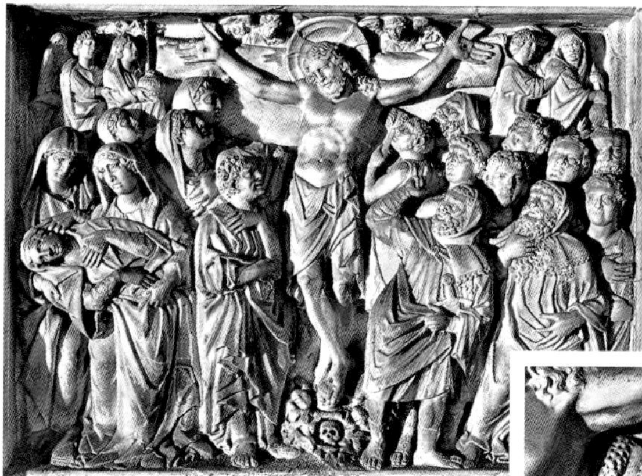

Fig. 144.
NICOLA PISANO,
Crucifixion, sculpture,
1260, Pise, baptistère.

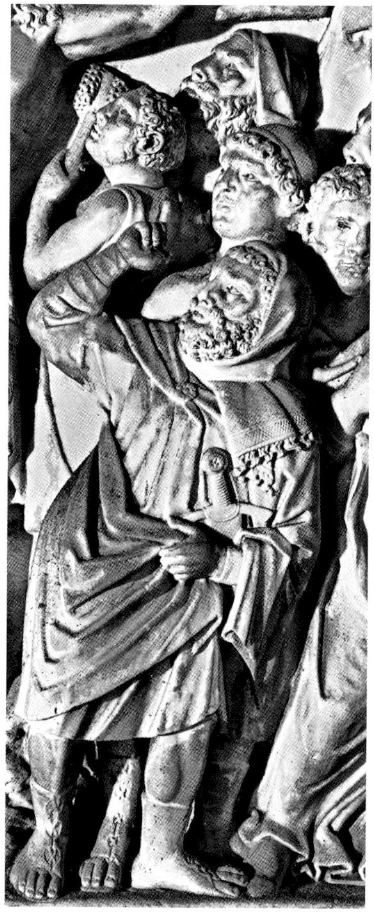

Fig. 145.
NICOLA PISANO,
Un soldat juif, détail
de la figure précédente.

par sa propre volonté obstinée. (De l'autre côté de la croix, on distingue par contre Jean dans le geste de la douleur, les femmes pieuses et la Vierge qui s'évanouit dans leurs bras, une nouveauté iconographique représentée pour la première fois[43], l'ange et l'Église triomphante et le soldat porteur de lance, malheureusement presque entièrement détruit, qui ne blesse toutefois pas le côté du Christ[44]).

Pour le récit de la crucifixion, Nicola Pisano s'inspire de l'évangile selon Luc. De fait, dans le compte rendu de cet évangéliste, alors que le Christ est cloué sur la croix, « le peuple se tenait là et regardait, les notables eux-mêmes se moquaient de lui [...] Les soldats aussi le tournaient en dérision ; ils s'approchaient pour lui présenter du vinaigre en disant : “Si tu es le roi des Juifs, sauve-toi toi-même !” » (Lc 23, 35-37)[45]. Puis le Christ expire, les ténèbres tombent, le voile du Temple se déchire et alors : « Voyant ce qui était arrivé, le centurion glorifiait Dieu en disant : “Assurément, cet homme était juste.” Et tous ceux qui assistaient en foule à ce spectacle, après avoir vu ce qui était arrivé, s'en retournèrent en se frappant la poitrine[46]. » En déséquilibrant vers la droite la foule des Juifs, Nicola Pisano a rendu la reconnaissance tardive qui succède à la mort du Christ et les commentaires troublés de l'assistance lorsque chacun retourne chez soi ; le dernier personnage à droite, au premier plan, se frappe la poitrine pour exprimer son remords.

Si le peuple juif ne voulut pas reconnaître le Messie, tout le monde ne s'obstina pas de la sorte : tel est le message des sculptures de Benedetto Antelami et de Nicola Pisano, qui témoignent d'une ouverture rare, en Occident, envers les infidèles, à laquelle nous ajouterons un troisième exemple, plus explicite encore, de la part de Cimabue[47]. Au reste, Haymon d'Halberstadt affirme, amplifiant ainsi le témoignage de Luc : « Comme on peut le lire dans l'*Évangile des Nazaréens*, quand le Seigneur émit ce cri, des milliers de Juifs, qui se trouvaient autour de la croix, se mirent à croire[48]. »

Dans l'apocryphe *Lettre de Pilate à Hérode*, le gouverneur romain raconte que le Christ ressuscité apparut à Longin, centurion de Ponce Pilate, qui fut frappé de stupeur. Le Christ s'adressa à lui en ces termes : « N'est-ce pas toi qui as monté la garde *pendant ma passion et devant mon tombeau*[49] *?* » Ce qui me paraît intéressant dans ce texte, c'est que son témoignage permet de penser que les personnes qu'on avait chargées de surveiller le sépulcre étaient celles-là mêmes qui avaient attendu sous la croix la mort des suppliciés.

D'après l'évangile selon Matthieu (27, 65-66), les Juifs avaient placé des gardes en faction devant le sépulcre du Christ, après la réponse agacée de Ponce Pilate qui n'avait pas voulu envoyer ses propres soldats. Ainsi, de même qu'il était possible que l'on pensât que des soldats romains s'étaient trouvés sous la croix et avaient surveillé le sépulcre (selon la *Lettre de Pilate à Hérode*), il ne me paraît pas invraisemblable que l'on pût supposer que les gardes juifs, qui, selon Matthieu (27, 66), veillaient au sépulcre, aient été auparavant chargés de surveiller le Christ avant sa mort.

Outre le centurion qui, selon Matthieu, Marc et Luc, proclame la divinité de l'homme crucifié à l'instant de sa mort, seuls Matthieu et Luc évoquent un autre centurion, celui de Capharnaüm, qui avait obtenu du Christ, alors acclamé pour ses vertus thaumaturgiques, la guérison de son serviteur gravement malade et dont les mots et l'attitude avaient fait dire au Christ en personne : « En vérité, je vous le dis, je n'ai pas trouvé, même en Israël, une si grande foi » (« *Amen, dico vobis non inveni tantam fidem in Israel* », Mt 8, 5-13). Dans l'évangile selon Luc (7, 4-5), le centurion envoie les anciens parmi les Juifs demander l'intervention de Jésus, lesquels le prient instamment de la sorte : « Il est digne que tu lui accordes cela ; car il aime notre nation, et c'est lui qui nous a bâti la synagogue[50]. »

Dès lors, aussi bien le centurion qui proclame la divinité du Christ sous la croix que, précédemment, le centurion qui n'aurait pas voulu que le Christ se dérange pour venir rendre visite en personne au serviteur, ayant déclaré : « Seigneur, je ne suis pas digne que tu entres sous mon toit, mais dis seulement une parole et mon serviteur sera guéri » (Lc 7, 7)[51], étaient certes des païens, mais des païens un peu particuliers, prêts à abjurer leur foi dans les dieux : le centurion de Capharnaüm croit déjà, de toute évidence, au Messie. Dans les Actes des Apôtres (10, 1-2), un centurion romain, nommé Corneille, est décrit comme « un homme pieux, craignant Dieu, avec toute sa maison ; il faisait beaucoup d'aumônes au peuple, et priait Dieu continuellement[52] ». À la suite d'une vision, ce centurion se rend chez Pierre, et, instruit par celui-ci, devient chrétien et se fait baptiser[53]. Avant même d'avoir cette vision, Corneille était donc très proche de la religion juive, sans s'être néanmoins entièrement converti ni fait circoncire. Ainsi, dans le Nouveau Testament, « centurion » n'est synonyme ni de païen ni d'idolâtre ; au contraire, il pouvait être extraordinairement sensible au témoignage de la vie du Christ.

L'approbation explicite d'un tel point de vue nous est fournie par Cimabue dans la *Crucifixion* (fig. 146) du transept gauche – quand on entre dans l'église – de la basilique supérieure d'Assise[54].

La foule de droite évoque exactement celle de Nicola Pisano que nous venons de décrire[55] ; le peintre apporta néanmoins une

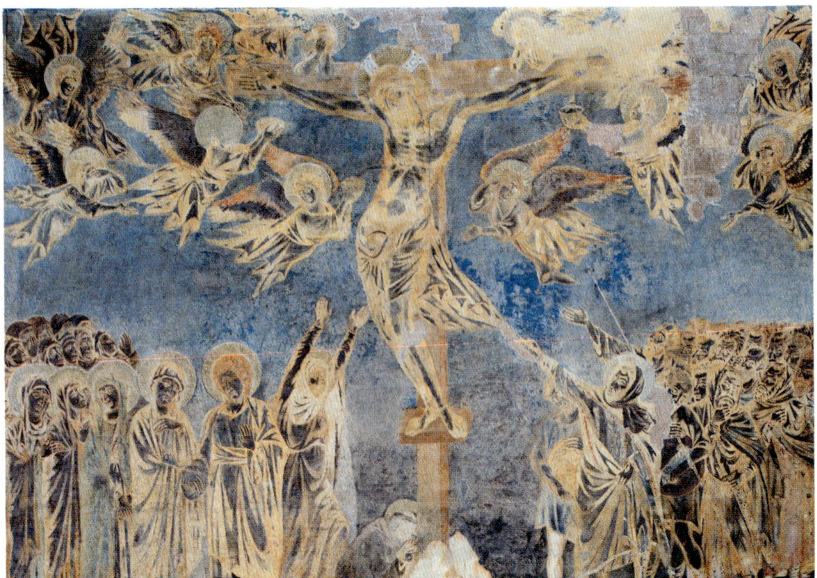

Fig. 146. CIMABUE, *Crucifixion*, fresque, 1277-1280, Assise, basilique supérieure, transept gauche en entrant.

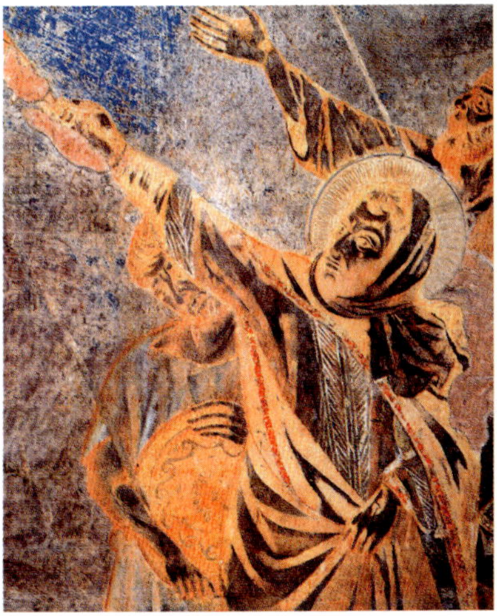

Fig. 147. CIMABUE, *Longin*, détail de la figure précédente.

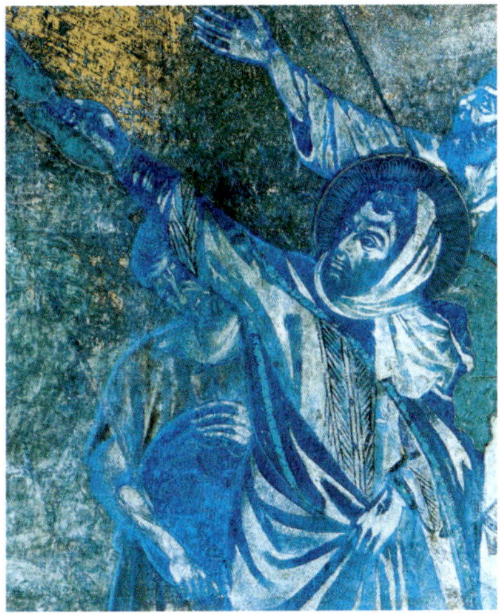

Fig. 148. CIMABUE, *Longin*, détail de la figure 146 (les couleurs ont été inversées).

importante innovation : le soldat couvert d'un voile et barbu le plus proche du Christ a la tête entourée du nimbe (fig. 147 et 148) ; il s'agit donc du bon centurion, saint Longin, levant le bras et tendant la main (qui tient le bâton de commandement) comme pour effleurer le pagne de l'homme sur la croix, dont il reconnaît la divinité. (Dans une *Crucifixion* dont le commanditaire pourrait avoir été l'évêque franciscain Léon III Lambertenghi, 1295-1325, peinte à fresque dans l'église de Sant'Abbondio à Côme, fig. 149, le saint centurion barbu au bouclier rond, pourvu d'une épée, un bouclier au bras, tient dans sa main gauche la masse d'armes du commandement, alors qu'il indique de la droite le Christ sur la croix[56].)

Mais revenons à Cimabue. Le nimbe distingue le centurion des autres Juifs couverts également d'un voile, qui expriment leur confusion et leur regret en se tirant la barbe ou avec d'autres gestes ; il

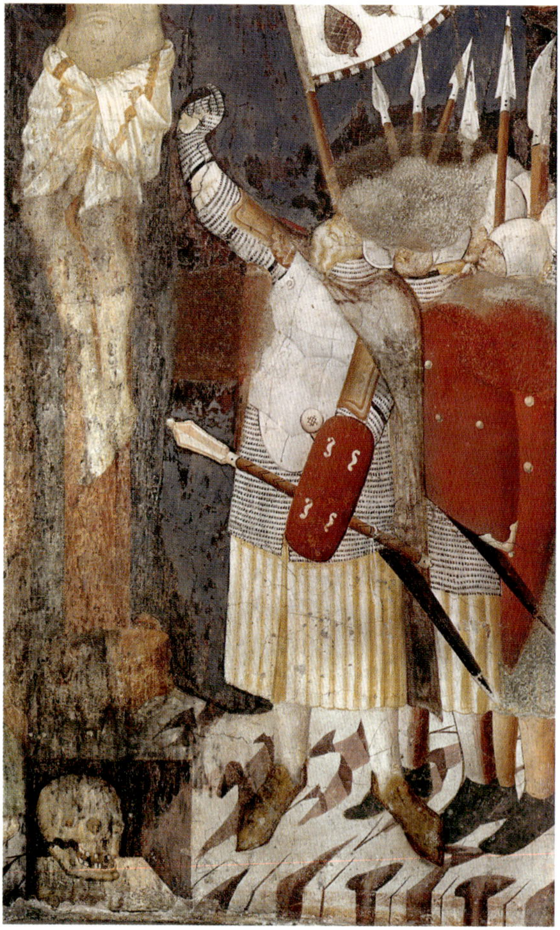

Fig. 149.
Le pieux centurion,
détail de la *Crucifixion*,
fresque, vers 1340,
Côme, Sant'Abbondio.

y en a même qui, suivant l'évangile de Luc, se frappent la poitrine (fig. 150 et 151). Le saint Longin de Cimabue n'est pas armé, mais le peintre a disposé derrière lui deux jeunes hommes symétriquement divergents, au visage incliné et triste, chacun muni d'une lance et d'un bouclier ; le jeune homme de gauche montre la surface décorée de son bouclier, celui de droite passe le bras à l'intérieur du sien. Par rapport à Nicola Pisano, Cimabue a conservé l'épée du compagnon de Longin, mais il l'a retirée au saint, transférant les armes à ses gardes, comme pour mieux souligner, sans être gêné par des objets guerriers, le profil hagiographique du personnage.

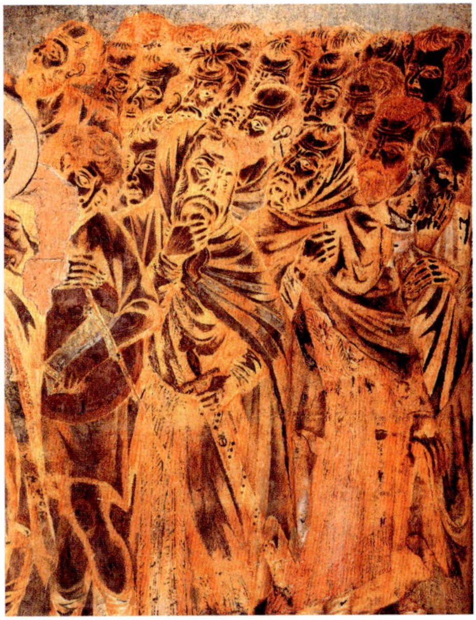

Fig. 150.
Cimabue,
Confusion et regret des Juifs,
détail de la figure 146.

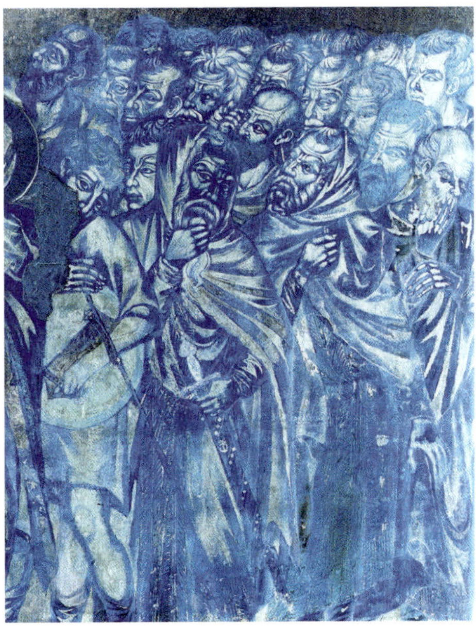

Fig. 151.
Cimabue,
Confusion et regret des Juifs,
détail de la figure 146 (les couleurs ont été inversées).

Dans un manuscrit des évangiles de la seconde moitié du XIe siècle, provenant de Constantinople, la scène de la *Crucifixion* (fig. 152) montre, dans une version extrêmement simplifiée, non seulement Marie, les femmes pieuses et Jean au pied de la croix,

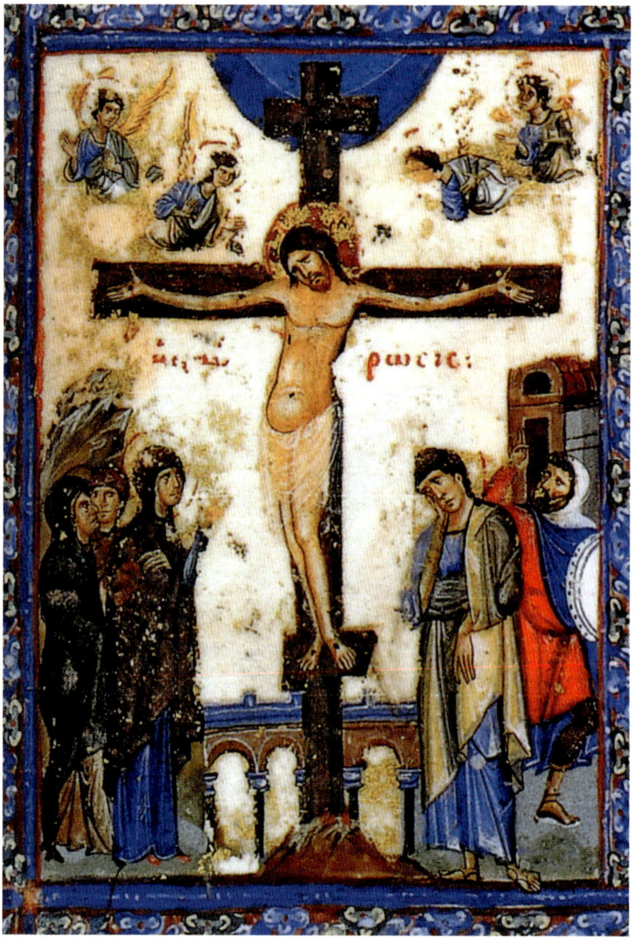

Fig. 152. *Crucifixion*, miniature, seconde moitié du XIe siècle, Parme, Bibliothèque palatine, ms Pal. 5, f. 92r.

mais aussi un homme armé et muni d'un bouclier, la tête couverte d'un voile, qui, avec le geste de la parole (à la byzantine, annulaire joint au pouce), s'adresse au Christ, dont il reconnaît la divinité. C'est le bon centurion, dans des vêtements judaïsants[57].

Une ouverture aussi manifeste envers les Juifs, telle que le montre le saint Longin de Cimabue, n'a, à ma connaissance, aucun précédent ; nous ne devons pas oublier pour autant que, dans cette fresque, au pied de la croix, est agenouillé saint François, messager de la paix et par surcroît convaincu que le Très-Haut lui a confié la tâche de la prêcher à tout le monde, aux chrétiens comme aux non-chrétiens. Au cardinal Hugolin qui voulait l'empêcher de faire un voyage en France et le retenir en Italie, François, alors très jeune, avait répliqué « avec un esprit enthousiaste et sur un ton prophétique : "Ne croyez pas, messire, que le Seigneur n'ait envoyé les moines que pour le bien de ces contrées. Je vous dis en vérité que Dieu a choisi et envoyé les moines pour le profit spirituel et le salut des âmes des hommes du monde entier ; ils seront reçus non seulement sur les terres des chrétiens, mais aussi *sur celles des infidèles*[58]." » Si l'on cherche une preuve du caractère exceptionnel de l'ouverture mentale que les franciscains prêtaient à Cimabue pour qu'il la montre à travers son art, il suffit de comparer la fresque d'Assise à la *Maestà* siennoise de 1308-1311 de Duccio di Buoninsegna, lequel, dans la scène de la *Crucifixion*, copie à la lettre le centurion de Cimabue, mais il omet le nimbe (fig. 153), faisant ainsi replonger le personnage dans l'anonymat : ce n'est plus qu'un des nombreux Juifs de la foule en émeute.

On constate à quel point l'identité des Juifs et des Romains qui assistaient à la Crucifixion était flottante et combien leurs rôles étaient interchangeables si l'on considère enfin le panneau que réalisa Vitale da Bologna vers 1345 (fig. 154)[59].

Sur la gauche du spectateur, à droite en réalité, le peintre a concentré le côté des « bons », les Romains, que l'on identifie clairement à

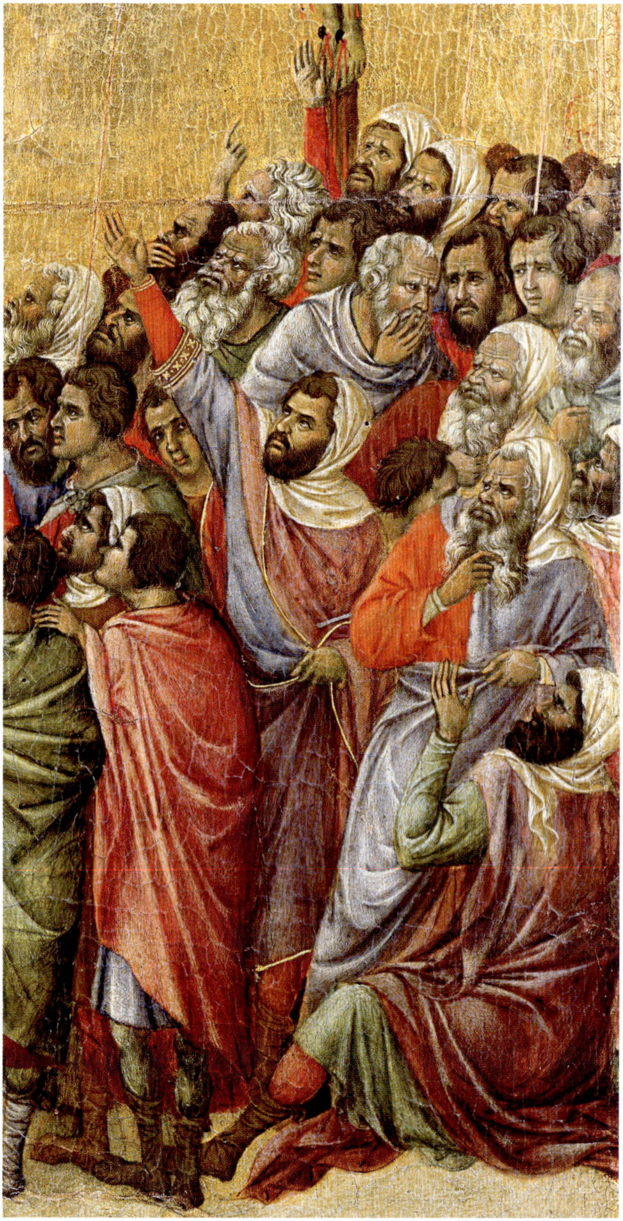

Fig. 153.
Duccio di Buoninsegna, *Un Juif à côté du Christ crucifié*, peinture sur bois, détail de la *Maestà*, 1308-1311, Sienne, musée de l'Œuvre de la cathédrale.

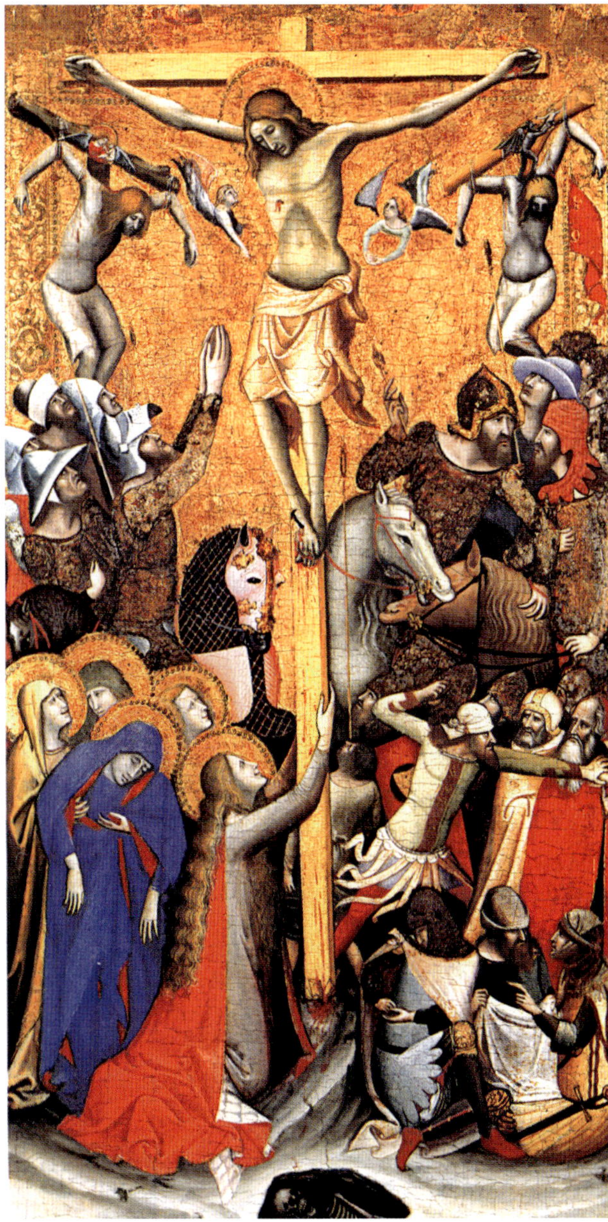

Fig. 154. VITALE DA BOLOGNA, *Crucifixion*, peinture sur bois, 1345 environ, Madrid, Fundación Thyssen-Bornemisza.

leurs casques métalliques, assez plausibles d'après la mode de la moitié du XIVe siècle. L'un d'eux, qui porte le plus beau casque, dont il a relevé la salade, lève les bras et joint les mains en une prière contrite ; il s'agit sûrement du centurion qui reconnaît le Christ ; à ses côtés, le soldat armé d'une lance pourrait être Longin. De ce côté sont également disposés tous les autres personnages positifs, les femmes pieuses, Marie, Jean, Madeleine et le bon larron. À la droite du spectateur, par conséquent du côté du mauvais larron, se déroulent le partage des vêtements du Christ et une scène agitée que nous allons examiner à présent. L'homme qui regarde en direction de la croix en brandissant une lance avec un petit renflement en haut devrait être le porte-éponge, tandis que le cavalier qui tient une massue – un bâton de commandement pareil à celui du saint centurion de Cimabue – et dont l'armure est beaucoup plus fantaisiste que celle du soldat d'en face, de l'autre côté de la croix, qui lève les bras en prière, est le chef des gardes juifs, que l'on voit ici en train de consulter ses subordonnés sur la culpabilité du supplicié. Il est coiffé du même couvre-chef que l'homme à pied vêtu d'une cape jaune, derrière le Juif en rouge que repousse un garde avec une grande violence. Le malheureux qui fait l'objet d'une telle colère pourrait être Nicodème. On raconte en effet, dans l'évangile apocryphe de Nicodème, que celui-ci, après être intervenu auprès de Ponce Pilate en faveur du Christ, fut sévèrement réprimandé par les Juifs : « "Tu es devenu son disciple. C'est pourquoi tu élèves la voix pour lui." Nicodème leur demanda : "Est-ce que le gouverneur qui parle aussi en sa faveur est son disciple ? Est-ce que César ne l'a pas élevé en dignité pour rendre justice ?" Les Juifs frémissaient de colère et ils grinçaient des dents contre Nicodème. Alors Pilate les vit et leur dit : "Pourquoi grincez-vous des dents ? Est-ce parce que vous avez entendu la vérité ?" Les Juifs dirent à Nicodème : "Accueille sa vérité et que ta part soit avec lui." Et Nicodème répondit : "Amen ! Que j'aie part avec lui, ainsi que vous le dites[60] !" »

S'il a attribué au centurion romain la traditionnelle reconnaissance de la divinité du Christ et ne s'est pas prononcé sur l'attitude des gardes juifs envers le supplicié, Vitale da Bologna a cependant introduit le nouveau personnage positif de Nicodème chassé du Golgotha pour souligner l'obstination de ses compatriotes.

Tirons les conclusions de la recherche que nous avons effectuée à partir de la plaque d'Antelami : le porte-lance anonyme devient Longin, puis le saint centurion Longin aveugle et guéri qui reconnaît la divinité du Christ ; le centurion sous la croix se superpose, sur le plan de l'identité, au centurion qui demande au Christ de guérir son serviteur gravement malade ; les soldats romains et les gardes juifs peuvent échanger leurs rôles et leur identité. Chez Antelami, le centurion qui reconnaît le Messie est juif ; chez Cimabue, dans un élan de ferveur franciscaine, il est juif et saint, saint Longin.

Les deux crucifixions de Cimabue

Jusqu'à présent, la grande *Crucifixion* d'Assise avec « saint Longin » a absorbé toute notre attention. Quand on entre dans la basilique supérieure, une fois qu'on a dépassé l'autel, on est toutefois frappé par les *deux* grandes *Crucifixions* que Cimabue a peintes dans les deux transepts (fig. 155), aussi bien en raison de leur aspect visionnaire et dramatique, accentué par l'altération des couleurs – les zones lumineuses où l'on employa le blanc de céruse à base d'oxyde de plomb sont devenues noires[61] –, qu'à cause de leur duplication, destinée, comme on l'a supposé[62], à permettre à tous les moines assis dans les deux transepts et dans le chœur de voir la *Crucifixion*. (Pourquoi n'a-t-on pas dès lors reproduit exactement le programme dans son intégralité de façon que les deux transepts soient parfaitement identiques[63] ?)

J'avance une autre hypothèse, à savoir que Cimabue a voulu rendre compte de l'ensemble du drame de la mort du Christ en représentant toutes les étapes de l'événement et tous les personnages qui assistèrent au supplice, et qu'il a suivi pour ce faire les évangélistes dont les témoignages sur cet épisode *ne concordent pas* dans tous les détails. J'estime par ailleurs qu'il a voulu souligner davantage, dans la *Crucifixion* du transept de droite, les souffrances physiques du Christ et de la Vierge en sollicitant l'adhésion émotive à la douleur représentée, et dans la *Crucifixion* du transept de gauche, un message ecclésiologique.

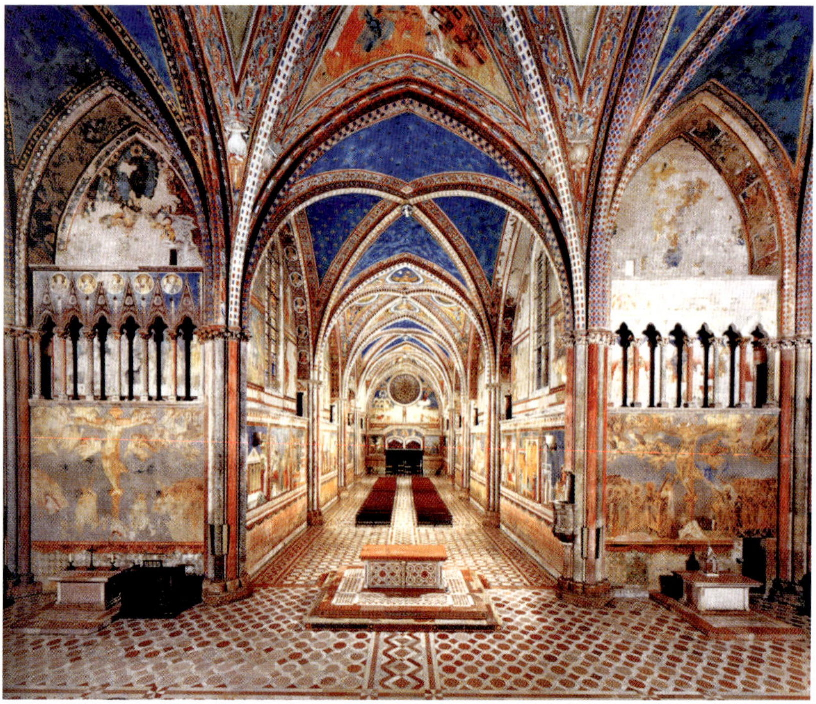

Fig. 155. *Basilique supérieure d'Assise, vue de l'intérieur, depuis l'abside* (avant le tremblement de terre de 1997).

Achevons l'analyse de cette dernière.

Pour la composition de la moitié à gauche de la croix, Cimabue suivit l'évangile selon Jean (19, 25-27), le seul des quatre qui rappelle la présence de la Vierge sous la croix et qui raconte comment le Christ, avant de mourir, fonda une nouvelle parenté, spirituelle, entre sa mère et Jean. La Vierge devient la mère de tous ceux qui croient au Christ, représentés par son disciple préféré. Le Christ appelle sa mère *mulier* pour accentuer le détachement de la mère physique et souligner le nouveau rôle de Marie, figure de la nouvelle communauté que constitue l'Église[64]. Dans la fresque, Marie et Jean sont les deux figures au premier plan, et celles-ci sont bien plus grandes que les femmes pieuses qui se tiennent juste à côté d'elles.

L'évangéliste Jean est cependant le seul à ne pas évoquer les cataclysmes qui succèdent à la mort du Christ et par conséquent le seul aussi à ne pas parler de la reconnaissance de la divinité du Christ de la part du centurion. Pour compléter sa représentation, Cimabue se tourna dès lors vers les évangiles synoptiques (Marc, Matthieu et Luc) et choisit Luc (23, 47-48) parce que c'est le seul qui décrit également le repentir des Juifs. (Marc, 15, 39, se contente de nommer le centurion et non l'assistance ; et Matthieu, 27, 54, décrit la reconnaissance de la divinité du Christ de la part du centurion et de ceux qui montent la garde, mais il estime qu'elle n'a été causée que par la peur des événements cosmiques qui eurent aussitôt lieu[65]).

Chez Luc, en revanche, le centurion non seulement reconnaît la non-culpabilité du Christ, mais il le glorifie (« *glorificavit Deum dicens : "Vere hic homo iustus erat"* »), et ceux qui ont assisté à sa mort, repentis de leurs actes, s'éloignent (« *percutientes pectora sua revertebantur* »).

Dans la fresque de Cimabue, les bras levés de Madeleine dans un geste si dramatique – elle a aussi un genou levé comme si elle voulait s'élancer et monter sur la croix – correspondent au bras levé de « saint » Longin qui bondit presque pour atteindre le pagne du Christ, ainsi qu'à l'autre bras d'un Juif qui se tend au milieu de la foule. Au Moyen Âge, Madeleine figure la grande pécheresse repentie parce qu'on l'identifie également à la pécheresse qui oint les pieds de Jésus chez Simon le Pharisien[66]. Le Christ est mort, mais son message d'amour porte déjà ses fruits et commence d'entraîner au repentir ceux qui l'avaient mis à mort ; le message est destiné à se répandre dans la nouvelle communauté des croyants que les évangélistes contribueront à faire croître, puis dans l'Église, jusqu'à François, « nouvel évangéliste[67] », représenté au pied de la croix dans un état de recueillement intense et ému.

La *Crucifixion* du transept droit (fig. 156) nous est parvenue dans un si mauvais état de conservation qu'il nous empêche de

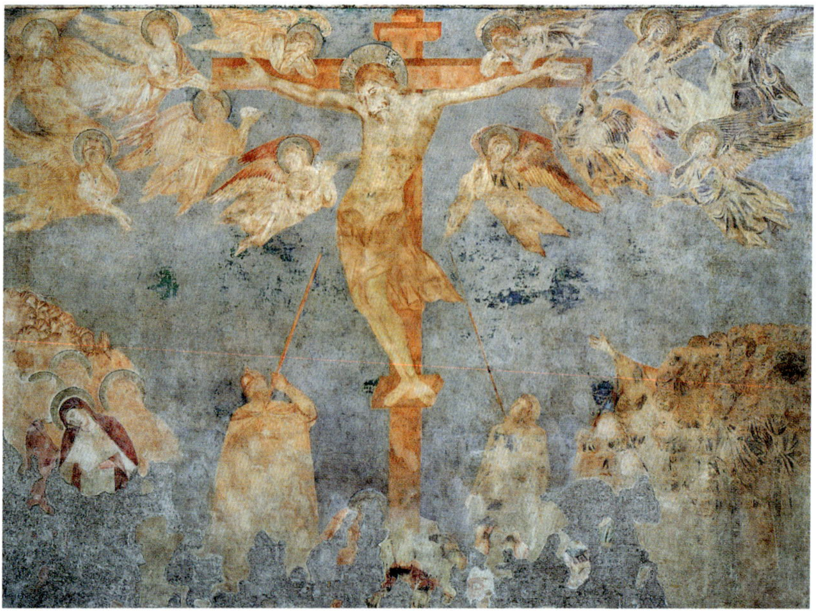

Fig. 156. CIMABUE, *Crucifixion*, fresque, 1277-1280, Assise, basilique supérieure, transept de droite en entrant.

préciser de nombreux détails et nous incite par conséquent à tirer des conclusions plus prudentes.

Les deux figures du porte-lance et du porte-éponge qui tiennent leurs instruments pointés vers le Christ sont en revanche tout à fait lisibles. Les récits de Marc et de Matthieu concordent à propos des insultes que la foule adressait au Christ crucifié, mais Marc omet de raconter qu'on a brisé les jambes des larrons et il ne signale pas non plus la blessure au côté du Christ provoquée par le coup de lance, au contraire de Matthieu. Le mépris pour le moribond et pour le mort entraîne l'évanouissement de la Vierge que nous voyons s'effondrer parmi ses compagnes, à gauche de la croix, un épisode qui ne figure pas dans les évangiles. L'évanouissement de la Vierge n'est pas seulement une visualisation de sa compassion pour son Fils crucifié, que l'on blesse encore après la mort. Marie s'évanouit parce qu'elle souffre si intensément qu'elle éprouve les douleurs de l'accouchement, ces douleurs dont elle avait été exemptée à la naissance du Christ ; elle accouche du salut de l'humanité tout entière, elle devient la mère de l'humanité tout entière[68].

Le regard a tendance à associer les deux *Crucifixions* en raison de la répétition presque identique, dans les deux transepts, aussi bien du supplice des anges qui tourbillonnent dans le ciel que de l'image sinueuse du grand Christ crucifié, alors que l'évanouissement de la Vierge d'une part et la confiance mutuelle de Marie et de Jean d'autre part suggèrent le rapport conceptuel entre les deux fresques.

Comme nous l'avons dit, Cimabue prit rigoureusement comme modèle la *Crucifixion* de Nicola Pisano de la chaire du baptistère de Pise où le déroulement du supplice est décrit dans l'agitation de la foule qui se presse. Ayant déployé l'événement sur deux fresques, le peintre a pu ajouter Marie et Jean au moment où ils se reconnaissent dans leur nouvelle parenté spirituelle (ils sont absents chez Nicola Pisano). Sur le plan visuel, le récit évangélique du transept de droite est complété par son interprétation dans la

Crucifixion du transept de gauche où la présence de François[69], le choix des deux épisodes tirés des évangiles de Jean et Luc, ainsi que le désir désespéré de Madeleine, font place à un message d'espoir et pas seulement de condamnation pour ceux qui se sont trompés. À défaut d'un texte que l'on n'a pas trouvé jusqu'à aujourd'hui, il reste encore à justifier la représentation du bon centurion juif, qui devient même saint chez Cimabue.

Quittons Assise et les fresques de Cimabue et rendons-nous à Rome pour y considérer un autre sujet.

Dans la grande mosaïque absidiale de l'église Santa Pudenziana (410-417), bien qu'elle ait fait l'objet de nombreuses réfections au XVIe siècle, le Christ a été placé sur le trône avec comme toile de fond les monuments d'une grande ville, Jérusalem sans doute (fig. 157).

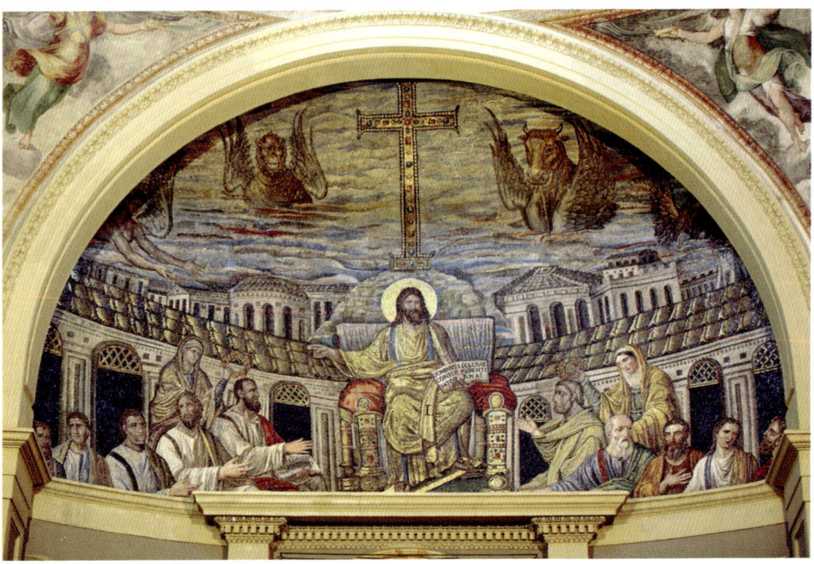

Fig. 157. *Le Christ sur le trône avec les apôtres et les deux Églises*, mosaïque, Ve siècle, restaurée au XVIe siècle, Rome, Santa Pudenziana.

Ce *Christus imperator* trône entre les apôtres vêtus d'une toge comme des sénateurs romains, avec de part et d'autre du trône les saints Pierre et Paul couronnés de figures féminines qui représentent respectivement, à la droite du spectateur, l'*Ecclesia ex circumcisione*[70], à savoir les chrétiens provenant du judaïsme, parce que la mission de Pierre s'adressait en premier lieu aux Juifs ; et à gauche, l'*Ecclesia ex gentibus*, à savoir les croyants provenant du paganisme et qui furent en revanche convertis par saint Paul (fig. 158 et 159). Au-dessus des figures et de la ville – parmi les

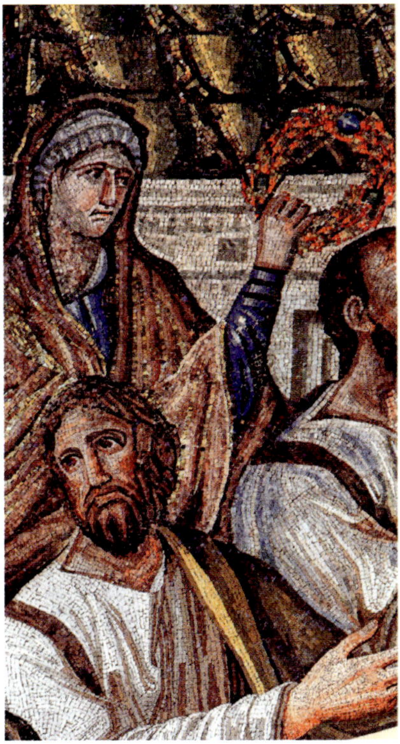

Fig. 158. *Ecclesia ex circumcisione*, détail de la figure précédente.

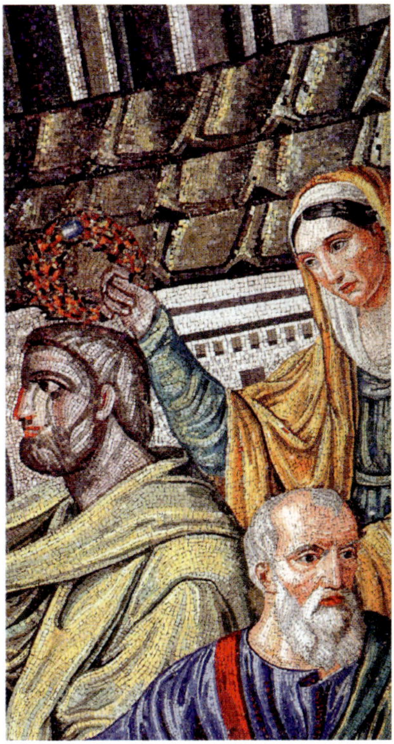

Fig. 159. *Ecclesia ex gentibus*, détail de la figure 157.

symboles des quatre évangélistes – brille une grande croix ornée de pierres précieuses[71].

À Rome, au-dessus de l'entrée de la basilique de Santa Sabina, de part et d'autre de l'épigraphe dédicatoire, on peut encore voir aujourd'hui deux figures féminines sous lesquelles des inscriptions permettent de les identifier comme les deux Églises : il s'agit d'une mosaïque du temps de Sixte III (432-440). Chacune tient un livre manuscrit dans sa main gauche alors que la droite fait le geste de la parole[72]. L'*Ecclesia ex circumcisione* montre l'Ancien Testament, et l'*Ecclesia ex gentibus* le Nouveau (fig. 160 et 161). Des païens et des Juifs convertis ont donné naissance à l'Église du Christ, guidée par le souverain pontife, Célestin Ier en l'occurrence (mort probablement en 432)[73] : les deux parties de la Bible, l'Ancien et le Nouveau Testament, ne s'opposent donc pas l'une à l'autre, mais sont les sources de l'Église catholique[74].

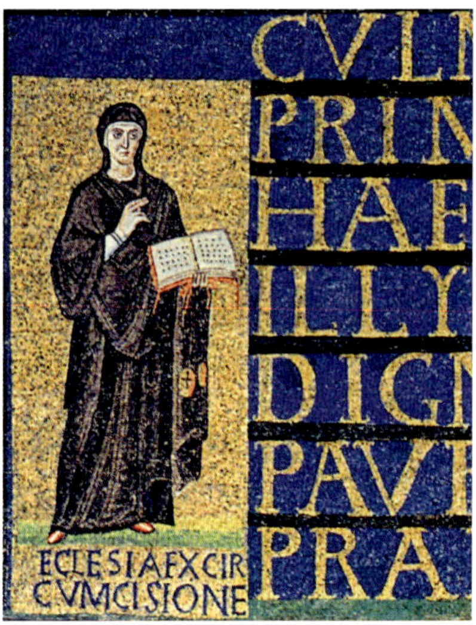

Fig. 160. *Ecclesia ex circumcisione*, mosaïque, ve siècle, Rome, Santa Sabina.

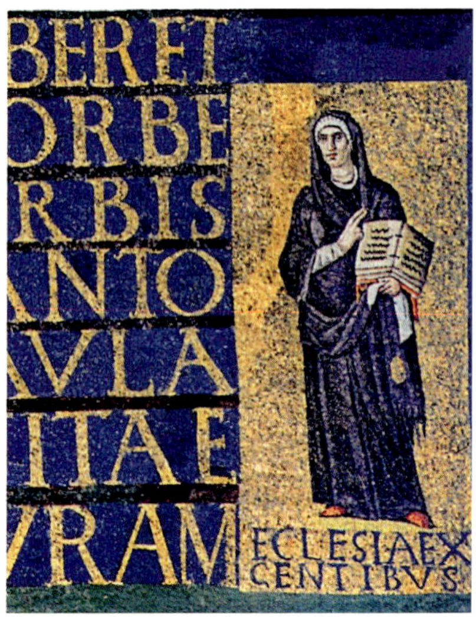

Fig. 161. *Ecclesia ex gentibus*, mosaïque, ve siècle, Rome, Santa Sabina.

Selon la sainte tradition, vulgarisée ensuite avec un immense succès par la *Légende dorée* de Jacques de Voragine, le premier miracle, accompli par le Christ encore cloué sur la croix pour démontrer le don de la Rédemption, avait été en faveur d'un soldat romain, le porte-lance aveugle. Mais le Christ n'était pas venu sauver uniquement les païens qui croyaient encore aux dieux. Le Christ était venu sauver tout le monde, païens et Juifs, même si ceux-ci avaient voulu sa mort. Ils abandonneraient eux aussi les demeures obscures des enfers pour monter au ciel. Le bon centurion juif, de même que le porte-lance romain, est aussi guéri par un miracle du Christ encore crucifié parce qu'il se repentit aussitôt en reconnaissant la divinité du supplicié. La possibilité de la conversion est également prévue pour les Juifs.

Le porte-lance romain et le centurion juif représentent par conséquent le même concept que les deux *Ecclesiae*, *ex gentibus* et *ex circumcisione*. Le Christ est venu pour tout le monde, sans aucune distinction de peuple ou de religion : tout le monde recevra sa miséricorde.

Chapitre V

Le Fils, la Mère et les chœurs angéliques

Outre l'évanouissement de la Vierge, la *Crucifixion* de Nicola Pisano, que nous avons si longtemps examinée au chapitre précédent, comporte un autre détail iconographique qu'il nous faut d'autant plus souligner que c'est là un des premiers témoignages, en Italie, de la représentation du Christ mort, les pieds superposés et percés par un unique clou[1]. Auparavant, on montrait le Christ vivant et triomphant, *Christus triumphans*, sans aucun signe de souffrance, avec de grands yeux écarquillés et les pieds l'un à côté de l'autre, soutenus par le *suppedaneum* comme s'il s'agissait du marchepied d'un trône. Des deux natures du Rédempteur, l'humaine et la divine, cette iconographie souligne la dernière parce qu'aucune souffrance physique ne peut l'altérer. Le plus vieil exemplaire sur bois du *Christus triumphans* que l'on ait conservé d'après l'iconographie est la croix de la cathédrale de Sarzana à La Spezia (fig. 162). Au-dessus de la figure du Rédempteur au regard paisible et impassible, une inscription indique la date d'exécution, 1138, et le nom du peintre, un certain Mastro Guglielmo dont on ne connaît aucune autre œuvre, mais qui appartient à l'école de Lucques[2].

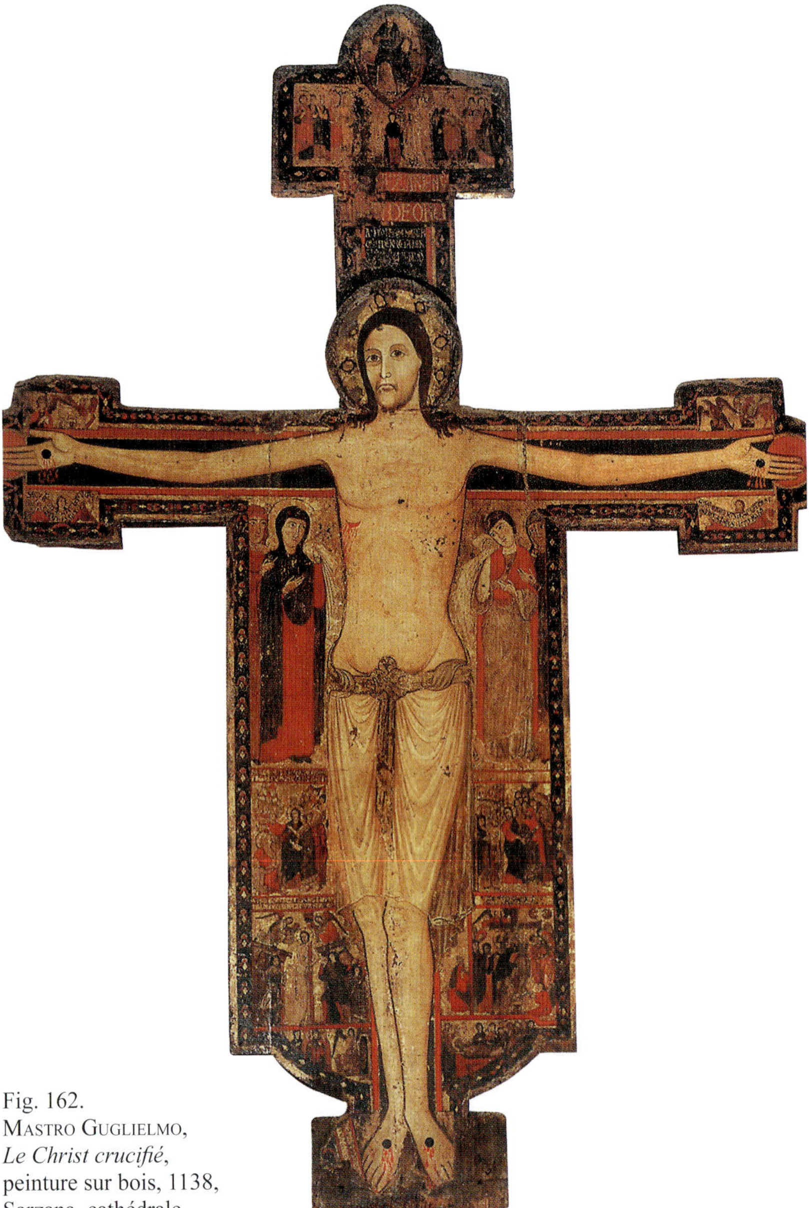

Fig. 162.
MASTRO GUGLIELMO,
Le Christ crucifié,
peinture sur bois, 1138,
Sarzana, cathédrale.

Une nouvelle typologie apparut par la suite, qu'encouragea la prédication des ordres mendiants[3], et notamment les Franciscains qui, ayant identifié le fondateur de leur ordre avec le Christ crucifié et le chiffre de sa sainteté avec les stigmates, demandaient au fidèle une participation émotive aux douleurs de la Passion.

On remplaça le *Christus triumphans* par le *Christus patiens*, souffrant, où est soulignée l'humanité du supplicié, présenté à l'agonie, la tête baissée ou déjà mort, les yeux fermés. Le fait que les ordres mendiants aient insisté sur le supplice de la croix ne suffit pas à expliquer, selon certains experts, la nouvelle sensibilité envers la douleur. D'après eux, le sujet des souffrances physiques du Rédempteur, déjà présent dans l'art byzantin à la fin du XIIe siècle[4], fut projeté en pleine lumière en Occident parce qu'il était également encouragé par la prédication en faveur des croisades et par l'accent correspondant que l'on mettait sur la Passion du Christ : un sacrifice qui s'était consumé en Terre sainte, tombée entre les mains des infidèles[5]. La prise et le saccage de Constantinople en 1204, terrible conséquence de la quatrième croisade, entraînèrent non seulement des massacres aveugles et des scènes de pillage et de destructions, mais aussi l'arrivée en Occident de très nombreuses reliques christologiques[6].

La sensibilité pour les souffrances physiques éprouvées par le Christ au moment culminant de la Passion se traduisit par un détail iconographique : les pieds du supplicié se superposèrent, transpercés par un unique clou, obligeant le corps crucifié à une terrible torsion musculaire pour se maintenir en place. Cette innovation ne se répandit en Italie qu'à partir de la seconde moitié du XIIIe siècle. Au-delà des Alpes, dans les régions nordiques, elle apparut pour la première fois au milieu du XIIe siècle, avant de s'imposer au XIIIe. Un des exemples les plus anciens date de 1149[7].

Quand il en arriva à décrire le miracle des stigmates dans sa biographie de François d'Assise, rédigée en vue de la canonisation de 1228, le franciscain Thomas de Celano évoqua l'apparition d'un séraphin au futur saint, un ange aux six ailes, composé selon la formule du crucifié aux pieds superposés. « Deux ans avant sa mort, s'étant retiré dans l'ermitage que l'on nomme "Averne" d'après le nom du lieu, [François] eut la vision d'un homme envoyé par Dieu, une sorte de séraphin doté de six ailes, qui se tenait au-dessus de lui, les mains tendues et les pieds réunis, comme cloué à une croix[8] » : autrement dit, les pieds superposés. Au temps de la rédaction de la première biographie que Thomas de Celano consacra à François (il en écrirait deux autres par la suite), l'innovation iconographique des trois clous ne s'était pas encore répandue en Italie. Thomas avait cependant séjourné longtemps en Allemagne où la nouvelle norme était déjà bien attestée et il se peut qu'il eût rapporté de ce pays un crucifix de ce type puisqu'il fait référence à une image qu'il connaissait bien. Ce n'est pas un hasard si, Césaire de Heisterbach, théologien cistercien (Cologne vers 1170 - Heisterbach 1240), quand il écrit entre 1220 et 1235 son *Dialogus miraculorum*, où il développe le thème de la crucifixion symbolique du moine, parle de trois clous qui doivent transpercer la chair, à savoir des trois vertus de l'obéissance, de la patience et de l'humilité qui parviennent à vaincre les vices[9]. En faisant prendre au corps un schéma triangulaire où ressortent davantage les tourments du supplice, le passage des quatre clous aux trois clous a un objectif très précis : exhorter le fidèle à une plus grande participation lorsqu'il contemple la cruauté accentuée de la torture, comme le montre notamment ce crucifix de 1285 environ, sculpté par Giovanni Pisano et conservé au musée de l'Œuvre de la cathédrale de Sienne (fig. 163)[10].

L'évêque espagnol Luc de Tuy, mort en 1250, avait clairement à l'esprit les raisons de ce changement iconographique : « Mais quelqu'un dit que c'est la raison pour laquelle on affirme à présent que le Christ a été crucifié un pied au-dessus de l'autre, transpercés par un seul clou, et que nous voulons changer les traditions de

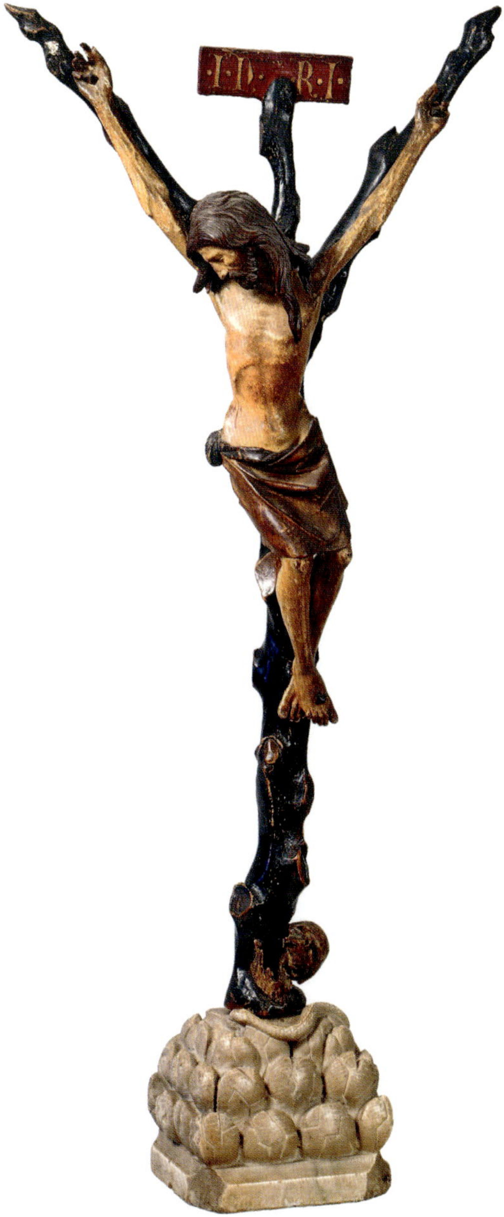

Fig. 163.
Giovanni Pisano,
Christ crucifié,
sculpture en bois,
vers 1285, Sienne,
musée de l'Œuvre
de la cathédrale.

l'Église afin qu'une plus grande dévotion soit sollicitée chez le peuple par la cruauté exacerbée de la Passion du Christ[11]. »

La couronne d'épines

En 1239, Louis IX acheta à prix d'or une relique qu'il avait longtemps désirée : la couronne d'épines qui faisait partie des outrages au Christ durant l'interrogatoire de Ponce Pilate. Dans la scène du Christ au prétoire, le franciscain Jacopone da Todi fait s'exclamer la foule : « Qu'il soit couronné d'épines puisqu'il s'est déclaré roi[12] ! »

Pour répandre et magnifier le culte de la Sainte Couronne, Louis IX fit spécialement construire à Paris la Sainte-Chapelle. Cependant, comme on l'a à juste titre souligné[13], la couronne d'épines telle qu'elle est représentée dans les images de la Sainte-Chapelle est une couronne indolore, verte et en feuilles, qui rappelle plutôt un diadème impérial, car il importait à Louis IX d'exalter la monarchie française. Les textes liturgiques de la fête *In translatione Domini*, qui fut instituée à dessein à l'initiative du souverain, expliquent que Louis IX avait reçu la couronne du Christ par la volonté divine ; c'est pourquoi il s'engageait à la garder jusqu'au Jugement dernier, lorsque le Christ viendrait la récupérer. Si l'on doit donc à la propagande de la monarchie française le fait que la très précieuse relique se soit imposée à l'attention des fidèles, la traduction iconographique oublia le message idéologique et politique de Louis IX pour récupérer en revanche, à travers la représentation de plus en plus réaliste des épines acérées qui font saigner le front du Christ, l'instrument d'une torture ultérieure qui accompagnerait le Messie tout au long de la route du Calvaire. La souffrance exacerbée de la crucifixion engendrera par la suite l'iconographie inquiétante de l'*Imago pietatis* qui représente le Christ alors qu'il sort de son sépulcre, les yeux fermés et les mains croisées sur la poitrine, couronné d'épines, mais debout, comme si les tortures l'accompagnaient, en vertu d'une terrifiante capacité à souffrir, au-delà de la mort. Dans l'*Imago pietatis*, que Roberto d'Oderisio réalisa vers la moitié du XIVe siècle (fig. 164)[14], le Christ, couronné d'épines et encore ruisselant de sang, avec la croix à l'arrière-plan, entre Marie et Jean en pleurs, glisse sa main gauche dans sa propre plaie au côté pour guider le regard de l'observateur vers le flot intarissable. Les moments de la Passion sont évoqués tout autour de la figure, comme pour une révision visuelle de tout ce qu'a minutieusement rappelé Jacques de Voragine.

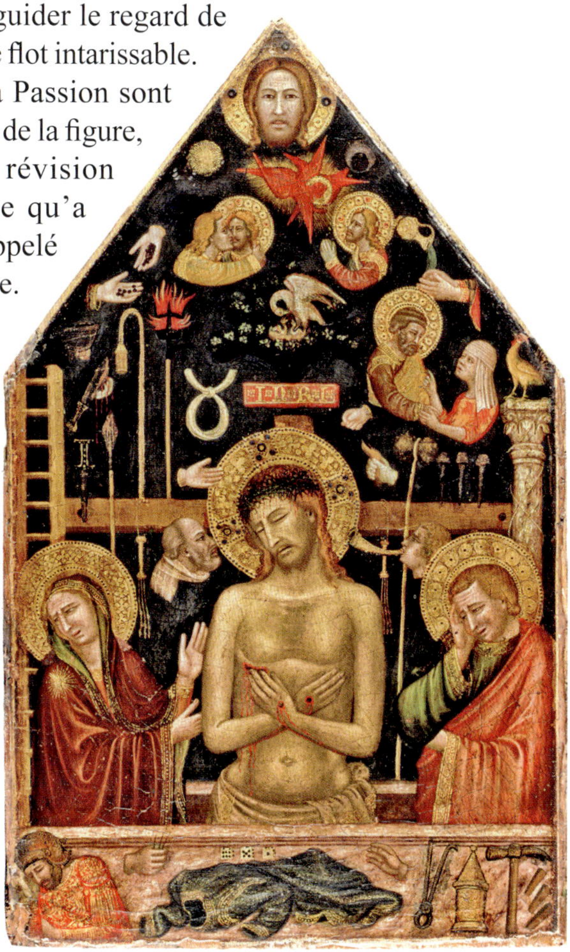

Fig. 164. ROBERTO D'ODERISIO, *Imago pietatis*, peinture sur bois, moitié du XIVe siècle environ, Cambridge (Mass.), Harvard Art Museum/ Fogg Museum.

Tout en haut de la pointe du panneau, le visage sévère et serein du Christ ressuscité nous regarde. Au-dessous, un soleil très pâle, à la couronne évanescente, et la lune rappellent que, au moment de la mort du Christ, « il y eut des ténèbres sur toute la terre [...] le soleil s'étant obscurci » (Lc 23, 44). Encore au-dessous, le salaire de la trahison : la main du prêtre qui égrène dans celle de Judas les trente pièces d'argent, puis le panier de joncs tressés, le *fiscus latino*, où l'on conservait les pièces (de là dérive le substantif « fisc » et l'adjectif « fiscal »), et les circonstances de l'arrestation : le flambeau, la lanterne et les armes que portaient les soldats – la lance évoque aussi bien l'agressivité du groupe que l'instrument de la blessure au côté du Christ – et enfin le baiser de Judas, l'épée et son fourreau appuyé contre le bras de la croix. C'est avec cette épée que l'impétueux Pierre coupa l'oreille droite de Malkus, le serviteur du grand prêtre Hanna, oreille que le Christ, en dépit du moment dramatique, remit néanmoins aussitôt à sa place en réprimandant Pierre : « Remets ton épée dans le fourreau. Ne boirai-je pas la coupe que le Père m'a donnée à boire ? » (Jn 18, 11)[15]. De fait, sur le mont des Oliviers, le Christ, angoissé par l'imminence de la fin, avait demandé à ne pas subir le supplice prévu et qu'on éloignât la coupe apportée par le messager céleste – un séraphin flamboyant dans le panneau –, mais il s'était laissé consoler par la suite.

Si prompt qu'il fût à défendre son Maître, Pierre ne tarderait toutefois pas à le trahir. Comme l'avait prédit le Christ, « avant que le coq chante, tu me renieras trois fois » : et, en effet, la nuit de l'arrestation, alors que le grand prêtre interrogeait le Rédempteur, Pierre, qui suivait de loin, nia trois fois connaître le prisonnier, face aux questions insistantes d'une servante et d'autres personnes (Lc 22, 54-62).

Le coq est placé sur une belle colonne autour de laquelle est enroulée une corde, allusion à celle que l'on utilisa pour attacher le Christ, flagellé sur l'ordre de Ponce Pilate (Mc 15, 15). Comme il y a d'ordinaire deux flagellateurs, on a à juste titre pendu au bras de la croix, près des épaules du Christ, les deux instruments du supplice, constitués d'un manche en bois et d'un faisceau de cordelettes nouées. Le broc à eau et les mains renvoient à la fin du procès, quand le gouverneur « prit de l'eau et se lava les mains devant la foule en disant : "Je ne suis pas responsable de la mort de cet homme. C'est votre affaire[16] !" » (Mt 27, 24). Autour du beau visage du Christ souffrant, les symboles des outrages subis dans le prétoire par le prisonnier désormais condamné à mort magnifient le nimbe d'or croisé, comme un sinistre cadre. L'observateur est invité à passer en revue, dans le sens des aiguilles d'une montre, les crachats, les gifles, le bandeau pour les yeux et les gestes outrageants de ceux qui raillèrent et bafouèrent le Messie en lui tirant la langue, de ceux qui le chahutèrent avec une espèce de trompette. Le bâton terminé par une éponge imprégnée de vinaigre et les trois clous placés du côté droit de la croix concluent le récit de la crucifixion. La dalle du sépulcre se présente comme toile de fond des événements qui suivirent le moment où le Christ rendit le dernier soupir. Le soldat endormi évoque la Résurrection, lorsque, épouvantés à la vue de l'ange venu retirer la pierre du sépulcre, « les gardes tremblèrent de peur et devinrent comme morts » (Mt 28, 4). La main qui tient trois brins de paille de diverses longueurs, celle qui lance les dés ainsi que le vêtement jeté par terre font allusion au moment où les gardes tirèrent au sort la tunique inconsutile du Christ. La tenaille, le marteau, les piquets de bois qui stabilisaient la base de la croix rappellent le moment de la déposition du Messie, effectuée avec soin par Joseph d'Arimathie, disciple du Christ (Mt 27, 57-60), tandis que le vase au couvercle en forme de cône rappelle le cadeau de Nicodème, « celui qui auparavant était allé de nuit vers Jésus » (Jn 19, 39) et qui avait achevé les rites de la sépulture en apportant une remarquable quantité (cent livres) d'« un mélange de myrrhe et d'aloès » pour oindre le cadavre (Jn 19, 39).

Si toutes les figures que nous avons examinées jusqu'à présent traduisent des passages précis de l'Évangile, nous devons en revanche nous tourner vers une autre source pour comprendre la signification du grand oiseau occupé à nourrir ses petits dans son nid que soutient un arbre dont la cime dépasse l'inscription de la croix ordonnée par Ponce Pilate, I.N.R.I. (« *Iesus Nazarenus, rex Iudeorum* »)[17]. L'oiseau en question est le pélican dont l'histoire est racontée par le *Bestiaire*[18].

Les animaux du Bestiaire se rapportant à la Passion

Une magnifique croix opisthographe[19] aux émaux translucides, chef-d'œuvre de l'orfèvrerie siennoise du début du XIVe siècle, conservée dans l'église de Santa Vittoria, dans la commune de Santa Vittoria in Matenano (Ascoli Piceno), montre sur sa partie postérieure ou, plus exactement, sur le verso, à la place du Christ crucifié sculpté sur le devant (c'est-à-dire sur le recto), l'image du pélican (fig. 165) qui répand sur ses petits un flot de sang issu de sa poitrine[20]. Les *Bestiaires* expliquent les raisons de ce comportement.

D'après ces sources – mais les variantes ne manquent pas sur ce point –, les petits sont si faibles à la naissance qu'ils semblent morts, à moins qu'ils ne soient tués par le serpent ou par leurs propres parents en réaction à leur attitude agressive et violente. Repentis, le père et la mère n'en pleurent pas moins pendant trois jours leur progéniture perdue. Enfin, le troisième jour, la mère se déchire la poitrine avec son bec et ressuscite ses petits avec son sang. Le pélican représente aussi bien Dieu le Père, qui sacrifie son Fils, que le Christ lui-même disposé à mourir et à donner son sang pour le bien de l'humanité[21]. Dante définit le Christ comme « notre pélican » dans des vers très denses où il évoque aussi bien Jean pendant la dernière Cène, qui repose sur la poitrine du

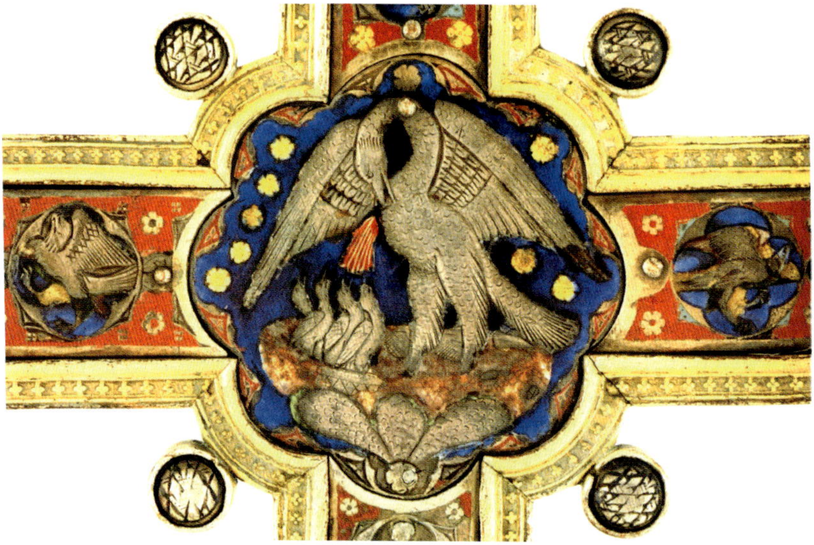

Fig. 165. *Le pélican*, détail d'une *Croix d'autel*, métaux et émaux, début du XIVe siècle, Santa Vittoria in Matenano, église de Santa Vittoria.

Christ (mais il s'agit en réalité d'une méprise iconographique dans l'interprétation du texte de l'Évangile[22]), que Jean élu par le Christ crucifié comme nouveau Fils de Marie : « Voici venir celui qui reposa sur la poitrine / de notre Pélican, et qui fut / du haut de la croix élu au grand office » (*Paradis*, XXV, v. 112-114).

La mort et la résurrection du Christ sont aussi représentées par le lion et sa progéniture. Leur histoire est également narrée par un *Bestiaire* : « Quand la lionne donne naissance à son petit, elle l'engendre mort, et elle garde son enfant jusqu'à ce que le père arrive le troisième jour pour lui souffler sur le visage et le réveiller. C'est ainsi que, le troisième jour, notre Dieu tout-puissant, le Père de toutes choses, a ressuscité son Fils d'entre les morts, le premier-né de toutes les créatures, Jésus-Christ notre Seigneur, afin qu'il sauve le genre humain égaré[23]. » Selon d'autres variantes, le lion représente cependant le Christ qui ressuscite l'humanité morte à cause du péché originel.

Les histoires du *Bestiaire*, qui aujourd'hui nous semblent de plaisantes inventions, étaient en revanche prises très au sérieux au Moyen Âge. Le chroniqueur florentin Giovanni Villani nota que, en 1331, à Florence, deux lionceaux « naquirent vivants et non morts, comme nous disent les auteurs dans les livres sur la nature des bêtes [...] et l'on considéra comme un prodige que, de ce côté-ci de la mer, des lions puissent naître vivants, chose que l'on n'avait jamais rapportée jusqu'à nos jours[24] ». À Padoue, dans les fresques de la chapelle des Scrovegni (1304-1305), Giotto représenta la naissance des lionceaux (fig. 166) comme la présentation symbolique de la scène évangélique du *Noli me tangere*[25], à savoir l'apparition

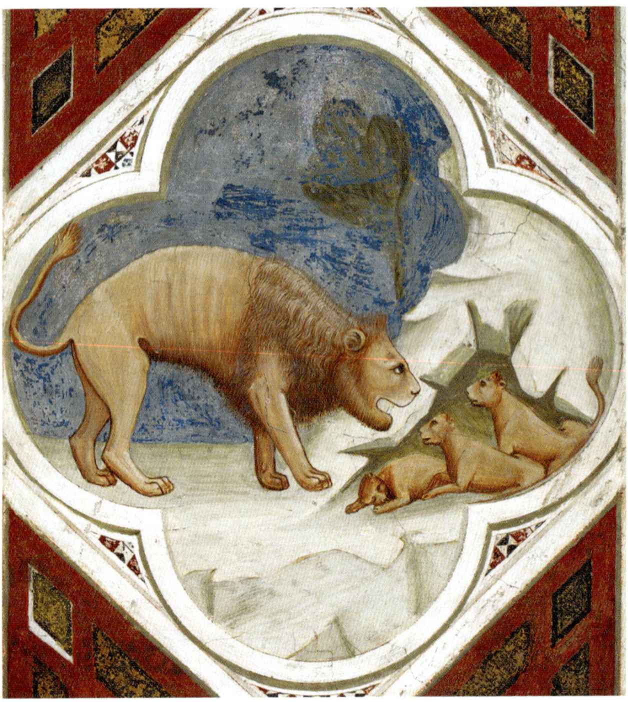

Fig. 166. GIOTTO, *La naissance des lionceaux*, fresque, 1304-1305, Padoue, chapelle des Scrovegni.

du Christ ressuscité à Marie-Madeleine, à côté du sépulcre vide, occupé par les anges.

À l'intérieur du baptistère de Pise, sur un chapiteau complexe du début du XIIIe siècle, où figurent des histoires de chasse à divers animaux dangereux, apparaît l'ours, le mâle aux prises avec les chiens et les chasseurs, la femelle debout sur ses pattes postérieures, occupée à allaiter son petit et en même temps à lécher un autre ourson très étrange : la partie inférieure de son corps est en effet tout à fait informe (fig. 167 et 168)[26].

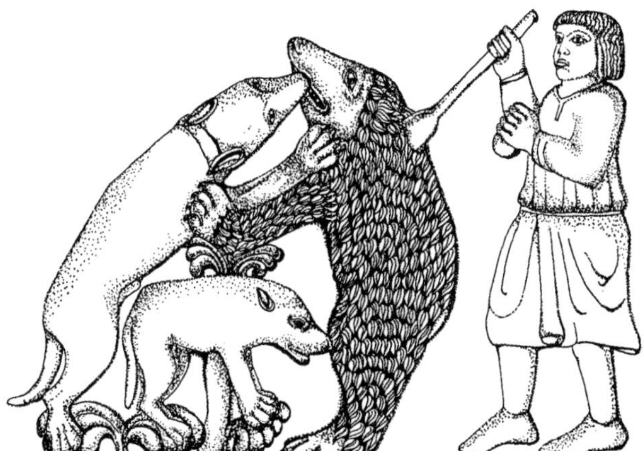

Fig. 167.
Chasse à l'ours,
chapiteau,
début du XIIIe siècle,
Pise, baptistère.

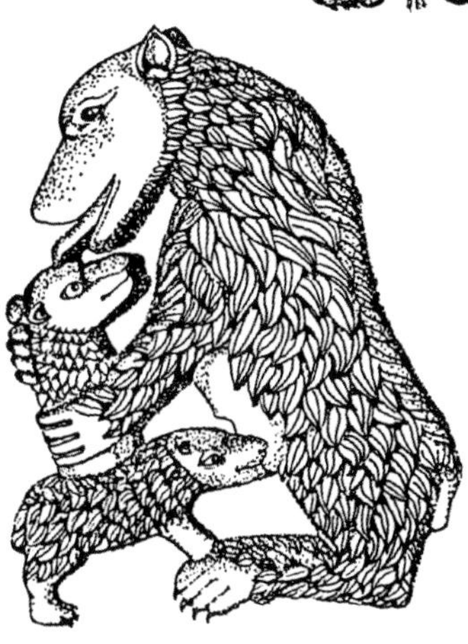

Fig. 168.
L'ourse et ses petits,
chapiteau,
début du XIIIe siècle,
Pise, baptistère.

Au Moyen Âge, on croyait que l'ourse, en raison d'une gestation trop brève, d'à peine trente jours, engendrait des petits imparfaits, qui avaient besoin d'être modelés par la langue de leur mère pour acquérir la physionomie et le statut de l'ours. C'est ce qu'affirme Isidore de Séville, qui passait alors pour une autorité indiscutable : « On suppose que l'*ursus* a été nommé ainsi parce qu'il donne forme au fœtus *ore suo*, c'est-à-dire avec sa propre bouche, *quasi orsus*. On dit en effet que cet animal engendre des petits informes et que ce qui vient au monde est une masse de chair à laquelle la mère, en la léchant, donne la forme de membres[27]. » Des propos pour le moins semblables à ceux de saint Ambroise qui ajoute un commentaire, exhortant l'homme à ne pas oublier que sa mission est d'instruire ses enfants : de même que l'ourse, en léchant avec sa langue ses oursons, les forme à son image, de même, l'homme doit former ses enfants afin qu'ils lui ressemblent à travers l'éducation chrétienne qu'il leur prodigue[28].

Dans un livre récent consacré à l'ours, Michel Pastoureau[29] considère, en s'appuyant sur un article de Corinne Beck[30], au demeurant très complet sur l'ensemble des habitudes de l'ours dont témoignent les sources médiévales, que l'histoire a un contenu symbolique : avec sa langue, l'ourse fait pour ainsi dire naître une seconde fois ses oursons, exactement comme la langue des paroles sacramentelles du baptême forme l'être humain, auparavant informe en raison du péché originel, lui permettant ainsi de devenir un enfant de Dieu. Cette interprétation séduisante n'est, hélas, que celle de ces deux érudits qui ne peuvent citer aucun auteur médiéval. Je signale cet exemple à l'attention du chercheur pour l'encourager à toujours revérifier ses sources et à ne pas se fier à la littérature secondaire : l'imagination des hommes du Moyen Âge, et d'Isidore de Séville en particulier, est intarissable, mais il arrive aussi que la nôtre la surpasse. Celui qui, en entrant dans le baptistère de Pise, croirait voir dans un détail du chapiteau des chasses la représentation de ce que ses récentes lectures lui auraient appris mettrait une fausse déduction en œuvre.

Les hiérarchies angéliques, des séraphins aux anges

À propos de l'iconographie de la Passion et des stigmates de saint François, nous avons plusieurs fois mentionné les séraphins. On doit la subdivision des hiérarchies angéliques à un auteur anonyme du début du VIe siècle, qui se présente comme Denys, du Ier siècle ap. J.-C., membre de l'Aréopage et nommé dans les Actes des Apôtres : le Pseudo-Denys, auteur, parmi tant d'œuvres, de la *De coelesti hierarchia*, qui connut un immense succès[31]. Selon le Pseudo-Denys l'Aréopagite, neuf cercles concentriques, de plus en plus grands à mesure qu'ils s'élargissent vers l'extérieur, sont disposés autour de Dieu. Le cercle des séraphins, dotés de six ailes et rouges parce qu'ils reflètent l'amour de Dieu, est le plus petit de tous, suivi de celui des chérubins, dotés de quatre ailes (six exceptionnellement), de couleur bleue, qui représentent la parfaite connaissance de Dieu. À partir des trônes, les êtres célestes n'ont que deux ailes. Les neufs chœurs angéliques se divisent en trois groupes : Séraphins, Chérubins, Trônes ; Dominations, Vertus, Puissances ; Principautés, Archanges, Anges. Les Trônes ont pour mission de transporter au paradis le trône de Dieu. Des Dominations dépend l'ordre universel, les Vertus sont les dispensateurs de la grâce divine, les Puissances surveillent la distribution des pouvoirs à l'humanité. Les Principautés veillent sur les nations, les Archanges sont les grands conseillers envoyés par le ciel, les Anges sont les plus familiers aux hommes parce qu'ils ne perdent pas de vue leurs occupations. D'un point de vue iconographique, les neuf chœurs angéliques, à l'exception des Séraphins et des Chérubins, n'ont pas de caractéristiques fixes ni de particularités, et sont d'ordinaire représentés comme neufs anneaux couverts de plumes, circulaires et concentriques.

Dans la coupole en mosaïque du baptistère de Florence, on a fait un effort particulier pour diversifier les hiérarchies les plus abstraites (fig. 169) : les Dominations empoignent un long sceptre, les Puissances portent une cuirasse et un casque à cimier, les Principautés tiennent une bannière blanche à croix rouge, les Vertus libèrent les possédés, les Trônes portent dans leurs mains une

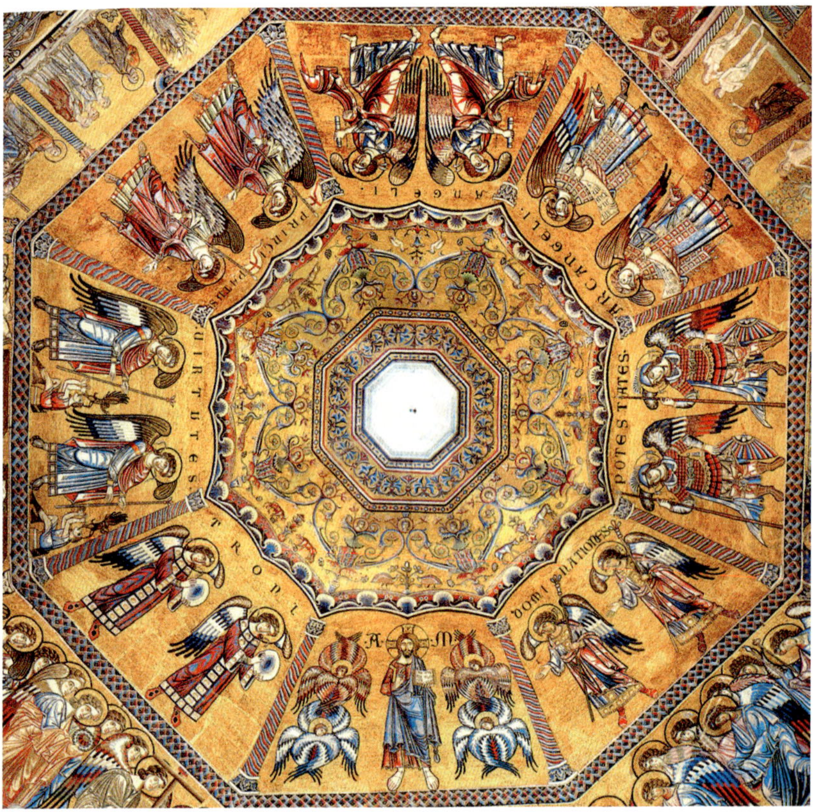

Fig. 169. *Les hiérarchies angéliques*, mosaïque, vers la moitié du XIIIe siècle, Florence, baptistère.

amande, symbole, dans l'art byzantin, du trône divin. Les critiques sont plutôt d'accord pour estimer que cette partie de la mosaïque a été réalisée vers la moitié du XIIIe siècle[32].

Parmi les Archanges, il en est trois qui ont un nom et une histoire : Gabriel, Raphaël et Michel. Nous avons rencontré plusieurs fois Gabriel, qui fut envoyé annoncer à Marie la conception divine. Raphaël, dont les attributs sont le poisson et la boîte de médicaments, guide et protège le jeune Tobie, dans le livre éponyme de la Bible. Le vieux père de Tobie, devenu aveugle après avoir été frappé par la fiente d'une hirondelle en vol, avait envoyé son fils dans une ville lointaine pour recouvrer une créance. À Tobie, qui ne connaît pas le chemin, se présente un homme qui lui propose de le guider, s'étant déclaré expert du territoire : il s'agit en réalité de l'archange Raphaël. Pendant le voyage, les deux personnages pêchent un énorme poisson dont l'accompagnateur veut conserver le cœur, le foie et le fiel. Avant même d'arriver à destination, Tobie épouse la belle Sarah, dont un démon jaloux avait toutefois fait mourir, l'un après l'autre, sept maris successifs la nuit même de leurs noces. Mais Tobie survit, lui, parce qu'il met en fuite son adversaire, sur le conseil de Raphaël, en brûlant le cœur et le foie du poisson. Puis, ayant recouvré la créance, Tobie rentre chez lui avec son épouse et la dot ; grâce au fiel, toujours sur le conseil de Raphaël, il redonne la vue à son vieux père. Au Moyen Âge, on trouve des sculptures et des miniatures qui illustrent ce récit que l'on peut lire comme un roman, mais c'est à la Renaissance que les peintres et les sculpteurs entreprirent sur ce thème des œuvres de grandes dimensions, séduits par l'ange gardien et la confiance absolue, pareille à celle d'un enfant. De fait, ils abaissèrent délibérément l'âge de Tobie, comme dans ce très beau groupe en bois attribué à Domenico Indivini (vers 1445-1502), conservé dans l'église de Sant'Antonio, mais provenant de l'église de Sant'Agostino, à Cascia, en Ombrie (fig. 170)[33]. Bien couvert pour faire face au long

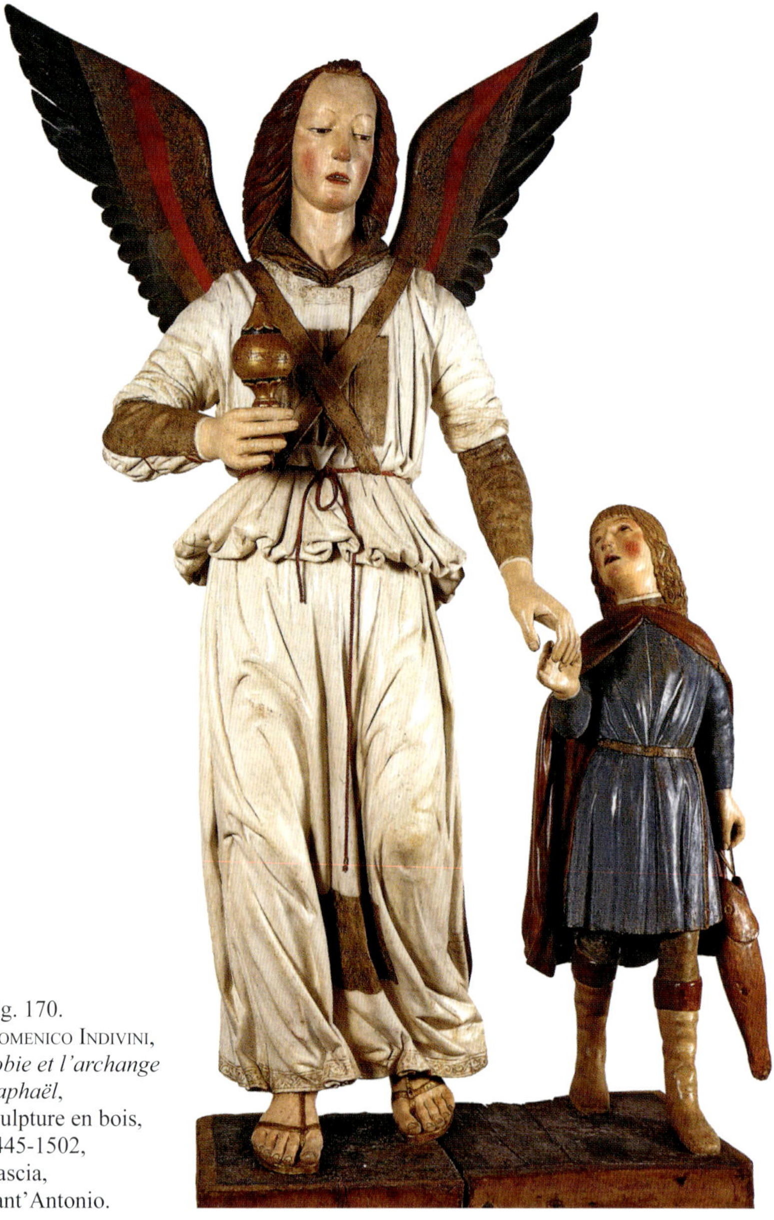

Fig. 170.
Domenico Indivini,
Tobie et l'archange Raphaël,
sculpture en bois,
1445-1502,
Cascia,
Sant'Antonio.

voyage, le petit Tobie tient le gros poisson accroché à un hameçon et lève ses yeux étonnés et émerveillés vers Raphaël qui, pieds nus, dans des vêtements vaporeux que font flotter ses grandes ailes, avance d'un pas léger mais sûr, le pot de médicaments à la main.

Des trois archanges, c'est toutefois Michel dont la personnalité est la plus définie : prince des milices célestes, adversaire résolu du diable, c'est lui qui, dans l'Apocalypse, fait tomber les anges rebelles et Lucifer[34] en enfer où ils seront transformés en démons ; il a été désigné pour peser les actes des âmes au Jugement dernier. Dans un devant d'autel espagnol très coloré, réalisé entre 1220 et 1250 (fig. 171)[35] et dédié aux trois archanges, Michel est le protagoniste.

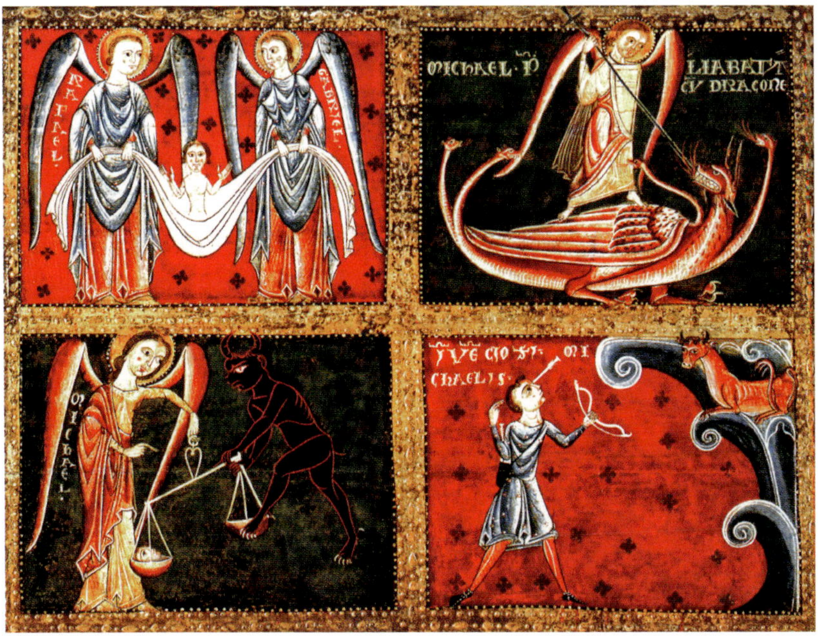

Fig. 171. *Les archanges Michel, Raphaël et Gabriel*, panneau, entre 1220 et 1250, Barcelone, Museu Nacional d'Art de Catalunya.

Le voici avec son bouclier et sa lance, qui transperce le dragon. On lit dans l'Apocalypse (12, 7-9) : « Et il y eut un combat dans le ciel. Michel et ses anges combattaient contre le dragon et le dragon combattait avec ses anges, mais ceux-ci ne furent pas les plus forts et il n'y eut plus de place pour eux dans le ciel. Et il fut précipité, le grand dragon, le serpent ancien, qu'on appelle le diable et Satan, celui qui séduit la terre tout entière, et ses anges furent précipités avec lui[36]. » Puis nous voyons Michel en train de disputer une âme à un démon noir et enflammé, essayant de faire pencher de son côté le plateau où figure la tête de cette âme (sur l'autre se trouve la tête d'un démon), et enfin l'institution de son culte sur le mont Gargano, dans les Pouilles. D'après la légende, écrite vers le IXe siècle, un berger, Garganus, avait tiré une flèche sur un taureau qui avait échappé à son troupeau et s'était réfugié dans une grotte au sommet de la montagne. La flèche était cependant revenue en arrière et avait aveuglé Garganus. Alors l'évêque de Sipontum, suivant les instructions de l'archange, avait réussi à extraire la flèche et avait dédié à Michel le mont et un sanctuaire, à l'endroit où était arrivé le taureau[37]. Dans le quatrième panneau, Raphaël et Gabriel se chargent de transporter ensemble les âmes au ciel, selon l'iconographie habituelle de l'âme représentée comme un petit enfant nu porté dans un drap blanc qui lui tient lieu de berceau.

À Rome, Michel jouit d'une singulière renommée, répandue par la *Légende dorée* de Jacques de Voragine. Pour faire cesser l'épidémie de peste de 590, le pape Grégoire Ier, dit le Grand, aurait organisé une procession

> avec des litanies le long des remparts de la ville, autour de Pâques ; et à la tête de cette procession, il fit porter avec grande révérence une image de la Bienheureuse Marie toujours vierge, image qui est, dit-on, aujourd'hui encore à Rome, dans l'église nommée Sainte-Marie-Majeure, et l'on dit qu'elle fut peinte par Luc, qui était de son métier médecin et peintre éminent, et que cette image est en tout très semblable à la Vierge. Et à mesure que l'image progressait, l'épidémie

de peste qui infectait l'air perdait du terrain, comme fuyant l'image, ne parvenant pas à en supporter la présence ; l'air s'imprégnait, au passage de l'image, d'une incroyable sérénité et pureté. [...] Grégoire vit alors sur le château des Crescenzi[38] un ange du Seigneur qui, après avoir nettoyé une épée ensanglantée, la remettait dans son fourreau, et il comprit que l'épidémie de peste arriverait à son terme, et il en fut en effet ainsi. À partir de ce moment-là, on appela le château des Crescenzi le château Saint-Ange[39].

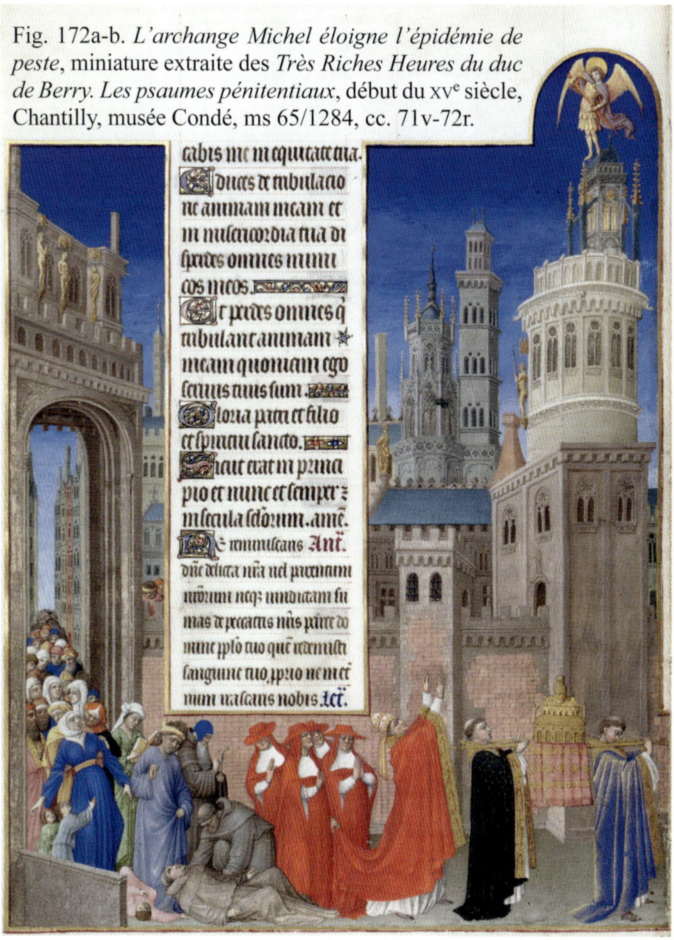

Fig. 172a-b. *L'archange Michel éloigne l'épidémie de peste*, miniature extraite des *Très Riches Heures du duc de Berry. Les psaumes pénitentiaux*, début du XVe siècle, Chantilly, musée Condé, ms 65/1284, cc. 71v-72r.

Dans la miniature du début du XVe siècle qui figure dans les célèbres *Très Riches Heures du duc de Berry* des frères Limbourg (fig. 172a-b), l'apparition triomphante de Michel est associée, de manière réaliste, aux décès en cours, que la procession avait certainement multipliés.

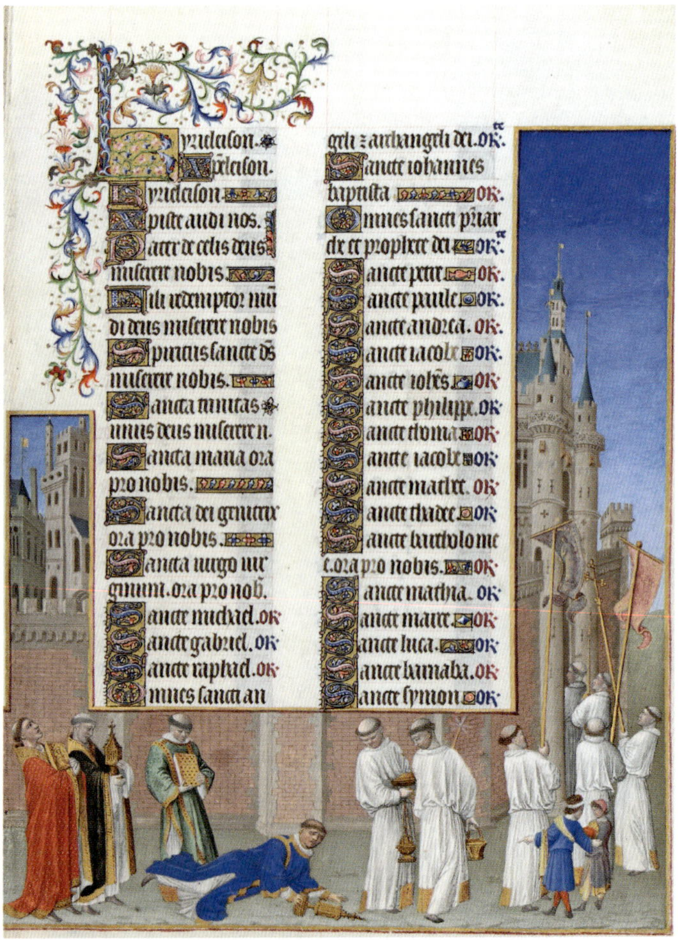

Chapitre VI

Marie et le Christ

Comme elle était destinée à devenir la mère du Rédempteur, Marie devait être une jeune fille très vertueuse, mais depuis qu'Adam et Ève avaient enfreint les ordres divins en goûtant au fruit défendu, la descendance du genre humain s'était vue tout entière entachée de leur péché, le péché originel, que seul pouvait laver le sacrement du baptême.

Avant la rédemption du Christ, tous les hommes naissaient et mouraient avec le fardeau de la faute dont ils avaient hérité ; Marie, fils d'Anne et de Joachim, naîtrait donc elle aussi pécheresse. Ce n'est qu'à la fin de leur vie que Dieu gratifia les conjoints âgés de cette naissance tant attendue pour récompenser leur existence consacrée à de grandes œuvres de charité. Dans les évangiles canoniques, on ne donne toutefois pas même le nom de ces parents très âgés : pour connaître leur histoire, nous devons par conséquent consulter l'évangile apocryphe du Pseudo-Matthieu.

À Padoue, dans la chapelle des Scrovegni (achevée entre 1304 et 1305), Giotto peignit l'histoire complète de Joachim et d'Anne, y compris le baiser que les vieux époux échangèrent après une longue séparation (fig. 173). C'est par ce baiser, croyait-on, que Marie fut conçue. Aucun acte sexuel n'ayant eu lieu, Marie était née sans péché originel : c'est pourquoi l'on parle d'Immaculée Conception[1].

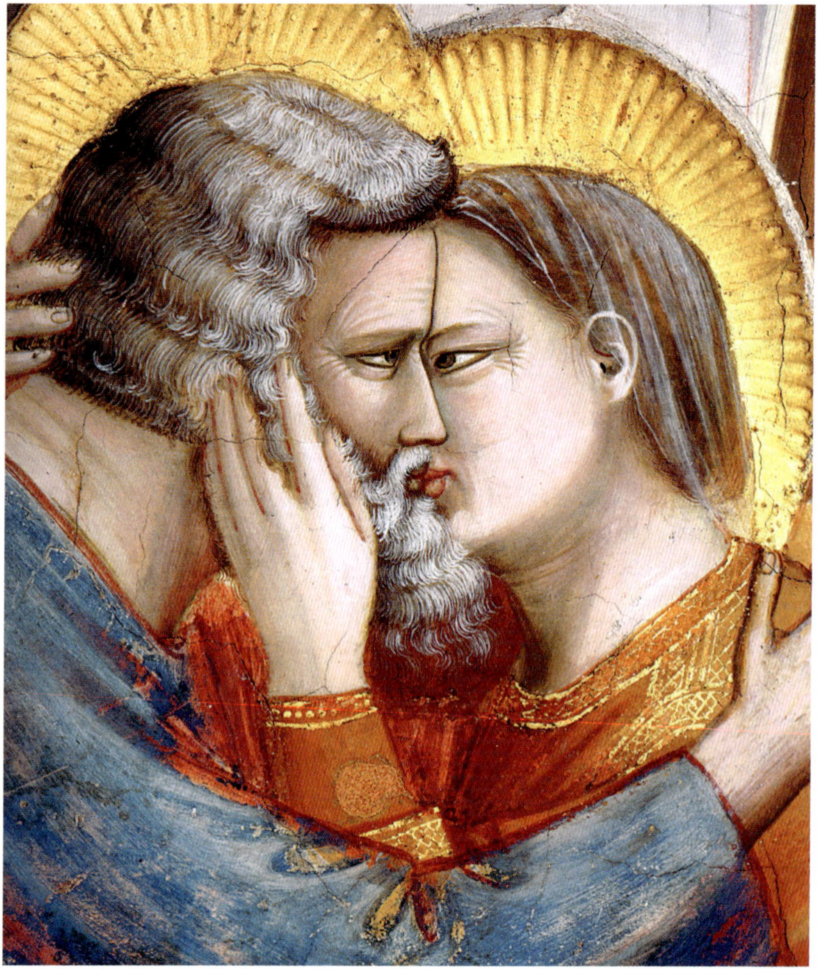

Fig. 173. Giotto, *Le baiser d'Anne et de Joachim à la Porte d'or*, fresque, 1304-1305, Padoue, chapelle des Scrovegni.

Les Franciscains, auxquels s'opposaient les Dominicains, furent de vaillants partisans de l'Immaculée Conception. En 1438, au concile de Bâle, après une énième querelle entre les deux ordres mendiants, il fut établi que la croyance dans l'Immaculée Conception était sainte et conforme au culte de l'Église, et l'on interdit sa négation. Le 8 décembre 1858, par la bulle[2] *Ineffabilis Deus*, Pie IX mit fin à cette controverse en proclamant l'Immaculée Conception dogme de foi[3]. Le dogme se fonde sur un postulat théologique pour le rôle que joue Marie dans la Rédemption. Comment la promesse de Dieu qu'une femme viendrait écraser le serpent qui avait fait pécher Ève aurait-elle pu être exaucée si cette femme avait elle-même été sous l'emprise du démon[4] ?

Si Marie était destinée à devenir la mère du Christ, on ne pouvait toutefois laisser dans l'ombre Anne, mère de Marie et future « grand-mère » du Rédempteur. Cette extraordinaire parenté est exprimée dans une fresque de la fin du XIVe siècle dans l'église de San Fedele, à Côme, où nous voyons deux images placées côte à côte, qui l'illustrent selon deux iconographies caractéristiques[5] (fig. 174).

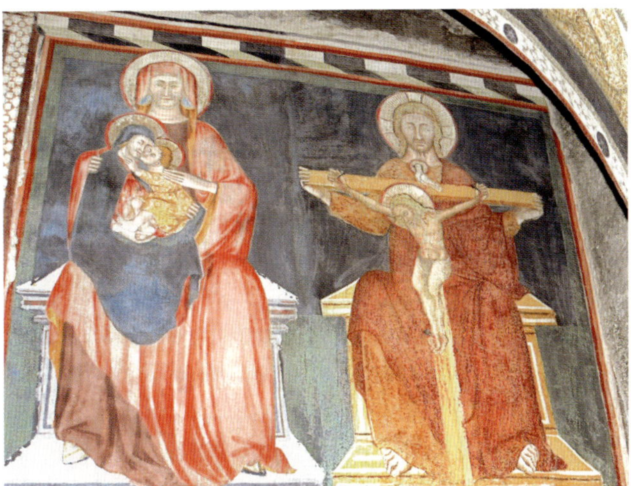

Fig. 174. *« Sant'Anna Metterza » et la Trinité*, fresque, XIVe siècle, Côme, San Fedele.

La première (à gauche) est connue sous le nom de « Sant'Anna Metterza[6] », c'est-à-dire, littéralement, « Anne mise à la troisième position », pour souligner que la vieille sainte était troisième par ordre d'importance après la Vierge et l'Enfant. À Côme, cette image, corollaire de la croyance, devenue par la suite dogme, en l'Immaculée Conception, a été mise en parallèle avec l'image (de droite) du « Trône de Grâce », à savoir l'illustration du dogme de la Trinité[7], dans le dessein de créer une correspondance entre la parenté humaine et la parenté divine du Christ. Le peintre s'efforça de souligner en même temps l'idée d'un Dieu un et trin : la croix est en effet inscrite dans le nimbe de Dieu le Père, et la colombe du Saint-Esprit est posée sur le bras horizontal de la croix. Le schéma de la paternité divine connut un grand succès à partir du moment où, en 1145, Suger, abbé de Saint-Denis (aujourd'hui en banlieue parisienne), commanda, comme il le dit lui-même, un vitrail (conservé jusqu'à nos jours) comportant la figure de Dieu le Père en gloire, qui soutient devant lui son Fils crucifié sur lequel se pose la colombe du Saint-Esprit[8].

Il est impossible de résumer brièvement ici l'histoire de Marie et de son rapport complexe avec le Christ, de même qu'il n'est guère possible d'analyser toutes les diverses attitudes et tous les détails qui caractérisent le thème de la Vierge avec le Divin Enfant.

En gardant à l'esprit certaines légendes indigestes que le destinataire de ce modeste livre pourrait lire au cours de la visite d'un musée ou d'une exposition, nous commencerons par examiner les termes les plus courants, tirés de l'art byzantin : Marie Théotokos[9], Hodigitria, Glykophilousa ou Éléousa.

Marie Théotokos, littéralement, du grec, « celle qui a enfanté Dieu », *Dei genetrix* en latin, fut proclamée comme telle au concile d'Éphèse de 431 en conséquence de la reconnaissance du Christ, homme et Dieu, déjà solennellement annoncée au concile de Nicée : les deux natures, humaine et divine, sont inséparables, si bien que

Marie est « mère de Dieu », comme on l'invoque du reste dans la prière de l'Ave Maria. C'est pourquoi, dans les icônes non seulement byzantines, mais aussi occidentales, on voit ressortir sur le fond doré les lettres MP ΘY (Μήτηρ Θεοῦ), c'est-à-dire, justement : « mère de Dieu. » Pour souligner ce concept, la Vierge peut tenir l'Enfant devant elle : dans ce cas, le type est celui de la Théotokos Nikopoia (« celle qui apporte la victoire »), une image tout à fait digne d'une reine. Les mosaïques de Saint-Marc à Venise nous en offrent un exemple qui reprend l'icône très vénérée que l'on croyait peinte par l'évangéliste Luc, icône conservée à Constantinople jusqu'aux croisades et que les soldats portaient au combat, persuadés qu'elle les rendait invincibles[10].

Dans une fresque de la première moitié du XIIe siècle (fig. 175), retranchée de l'église de San Pedro de Sorpe (Catalogne) et conservée au MNAC de Barcelone, la Vierge, rigidement vue de face, est assise sur un trône somptueux, avec le divin Enfant dans son giron, mais accompagnée de quelques détails qui méritent d'être analysés[11].

À gauche, un arbre regorgeant de fruits oblongs et bleuâtres se développe sur un tronc aux branches dépouillées, dont on a souligné les racines de manière évidente ; à droite figure un arbre aux fruits similaires, mais dépourvu de feuilles, où est inscrit le chandelier juif à sept branches[12]. Le texte qu'il faut avoir à l'esprit est le passage de l'épître aux Romains (11, 16-18) où saint Paul recourt à la métaphore de l'olivier sauvage en analysant le plan divin de la Grâce, commun à tout le monde, au peuple d'Israël comme aux païens. Les chrétiens, l'olivier sauvage, sont les nouvelles branches luxuriantes qui ont poussé pour avoir été greffées sur le tronc d'un olivier domestique dont on a cassé des branches (les Juifs qui n'ont pas connu le Christ), même si elles continuent à recevoir la sève de l'ancienne plante, de sa bonne racine. S'il y a désormais une différence avec l'ancien olivier, moins luxuriant que le nouveau, nous dit Paul, il ne faut pas oublier pour autant la continuité entre l'Ancienne Loi et la Nouvelle. Voilà pourquoi, dans la fresque, l'arbre de gauche (au point de vue du spectateur), qui regorge de feuilles et de fruits, se développe à partir d'un arbre dont certaines branches sont cassées et sèches, mais dont la racine est vigoureuse, tandis que l'arbre de droite, dépourvu de feuilles, a moins de fruits[13]. À travers la Vierge (« *Ex Sancta Maria* », dit l'inscription) et l'Incarnation consécutive du Christ, la continuité

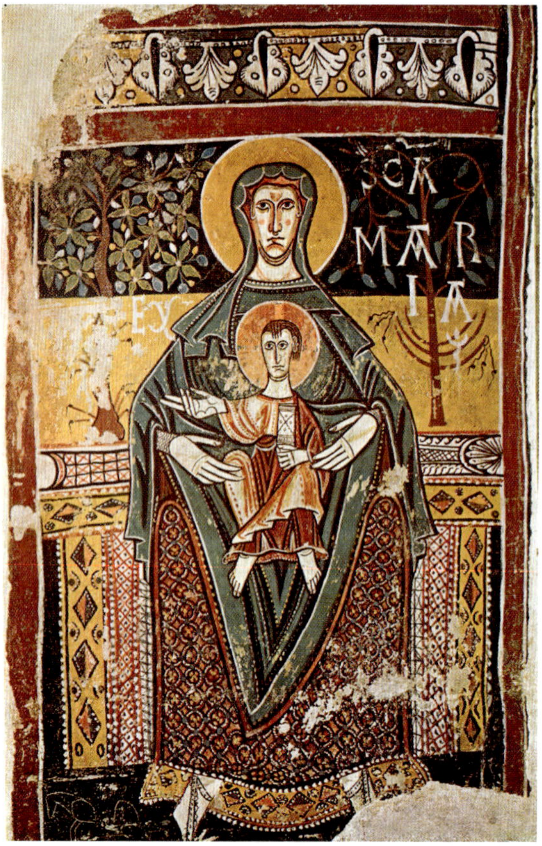

Fig. 175. *Marie avec l'Enfant sur le trône*, fresque, vers 1120, Barcelone, Museu Nacional d'Art de Catalunya.

entre les deux Églises a été scellée, puis confirmée par l'image du candélabre à sept branches qui, selon Irénée[14], signifie l'Église « qui porte la lumière du Christ[15] ».

Outre le panneau de Marie Théotokos Nikopoia, Luc est censé avoir peint celui de Marie Hodigitria, du grec « qui montre le chemin » : elle tient d'ordinaire l'Enfant sur son bras gauche et tourne vers lui sa main droite. Cette iconographie est très répandue

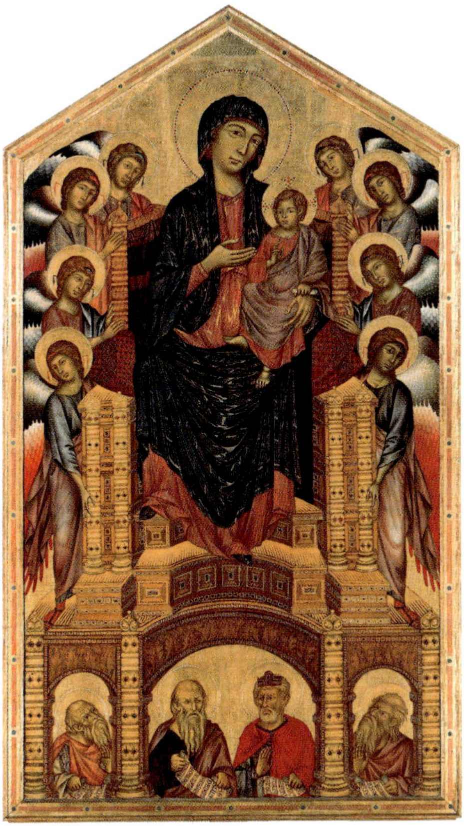

Fig. 176. Cimabue, *Vierge de Santa Trinita*, peinture sur bois, entre 1301 et 1302, Florence, Galerie des Offices.

en Occident et je ne signale qu'à titre d'exemple la très célèbre Vierge de Santa Trinita de Cimabue, réalisée entre 1301 et 1302, que l'on peut voir à la Galerie des Offices de Florence (fig. 176)[16].

Les icônes de Marie d'origine byzantine n'ont toutefois pas seulement un caractère sacré et solennel. De l'Orient nous est parvenue la création d'une Vierge beaucoup plus humaine qui participe aux jeux de son Fils ou lui témoigne toute son affection en le serrant contre elle : c'est là le type de Marie Glykophilousa ou Éléousa, littéralement : « de la douceur » ou « de la tendresse » – à moins qu'elle ne l'allaite : une situation que l'on considère comme parfaitement naturelle pour la Vierge Marie.

Dans l'art italien du XIVe siècle apparaît une variante de cette typologie, la Vierge de l'humilité : le Christ est nourri par sa mère non pas en majesté, mais assise sur le sol, et parfois sur un coussin (les théologiens ne manquent pas de souligner le lien entre *humilitas* et *humus*, la « terre »)[17]. Aussi bien la Vierge que l'Enfant tournent le regard vers le spectateur, créant de la sorte un lien étroit avec la personne qui observe le panneau. Ce détail suffit à conférer à l'image une signification de dévotion profonde : c'est comme si Marie avait détourné les yeux de l'Enfant, qui, à son tour, cesse de boire au sein de sa mère, pour qu'ils prêtent tous deux l'oreille aux prières qu'on leur adresse. « *Maria, mater omnium* », comme la définit l'inscription d'un panneau de 1345 environ, attribué à Roberto d'Oderisio, qui illustrait jadis ce thème à San Domenico Maggiore (conservé aujourd'hui au musée Capodimonte de Naples, fig. 177)[18], nourrit non seulement l'Enfant, mais elle est disposée à nourrir l'humanité tout entière. En se montrant assise par terre, elle témoigne sa ferveur envers tout le monde, y compris les pécheurs, étant encouragée par son humilité miséricordieuse[19]. Je me demande toutefois si l'adaptation de la Vierge à la volonté divine offrait également aux dévotes un modèle de résignation face aux malheurs de la vie.

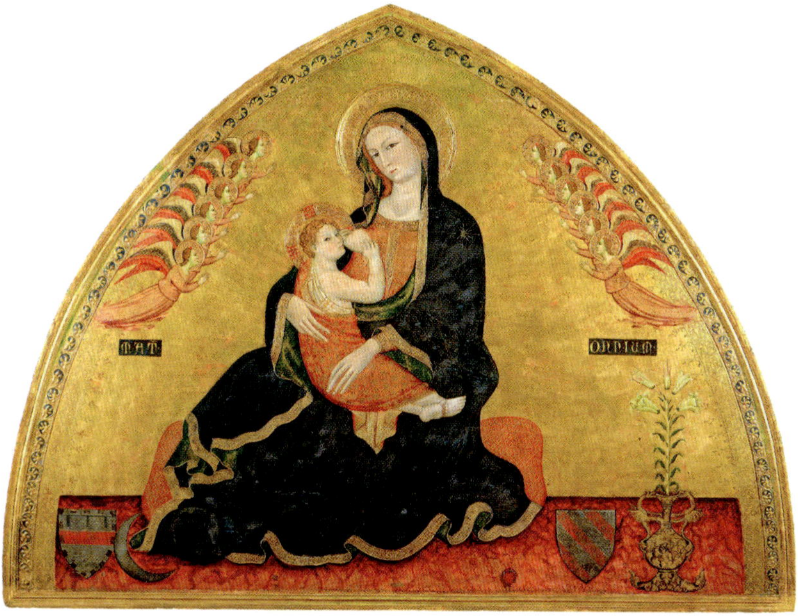

Fig. 177. ROBERTO D'ODERISIO (?), *Vierge de l'humilité*, peinture sur bois, vers 1345, Naples, musée Capodimonte.

En raison de ce principe de polarité si diffus de la pensée chrétienne, il n'en reste pas moins que la Vierge est d'autant plus sublime qu'elle est humble[20] : Dante l'exprime parfaitement quand il qualifie Marie de « Vierge Mère, fille de ton Fils, / humble et élevée plus qu'aucune créature » (*Paradis*, XXXIII, v. 1-2). Il convient de remarquer que dans le panneau napolitain, Marie est entourée de rayons très lumineux qui font ressortir le contour bleu foncé de son vêtement : rayons circonscrits, en guise de cadre, par douze anges en vol, répartis de part et d'autre en deux groupes symétriques de six, tandis que le croissant lunaire se dessine à ses pieds. Outre les traits de la Vierge de l'humilité, Marie montre donc ceux, de signe opposé, de « *Regina caeli* », d'après la description de l'Apocalypse

(12, 1) : « Et voici une femme enveloppée du soleil, et ayant la lune sous ses pieds, et sur sa tête une couronne de douze étoiles[21] », ce que Pétrarque a ainsi exprimé de manière poétique : « Vierge belle, qui de soleil vêtue, couronnée d'étoiles, plus tellement au souverain Soleil, qu'il cacha sa lumière en toi [...][22]. »

Dans un tableau de 1360 environ (fig. 178)[23] que l'on attribuait autrefois à Paolo Veneziano – on préfère aujourd'hui penser à un

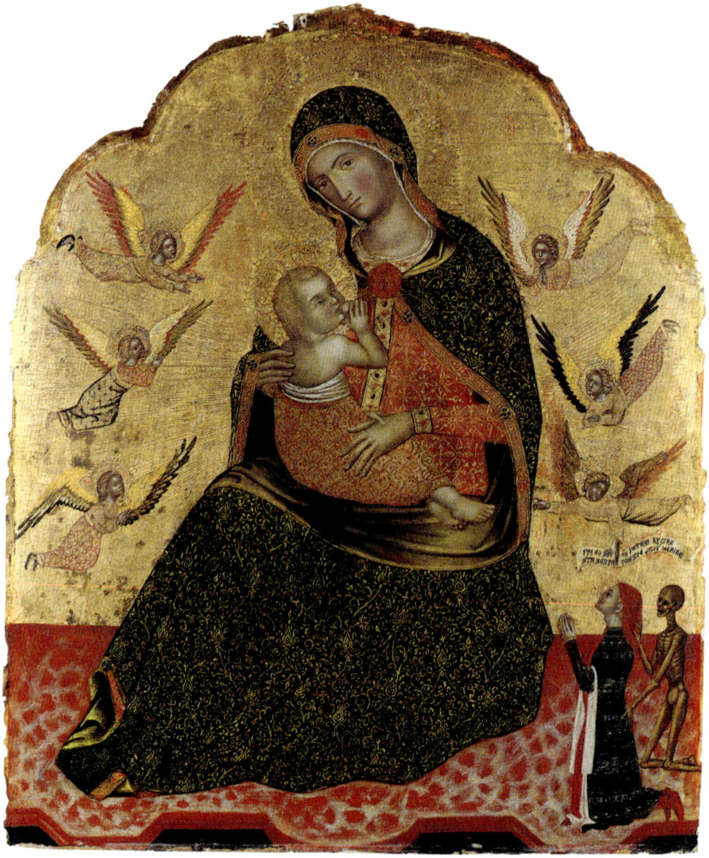

Fig. 178. Paolo Veneziano (?) ou Anonyme vénitien, *Vierge de l'humilité*, peinture sur bois, vers 1360, Madrid, Fundación Thyssen-Bornemisza.

peintre anonyme vénitien –, le commanditaire est venu faire partie du petit panneau où il est représenté en train de supplier la Vierge de l'humilité – sur le fond doré, on voit briller les mots : « *Sancta Maria de humilitate* » – et son Fils que Marie allaite. Au Moyen Âge, comme nous l'avons vu, les rapports de dimension entre les figures étaient aussi un moyen d'exprimer la grille de valeurs correspondante. De fait, le dévot est une présence véritablement minuscule dans l'économie de la toile ; pour accentuer sa déférence, il s'est également fait placer tout à fait sur le côté, prenant bien garde à ne pas prendre de place aux destinataires de la prière. Il demande ardemment de l'aide, dans l'espoir de n'être pas abandonné au moment de la mort. Un squelette osseux lui a posé une main sur l'épaule, une fonction d'ordinaire attribuée aux saints quand ils présentent leurs protégés à la Famille céleste, et il l'oblige à écouter ce que dit la banderole dépliée par l'un des angelots qui voltigent autour de la Vierge : « *I'ti so p(re)sso, no(n) potrai fugire. / Sta sempre presto p(er) dov(er) morire* » (« Je suis près de toi, tu ne pourras t'échapper. / Il est toujours trop tôt pour mourir »). L'homme ne parvient pas à faire taire le sentiment inacceptable de la fin, l'angoisse d'abandonner une vie qu'il a de toute évidence aimée : c'est le squelette moqueur qui lui fait joindre les mains pour implorer la Vierge. Afin d'apaiser sa terreur humaine, persuadé qu'il sera compris, le commanditaire s'adresse à Marie et à son Fils, surpris dans un rapport tendrement humain.

Dans d'autres icônes qui respectent une iconographie différente, ce n'est pas la Vierge qui prend soin de son Fils, mais le contraire : l'Enfant pose sa joue contre celle de sa mère, qu'il caresse ou tient par le cou pour tenter d'adoucir sa tristesse. Marie pressent le destin qui est réservé à son Fils divin, souvenir des paroles prophétiques que lui avait adressées le vieux Siméon lors de la présentation au Temple de l'Enfant Jésus : « Et à toi-même un glaive te transpercera l'âme » (« *et tuam ipsius animam pertransibit gladius* », Lc 2, 35)[24].

C'est ainsi que la peignit Ambrogio Lorenzetti[25], par exemple, dans le panneau de Rapolano (fig. 179). La Vierge baisse la tête, le regard perdu dans le vide, et approche sa joue de celle de l'Enfant qui se serre contre elle. L'Enfant a glissé son bras derrière le cou de sa

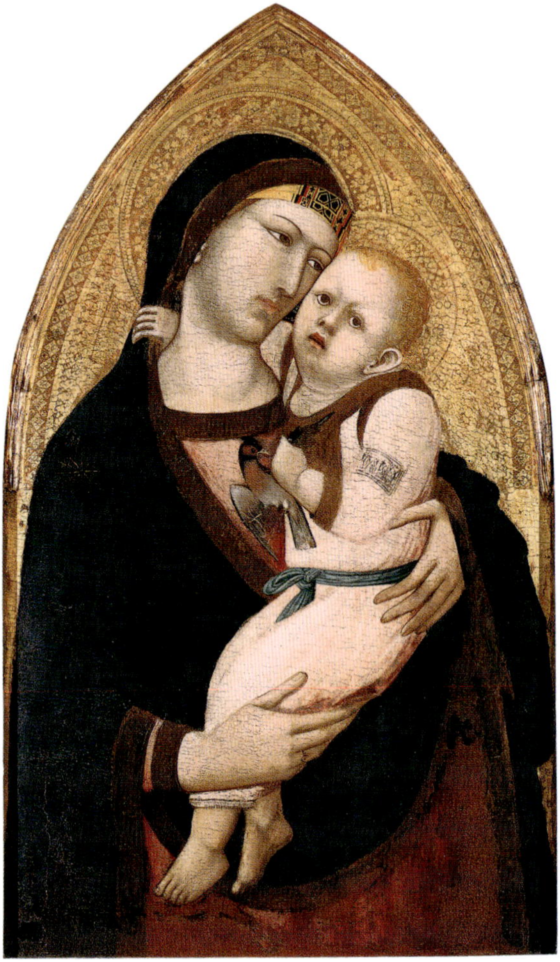

Fig. 179. AMBROGIO LORENZETTI, *Vierge de Rapolano*, peinture sur bois, vers 1340, Sienne, Pinacothèque nationale.

Mère dont il saisit le voile[26] : sur son visage se lit une expression de stupeur et d'égarement. Il serre dans sa main un chardonneret, symbole du cruel supplice qui l'attend, comme nous le verrons. Dans une autre *Vierge à l'Enfant* de 1338 environ, que nous devons au même peintre et que nous ne tarderons pas également à retrouver parce qu'il y figure le petit oiseau qui effraie tant l'Enfant, il convient de signaler une iconographie particulière, destinée à mettre en évidence la signification du regard prémonitoire de la malheureuse mère (fig. 180). Entourée de huit saints, Marie est assise « *in maestà*[27] » avec l'Enfant dans ses bras, et soutenue par deux séraphins qui constituent un trône aérien[28] (fig. 187).

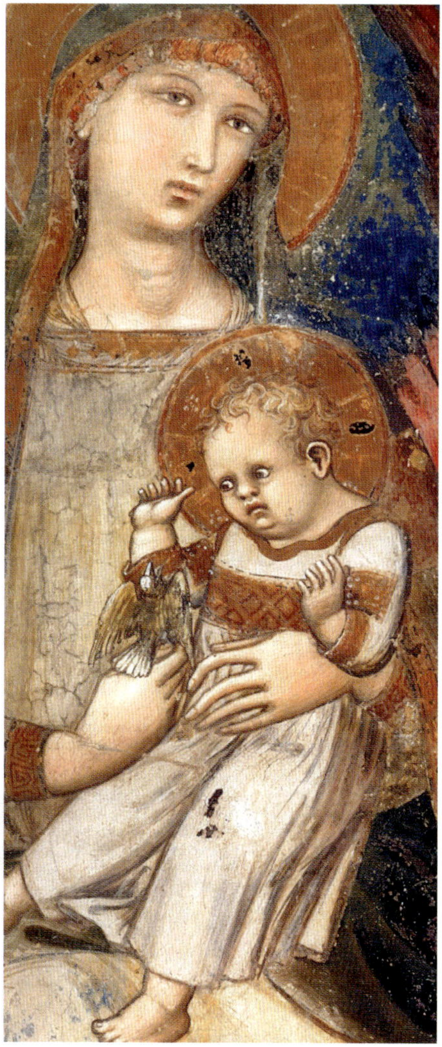

Fig. 180.
Ambrogio Lorenzetti, *Vierge à l'Enfant et au chardonneret*, détail de la *Vierge à l'Enfant et aux huit saints*, fresque, vers 1338, Sienne, Sant'Agostino, chapelle Piccolomini.

Dans la Vierge dite « *Pitti* » (fig. 181), Michel-Ange représentera la Vierge avec une expression songeuse, alors que l'Enfant Jésus regarde le livre que sa mère tient ouvert sur ses genoux. Marie porte sur son front un diadème orné d'un ange, chérubin ou séraphin[29], qui indique sa capacité de connaissance[30], la capacité déclarée par la Vierge dans les mots que le théologien bénédictin Rupert de Deutz (1075-1130) lui attribue :

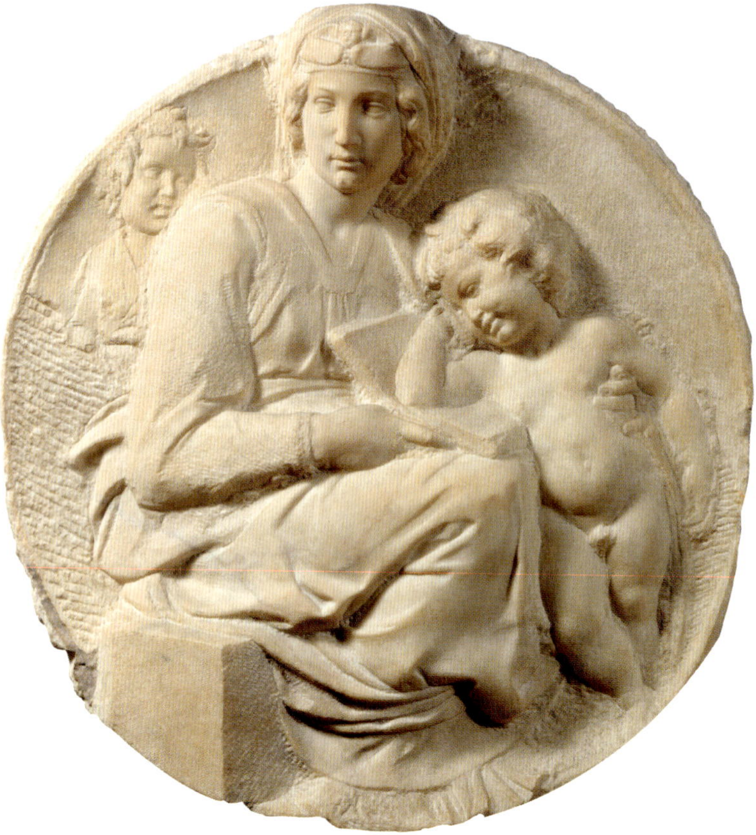

Fig. 181. Michel-Ange, *Vierge Pitti*, sculpture, vers 1503-1506, Florence, musée national du Bargello.

> Comme j'étais une prophétesse et que j'étais sa mère, je savais que ce sort lui était réservé. C'est pourquoi, quand je caressais sur mes genoux ce Fils né de ma chair, quand je le portais dans mes bras, le nourrissais à mon sein et avais toujours devant les yeux la mort à laquelle il était destiné, et que je prévoyais tout cela avec mon esprit prophétique – et même plus que prophétique –, imaginez-vous l'intensité et la passion de la douleur maternelle que j'ai dû supporter[31] ?

Dans l'ouvrage que nous avons déjà signalé sur les hiérarchies angéliques, le Pseudo-Denys explique que le mot « chérubin » signifie « plénitude de science et surabondance de sagesse » (VII, 1) et que la première hiérarchie des êtres célestes, à laquelle appartiennent les séraphins et les chérubins, en s'inspirant directement à Dieu, « se purifie, s'illumine et se perfectionne [...]. En outre, je pourrais dire en un mot [c'est l'auteur qui parle] que cette dérivation de la science divine est à la fois purification, illumination et perfection ; car elle purifie véritablement de toute ignorance, en communiquant à chaque intelligence, selon sa propre dignité, la connaissance des mystères ineffables ; elle éclaircit par surcroît et, en vertu de la pureté qu'elle procure, elle permet aux esprits de contempler, dans l'immense irradiation de cette lumière suréminente, les choses qu'ils n'avaient pas encore vues ; et elle les perfectionne enfin en les confirmant dans la claire intuition des splendeurs les plus magnifiques » (VII, 3)[32]. Si, traditionnellement, les séraphins sont représentés en rouge et avec six ailes pour traduire l'amour flamboyant de Dieu, et les chérubins en bleu et avec quatre ailes pour indiquer la science divine, au Moyen Âge, les deux hiérarchies angéliques furent aisément interchangeables : je signale, à titre de simple exemple, une miniature du XIVe siècle où un être céleste à six ailes et au visage rouge et rutilant est désigné comme « *Cherub* » ; le long commentaire qui figure à côté commence ainsi : « *Cherub iste in humana depictus effigie. Sex habet alas* [...][33]. »

Dans les deux tableaux de Lorenzetti (fig. 179 et 180) et dans beaucoup d'autres panneaux, la Vierge, dont le regard est tout empreint de mélancolie, demande au spectateur de ne pas oublier qu'en s'incarnant le Christ s'est voué à la Passion et à la mort[34]. C'est la raison pour laquelle, dans la Nativité, l'auge où repose l'Enfant Jésus peut prendre la forme d'un petit sarcophage, un sarcophage à strigiles[35] pour Lorenzo Maitani (première moitié du XIVe siècle) dans un épisode des histoires du Nouveau Testament qui figure sur le troisième pilier de la façade de la cathédrale d'Orvieto (fig. 182)[36].

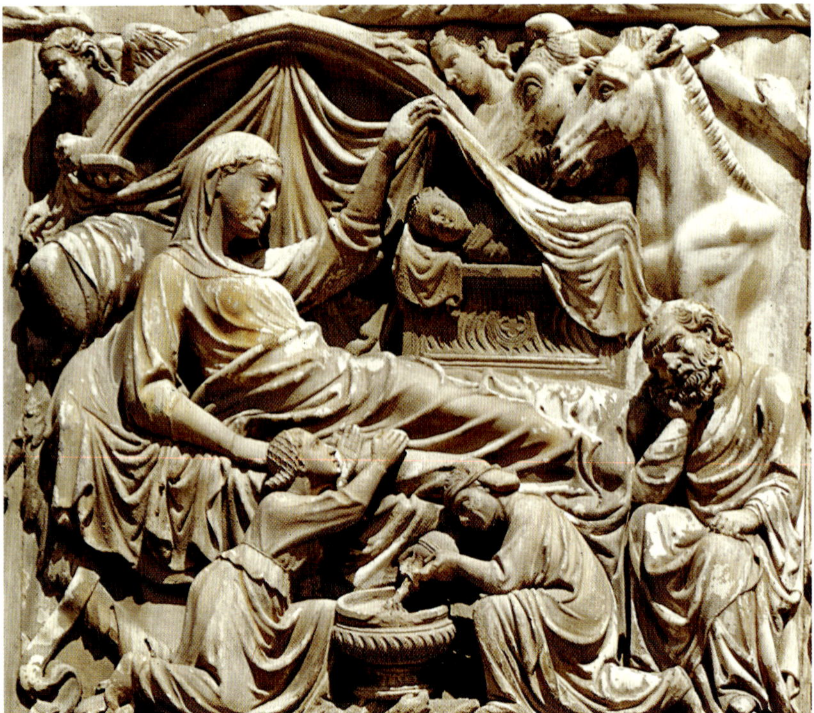

Fig. 182. LORENZO MAITANI, *Nativité*, sculpture, première moitié du XIVe siècle, Orvieto, cathédrale, troisième pilier de la façade .

Un pas en arrière, la naissance du Christ

Si nous considérons la naissance du Christ, nous nous apercevons que toutes nos certitudes relatives au récit de la nuit de Noël reposent sur les évangiles apocryphes. C'est encore l'*Évangile du Pseudo-Matthieu* qui raconte que le nouveau-né fut réchauffé par le bœuf et l'âne, et c'est le *Protévangile de Jacques* qui témoigne que Jésus naquit dans une grotte et qui évoque la présence de deux sages-femmes, dont une a été punie – comme dans le bas-relief d'Orvieto – pour n'avoir pas cru en la virginité de Marie après son accouchement[37]. On représente ces détails depuis l'art paléochrétien, comme le bœuf et l'âne du « sarcophage de Stilicon », par exemple, qui date de 385 ap. J.-C. environ (fig. 183) et que l'on peut voir dans la basilique Saint-Ambroise à Milan. Le Christ y apparaît étroitement emmailloté, comme une petite momie. Au Moyen Âge (et longtemps après), on croyait que les os tendres des enfants se développeraient de travers, au point même de se briser, si on ne les soutenait pas correctement (pauvres enfants !).

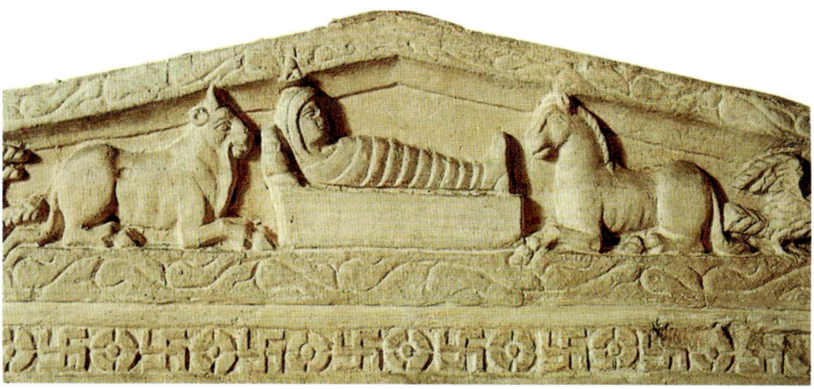

Fig. 183. *L'Enfant Jésus entre le bœuf et l'âne*, détail du *Sarcophage de Stilicon*, sculpture, vers 385 ap. J.-C., Milan, Saint-Ambroise

Les sages-femmes figurent déjà dans la partie centrale de la croix émaillée de Pascal Ier (817-824) (fig. 184), conservée au musée Pio Cristiano de la Cité du Vatican et provenant du trésor du Sancta Sanctorum[38]. Sur cette croix, Joseph a les cheveux blancs, et il

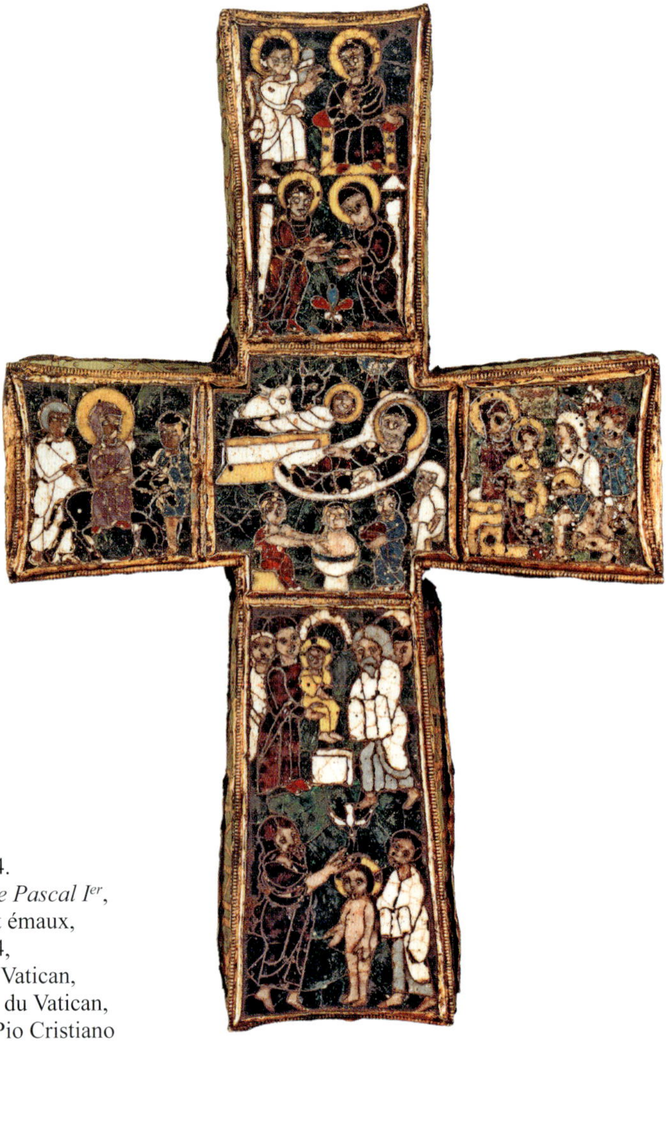

Fig. 184.
Croix de Pascal Ier,
métal et émaux,
817-824,
Cité du Vatican,
Musées du Vatican,
musée Pio Cristiano

sera constamment représenté ainsi dans l'iconographie postérieure comme un homme très âgé. Seul le *Protévangile de Jacques* fournit ce détail[39], une manière de souligner que Joseph n'était pour rien dans la conception du Christ, œuvre de l'Esprit Saint. Marie, elle, est représentée d'après l'iconographie d'origine byzantine, étendue sur le lit, épuisée par la douleur de l'accouchement.

Dans un bas-relief de la cathédrale de Chartres de 1240 environ (fig. 185), le sculpteur prit encore cette iconographie pour modèle, mais, pour la première fois peut-être, il introduisit une modification importante. Étendue sur le lit, Marie se tourne pour caresser son Fils, qui repose dans l'auge-sarcophage : l'artiste attribue de la sorte à la Vierge un sentiment de tendresse et d'affection qui suscite une nouvelle participation émotive chez le spectateur[40]. Attentionné, Joseph s'approche lui aussi avec des langes à la main, et les deux

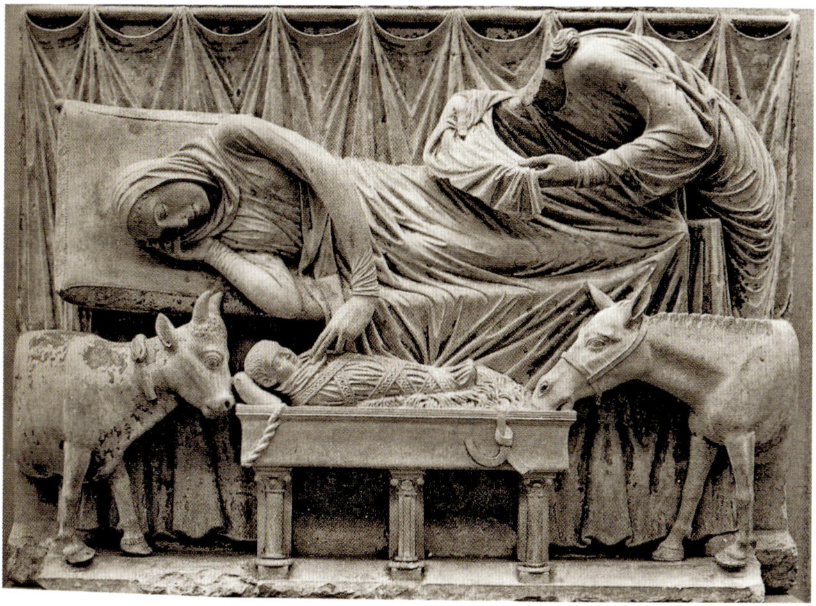

Fig. 185. *Nativité*, sculpture, vers 1240, Chartres, cathédrale.

animaux occupés à donner un peu de chaleur au nouveau-né avec leur souffle sont également émouvants.

C'est toutefois dans les méditations de sainte Brigitte de Suède (Finsta 1303 - Rome 1373) que la naissance divine acquiert une nouvelle iconographie et une nouvelle signification, décrite dans tous les détails par la compétence de la sainte, mystique et mère. Les figurines en terre cuite de nos crèches en tiennent encore compte.

Pour la sainte, qui s'était rendue en pèlerinage à Bethléem, la vision de Marie répète l'événement de la naissance du Christ, comme elle l'avait promis[41].

Dans la grotte éclairée par le cierge apporté par le vieux Joseph se trouve Marie, sa chevelure blonde tombant en cascade sur ses épaules ; juste à côté reposent son manteau blanc, ses souliers (une analogie avec Moïse devant le buisson ardent[42]) et les langes pour l'enfant qui va naître. Marie s'agenouille, se met en oraison et l'enfant naît « *in ictu oculi* », « en un clin d'œil », resplendissant d'une merveilleuse lumière. Alors la Vierge, « ayant baissé la tête et joint les mains avec grande révérence et dignité, adora l'Enfant et lui dit : "Tu seras le bienvenu, mon Dieu, mon Seigneur et mon fils[43]." » Puis elle serra contre elle l'Enfant qui tremblait de froid tandis que les anges chantaient ; elle lui coupa aisément le cordon ombilical et le langea. « Une fois que toutes ces choses furent faites, le vieil homme entra, se prosterna à genoux pour adorer l'Enfant et pria, rempli de joie. »

Dans certaines images conformes à cette nouvelle iconographie, sainte Brigitte est également représentée au sein de la Nativité. Le panneau du tout début du XVe siècle que l'on attribue au « présumé Bernardo Falconi », conservé au musée national San Matteo de Pise (fig. 186)[44], en est un exemple.

Dans ce panneau, les phases temporelles ont été condensées en plaçant sainte Brigitte à genoux, sur la gauche, puis Marie et Joseph symétriquement de part et d'autre de l'Enfant, lequel devient

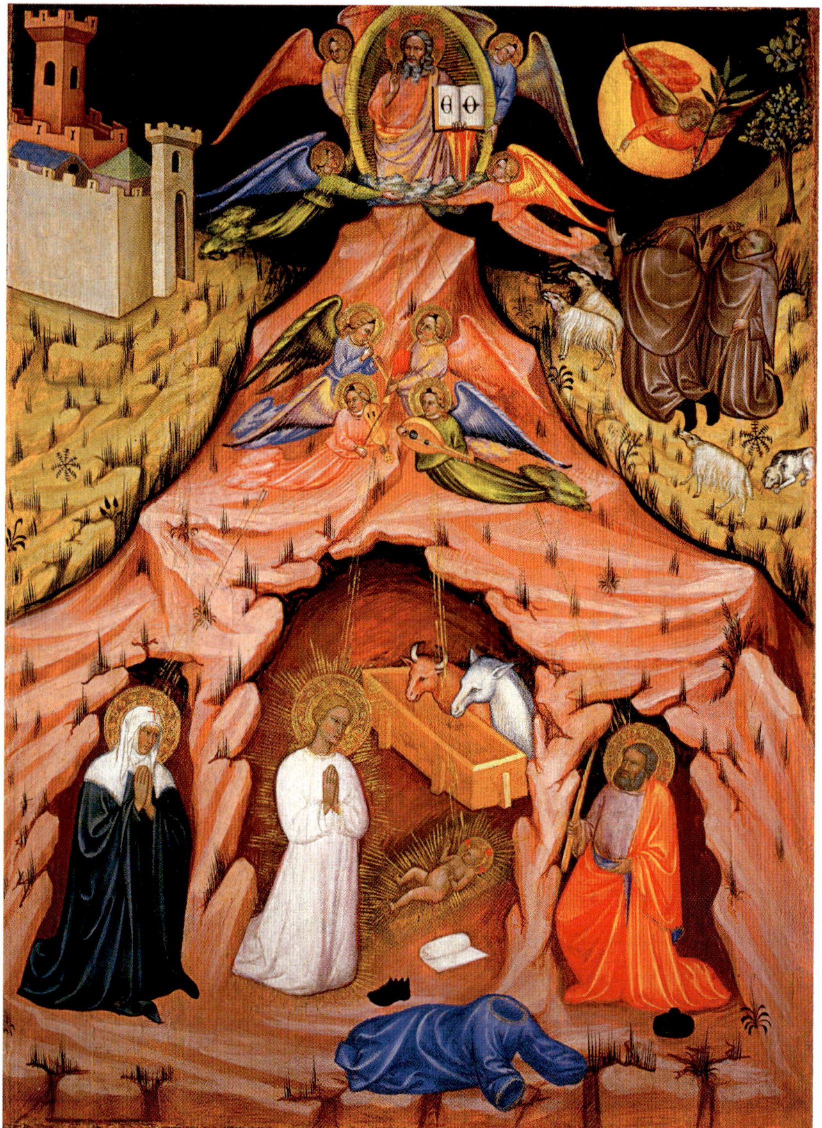

Fig. 186. « Présumé Bernardo Falconi », *Nativité*, peinture sur bois, début du xve siècle, Pise, musée national de San Matteo.

ainsi le centre visuel de l'adoration, la leur, mais aussi celle de l'observateur respectueux. Le thème byzantin de la Nativité, le récit réaliste d'un accouchement (il est par conséquent naturel de voir Marie étendue et fatiguée, les sages-femmes qui s'affairent et leur présence auprès du nouveau-né qu'il faut laver et emmailloter), se transforme en une scène d'adoration du Divin Enfant, le début de la Rédemption. Le « présumé Bernardo Falconi » n'a pas oublié d'ajouter les détails que décrit sainte Brigitte : devant Marie vêtue d'une tunique blanche figurent sa belle robe bleue, ses souliers soigneusement alignés l'un contre l'autre et les langes roulés et déjà prêts. Joseph est à genoux, mais l'on comprend très bien qu'en venant apporter de la lumière avec son cierge, il s'est arrêté devant la prodigieuse naissance et a posé par terre la petite bouteille d'eau pour laver l'enfant sur le point de naître. Dans le ciel très noir de la nuit sainte, lorsque, au moment de la naissance divine, les hommes et les animaux, jusqu'à l'eau de la rivière, se sont magiquement arrêtés[45], l'ange descendu du firmament s'est mis à briller pour annoncer l'événement aux bergers stupéfaits, en effectuant le salut de la paix[46] avec une grande branche d'olivier.

En plein XIVe siècle, époque où le souci du salut de l'individu, et non plus celui de la collectivité, comme dans le Jugement universel, est prééminent, cette nouvelle iconographie s'impose car elle permet de répéter la prière de Marie et de Joseph en adoration, en prenant pour modèle leurs paroles et leur geste : une demande d'aide et de consolation de la part du dévot.

L'Enfant Jésus aux prises avec le rouge

Si, dans la Vierge de Rapolano, l'Enfant Jésus, tristement conscient de l'avenir qui l'attend, tient dans la main un chardonneret, il paraît même épouvanté dans la Vierge en gloire de Sant'Agostino de Sienne (œuvre que l'on doit aussi, on le sait, à Ambrogio Lorenzetti), au point de reculer instinctivement face au petit oiseau (fig. 187)[47].

Au Moyen Âge, les enfants aimaient jouer avec un petit oiseau dont on attachait une patte. Dante mentionne ce passe-temps quand il observe la croissance d'un enfant d'après l'accroissement de ses désirs : « Ainsi nous voyons les enfants désirer par-dessus tout une pomme ; plus tard c'est un petit oiseau ; plus tard un beau vêtement, puis un cheval, puis une femme [...][48]. » Il est par conséquent tout à fait naturel que l'Enfant Jésus ait entre les mains un « petit oiseau », lequel prend toutefois une signification particulière quand il s'agit d'un chardonneret ou d'un rouge-gorge.

En raison du plumage rouge qui orne sa tête, le chardonneret devint au Moyen Âge un symbole de la Passion[49]. Isidore de Séville estimait par ailleurs que le chardonneret (« *carduelus* ») s'appelait ainsi parce qu'il se nourrit d'épines et de chardons[50] ; d'autre part, à partir de 1270 environ, en l'absence d'une source écrite détaillée, les peintres associèrent sans doute l'habitude qu'a l'oiseau de se

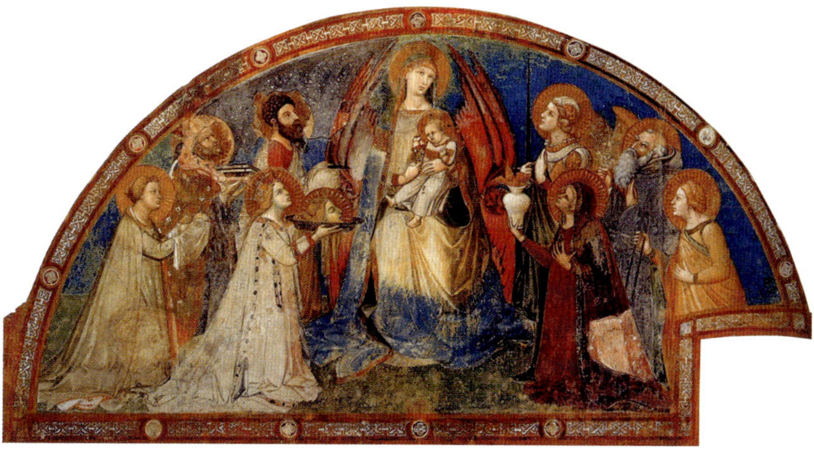

Fig. 187. Ambrogio Lorenzetti, *Vierge à l'Enfant et aux huit saints*, fresque, vers 1338, Sienne, Sant'Agostino, chapelle Piccolomini.

poser sur des chardons épineux et le rouge de son plumage à la couronne d'épines du Christ[51]. Il arrive aussi que le rouge-gorge, dont la poitrine, comme son nom l'indique, est couverte de plumes rouges, se trouve entre les mains de l'Enfant Jésus. À en croire une prétendue légende populaire – dont je ne suis jamais parvenue à retrouver la référence précise –, ayant retiré une épine de la couronne du Christ pendant la montée au Calvaire, l'oiseau se tacha la poitrine de sang divin[52]. On comprend dès lors pourquoi l'Enfant regarde avec effroi le symbole de sa future Passion.

Les cerises et les raisins ont une même signification prémonitoire : leur couleur et leur jus rouge font allusion au sang et à la douleur de la Passion. Qu'on considère, toujours à titre d'exemple, le panneau de la « Madone des cerises » de Sassetta, qui date de la quatrième décennie du XVe siècle (fig. 188)[53], où l'Enfant porte à sa bouche le petit fruit. Ou encore le groupe sculptural en pierre polychrome du XVIe siècle de la *Vierge aux raisins* (fig. 189) : Marie aide l'Enfant Jésus à soutenir une énorme grappe[54].

Dans de nombreux panneaux, on remarque parfois que l'Enfant porte au cou ou au bras un collier ou un bracelet de corail. Au Moyen Âge, on estimait que le corail rouge était très utile non seulement à se défendre contre les orages et les éclairs, mais aussi à échapper à toutes les maladies qui minaient si dangereusement la santé des enfants. Le prédicateur dominicain Giordano da Pisa en était convaincu quand, au début du XIVe siècle, il commentait dans un sermon le fait que le Christ avait ressuscité une jeune fille rien qu'en la touchant de sa main.

> On voit cependant que des pierres sont précieuses à ce qu'elles confèrent des pouvoirs, pourvu qu'un homme les porte sur soi ; mais elles n'en confèrent que si on les touche. On voit aussi qu'untel se met une bague au doigt ; et l'on attache du corail au cou des enfants afin qu'il leur prodigue d'autres pouvoirs ; mais cela ne servirait à rien si on ne le touchait pas[55].

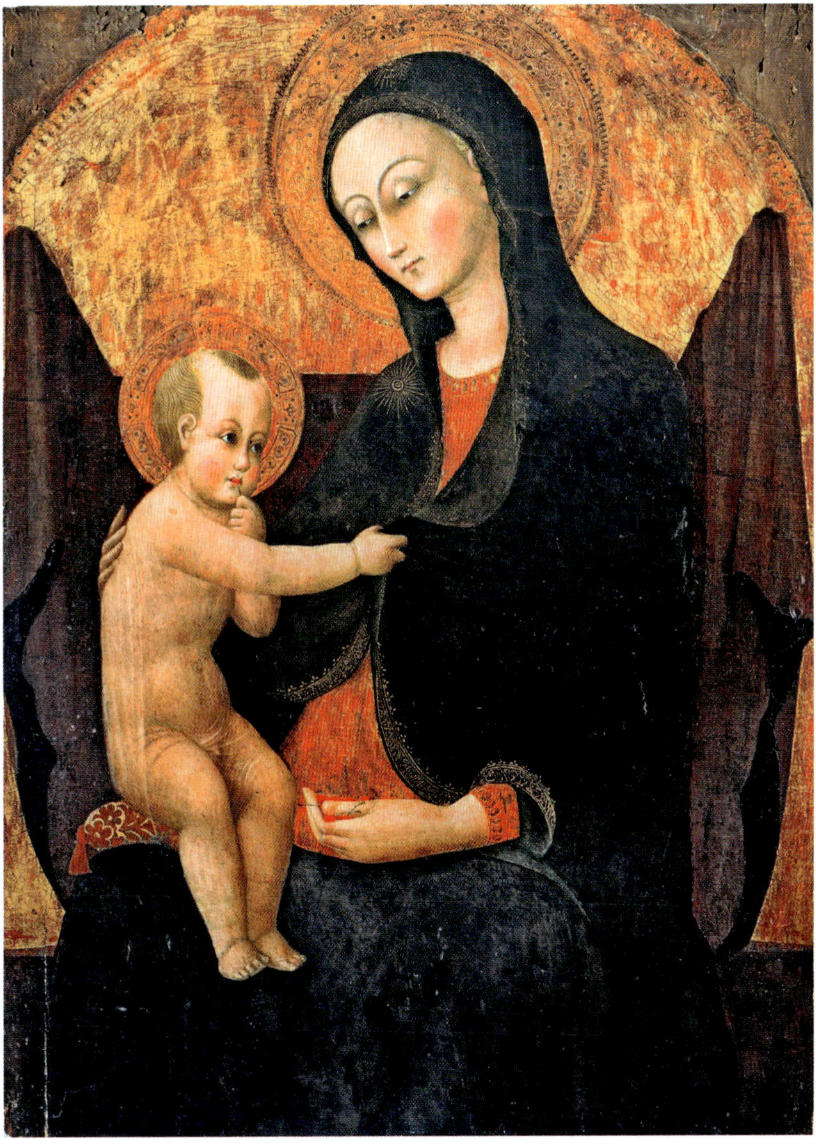

Fig. 188. Sassetta, *Madone des cerises*, peinture sur bois, quatrième décennie du XVe siècle. Grosseto, musée d'Art et d'Archéologie de la Maremma et musée diocésain d'Art sacré.

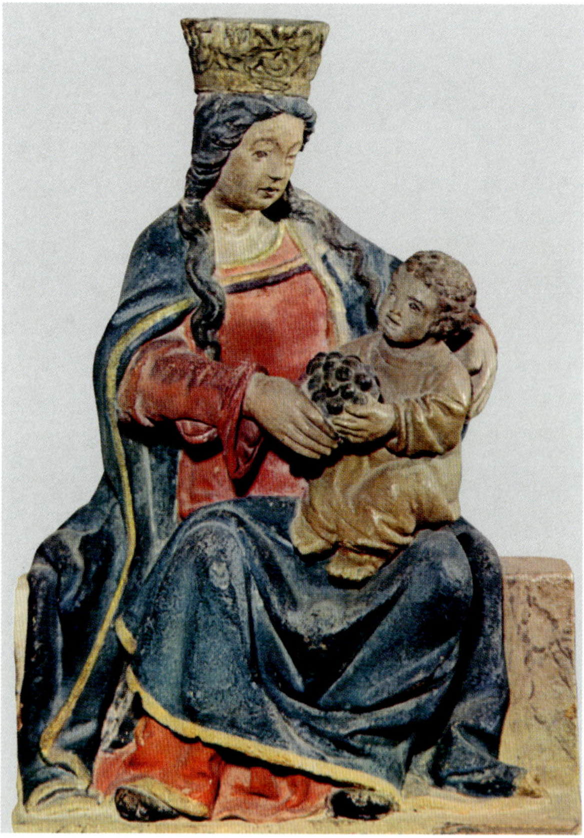

Fig. 189.
Vierge aux raisins,
pierre polychrome,
début du XVIe siècle,
Beaune,
musée du Vin
de Bourgogne.

Les peintres estimèrent que le Christ, enfant, était dangereusement vulnérable, et ils ont souvent exprimé la sollicitude maternelle de Marie à travers l'amulette rouge de son Fils : je me contenterai de citer un détail du polyptyque de San Procolo, réalisé par Ambrogio Lorenzetti en 1332 (fig. 190)[56], qui montre Jésus avec au cou une branche de corail en pendentif ; on vient de lui enlever ses langes, comme en témoignent les légères marques, à intervalles réguliers, sur ses deux bras.

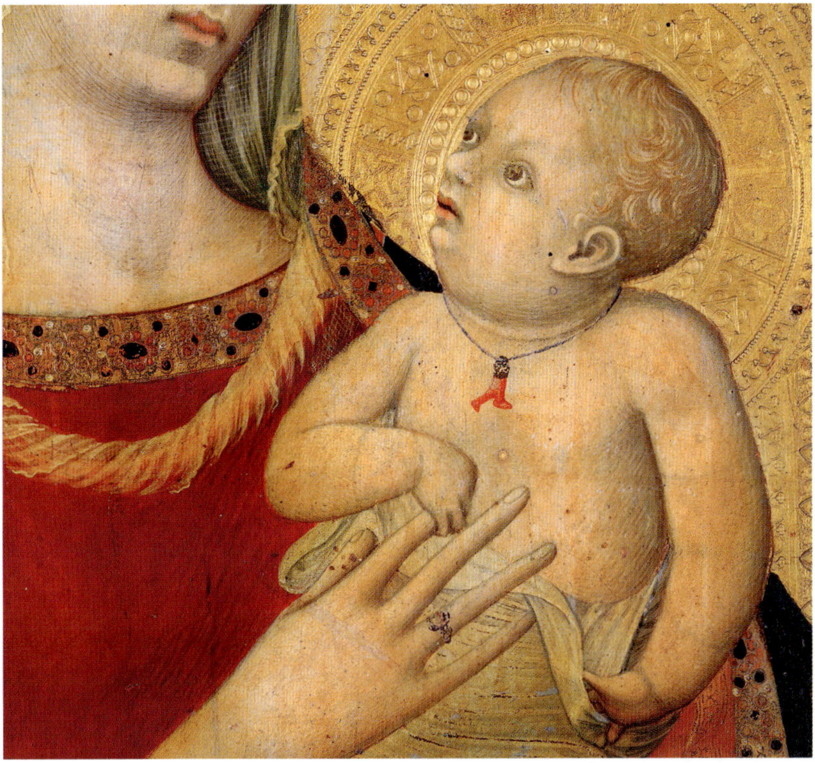

Fig. 190. Ambrogio Lorenzetti, *L'Enfant Jésus au corail*, détail du *Polyptyque de San Procolo*, peinture sur bois, 1332, Florence, Galerie des Offices.

Autres fruits et quelques fleurs

C'est surtout le peintre Carlo Crivelli (Venise 1430-1435 - Ascoli Piceno 1490-1495) qui introduisit dans les panneaux consacrés à Marie et à l'Enfant une profusion de fruits et de fleurs à la signification symbolique. Prenons par exemple la *Vierge à la chandelle*, à savoir la partie centrale d'un polyptyque récemment recomposé, parce qu'elle comporte une synthèse emblématique du répertoire botanique du peintre (fig. 191)[57]. Absorbée dans ses pensées sombres, Marie est assise sur un trône somptueux, pourvu de marches, qui évoque la structure d'un autel, et elle soutient l'Enfant tout aussi méditatif, dont le nimbe est déjà marqué par la croix, en l'aidant à tenir entre ses mains une poire dont la caractéristique la plus traditionnelle est la douceur, symbole tantôt de la Vierge, tantôt du tendre fruit de ses entrailles, son tendre Fils prêt au sacrifice[58]. Deux festons de fruits et de légumes (fig. 192) font office de cadre ombreux. Y alternent des poires, des pommes, des pêches, des cerises et des cucurbitacées (il est difficile de dire s'il s'agit de concombres ou de courges). La pomme, symbole du péché parce qu'on l'identifie au fruit de l'arbre de la connaissance, peut faire allusion à l'œuvre rédemptrice du Christ, nouvel Adam – d'ailleurs Marie est la nouvelle Ève. Le peintre a déposé une pomme solitaire aux

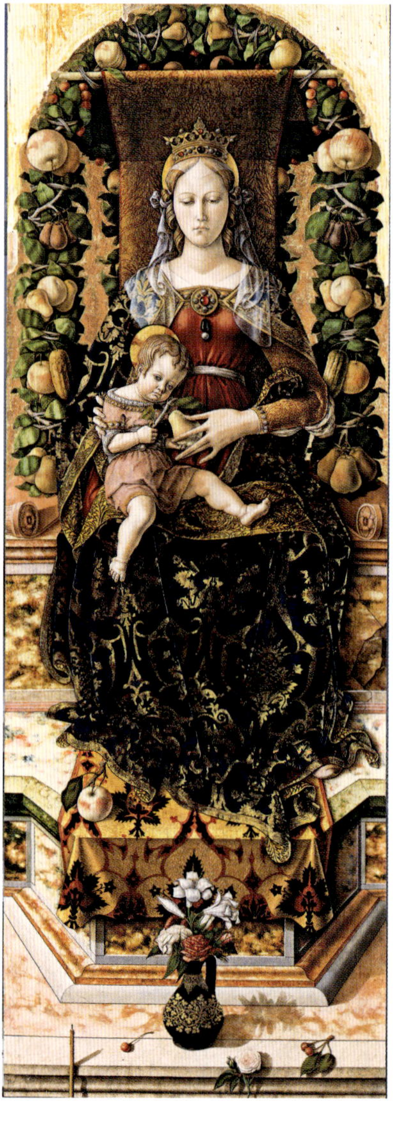

Fig. 191. Carlo Crivelli, *Vierge à la chandelle*, détail d'un polyptyque, peinture sur bois, après 1490, Milan, pinacothèque de Brera.

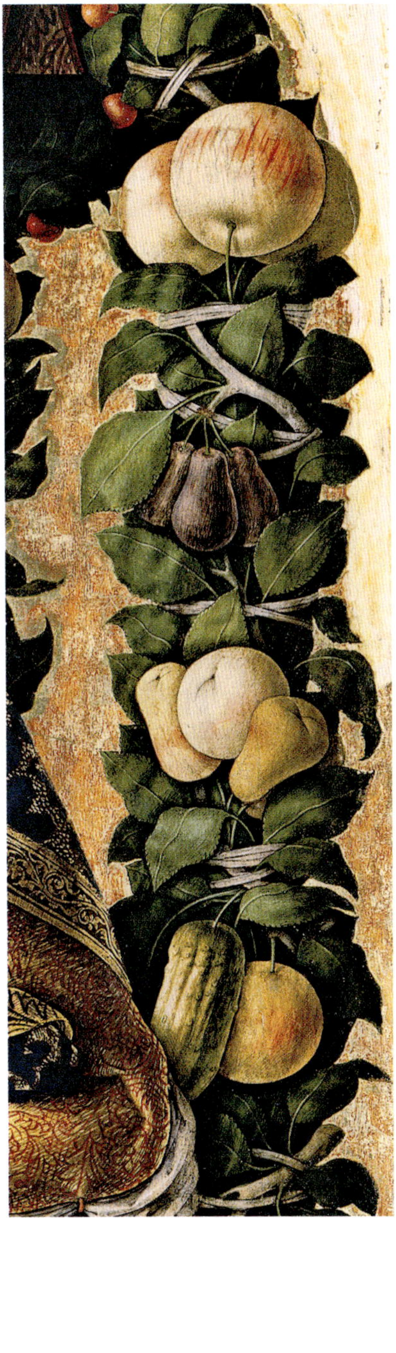

pieds de la Vierge pour rendre sa signification plus évidente, là où Ambrogio Lorenzetti, dans les fresques de l'oratoire de San Galgano, à Montesiepi (province de Sienne), réalisées après 1340, avait fait s'étendre Ève, la pécheresse, qui tenait dans sa main l'instrument de sa culpabilité, non pas une pomme mais une figue (parce que les premiers hommes se couvrirent avec les feuilles du figuier après avoir commis le péché, découvrant à leur grande honte qu'ils étaient nus)[59].

Comme le rappelle Pline l'Ancien[60], la pêche est composée de trois parties : la pulpe, le noyau et la graine, symbole facile de la Trinité ; la noix renvoie au Christ : le brou est la chair, la coque l'âme du Sauveur venu sauver l'humanité, le cerneau la nature divine[61]. La cucurbitacée pourrait faire allusion à l'Immaculée Conception en raison du verset d'Isaïe (1, 8) : « Il ne reste

Fig. 192. CARLO CRIVELLI,
Un feston de fruits et de légumes,
détail de la figure précédente.

que la fille de Sion, comme une cabane dans une vigne, comme un abri dans un champ de concombres, comme une ville assiégée[62]. » Dans la *Vierge à la chandelle*, les cerises, comme du reste les prunes et les poires violacées du feston, renvoient directement au sang du Christ en raison de leur couleur. Aux pieds du trône, le peintre a posé un petit bouquet de trois cerises, dont deux sont unies par la même queue et une séparée de manière étudiée, une allusion, peut-être, dans ce dernier cas, à la double nature du Christ, divine et humaine, si le bouquet était censé évoquer la Trinité. Au premier plan, les fleurs du vase noir et or, qui reprend les couleurs du vêtement de Marie, son symbole (fig. 193), se réfèrent au Christ et à sa Passion[63]. Les

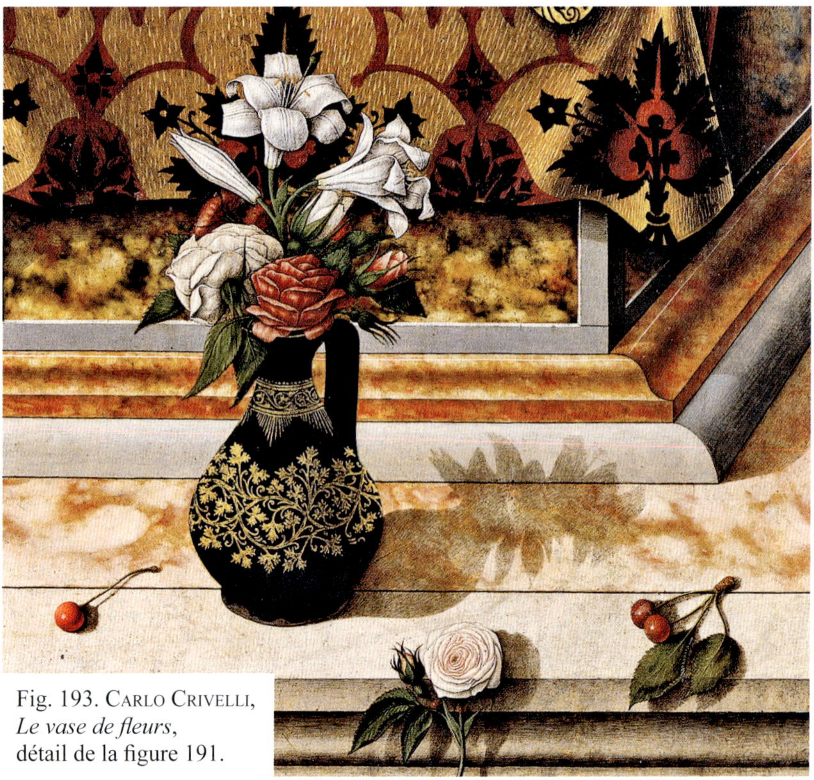

Fig. 193. Carlo Crivelli, *Le vase de fleurs*, détail de la figure 191.

lys frais, les roses blanches et rouges (et les œillets violacés) ont également une signification : il suffit d'évoquer le cri de la Vierge au pied de la croix dans le poème de Jacopone da Todi : « *O Figlio, figlio, figlio, / figlio, amoroso giglio, / Figlio, chi dà consiglio / al cor me' angustiato ?* [...] *Figlio bianco e vermiglio, figlio senza simiglio*[64] *!* » Mais les fleurs et les couleurs peuvent également se rapporter à Marie à cause de certains versets bibliques : « Je suis un narcisse de Saron, un lys des vallées. Comme un lys au milieu des épines, telle est mon amie parmi les jeunes filles » ; « Je me suis élevée comme un palmier de Cadès, et comme les plants de rosiers de Jéricho », « comme la fleur des rosiers aux jours du printemps »[65]. Les roses sont dépourvues d'épines : Adam de Saint-Victor s'adressait en effet à la Vierge, génératrice du Verbe, comme à une fleur naissant parmi les épines du péché [originel], mais dépourvue d'épines : « *Salve, Verbi sacra parens, flos de spinis, spina carens*[66]. »

Un problème difficile à résoudre

J'aimerais faire encore allusion à la fréquente présence d'un marbre aux taches indistinctes que l'on emploie pour le trône-autel de la Vierge et pour le sol sur lequel il est posé, et qui figure également dans le panneau de Crivelli que nous venons d'analyser. À la signification de cet étrange marbre, qui revient souvent dans de très nombreux tableaux de Fra Angelico, comme s'il s'agissait de la palette mal nettoyée d'un peintre (fig. 194), Georges Didi-Huberman a consacré un long article, puis un livre, traduit par la suite en italien[67]. D'après lui, le peintre dominicain a voulu recourir ici à un langage abstrait, tel que ce marbre tacheté justement, aussi bien pour signaler et représenter un mystère théologique que l'on ne peut exprimer comme tel de manière figurative, à savoir le mystère de l'Incarnation[68], que pour inciter en même temps l'observateur, par la signalisation d'une image « dissemblable » de ce type, à se plonger dans la méditation, sans se laisser absorber par l'apparence, en se contentant d'observer la

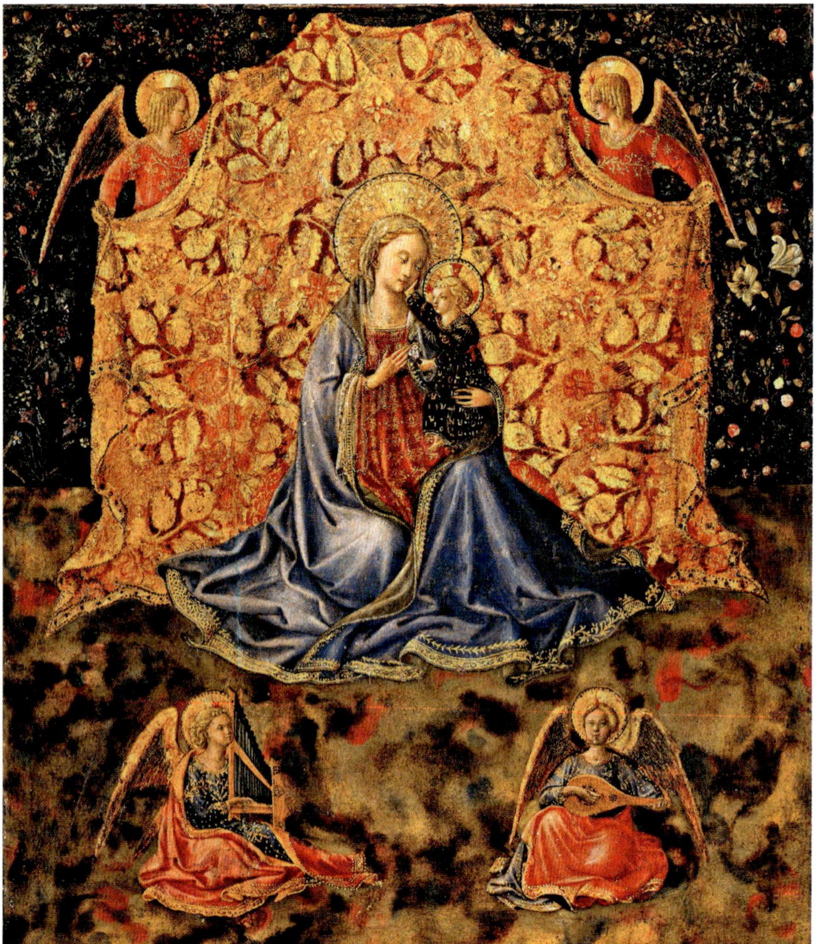

Fig. 194. Atelier de Fra Angelico, *Vierge à l'Enfant*, peinture sur bois, milieu du XVe siècle, Bergame, Accademia Carrara.

représentation de l'histoire sacrée (chez Fra Angelico, le marbre tacheté est surtout présent dans l'Annonciation). Qu'on songe à l'hostie consacrée, une simple rondelle blanche qui fait « voir » la Passion dans son ensemble et constitue le corps du Christ. Georges Didi-Huberman cite saint Augustin, lequel soulignait déjà la dissemblance qu'un signe instaure avec son référent, c'est-à-dire avec l'objet signifié, comme, par exemple, l'empreinte par rapport à l'homme, la fumée par rapport au feu et la voix vis-à-vis de l'âme[69]. Augustin expliquait encore que nous ne pouvons, au cours de notre vie terrestre, atteindre l'image divine, car nous sommes, de par notre petitesse, condamnés à vivre dans la « région de la dissemblance[70] ». Le Pseudo-Denys l'Aréopagite, qui jouissait d'une solide autorité auprès des théologiens médiévaux et des grands penseurs dominicains, et que l'on connaissait bien au couvent de San Marco où vécut Fra Angelico[71], nous met en garde contre le danger de représenter Dieu de manière réaliste, à travers l'image d'un roi couronné sur le trône, par exemple, parce que nous risquons d'imaginer que le Seigneur peut être convenablement représenté à travers la royauté ou l'éclat de l'or ; mieux vaut recourir à des figures qui ne soient aucunement un signe explicite du Seigneur, des figures « dissemblables », « absurdes ». « Notre esprit s'élève mieux face à la difformité des figures parce que, de cette manière, il n'est pas permis ni ne paraît raisonnable [...] de croire que les merveilles ultra-terrestres et divines ressemblent véritablement à des images aussi misérables[72] », images que nous façonnons en essayant d'exprimer la ressemblance avec leur objet. Les images « irraisonnées et dissemblables », les « similitudes paradoxalement incomparables » nous aident à parvenir à la contemplation et à l'élévation de l'âme[73].

Parmi les figures les plus dissemblables, le Pseudo-Denys cite également les pierres multicolores, chacune desquelles renfermant son propre symbole[74].

En raison précisément de leur caractère dissemblable, les marbres colorés aux taches indistinctes indiqueraient, selon Didi-Huberman, l'image divine que l'homme ne peut atteindre, et rempliraient ainsi trois fonctions : le souvenir du mystère de l'Incarnation, sa préfiguration et la présence du mystère même[75]. Tirant parti de nombreuses citations, l'auteur montre comment les sources médiévales ont utilisé le thème de la pierre comme figure du Christ, à partir de saint Paul dans l'épître aux Éphésiens (2, 20)[76].

Il importe aussi de rappeler qu'au Moyen Âge, l'autel, lieu sacré sur lequel on célèbre la messe et point focal de la demande d'intercession pour tout fidèle, devait nécessairement être en pierre, comme l'explique saint Thomas, qui cite le *Decretum Gratiani*[77] et ajoute : « Parce que l'autel signifie le Christ et parce qu'il est dit dans la première épître aux Corinthiens : “Et ce rocher, c'était le Christ”, et aussi parce que le corps du Christ fut déposé dans un sépulcre de pierre[78]. »

Pour en revenir enfin à la *Vierge à la chandelle* de Crivelli, dont le trône se dresse sur une construction de marbre qui évoque un autel, il est possible, d'après ce que nous venons de dire, de donner un sens aux taches indistinctes qui l'envahissent (fig. 191).

Le problème iconographique est réel et l'on peut le constater dans de très nombreux exemples. Nous savons gré à Georges Didi-Huberman de nous l'avoir signalé ; il n'en reste pas moins que ce dernier, en dépit de la profusion de citations à l'appui de ses affirmations, n'est pas parvenu à faire un pas décisif en ce sens. Son hypothèse de recherche demeure une hypothèse, même si elle est probable, car les peintres ont en effet très souvent choisi de représenter un marbre aux taches indistinctes ; et cela pour signaler l'Incarnation, selon Georges Didi-Huberman.

Contre le cadre mouluré du sol de son tableau, Crivelli a placé un cierge qui tient grâce sa propre cire, cierge que l'on vient d'éteindre,

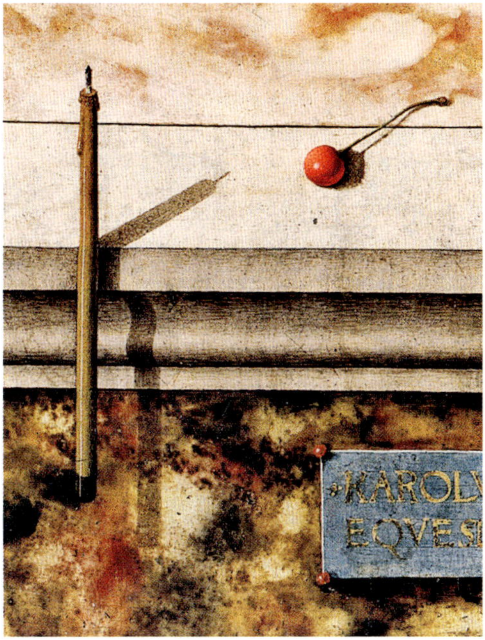

Fig. 195. Carlo Crivelli,
La chandelle, détail de la figure 191.

un mince panache de fumée flottant encore à son extrémité, et dont on a longuement discuté la signification, d'autant plus que Crivelli et d'autres peintres l'ont souvent inséré dans leurs compositions[79] (fig. 195). L'évangéliste Jean (1, 9) définit ainsi le Christ : « Cette lumière était la véritable lumière qui, en venant dans le monde, éclaire tout homme[80] », tandis que la cire qui se consume symbolise la destinée humaine : « Comme la fumée se dissipe, tu les dissipes ; comme la cire fond au feu, les pécheurs périssent devant Dieu » (Ps 68 [67], 3)[81].

L'Incarnation du Christ préfigure un cercle temporel qui s'est en soi conclu : saint François préférait Noël à Pâques, comme on l'a dit : « Il avait coutume de dire qu'à Noël justement, le Christ, en s'incarnant, s'était voué à la mort et à la rédemption de l'homme[82]. »

La chandelle ferait-elle donc allusion à l'Incarnation du Christ, à la vie qui vient de s'allumer pour s'éteindre sur la croix ? Il est possible que le peintre ait essayé de représenter de cette manière à la fois la vie et la mort décidées simultanément au moment de l'Incarnation[83], d'autant plus que dans le triptyque de Mérode du Maître de Flémalle, réalisé entre 1420 et 1430 (fig. 196), les paroles que l'ange adresse à la Vierge sont accompagnées du tout petit Enfant Jésus qui plane déjà dans le ciel avec la croix (fig. 197)[84].

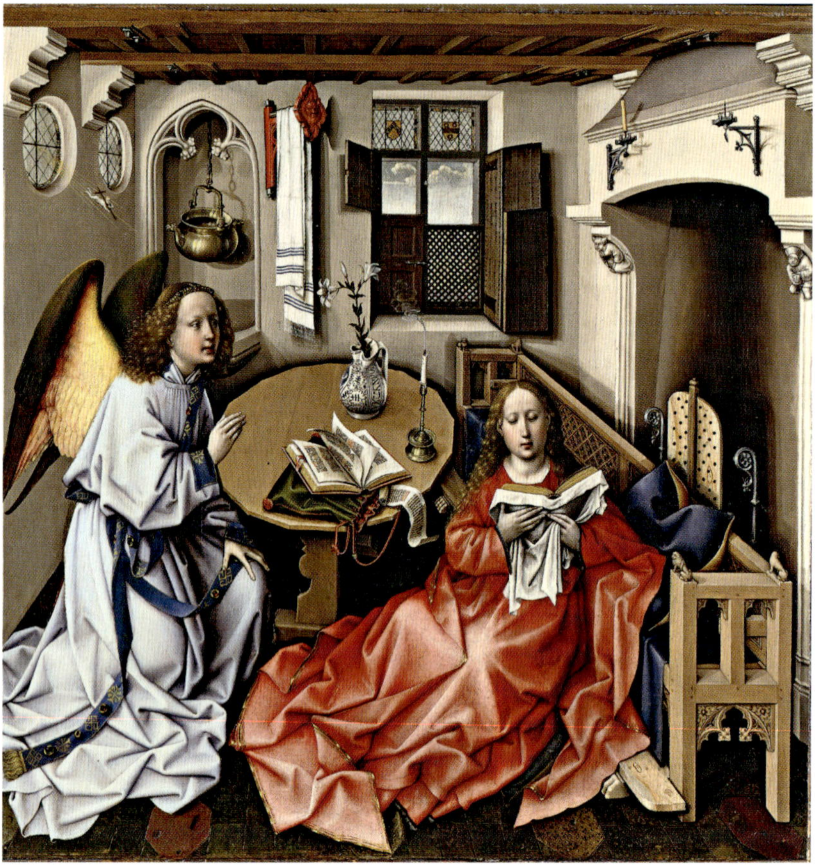

Fig. 196. Maître de Flémalle, *Annonciation*, détail du *Triptyque de Mérode*, peinture sur bois, 1420-1430, New York, The Metropolitan Museum of Art, The Cloisters.

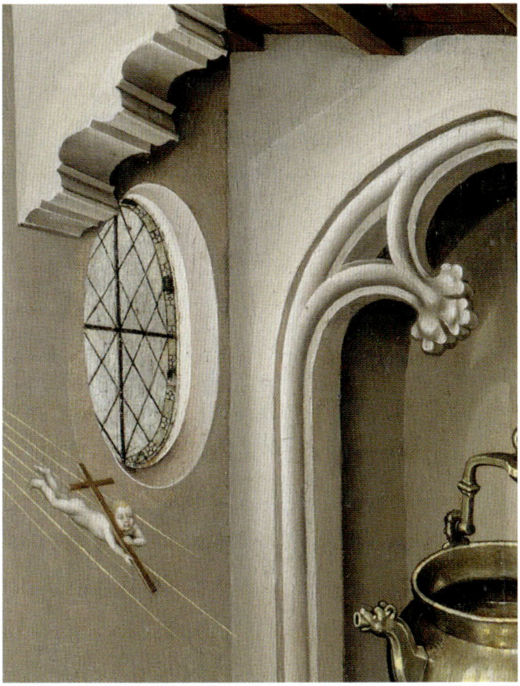

Fig. 197.
Maître de Flémalle,
Jésus descend du ciel en planant avec la croix,
détail de la figure 196.

Marie après la mort de son Fils

Enveloppé dans un nuage, le Christ ressuscité disparut à la vue des apôtres qui, du mont des Oliviers, où ils avaient assisté à l'Ascension, regagnèrent ensuite Jérusalem. « À leur arrivée, ils montèrent dans la salle haute où ils se tenaient d'ordinaire ; il y avait là Pierre, Jean, Jacques, André, Philippe [...][85]. » Ils priaient tous ensemble « avec les femmes, et Marie, mère de Jésus, et avec les frères de Jésus » (Ac 1, 9-14). Il manque le traître ; comme Pierre en informe aussitôt l'assemblée, Judas, mort parce que « son ventre éclata, et toutes ses entrailles se répandirent » (Ac 1, 18), doit être remplacé. Le choix tombera sur Matthias.

Le jour de la Pentecôte, les apôtres étaient également réunis « à l'étage ». La Pentecôte, du grec « cinquante » (sous-entendu jours), était à l'origine une fête religieuse juive[86] qui faisait venir à Jérusalem de très nombreux pèlerins ; la fête chrétienne lui fut par la suite superposée, et on la fixa justement cinquante jours après la Résurrection du Christ. Seuls les Actes des Apôtres racontent cet événement extraordinaire (2, 1-13) :

> Quand arriva le jour de la Pentecôte, au terme des cinquante jours, ils se trouvaient réunis tous ensemble. Soudain un bruit survint du ciel comme un violent coup de vent ; la maison où ils étaient assis en fut remplie tout entière. Alors apparurent des langues qu'on aurait dites de feu, qui se partageaient ; et il s'en posa une sur chacun d'eux. Tous furent remplis d'Esprit Saint : ils se mirent à parler en d'autres langues, et chacun s'exprimait selon le don de l'Esprit. Or il y avait, résidant à Jérusalem, des Juifs religieux, venant de toutes les nations sous le ciel. Lorsque ceux-ci entendirent la voix qui retentissait, ils se rassemblèrent en foule. Ils étaient en pleine confusion parce que chacun d'eux entendait dans son propre dialecte ceux qui parlaient. Dans la stupéfaction et l'émerveillement, ils disaient : « Ces gens qui parlent ne sont-ils pas tous Galiléens ? Comment se fait-il que chacun de nous les entende dans son propre dialecte, sa langue maternelle ? Parthes, Mèdes et Élamites, habitants de la Mésopotamie, de la Judée et de la Cappadoce, de la province du Pont et de celle d'Asie, de la Phrygie et de la Pamphylie, de l'Égypte et des contrées de Lybie proches de Cyrène, Romains de passage, Juifs de naissance et convertis, Crétois et Arabes, tous nous les entendons parler dans nos langues des merveilles de Dieu. » Ils étaient tous dans la stupéfaction et la perplexité, se disant l'un à l'autre : « Qu'est-ce que cela signifie ? » D'autres se moquaient et disaient : « Ils sont pleins de vin doux ! »[87]

À cette hypothèse s'oppose évidemment Pierre, avec une grande véhémence, en déclarant que ce qui s'était en revanche accompli, c'était la prophétie de Joël (28, 32) relative aux temps derniers, lorsque le Seigneur répandrait son Esprit sur chacun. La Pentecôte était l'aboutissement nécessaire de la mission des apôtres, que le Christ avait exhortés à « aller de par le monde, et à prêcher l'Évangile à toute la création », leur promettant la capacité de faire des miracles et de parler des langues nouvelles (Mc 16, 15-18)[88].

Dans l'Ancien Testament, la construction de la tour de Babel, la prétention de défier Dieu et de rejoindre le ciel, s'était soldée par la confusion des langues ; dans le Nouveau Testament, le don accordé aux apôtres de parler plusieurs langues réconcilie les hommes avec le Créateur et réunit ceux qui étaient devenus étrangers les uns aux autres. Les Actes des Apôtres ne font pas allusion à la présence de Marie le jour de la Pentecôte ; dans l'iconographie occidentale et byzantine, la Vierge se voit néanmoins attribuer un rôle de protagoniste. Marie, mère de Jésus, et désormais mère adoptive de Jean, participait, durant les jours qui précédaient la Pentecôte, à la prière communautaire des apôtres[89] dans la salle au-dessus du Cénacle. Pour les peintres, il n'y avait naturellement aucune raison de l'éloigner de cette même salle lorsque descendirent les langues de feu. On pouvait aussi interpréter Marie comme un symbole de l'Église qui fut fondée ce jour-là[90]. Au XIIe siècle, le théologien Isaac de l'Étoile expliquait déjà que Marie symbolisait l'Église et réciproquement[91].

Dans l'un des quatre quartiers (fig. 198) de la voûte peinte à fresque en 1368 dans la chapelle des Espagnols de Santa Maria Novella, à Florence[92], Andrea di Bonaiuto a respecté toutes les données de l'Écriture sainte : la colombe de l'Esprit Saint, les langues de feu, le lieu surélevé de la réunion, Pierre debout qui harangue la foule des incrédules représentés dans une étonnante variété de types et de vêtements[93]. La foule qui discute et jette des regards alentour représente tous les hommes qui attendent d'être évangélisés : le monde est une terre de mission, comme en témoignent surtout les efforts et le programme des ordres mendiants du XIVe siècle[94]. De fait, alors que dans les Actes des Apôtres (2, 9-11), on nomme seize peuples dans l'attente d'être évangélisés, témoins de la Pentecôte, Andrea di Bonaiuto en montre dix-huit à

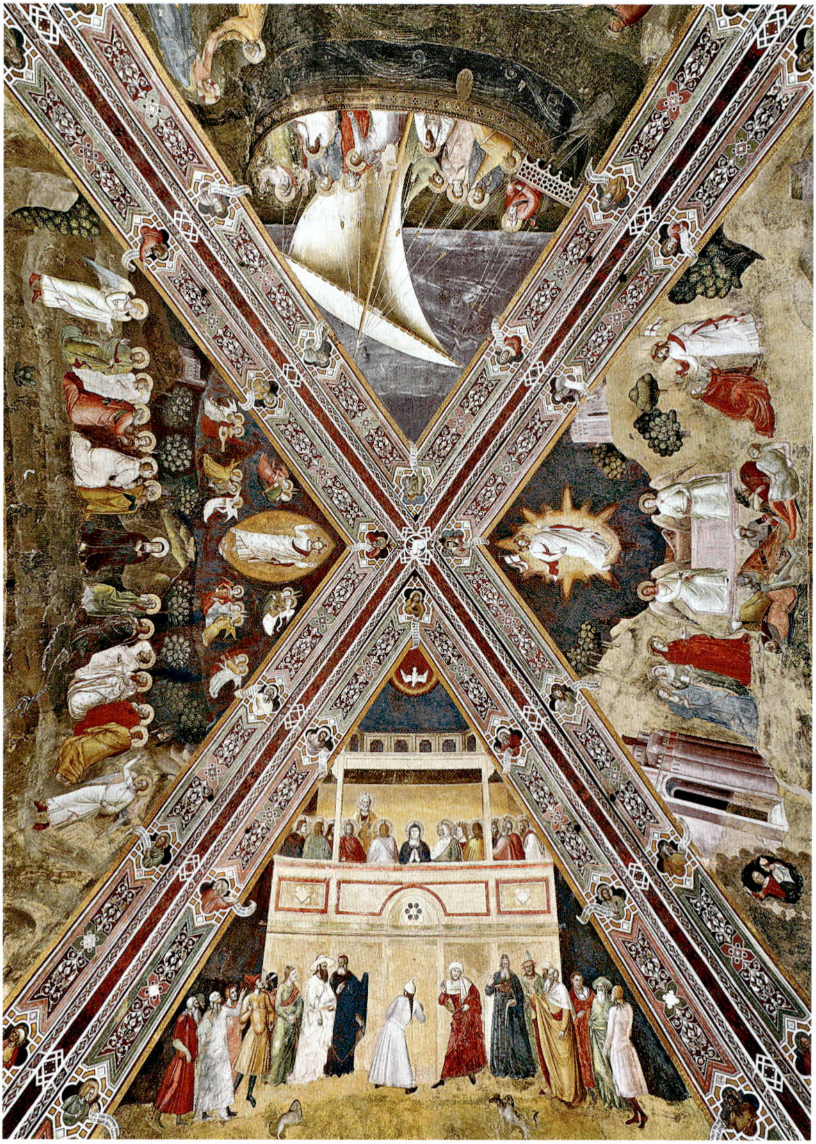

Fig. 198. ANDREA DI BONAIUTO, *La Pentecôte*,
fresque, 1368, Florence, Santa Maria Novella, chapelle des Espagnols.

travers dix-huit personnages. Les deux personnages supplémentaires, placés bien en évidence devant la porte du Cénacle et vêtus d'habits exotiques, représentent les peuples mongols de l'Extrême et du Moyen-Orient, car les missions des ordres mendiants et surtout des Dominicains de Santa Maria Novella se déroulèrent, dans la première moitié du XIVe siècle, au royaume du Grand Khan à Pékin (symbolisé par l'homme à la tresse vu de dos)[95] et au royaume perse des Ilkhanides dont la résidence était Tabriz, en Azerbaïdjan central, et temporairement Soltaniyeh (royaume symbolisé par l'homme au turban).

Au centre de l'assemblée des apôtres se trouve la Vierge, les mains jointes, unique personnage qui regarde le spectateur, comme si elle se souvenait de la précédente visite qu'elle a reçue de l'Esprit Saint. En raison précisément de sa position, Marie, étrangère à l'événement narratif, se présente avec une forte charge symbolique comme la figure de l'Église. D'ailleurs, cette fresque, associée à celle de la Résurrection et de l'Ascension, compose un petit cycle qui se conclut par la représentation du bateau des apôtres sauvés par le Christ (Lc 8, 22-25) et du Christ sur la rive rejoint à la nage par Pierre (Jn 21, 1-8), c'est-à-dire par la représentation de l'Église que le Christ confie à Pierre et ensuite aux souverains pontifes, ses successeurs, représentation que reprend la célèbre mosaïque de la Navicella de Giotto à Saint-Pierre de Rome. Cette mosaïque, dont on doit la composition au cardinal Giacomo Stefaneschi à l'occasion du jubilé de Boniface VIII de 1300 (au doit aussi à ce cardinal les vers qui l'accompagnaient[96]), était la légitimation visuelle des prétentions de Boniface VIII de domination universelle de la papauté, et elle reprenait la pensée de saint Bernard, selon qui seul saint Pierre s'était jeté à la mer et avait rejoint le Christ parce que celui-ci avait voulu désigner un unique vicaire pour diriger non seulement un peuple, mais tous les peuples[97]. Malheureusement, le saint Pierre de Giotto n'intéressera jamais aucun spectateur puisque la mosaïque de la Navicella fut détruite au XVIIe siècle pendant les travaux de réaménagement de la basilique Saint-Pierre : hormis quelques rares fragments, on n'en connaît que des copies et des dessins[98].

Marie, de la terre au ciel

Puis Marie s'achemine à son tour vers la fin. Il serait vain de chercher dans les évangiles ou dans les Actes des Apôtres un seul mot sur son trépas et sur son assomption au ciel. Dans la *Légende dorée*, Jacques de Voragine en fournit en revanche un compte rendu très détaillé, dont il déclare cependant d'emblée la source : « Un petit livre apocryphe, attribué à Jean l'Évangéliste[99]. »

À en croire ce récit, Marie n'arrivait pas à se résigner à la mort de son Fils ; elle demande à mourir, tant elle désire le revoir, et son désir est exaucé. Apparaît alors un ange resplendissant qui tient une branche de palmier du paradis, d'un vert très lumineux. La Vierge redoute le démon, elle craint que son âme, en quittant son corps, ne voie l'esprit sombre, et elle demande à l'ange : « *Libera me a potestate tenebrarum* » (« Libère-moi du pouvoir des ténèbres »). L'ange lui promet que la branche, une fois posée devant le cercueil, fonctionnera comme un talisman invincible.

Ensuite tous les apôtres, qui se trouvaient à divers endroits, arrivent tous en même temps chez Marie, chacun d'eux ayant été enlevé et transporté par un nuage. Leurs prières et leurs pieuses exhortations accompagnent les dernières heures de la mère spirituelle, jusqu'à ce que, au moment du trépas, arrive le Christ, avec toute sa cour céleste, pour accueillir dans ses bras l'âme de sa mère avant de l'emmener au ciel. Alors le Christ ordonne qu'on transporte le cercueil dans un nouveau sépulcre, dans la vallée de Josaphat, mais pendant le voyage, il est pris d'assaut par de « méchants » Juifs, et notamment par le prince des prêtres, lequel reste la main paralysée après avoir tenté de renverser le cercueil. Il ne sera guéri qu'à la suite de sa conversion publique et exemplaire au cours de laquelle il déclare sa foi dans le Christ et en la virginité de Marie.

Dans la grande *Maestà* que l'on fit entrer dans la cathédrale de Sienne le 9 juin 1311, Duccio di Buoninsegna consacra pas moins de huit scènes au cycle de la Dormition de la Vierge (il en manque aujourd'hui deux, avec l'Assomption et le Couronnement)[100], en suivant pas à pas la *Légende dorée* : dans la première scène, composée d'après le schéma de l'Annonciation, le messager céleste tient à la main une branche de palmier très verte d'où surgissent sept étoiles pareilles aux feux d'artifice pour les enfants que l'on voit de nos jours, sept petites étoiles parce que « ses feuilles resplendissaient comme l'étoile du matin » (fig. 199 et 200)[101].

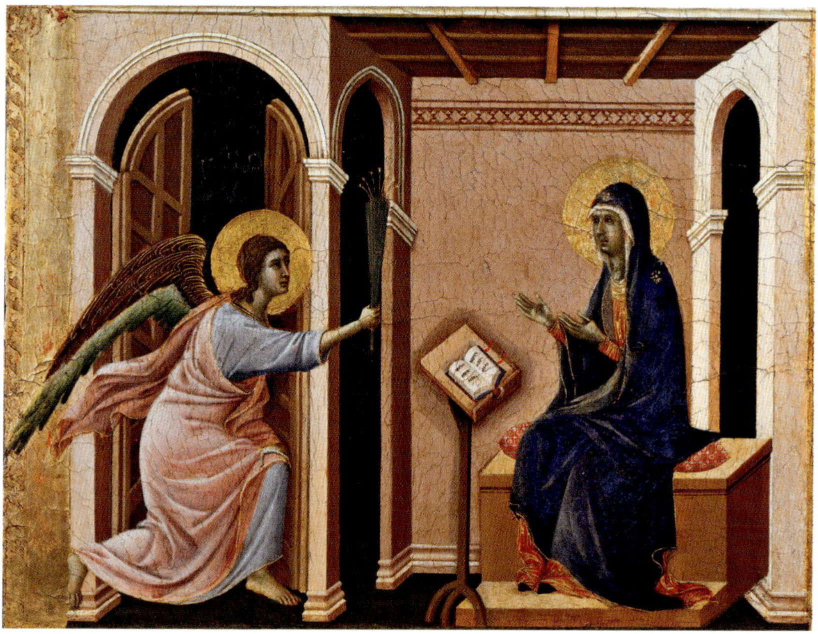

Fig. 199. Duccio di Buoninsegna, *L'ange annonce à Marie sa fin prochaine*, détail de la *Maestà*, peinture sur bois, 1308-1311, Sienne, musée de l'Œuvre de la cathédrale.

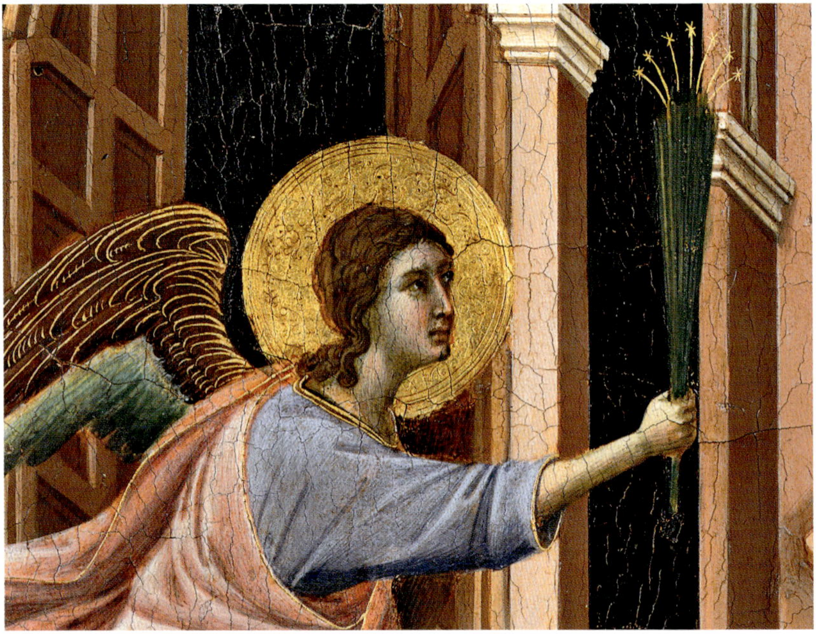

Fig. 200. Duccio di Buoninsegna, *L'ange à la branche de palmier du paradis*, détail de la figure précédente.

L'arrivée des apôtres est divisée en deux sections (fig. 201). En face de la Vierge, s'agenouille Jean – dans le geste respectueux de l'hommage féodal du vassal qui reconnaît le puissant comme son seigneur en se mettant entre ses mains – ; il est arrivé le premier, par égard filial, et c'est à lui que la Vierge confie la branche de palmier. Sous l'arcade se pressent douze apôtres, treize au total avec Jean, car Paul fait partie du groupe, même s'il ne connut pas le Christ de son vivant. Au premier plan se trouvent Paul, représenté comme à l'ordinaire selon l'iconographie classique du philosophe au visage amaigri, chauve, avec une barbe longue, et Pierre, tout aussi reconnaissable en raison de ses cheveux blancs et courts, coupés au bol, et de sa barbe blanche tout aussi courte.

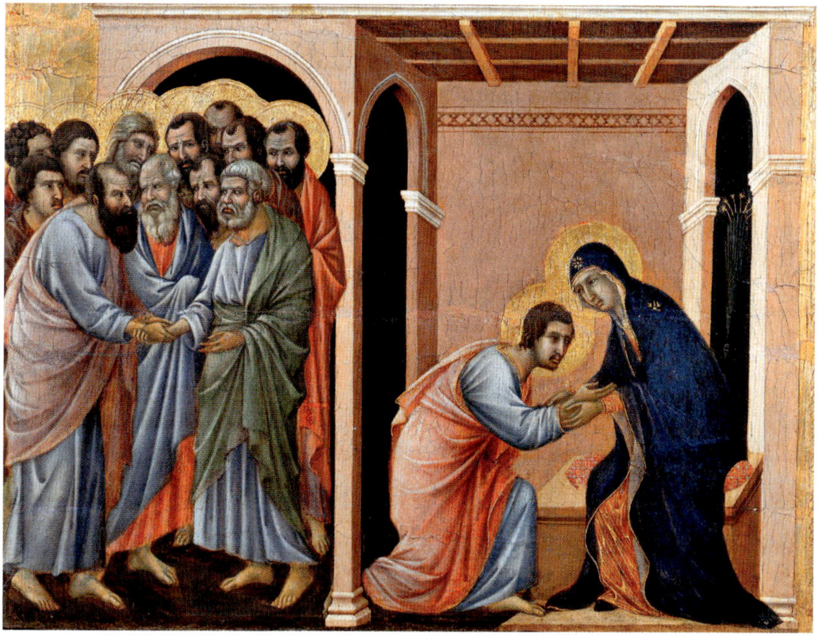

Fig. 201. Duccio di Buoninsegna, *L'arrivée des Apôtres chez Marie*, détail de la *Maestà*, peinture sur bois, 1308-1311, Sienne, musée de l'Œuvre de la cathédrale.

Les deux apôtres se serrent la main, un geste tiré également du répertoire de l'Antiquité : c'est celui de l'époux qui serre la main de l'épouse lors du rite propitiatoire de la déesse Concorde qui, au centre, rapproche les deux conjoints. Paul, « le plus éminent des théologiens[102] », joue en l'occurrence le rôle de l'époux, alors que Pierre joue celui de l'épouse, symbole de l'Église, et Jacques fait office de demoiselle d'honneur. Puis nous voyons les apôtres entourer leur mère spirituelle dans l'attente mélancolique, Jean avec sa branche de palmier, Paul debout, adressant une ultime exhortation à la moribonde (fig. 202).

Selon la *Légende dorée*, un disciple de Paul était aussi présent lors du trépas. Jacques de Voragine identifia en effet, commettant

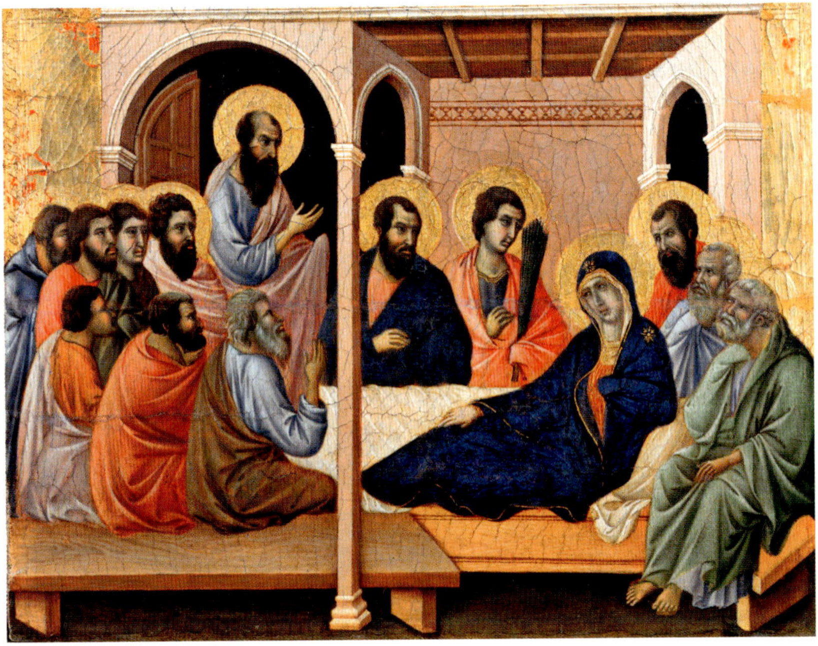

Fig. 202. Duccio di Buoninsegna, *Marie moribonde réconfortée par les apôtres*, détail de la *Maestà*, peinture sur bois, 1308-1311, Sienne, musée de l'Œuvre de la cathédrale.

par là même une grande confusion, Denys l'Aréopagite, disciple de Paul, qu'évoquent les Actes des Apôtres (17, 34), avec le Pseudo-Denys de la fin du ve siècle - première moitié du vi^e^ siècle, que nous avons plusieurs fois rencontré, l'auteur non seulement du *De coelesti hierarchia*, son œuvre la plus célèbre, consacrée aux anges, mais de nombreux autres ouvrages, dont *De divinis nominibus*. Jacques de Voragine écrit ainsi :

> Dans le *Liber de divinis nominibus*, Denys, disciple de l'apôtre Paul, dit toutes ces choses, à savoir qu'au moment de la dormition de la Vierge, ils [les apôtres] se réunirent, participant tous et faisant chacun un sermon à la louange du Christ et de la Vierge. S'adressant à Timothée[103], il [Denys] dit : « Comme tu le sais toi-même, nous nous

sommes réunis, ainsi que nombre de nos frères, pour voir le corps qui a donné vie à notre Seigneur et qui a reçu Dieu en soi. Il y avait là aussi Jacques, frère du Seigneur, et Pierre, et Paul, le plus éminent de tous les théologiens. Puis il sembla que tous les saints guides, les apôtres, louèrent, chacun selon ses capacités, l'infinie bonté du pouvoir divin, qui s'était revêtu de notre bonté. » Voilà tout ce qu'a dit Denys[104].

D'après Millard Meiss, à qui nous devons la découverte et l'analyse d'un très beau triptyque consacré au trépas de la Vierge et à son assomption au ciel, triptyque conservé à Saint-Jean-Cap-Ferrat, dont nous parlerons bientôt, il faut reconnaître, à juste titre, dans le treizième personnage qui y figure, le Pseudo-Denys de la *Légende dorée* : vêtu de noir et pourvu d'une capuche doublée de blanc, il est en effet identifiable par l'inscription « *sanctus Dionisius* » dans la scène de la Réunion des apôtres[105]. Cependant, Meiss remarque lui-même que, dans d'autres exemples illustrant ce même thème du passage de Marie de la terre au ciel – des fresques de Cimabue de la basilique supérieure d'Assise à la *Maestà* de Duccio –, « saint Denys » ressemble à Paul au point de vue iconographique, et il suppose que cela est dû au fait que Denys, « comme beaucoup de bons élèves, avait fini par ressembler à son maître[106] » : ce qui me semble un trait d'esprit plutôt qu'un argument. Comme, dans toutes les scènes qui concernent le trépas de Marie, Duccio peignit toujours treize apôtres réunis, douze apôtres plus celui qui fait son possible pour être reconnu comme Paul (visage allongé, calvitie, barbe longue, toujours la même tunique bleue avec une toge d'un rose poussière, à savoir la tenue même dans laquelle Paul se présente pour la première fois quand il serre la main de Pierre, fig. 201), il me paraît tout à fait probable que, aux douze apôtres, Cimabue et Duccio ont voulu unir Paul, « compagnon d'apostolat » de Pierre selon saint Augustin[107], une présence beaucoup plus plausible et éloquente, dans l'imaginaire collectif, que celle de Denys[108] (fig. 202). Remarquons par ailleurs que Jacques de Voragine rapporte également, dans le même chapitre consacré à l'Assomption de la Vierge, « un sermon composé par divers auteurs, que l'on lit dans beaucoup d'églises ». Ce sermon relate qu'alors que tous les apôtres se recueillaient tristement autour du lit de la Vierge en attendant son trépas, Paul, après avoir reçu le salut de Marie, *prit la parole* et dit : « Toi qui m'as toujours soulagé de mon chagrin, même si je n'ai jamais vu le Christ en chair et en os : quand je te regarde en chair et en os, c'est comme si je le regardais, lui. Jusqu'à aujourd'hui, j'ai prêché aux gens que tu as engendré Dieu ; dorénavant, je prêcherai qu'il t'a amenée à lui[109]. »

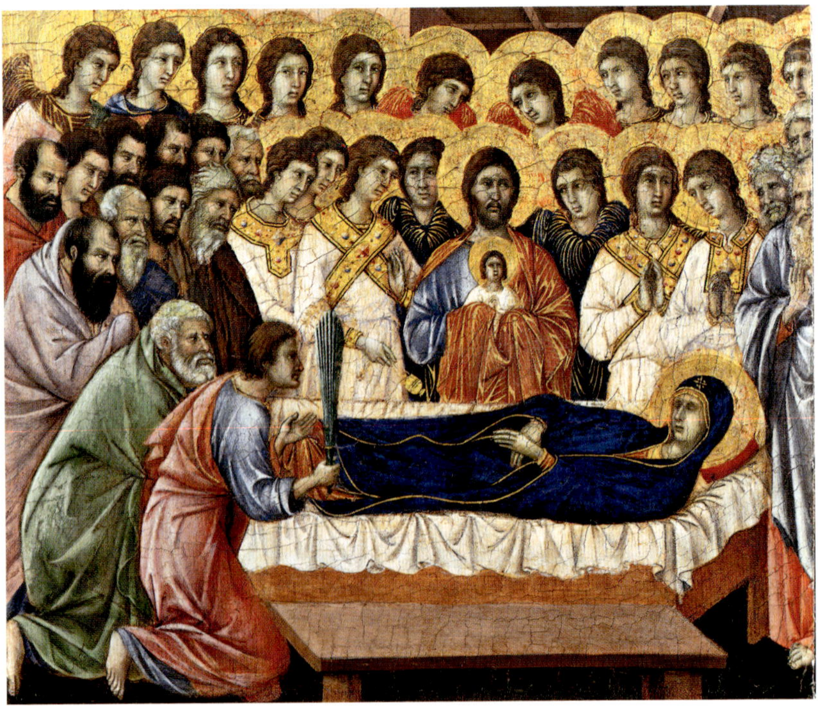

Fig. 203. Duccio di Buoninsegna, *Le Christ porte au ciel l'âme de Marie*, détail de la *Maestà*, peinture sur bois, 1308-1311, Sienne, musée de l'Œuvre de la cathédrale.

Duccio consacre la troisième scène à la mort (fig. 203 et 204) : la Vierge se tient sur le lit, et aux apôtres sont venus s'ajouter les anges, alors que le Christ tient dans ses bras une petite fille, à savoir l'âme de sa mère défunte.

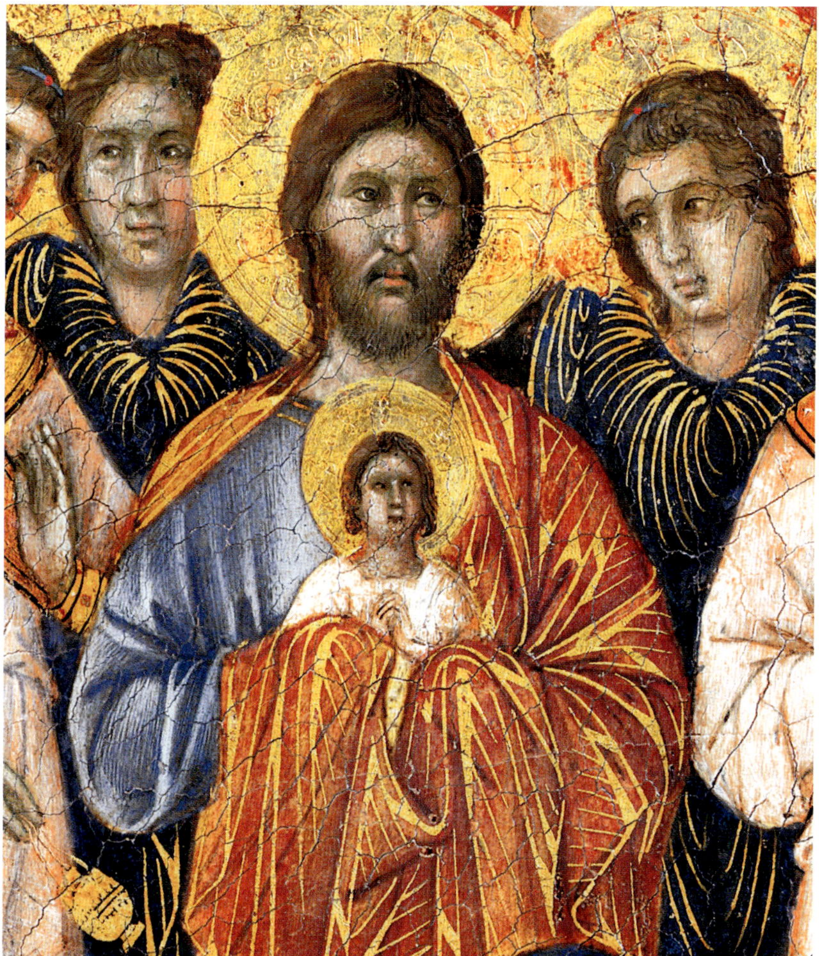

Fig. 204. Duccio di Buoninsegna, *Le Christ tenant l'âme de Marie*, détail de la figure précédente.

Enfin, le transport a lieu (fig. 205) : Jean guide le cortège avec sa branche de palmier, mais une foule de Juifs vociférant sortent par la porte de la ville. Le grand prêtre s'attaque furieusement au cercueil – Duccio avait eu sous les yeux un sarcophage où figurait l'épouse de Jason transformée en une torche humaine

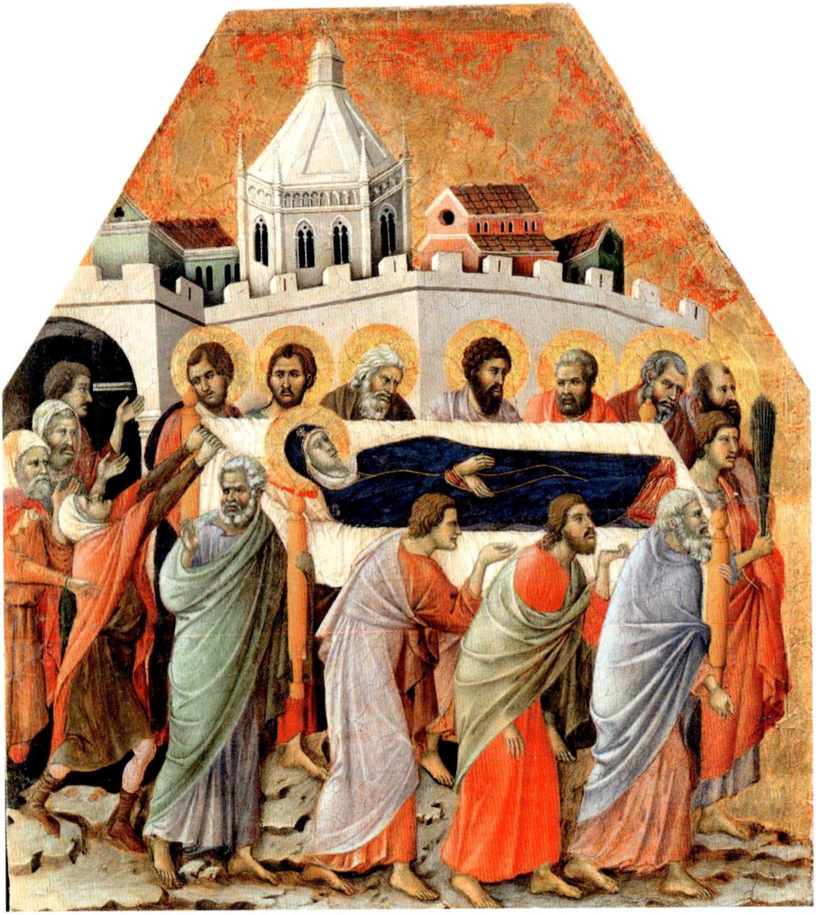

Fig. 205. Duccio di Buoninsegna, *L'enterrement de la Vierge*, détail de la *Maestà*, peinture sur bois, 1308-1311, Sienne, musée de l'Œuvre de la cathédrale.

par Médée, que celui-ci avait abandonnée[110]. Comme l'explique la *Légende dorée*, l'apôtre Pierre, d'ailleurs artisan du repentir, s'adresse à l'homme paralysé[111]. Le cycle se conclut par la représentation de l'enterrement, une image rare au point de vue iconographique. Pierre en tête, Jacques au milieu et Paul aux pieds de Marie soutiennent le linceul et font délicatement descendre la dépouille de la Vierge dans le beau sarcophage de marbre sculpté, tandis que les autres apôtres, y compris Jean, qui tient toujours sa branche de palmier, accompagnent Marie du regard pour la dernière fois[112].

Le récit de Jacques de Voragine (et de l'apocryphe dont il dérive) ne s'arrête pas là, parce que l'idée que le corps de la mère de Dieu soit condamné à la putréfaction est perçue comme une chose insupportable. Trois jours après les obsèques, le Christ retourne au sépulcre de sa mère, avec la cohorte angélique ; les apôtres, qui sont restés là pour veiller la tombe, lui demandent la grâce de la résurrection de Marie. Arrive alors l'archange Michel, le céleste psychopompe, chargé de présenter les âmes à Dieu, et qui présente donc la petite âme de Marie au Christ. Sur l'ordre divin, l'âme s'unit de nouveau au corps « sorti glorieusement du sépulcre », et le corps monte à la chambre nuptiale[113] du ciel, accompagné d'une multitude d'anges. « Toutefois Thomas était absent et il ne voulait pas croire à ce qu'on lui disait. » Du ciel lui parvint, intacte, la ceinture « qui serrait le corps de la Vierge, afin qu'il puisse du moins comprendre qu'elle était montée tout entière au ciel[114] ». Il est évident que l'on a voulu créer en l'occurrence un parallélisme parfait avec le Christ, mort et ressuscité trois jours plus tard, prêt à donner une preuve à Thomas l'incrédule, absent lors de la première apparition du Maître à ses disciples.

À la résurrection de la Vierge, Benozzo Gozzoli consacra un grand retable d'autel (moitié du XVe siècle)[115]. Marie est assise solennellement au ciel sur un trône de nuages, entourée d'anges musiciens (fig. 206) et elle tend sa ceinture à Thomas (le geste est répété deux fois, pour plus de sûreté, au moment du don et de sa réception). Le grand sarcophage vide est rempli de fleurs parce que Thomas avait exigé de l'ouvrir et n'y avait trouvé que des fleurs au parfum suave[116].

Jacques de Voragine observe que saint Jérôme estimait que les légendes sur le trépas de Marie, quoique tirées d'un texte apocryphe, étaient dignes de foi, hormis celles concernant Thomas[117] : il ne pouvait pas prévoir que la Sainte Ceinture (« *Sacro Cingolo* ») serait considérée jusqu'à aujourd'hui comme la relique la plus précieuse que conserve la cathédrale de Prato, où elle serait parvenue de Jérusalem en 1141, apportée par le marchand de Prato Michele

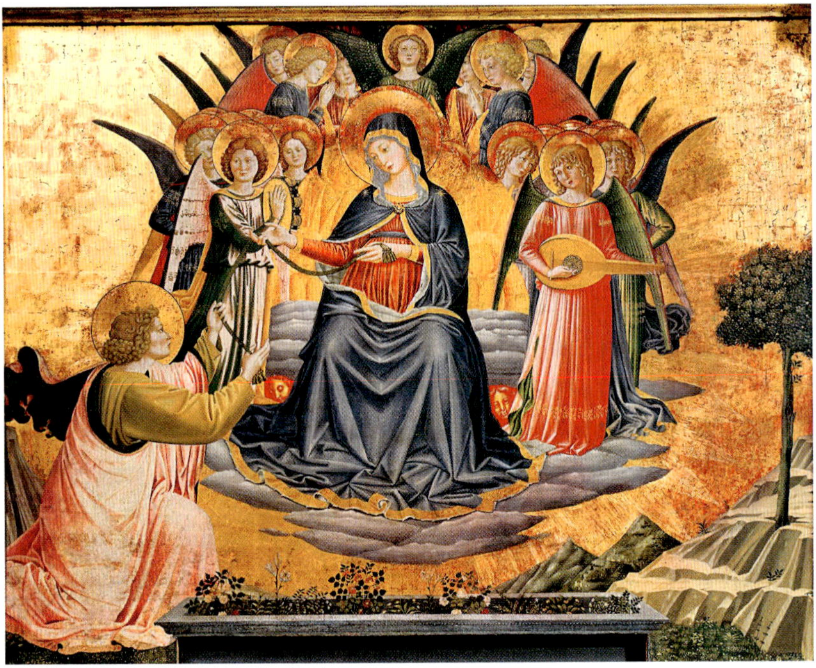

Fig. 206. BENOZZO GOZZOLI, *La Vierge à la ceinture*, peinture sur bois, milieu du XVe siècle, Cité du Vatican, Pinacothèque vaticane.

Dagomari[118]. Quoi qu'il en soit, en 1950, pendant l'Année sainte, Pie XII proclama l'Assomption dogme de la foi.

Jacques de Voragine conclut triomphalement la glorification de la Vierge en s'attardant à décrire comment Marie a été prodigieusement honorée par le Christ et par tous les anges, et combien les apôtres ont souhaité que le Christ la fît asseoir sur le même trône que lui, à sa droite : « *Et a dextris tuis colloces in eternum*[119]. » D'ailleurs, dès le XIIe siècle, l'évêque Amédée de Lausanne avait écrit à propos de l'Assomption de Marie, reine et épouse du Cantique des Cantiques, que quand « cette Vierge parmi les Vierges fut conduite auprès du Christ Dieu son Fils, le roi des rois, dans l'allégresse des anges, la joie des archanges, parmi les acclamations du ciel, s'accomplit alors la prophétie du prophète David qui dit au Seigneur : "Et debout à ta droite, voici la reine couverte d'or pur" (Ps 45 [44], 10)[120] ».

À Rome, la mosaïque de la cuvette absidale de Santa Maria in Trastevere, qui remonte à l'époque d'Innocent II (1130-1143) (fig. 207 et 208), montre pour la première fois la bienheureuse

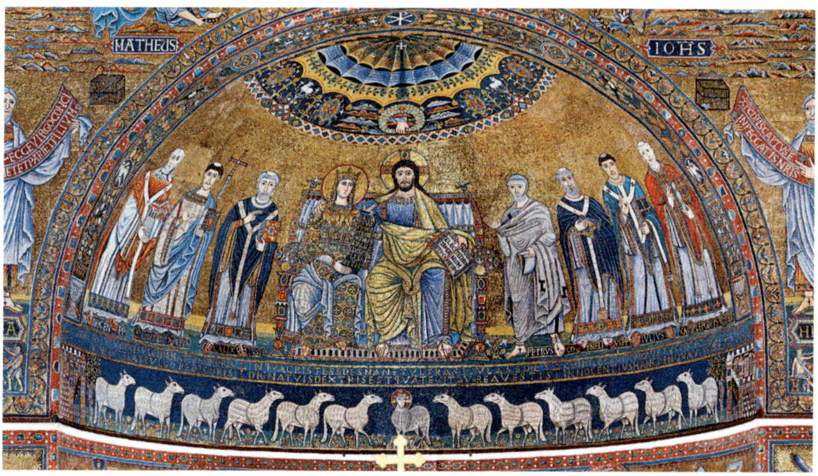

Fig. 207. *La glorification de la Vierge*, mosaïque, 1130-1143, Rome, Santa Maria in Trastevere.

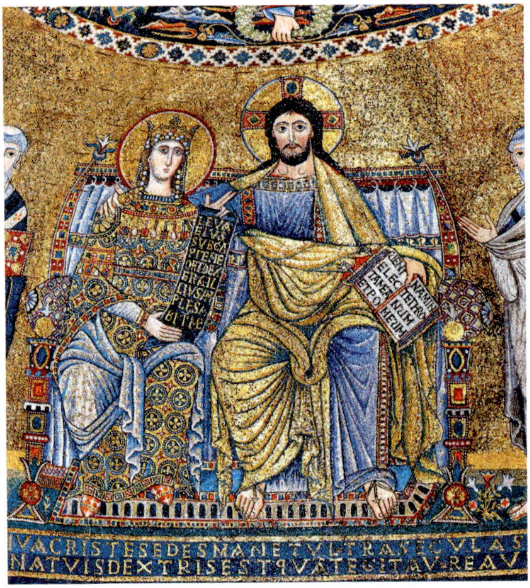

Fig. 208.
Marie reine
à la droite de son Fils,
détail de la figure précédente.

Marie reine, au ciel, assise sur le même trône que son Fils, à sa droite (par analogie avec le Christ « assis à la droite du Père[121] »).

Avec sa main gauche, la Vierge effectue le geste de la main parlante, et elle tient avec la droite un cartouche où figure son propos : « *Laeva eius sub capite meo et dextra illius amplexabitur me* » (« Que sa main gauche soutienne ma tête et que de sa main droite il m'enlace »), verset tiré du Cantique des Cantiques (2, 6 et 8, 3), auquel on recourt dans la liturgie de la Fête de l'Assomption comme seconde antienne[122] des Louanges[123]. Le Christ enlace sa mère avec sa main droite en l'entourant de son bras, et il tient avec sa main gauche un cartouche où il l'exhorte ainsi : « *Veni, electa mea, et ponam in te thronum meum* » (« Viens, mon élue, j'établirai en toi mon trône »), citation d'une antienne de l'Office divin de la Fête de l'Assomption, et allusion à l'union conjugale ; si ce n'est que cette antienne, qui n'est pas suivie à la lettre – les manuscrits témoignent en effet de cette variante : « *Ponam te in thronum meum*[124] » –, sert à illustrer la récente victoire du pape Innocent II sur l'antipape Anaclet II, auparavant cardinal-diacre de cette même église. Il me semble qu'il faut souligner la signification différente de ces deux versets. Le premier a une importance éminemment politique : le Christ établit son trône en Marie, c'est-à-dire en l'Église guidée par le souverain pontife. Dans la seconde variante, en revanche, le Christ invite Marie, en tant que personne et non en tant que personnification, à s'asseoir à côté de lui sur le trône du ciel.

Innocent II apparaît dans cette même mosaïque avec le modèle réduit de la basilique qu'il avait voulu réédifier sur ses fondations – c'est ce que dit l'inscription – comme pour détruire métaphoriquement le souvenir de l'antipape. *Sponsa-Ecclesia*, Marie est l'image victorieuse de l'unité de l'Église de Rome protégée par le Christ, triomphatrice de tous les schismes[125].

Pour Cimabue, dont les fresques ont malheureusement été très endommagées dans l'abside de la basilique supérieure d'Assise, la Vierge n'est pas, comme à Rome, la reine triomphante et glorifiée, l'Église du pouvoir pontifical réaffirmé, mais l'Église en tant que mère diligente du genre humain et épouse adorée du Christ[126], laquelle, dépourvue de couronne, proclame le message franciscain. Au sein du cycle consacré à la Vierge[127], il a fallu au peintre deux scènes distinctes pour illustrer le thème de l'Assomption-Glorification. Dans la première (fig. 209), le regard remonte du sépulcre vide de la Vierge entourée des apôtres au cortège des anges et des bienheureux dans le ciel, et de là, encore plus haut, à Marie qui s'envole vers le ciel, accompagnée du Christ, dans une même mandorle divine, soutenue par les anges.

Marie, dont l'âme et le corps sont ressuscités, se serre contre le Christ dans une étreinte passionnée qui la conduit à glisser dans les bras de son Fils, une étreinte si passionnée que la copie réalisée par William Ottley entre 1816 et 1818 pour la monumentale *Histoire de l'art* de Jean Baptiste Louis Georges Seroux d'Agincourt[128] révèle qu'on exerça délibérément une censure en coupant le bras gauche du Christ qui enlace sa mère et la partie inférieure de la jambe gauche et du pied de Marie qui se superposaient à celle de son Fils (fig. 210), détails qui, en revanche, n'ont pas été épurés sur le dessin que fit Johann Antoine Ramboux à peu près à la même époque[129] (fig. 211).

Dans la fresque de Cimabue, Marie est à la gauche, non à la droite du Christ[130], pour rendre littéral et explicite le verset du

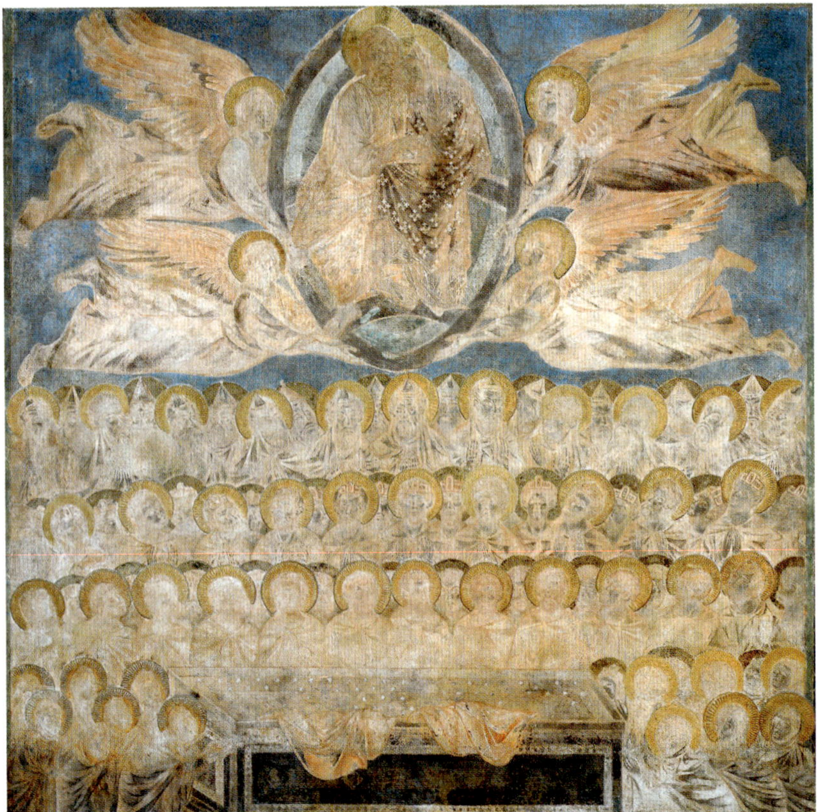

Fig. 209. Cimabue, *Assomption de Marie*,
fresque, 1277-1280, Assise, basilique supérieure, abside.

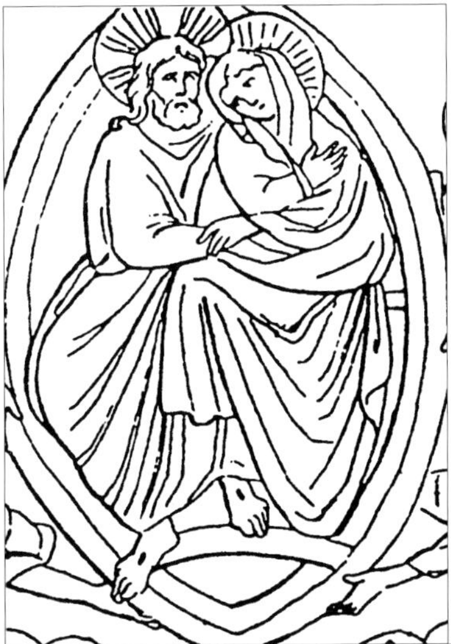

Fig. 210. William Ottley, *Assomption de Marie*, gravure, vers 1816-1818, d'après J. B. Seroux d'Agincourt, *Storia dell'Arte*, Giachetti, Prato, 1826-1829, fig. 17.

Fig. 211. Johann Antoine Ramboux, *Assomption de Marie*, d'après Cimabue, dessin, premier quart du XIXe siècle, Francfort, Städelsches Kunstinstitut und Städtische Galerie, III, 131.570.

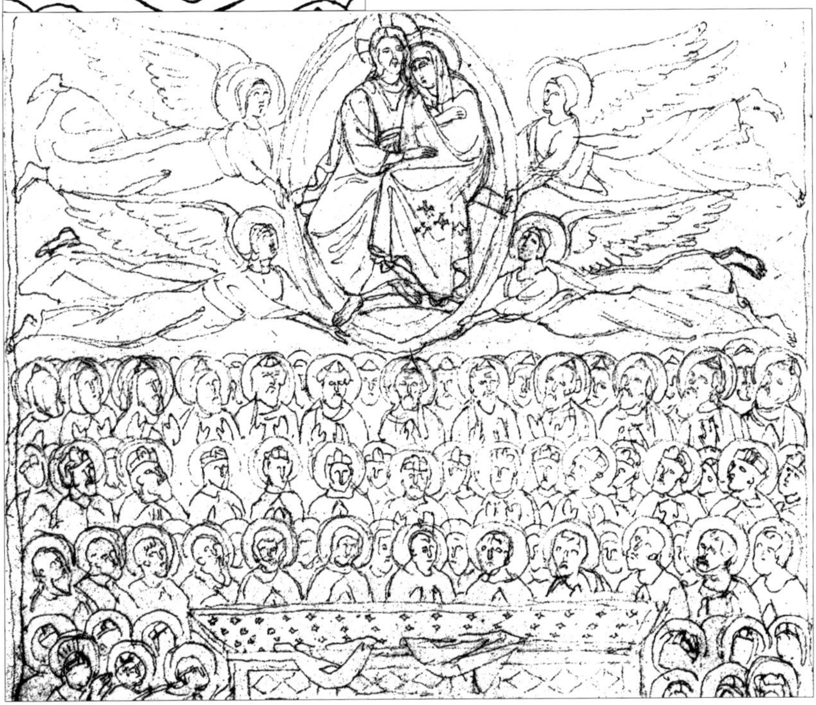

Cantique des Cantiques : « Que sa main gauche soutienne ma tête et que de sa main droite il m'enlace » (« *Laeva eius sub capite meo et dextra illius amplexabitur me* »)[131]. Alors que la Marie-Reine de la mosaïque romaine, assise sur le même trône que le Christ, représentait une image abstraite de l'*Ecclesia*, étendard de la lutte pour le pouvoir du pape Innocent II, la Marie de Cimabue montre une *Ecclesia* humanisée, aimée du Christ ; elle montre en somme l'amour du Christ pour toutes ses créatures[132] : une union physique sous une forme spirituelle, dans une optique tout à fait franciscaine. Dans sa *Vitis mystica*, Bonaventure de Bagnoregio parle justement de l'amour du Christ pour Marie comme pour l'Épouse du Cantique des Cantiques, « laquelle est l'*Ecclesia*, c'est-à-dire tous les fidèles de l'Église », en recourant à une série d'expressions provenant de ce texte biblique[133].

Dans la deuxième scène peinte par Cimabue (fig. 212), Marie, qui partage le trône du Christ, est revenue à sa droite, comme dans la mosaïque de Santa Maria in Trastevere, mais elle présente à son Fils, avec la paume de sa main ouverte et tournée vers le haut, les Franciscains qui se pressent au pied du trône.

Le Christ soulève le bras en effectuant le geste de la main parlante, tandis que les apôtres et le cortège céleste se disposent tout autour de lui, et il confie le mandat de la prédication, par l'intercession de Marie, non seulement à ses anciens disciples, mais aussi à ceux qui en ont perpétué le mandat et répandu le message dans le temps : les Franciscains. Marie, mère soucieuse et très pauvre, est leur grande protectrice ; pour la première fois dans un contexte paradisiaque, elle se charge d'attirer l'attention de son Fils non pas sur le roi ou sur les saints, mais sur des hommes simples d'une humble classe sociale. De cette innovation iconographique révolutionnaire de Cimabue, nous ne pouvons, hélas, que saisir aujourd'hui quelques lignes, alors que tant de détails et de couleurs vives ont été absorbés par un brouillard marron et indistinct.

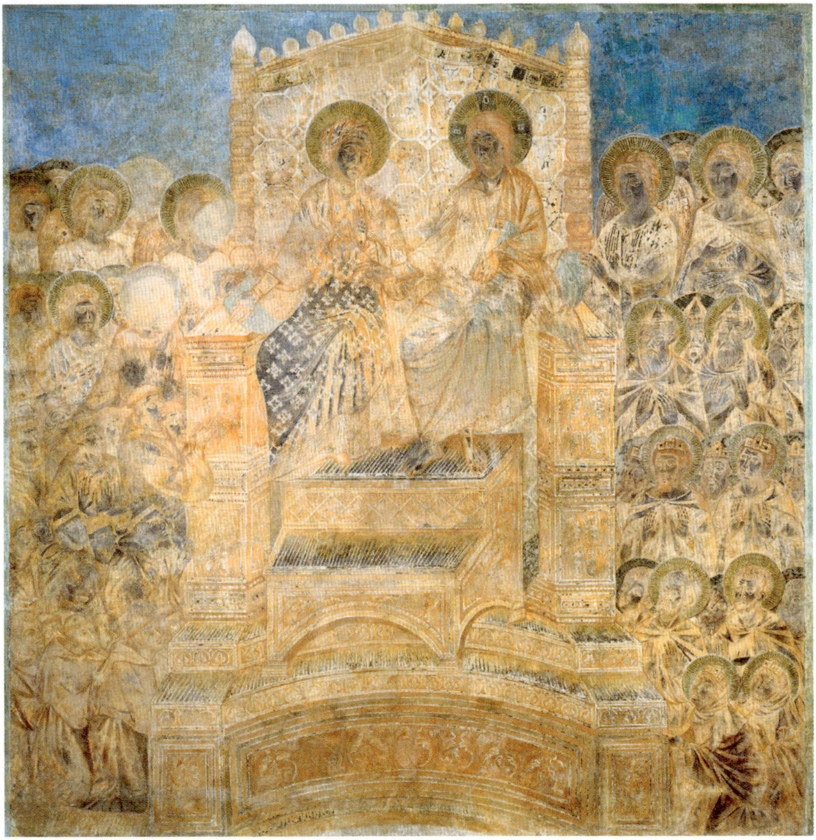

Fig. 212. CIMABUE, *Marie et le Christ en gloire*, fresque, 1273-1280, Assise, basilique supérieure, abside.

Cependant le Maître dit « de Cesi » nous permet de revivre la joyeuse proposition des fresques d'Assise dans un grand triptyque, réalisé entre 1295 et 1305, et qui se trouvait jadis dans le monastère de l'Étoile à Spolète[134] (fig. 213). Il peignit sur les volets, à raison de quatre scènes par partie, accompagnées d'inscriptions explicatives, les derniers moments de la vie de Marie, et il consacra en revanche la partie centrale à l'Assomption de la Vierge (fig. 214) en copiant à la lettre la rencontre-résurrection de Cimabue. Sur la terre, les apôtres et le Pseudo-Denys, chacun indiqué par son nom[135], contemplent le sarcophage vide, et dans le ciel huit anges soutiennent la mandorle très colorée.

Ce que le Maître de Cesi parvient à rendre avec un singulier bonheur, outre l'abandon confiant et intense de la Vierge, la tête baissée entre les bras du Christ, c'est l'intime dépendance de

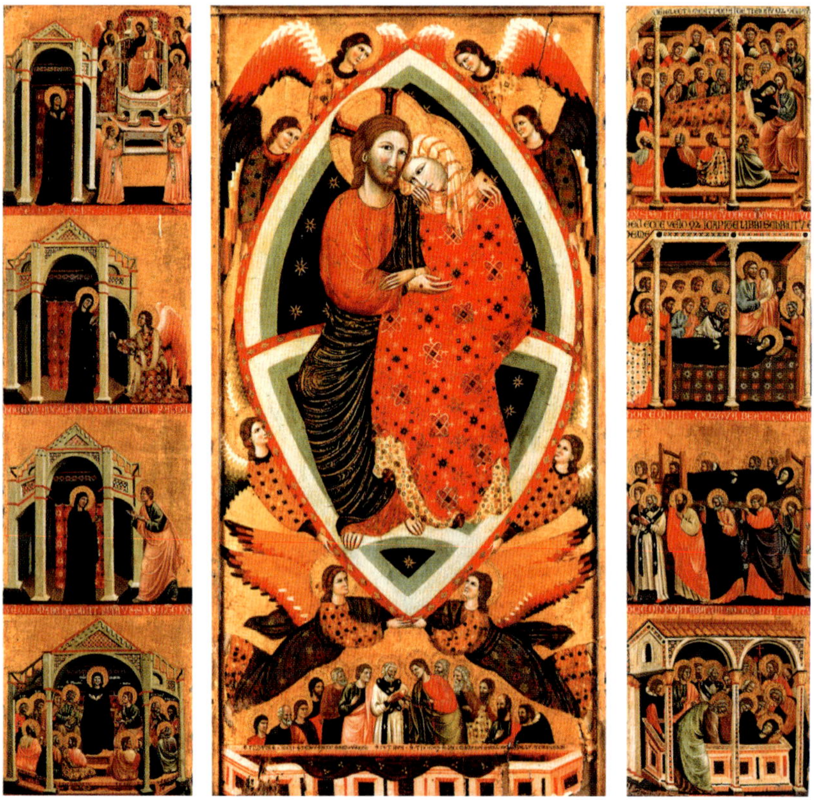

Fig. 213. Maître de Cesi, *Triptyque de l'Assomption*, peinture sur bois, entre 1295 et 1305, Saint-Jean-Cap-Ferrat, musée de l'Île-de-France.

la mère-épouse envers son Fils divin retrouvé, comme si Marie murmurait : « Finalement ! »

Et c'est sur cette image poignante que je mets un terme à mon vagabondage dans un musée idéal de l'iconographie médiévale, en espérant n'avoir pas ennuyé ceux qui m'ont suivie jusqu'ici.

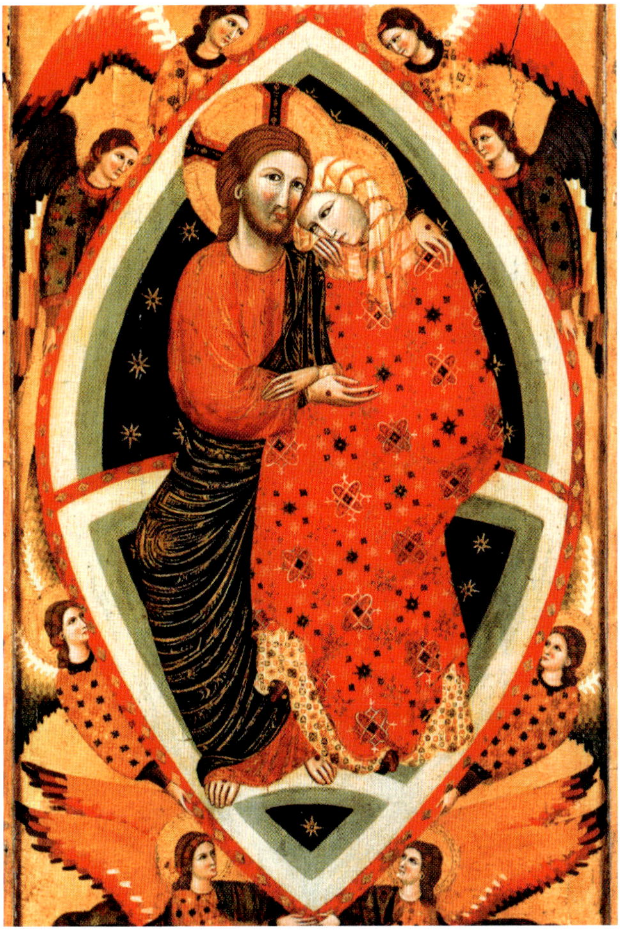

Fig. 214. Maître de Cesi, *Assomption de la Vierge*,
détail de la figure précédente.

Abréviations bibliques

Ac	Actes des Apôtres
Ap	Apocalypse
1 Co	Première épître aux Corinthiens
2 Co	Deuxième épître aux Corinthiens
Ct	Cantique des Cantiques
Sir	Ecclésiastique ou Siracide
Ex	Exode
Ez	Ézéchiel
Gn	Genèse
Jb	Job
Jg	Juges
Jn	Jean
Lc	Luc
Lv	Lévitique
Mc	Marc
Mt	Matthieu
1 P	Première épître de Pierre
Ps	Psaumes
Rm	Épître aux Romains
2 R	Deuxième livre des Rois
3 R	Troisième livre des Rois

Notes

Chapitre I

1. « *Stabat et sancta Maria iuxta crucem filii et spectabat virgo sui unigeniti passionem. Stantem illa lego, flentem non lego* » (Ambrosii *De obitu Valentiniani*, 39, dans Eiusdem *Explanatio symboli de sacramentis, de mysteriis, de paenitentia, de excessu fratris, de obitu Valentiniani, de obitu Theodosii*, éd. O. Faller, Hölder-Pichler-Tempsky [Corpus scriptorum ecclesiasticorum Latinorum, 73], Vindobonae, 1955, p. 348). Sur le caractère de la représentation de la douleur au haut Moyen Âge, je me permets de renvoyer le lecteur à mon article, « La grammatica dei gesti, qualche riflessione », dans *Comunicare e significare nell'Alto Medioevo*, Actes de la LIIe semaine d'étude du Centre italien d'études sur le haut Moyen Âge, Cisam, Spolète, 2005, vol. II, p. 895-936.

2. M. Medica et S. Battistini (dir.), *La cattedrale scolpita. Il romanico in San Pietro a Bologna*, Edisai, Ferrare, 2004, fig. p. 293-295.

3. D. Grivot et G. Zarnecki, *Gislebertus Sculptor of Autun*, The Trianon Press, Londres, 1961, p. 25-32, fig. *b* et *r* p. 34 et 55.

4. New York, Pierpont Morgan Library, ms G. 25, f. 4r, enluminé peut-être à Londres : P. Brieger, *English Art, 1216-1307*, Clarendon Press, Oxford, 1957, p. 150 et fig. 51.

5. L'épisode est raconté dans 3 R 1, 1. Pour cette miniature, voir F. Garnier, *Le langage de l'image au Moyen Âge*, Le Léopard d'or, Paris, 1982, vol. I, p. 187 : Paris, bibliothèque Sainte-Geneviève, ms 8, f. 223, *Bible de Manerius*, seconde moitié du XIIe siècle.

6. M. Boskovits, A. Labriola et M. Ingendaay Rodio, « Bernardo Daddi and His Circle », dans R. Offner et K. Steinweg (dir.), *A Critical and Historical Corpus of Florentine Painting*, augmenté sous la direction de M. Boskovits et M. Gregori, nouvelle édition sous la direction de M. Boskovits, IIIe partie, vol. V, Barbera, Florence, 1989, p. 72 et 306.

7. E. Kirschbaum, *Lexikon der christlichen Ikonographie*, Herder, Rome-Fribourg-Bâle-Vienne, 1971, vol. III, *s.v.* « Lilie », col. 100-102.

8. C. Frugoni, *L'affare migliore di Enrico. Giotto e la cappella Scrovegni*, Einaudi, Turin, 2008, fig. 31 p. 130.

9. Boccace, *Le Décaméron*, VIIIe journée, 9e nouvelle, traduction de Francisque Reynard (1879), présentation et notes de Vittore Branca, Paris, Le Club français du livre, 1962, 2 vol.

10. E. Carli, « La data degli affreschi di Bartolo di Fredi a S. Gimignano », *Critica d'arte*, VIII (1949), n° 1, fasc. 27, p. 75-76 ; P. A. Harpring, *The Sienese Trecento Painter Bartolo di Fredi*, Fairleigh Dickinson University Press, Rutherford, 1993, p. 38-63, et en particulier p. 60-61.

11. Voir plus loin, chap. III, p. 140 et 153.

12. Dans l'*Enfer*, V, v. 4-12, Dante représente Minos comme un juge-démon monstrueux, pourvu d'une longue queue avec laquelle il indique, en fonction du nombre des enroulements, le lieu assigné à chacun des pécheurs (« Il juge et il condamne en un seul tour de queue »). Dans le culte mithriaque, Aiôn, une image du Temps, est représenté avec une tête léonine, des ailes et un serpent enroulé autour du corps, qui fait allusion au cours sinueux du soleil : *Enciclopedia dell'arte antica classica e orientale*, dirigée par R. Bianchi Bandinelli, Istituto dell'Enciclopedia Treccani, Rome, 1958, vol. I, *s.v.* « Aiôn », sous la direction de M. T. Marabini Moeus.

13. Les yeux « verront » au moment où l'étranger rompt le pain : Lc 24, 31.

14. F. Deuchler, *Duccio*, Electa, Milan, 1984, p. 48.

15. Au Moyen Âge, on entendait par « Bible moralisée » un livre où l'on avait choisi des extraits du texte biblique dont on ne citait que certains versets ; ces versets étaient accompagnés d'un bref commentaire qui en expliquait les multiples significations possibles, le tout étant souvent commenté par des images binaires : l'une illustrait l'Écriture sainte et l'autre sa signification morale.

16. Vienne, Österreichische Nationalbibliothek, Codex Vindobonensis 2554, f. 40v, col. b : G. B. Guest (éd.), *Bible moralisée, Codex Vindobonensis*

2554, Vienna Österreichische Nationalbibliothek, avec un commentaire et une traduction des textes bibliques, H. Miller, Londres, 1995, p. 116.

17. V. ROUCHON MOUILLERON, *Vézelay. Livre de pierre*, Flammarion, Paris, 1997, p. 9 et fig. 4 p. 135. Sur un autre chapiteau de cette même église, Jacob se fait frauduleusement bénir par son père, le vieil Isaac aveugle. Pour souligner sa supériorité hiérarchique, le patriarche est non seulement assis sur une chaise précieuse, les pieds posés sur un tabouret, mais il croise les jambes : A. BARBERO et C. FRUGONI, *Medioevo. Storia di voci, racconto di immagini*, Laterza, Rome-Bari, 1999, fig. 9 p. 130.

18. M. KUNZE (dir.), *Staatliche Museen zu Berlin. Die Antikensammlung im Pergamon-Museum und in Charlottenburg*, P. von Zabern, Mayence, 1992, p. 114 s., n° 29 : ce relief fut découvert à Aghia Triada (Athènes).

19. V. ROUCHON MOUILLERON, *Vézelay. Livre de pierre*, *op. cit.*, p. 134-135.

20. BEDAE VENERABILIS *De loquela per gestum digitorum*, I. *De computo vel loquela digitorum* : « *Cum dicis quadraginta, interiora pollicis lateri vel dorso indicis superduces, ambobus dumtaxat erectis* », dans J.-P. MIGNE, *Patrologia latina* (désormais PL), XC, col. 691.

21. Conservé au Musée grégorien de la Cité du Vatican : M. TORELLI et A. M. MORETTI SGUBINI, *Etruschi. Le antiche necropoli del Lazio*, Electa, Milan, 2008, fig. p. 162, p. 163-165 et p. 256.

22. Comme, par exemple, dans la fresque de 1526 réalisée par le Sodoma à San Domenico de Sienne, dans la chapelle consacrée à la sainte.

23. Comme sur le relief de la porte en bronze de 1179 de Barisano da Trani dans la cathédrale de Ravello : G. SCHILLER, *Iconography of Christian Art*, Lund Humphries, Londres, 1972, II. *The Passion of Jesus Christ*, fig. 553.

24. Voir chap. IV, p. 186-187.

25. Dans les *Meditaciones vitae Christi*, que l'on a tendance aujourd'hui à attribuer à Jean de Caulibus, on dit que Marie utilisa son voile pour couvrir les flancs nus du Christ, ayant éprouvé une grande honte et une grande tristesse à cause de l'insulte faite au Fils : « *Tristatur etiam supra modum et cum rubore quod eum videt totaliter nudum ; nam et femoralia non dimiserunt ei. Accelerat igitur, et approximat filio, amplexatur, et cingit eum velo capitis sui* » (JEAN DE CAULIBUS, *Meditaciones vitae Christi, olim S. Bonaventuro attributae*, éd. M. Stallings-Taney, Brepols [Corpus Christianorum. Continuatio mediaevalis, CLIII], Turnhout, 1997, chap. LXXVIIII, p. 270-271) ; I. RAGUSA et R. GREEN (dir.), *Meditations on the Life of Christ*, Princeton

University Press, Princeton, 1961, p. 333. Dans un présumé dialogue entre Marie et le Pseudo-Anselme d'Aoste, la Vierge affligée répète un récit très similaire : « *Nudaverunt Jesum unicum filium meum totaliter vestibus suis, et ego exanimis facta fui ; tamen velamen capitis mei accipiens circumligavi lumbis suis* » (*Dialogus Beatae Mariae et Anselmi de Passione Domini*, PL CLIX, col. 282). On entend des mots analogues dans le *De meditatione Passionis Christi* du Pseudo-Bède, PL XCIV, col. 566 : « *Deinde parata cruce dicunt ei : "Ascende, Jesu, ascende." O quam libenter ascendit, o quanto amore ista omnia pro nobis sustinuit, o quanta patientia, o quanta mansuetudine !* [...] *Sic totus nudus in cruce elevatur et extenditur. Sed mater eius amantissima velum suum, quod habebat in capite suo, posuit circa eum plena anxietate, et involvit locum verecundum.* »

26. Tel est le récit que l'on déduit de l'image et de l'inscription suivante : « *Surrexit itaque Abraam mane et tollens panem et utrem aque imposuit scapulis suis ; tradititque puerum et dimisit eum* » ; « *Vocavitque angelus Domini Agar de celo dicens : "Quid hic agis Agar ? Exaudivit enim Dominus vocem pueri de loco in quo est."* » Il s'agit là des versets Gn 21, 14 et 21, 17. Le scribe a fait une erreur en ce qui concerne Gn 21, 14 et il aurait dû écrire : « *Surrexit itaque Abraam mane et tollens panem et utrem aque imposuit scapulis eius ; tradititque puerum et dimisit eam* » (« Abraham se leva de bon matin et il prit du pain et une outre d'eau, qu'il plaça sur son épaule ; puis il les donna à Agar en les lui chargeant sur les épaules avec l'enfant, et la renvoya » ; « L'ange du Seigneur appela du ciel Agar et lui dit : "Que fais-tu ici, Agar ? Le Seigneur a en effet reçu la plainte de l'enfant là où il se trouve" »). En suivant l'inscription qui avait été de toute évidence préparée au préalable, le miniaturiste a essayé de la traduire en image, avec une erreur manifeste par rapport au texte biblique. La miniature appartient à la Bible en images de 1197 de Sancho el Fuerte, roi de Navarre, et elle est conservée à Amiens, Bibliothèque municipale, ms 108, f. 11r. Une belle reproduction en couleur de la moitié supérieure de la miniature figure dans J. Dalarun (dir.), *Le Moyen Âge en lumière*, Fayard, Paris, 2002, p. 86.

27. G. B. Guest (éd.), *Bible moralisée*, *op. cit.*, f. 28v A et p. 85.

28. *Ibid.*, f. 26v B et p. 83.

29. La chape est un parement liturgique que l'on utilise pour les cérémonies solennelles, en dehors de la messe. Il s'agit d'un long manteau qui descend presque jusqu'aux pieds, ouvert devant et maintenu de la sorte par une attache.

30. G. B. Guest (éd.), *Bible moralisée*, *op. cit.*, f. 21v A et p. 76.

31. *Ibid.*, f. 63r B et p. 102.

32. Pour cette transcription, voir : F. Garnier, *Le langage de l'image au Moyen Âge*, *op. cit.*, vol. I, p. 220.

33. Oxford, Bodleian Library, ms auct. F 2, 13, f. 16, cité par F. Garnier, *Le langage de l'image au Moyen Âge*, *op. cit.*, vol. I, p. 221.

34. Conservé au Musée archéologique national de Naples.

35. Anvers, Koninklijk Museum voor Schone Kunste. Voir M. Pierini, *Simone Martini*, Silvana Editoriale, Cinisello Balsamo, 2000, p. 212-213, où sont rapportées les raisons de l'hésitation des chercheurs sur la date, entre la troisième et la quatrième décennie du xive siècle.

36. Justinien, *Digestum* ou *Pandette*, livre I, *De la justice et du droit*, Reims, Bibliothèque municipale, ms 811, f. 5, 1300 environ. (Je signale que F. Garnier, *Le langage de l'image au Moyen Âge*, Le Léopard d'or, Paris 1989, vol. II, p. 50, indique une erreur au f. 24 ; dans le manuscrit, après le f. 243, la numérotation recommence).

37. J. Froissart, *Chroniques*, Besançon, Bibliothèque municipale, ms 864, f. 250v, début du xve siècle.

38. Gratiani *Decretum*, Paris, Bibliothèque nationale, ms Lat. 3884, tome II, f. 67, cité par F. Garnier, *Le langage de l'image au Moyen Âge*, *op. cit.*, vol. I, p. 195.

39. O. Demus, *The Mosaics of San Marco in Venice*, II. *The Thirteenth Century*, avec une contribution de K. Weitzmann, The University of Chicago Press, Chicago-Londres, 1984, I. *Text*, p. 79, II. *Plates*, fig. 38 : Venise, Saint-Marc, atrium, lunette au-dessus de la porte de Saint-Clément.

40. M. Aronberg Lavin et I. Lavin, « Rembrandt. "La sposa ebrea" sorella e moglie », dans Id., *Liturgia d'amore. Immagini del Cantico dei Cantici nell'arte di Cimabue, Michelangelo e Rembrandt*, Panini, Modène, 1999, p. 215-246, notes p. 281-284. Les deux auteurs montrent l'influence du Cantique des Cantiques sur l'iconographie de l'étreinte amoureuse ; après avoir passé en revue toutes les interprétations possibles du sujet du tableau de Rembrandt, ils s'accordent pour reconnaître celles que trois chercheurs avaient proposées en 1925, presque au même moment, et qui identifiaient le couple comme Isaac et Rébecca. Rébecca porte à l'index une bague dont le chaton central est vide, symbole du mariage consommé selon les traditions nuptiales juives : *ibid.*, p. 218.

41. F. Garnier, *Le langage de l'image au Moyen Âge*, *op. cit.*, vol. II, p. 330 : Oxford, Bodleian Library, ms 270b, f. 21v.

42. Dans une scène d'un grand tabernacle à volets de 1280-1290 environ, réalisé par un maître anonyme originaire d'Ombrie et conservé au Musée national de Pérouse ; F. Santi, *Galleria Nazionale dell'Umbria. Dipinti, sculture e oggetti d'arte di età romanica e gotica*, Istituto Poligrafico dello Stato, Rome, 1965, p. 37-38 et fig. 14h. Voir ici chap. II, fig. 52.

43. R. Tassi, *Il Duomo di Fidenza*, Silvana Editoriale - Cassa di risparmio, Parme, 1973, p. 97 et fig. 119.

44. Sur cette frise et sur la source dont elle relève, je renvoie le lecteur à mon article « Due note a proposito del fregio di Berta e Milone e del capitello degli evangelisti della cattedrale di Fidenza », dans *Storie di artisti. Storie di libri. L'editore che inseguiva la bellezza. Scritti in onore di Franco Cosimo Panini*, Donzelli, Florence, 2008, p. 45-49.

45. Matthieu écrit ainsi (14, 6-7) : « *Die autem natalis Herodis saltavit filia Herodiadis in medio et placuit Herodi. Unde cum iuramento pollicitus est ei dare quodcumque postulasset ab eo* » (« Quand on célébra l'anniversaire de la naissance d'Hérode, la fille d'Hérodias dansa au milieu des convives et plut à Hérode, de sorte qu'il promit avec serment de lui donner ce qu'elle demanderait »).

46. Ce chapiteau est conservé à Toulouse au musée des Augustins ; K. Horste, *Cloister Design and Monastic Reform in Toulouse. The Romanesque Sculpture of La Daurade*, Clarendon Press, Oxford, 1992, p. 151 et 153, fig. 169.

47. Dans un psautier du xiiie siècle : Besançon, Bibliothèque municipale, ms 54, f. 7v : F. Garnier, *Le langage de l'image au Moyen Âge*, *op. cit.*, vol. II, p. 125.

48. Dans le manuscrit de mélanges qui comporte une *Vita Radegundis* de Venance Fortunat et vingt-deux miniatures du dernier quart du xie siècle (Poitiers, Bibliothèque municipale, ms 250), au f. 42r la miniature montre, dans la moitié inférieure, la guérison miraculeuse du *tribunus fisci* Domolène, qui n'arrivait presque plus à respirer, au toucher affectueux de la reine qui lui est apparue en rêve et qui lui caresse le menton : M. Carrasco, « Sanctity and Experience in Pictorial Agiography. Two Illustrated Lives of Saints from Romanesque France », dans R. Blumenfeld-Kosinski et T. Szell (dir.), *Images of Sainthood in Medieval Europe*, Cornell University Press, Ithaca, 1991, p. 33-67. Pour une description attentive du manuscrit, voir : É. Ginot, « Le manuscrit de sainte Radegonde de Poitiers et ses peintures du xie siècle », *Bulletin de la Société française de reproductions de manuscrits à peintures*, IV (1914-1920), p. 10-69.

49. Voir par exemple le cavalier qui vient de descendre de cheval et qui caresse sa belle sous le menton dans une valve de miroir en ivoire du début du XIVe siècle (Florence, musée du Bargello) : C. FRUGONI, « Lo sguardo dell'uomo », dans G. DUBY et M. PERROT (dir.), *Immagini delle donne*, Laterza, Rome-Bari, 1992, p. 70-100 et fig. p. 80.

50. Giacomo Manzù s'est souvenu de la Salomé toulousaine dans un célèbre bronze en transformant la traîne du vêtement en une très longue queue de cheval : *Manzù. L'uomo e l'artista*, catalogue de l'exposition, De Luca, Rome, 2002, p. 146 et fig. 69 ; *Pas de danse*, 1950 environ, collection privée.

51. Comme dans une miniature de 977-993 du *Codex Egberti* : Trèves, Stadtbibliothek, ms 24, f. 15v ; L. GRODECKI, F. MÜTHERICH, J. TARALON et F. WORMALD, *Il secolo dell'Anno Mille*, Rizzoli, Milan, 1974, fig. 120.

52. Comme dans une miniature du *Codex aureus* de Spire de 1043-1046, Madrid, El Escorial, Real Biblioteca, Cod. Vetrinas 17, f. 52r : G. SCHILLER, *Iconography of Christian Art*, *op. cit.*, fig. 170 ; ou dans une miniature de 977-993 du *Codex Egberti* : Trèves, Stadtbibliothek, ms 24, f. 80v : A. WIECZOREK et H.-M. HINZ (dir.), *Europas Mitte um 1000. Katalog*, Theiss, Stuttgart, 2000, vol. III, p. 20.

53. Comme dans un tableau de Giacomo Jaquerio de 1410-1415, conservé au palais Madame, musée municipal d'Art antique de Turin : E. CASTELNUOVO et G. ROMANO (dir.), *Giacomo Jaquerio e il gotico internazionale*, Palazzo Madama, avril-juin 1979, Stamperia artistica nazionale, Turin, 1979, p. 164-166, et reproduction en couleur en couverture.

54. F. DEUCHLER, *Duccio*, *op. cit.*, fig. 125.

55. Le thème de la *restitutio* revient quand, dans la perspective d'une célébration, un empereur veut rappeler qu'il a rétabli la situation d'origine qu'un événement, jugé négatif, avait modifiée.

56. Pour d'autres exemples, voir R. BRILLIANT, *Gesture and Rank in Roman Art. The Use of Gestures to Denote Status in Roman Sculpture and Coinage*, Connecticut Academy of Arts and Sciences, New Haven, 1963, p. 87, monnaie de bronze de Galba (68-69 ap. J.-C.), p. 91, monnaie de bronze de Vespasien (69-79 ap. J.-C.), toutes deux pourvues de l'inscription : « *Roma resurgens* » ; M. GRANT, *Roman History from Coins. Some Uses of the Imperial Coinage to the Historian*, Cambridge University Press, Cambridge, 1968, pl. 20, n° 6, monnaie de Gallien (257-259).

57. R. TURCAN, *Hadrien, souverain de la romanité*, Faton, Paris, 2008, p. 46 et fig. 13.

58. C. Frugoni, « La facciata, le porte, le metope : un programma coerente », dans Ead. (dir.), *Il duomo di Modena*, Panini (Mirabilia), Modène, 1999, I. *Testi*, p. 9-38, p. 14, et p. 196-197 ; II.1. *Atlante*, fig. 16-24 p. 44-50.

59. *Le livre de Sydrac*, texte inédit du xive siècle, publié par A. Bartoli, G. Romagnoli, Bologne, 1868, p. 47 ; Bartoli (*ibid.*, p. xx) estime que l'auteur anonyme a composé son ouvrage « pendant les années qui suivirent 1250 ».

60. *Fioretti della Bibbia*, cités par A. Graf, *Miti, leggende e superstizioni del Medioevo*, réimpression A. Forni, Bologne, 1980, vol. I, chap. II, p. 27, qui renvoie au manuscrit, Florence, Biblioteca Riccardiana, ms 1717, f. 48v, col. 2 (recueil de papiers de la seconde moitié du xve siècle).

61. Pour les précisions stylistiques des sculptures, sans référence à l'exégèse de ce sujet, voir : C. Pietrangeli (dir.), *San Paolo fuori le Mura a Roma*, Nardini, Florence, 1988, p. 224 et 237 (reproduction de la travée).

62. Simple reproduction du bas-relief dans D. Faure et V. Rouchon Mouilleron, *Cloîtres, jardins de prières*, Flammarion, Paris, 2000, p. 142.

Chapitre II

1. V. Rouchon Mouilleron, *Vézelay. Livre de pierre*, *op. cit.*, p. 145, ignorant le geste de douleur d'Adam, interprète la main sous le coude comme l'expression de la demande du fruit défendu de la part d'Adam. *Malum* signifie aussi bien pommier que, d'une manière plus générale, arbre fruitier ; de là dérive la possibilité, pour les théologiens, d'identifier le fruit défendu à celui de divers arbres : L. Réau, *Iconographie de l'art chrétien*, tome II, *Iconographie de la Bible*, I. *Ancien Testament*, Presses universitaires de France, Paris, 1956, p. 85-86.

2. Cette statue, qui appartenait à un groupe aujourd'hui dispersé de la *Descente de croix* de l'église de Santa Eulàlia d'Erill La Vall (Vall de Boí, Haute-Ribagorce), se trouve à présent, avec la Vierge souffrante, au MNAC de Barcelone, alors que les autres statues du groupe, à savoir le Christ, Joseph d'Arimathie, Nicodème et les deux larrons sont au Musée épiscopal de Vic : M. Castiñeiras et J. Camps avec la collaboration de J. Duran-Porta, *El Románico en las colecciones del MNAC*, MNAC, Barcelone, 2009, fig. p. 152 et p. 153-156.

3. Térence, *Le Bourreau de soi-même (Héautontimorouménos)*, acte V, scène 4, v. 1024-1027, dans *Comédies*, tome II, texte établi et traduit par J. Marouzeau, CUF, Les Belles Lettres, Paris, 1947. La miniature, Tours, Bibliothèque municipale, ms 924, f. 39v, est évoquée par F. Garnier, *Le langage de l'image au Moyen Âge*, *op. cit.*, vol. II, p. 340.

4. D. Grivot et G. Zarnecki, *Gislebertus sculptor of Autun*, *op. cit.*, p. 26.

5. J.-C. Bonne, *L'art roman de face et de profil. Le tympan de Conques*, Le Sycomore, Paris, 1984, fig. 10 et p. 289.

6. Y. Rivière, « Il sarcofago di Portonaccio (Roma) », dans J.-J. Aillagon (dir.), *Roma e i barbari. La nascita di un nuovo mondo*, Skira, Milan, 2008, p. 170 et fig. p. 171. Ce sarcophage se trouve à Rome, au Palazzo Massimo alle Terme. Les barbares représentés pourraient être des Marcomans.

7. F. Garnier, *Le langage de l'image au Moyen Âge*, *op. cit.*, vol. I, p. 178 ; Paris, Sainte-Geneviève, ms 1126, f. 3v.

8. L. Grodecki, F. Mütherich, J. Taralon et F. Wormald, *Il secolo dell'Anno Mille*, *op. cit.*, fig. 329 ; Munich, Bayerisches Nationalmuseum, panneau d'*antependium* de la cathédrale de Magdebourg. L'*antependium*, mot latin qui signifie littéralement « qui penche devant », ou devant d'autel, que l'on appelle *paliotto* en italien (du latin *palium*, « voile »), est le revêtement antérieur de la table d'autel.

9. « [...] en tint sun chef enbrunc, si duist sa barbe, afaitad sun gernum, ne ben ne mal ne respunt sun nevuld » (*La chanson de Roland*, traduction nouvelle et complète de Joseph Fabre, Belin, Paris, 1906, str. XV, v. 214-217, p. 94).

10. Heidelberg, Universitätsbibliothek, ms Pal. Germ. 112, f. 8v, cité par F. Garnier, *Le langage de l'image au Moyen Âge*, *op. cit.*, vol. II, p. 90.

11. C. Frugoni, « "E vedrà ogni carne la salvezza di Dio" (Lc 3, 6) : le sculture all'interno del battistero », dans Ead. (dir.), *Benedetto Antelami e il battistero di Parma*, Einaudi, Turin, 1995, p. 109-144, p. 109-110, et fig. 28-29.

12. « Quant ot li pedre ço que dit at la chartre, / Ad ambes mains deromt sa blanche barbe : "E ! filz", dist il, "com dolorous message !" » (*La vie de saint Alexis, poème du XIe siècle*, texte critique de Gaston Paris, Honoré Champion, Paris, 1980, str. 78, v. 386-388).

13. « La vint corant com feme forsenede, / batant ses palmes, cridant, eschevelede » ; « Son piz debatre e son cors deteger, / ses crins detraire e son vis maiseler » (*La vie de saint Alexis*, *op. cit.*, str. 85, v. 423-424 ; str. 86, v. 426-428).

14. Les défunts « *cum psalmis tantummodo psallentium vocibus debere ad sepulcra deferri. Nam funebre carmen quod vulgo defunctis cantari solet, vel pectoribus se, proximos aut familias caedere, omnino prohibemus* » (Concilium Toletanum III, chap. XXII : J. D. Mansi, *Sacrorum Conciliorum nova et amplissima collectio*, expensis Antonii Zatta Veneti, Florentiae, 1767, vol. IX, p. 999). « *Ut exequiae mortuorum cum luctu secreto et cordis gemitu fiant* » (herardi archiepiscopi turonensis *Capitula, collecta ex capitularibus regum Francorum*, anno 858, c. 58 : J. D. Mansi, *Sacrorum Conciliorum nova et amplissima collectio*, *op. cit.*, vol. XVI, appendice, p. 681).

15. « *Et multa alia opinabant lugentes populi, submissi vultu, capillos et barbas extrahentes, unguibus ora foedantes, vestes et pectora scindentes* [...]. *Omnes decalvabant vertices suas et cutem nudabant* » (Agnelli Ravennatis *Liber pontificalis*, chap. XXXVII, 128-129, dans *Monumenta Germaniae Historica, Scriptores rerum Langobardicarum*, impensis Bibliopolii Hahniani, Hannoverae, 1878, p. 362).

16. Conservés au MNAC de Barcelone : M. R. Manote i Cliviller, F. Ruiz i Quesada, F. Quílez i Corella et T. Marot, *Guide, Art gothique*, Museu Nacional d'Art de Catalunya, Barcelone, 2000, p. 221.

17. Pour ce texte et d'autres encore sur un sujet analogue, voir : C. Frugoni, « La grammatica dei gesti. Qualche riflessione », dans *Comunicare e significare nell'Alto Medioevo*, *op. cit.*, vol. II, p. 895-936, p. 923-924.

18. Pérouse, Musée national de l'Ombrie : F. Santi, *Galleria Nazionale dell'Umbria*, *op. cit.*, p. 37-38, fig. 14a-14m, fig. 14a. Dans la *Crucifixion* adjacente, qui appartient à la même scène, Jean exprime sa douleur en posant la paume de sa main sur sa joue.

19. D'après la prédiction d'une des Moires qui apparurent à sa naissance, le héros Méléagre aurait vécu jusqu'à ce qu'un des tisons qui brûlaient à ce moment-là dans le foyer se fût entièrement consumé, tison que sa mère s'empressa d'éteindre avant de le dissimuler dans un coffre pour préserver la vie de son fils. Une fois adulte, Méléagre, qui était déjà marié à Cléopâtre, tomba amoureux d'Atalante, chasseresse expérimentée. Au cours d'une battue sanglante, à laquelle la jeune fille participait en compagnie de nombreux héros, contre un terrible sanglier envoyé par la déesse Diane en colère contre le pays de Calydon, une querelle éclata et Méléagre tua deux de ses oncles, frères de sa mère, pour défendre Atalante. La querelle déclencha une guerre et Méléagre tua deux autres de ses oncles,

eux aussi frères de sa mère qui, en apprenant la nouvelle, dans un moment de fureur, jeta de nouveau le tison à demi consumé sur le feu. Méléagre mourut ; s'étant repentie de son geste, sa mère se pendit. Voir P. Zanker et B. C. Ewald, *Vivere con i miti. L'iconografia dei sarcofagi romani*, Bollati Boringhieri, Turin, 2008, p. 62-74 et 353-354, et fig. p. 62 et 70. Je précise que la figure 54 a été ici délibérément inversée pour permettre une comparaison plus directe avec la fresque de Giotto. Au Palazzo Montalvo de Florence, il existe un sarcophage qui pourrait être la source directe de Giotto : A. Bush-Brown, « Giotto. Two Problems in the Origin of His Style », *The Art Bulletin*, XXXIV (1952), n° 1, p. 42-46, p. 44. Comme le rappelle l'auteur, Erwin Panofsky et Georg Swarzenski furent les premiers à proposer la comparaison entre la fresque de Giotto et un sarcophage où est représentée la légende de Méléagre. Le sarcophage conservé au Louvre, qui date de 190 ap. J.-C., fut copié à la lettre par Giuliano da Sangallo pour le monument funèbre de Lorenzo Sassetti (1485-1490) et il est conservé à Florence dans l'église Santa Trinita : A. Bush-Brown, « Giotto. Two Problems in the Origin of His Style », *op. cit.*, p. 44.

20. M. Barasch, *Gestures of Despair in Medieval and Early Renaissance Art*, New York University Press, New York, 1976, p. 23-27. Ayant repoussé l'amour de sa belle-mère Phèdre, qui se suicida pour lui, Hippolyte mourut emporté par ses propres chevaux qui s'étaient emballés à cause d'un taureau issu de la mer, envoyé à dessein par Poséidon.

21. M. Barasch, *Giotto and the Language of Gesture*, Cambridge University Press, Cambridge, 1987, p. 47.

22. Plutarque, *Vies parallèles, Démosthène et Cicéron*, vol. 12, introduction, traduction et notes de R. Flacelière et É. Chambry, CUF, Les Belles Lettres, Paris, 1976, avait souligné que la statue consacrée à Démosthène « a les doigts des mains entrelacés » et que le visage « a un air de sollicitude, songeur et soucieux ».

23. M. Borriello, M. P. Guidobaldi et P. G. Guzzo (dir.), *Ercolano, tre secoli di scoperte*, catalogue sous la direction de M. P. Guidobaldi, Electa, Milan, 2008, fig. 142 et p. 256. La fresque est conservée au Musée archéologique national de Naples.

24. M. Pierini, *Simone Martini*, *op. cit.*, p. 212-227, p. 224-225. *La Mise au tombeau du Christ* est conservée aux Staatliche Museen de Berlin.

25. Le retable du bienheureux Agostino Novello est conservé à la Pinacothèque nationale de Sienne ; il fut réalisé peu après 1309, année de la mort du saint : M. Pierini, *Simone Martini*, *op. cit.*, p. 158-163 et 225.

26. Dans une scène de la prédelle du grand panneau dédié à saint Louis de Toulouse canonisé en 1317, conservé au musée Capodimonte de Naples : M. Pierini, *Simone Martini*, *op. cit.*, p. 96-100.

27. *Missorium*, du participe passé du verbe latin *mittere*, « envoyer », part. pass. *missus*, « envoyé ». Cette assiette était d'ordinaire offerte, d'où le nom de *missorium*.

28. A. Grabar, *L'âge d'or de Justinien*, Gallimard, Paris, 1966, p. 303 et fig. 348, 349 et 351.

29. M. Kunze (dir.), *Staatliche Museen zu Berlin*, *op. cit.*, p. 194 s., n° 89, d'après la collection Grimani de Venise.

30. Apulée, *Les Métamorphoses*, tome I, texte établi par D. S. Robertson et traduit par P. Vallette, CUF, Les Belles Lettres, Paris, 2013 (1940), livre II, 21, 1 : « *Ac sic aggeratis in cumulum stragulis et effultus in cubitum suberectusque* [*in torum*], *porrigit dexteram et ad instar oratorum conformat articulum duobusque infimis conclusis digitis ceteros eminens* [*porrigens*] *et infesto pollice clementer subrigens infit Thelyphron.* »

31. « *Est autem gestus ille maxime communis, quo medius digitus in pollicem contrahitur explicitis tribus, et principiis utilis cum leni in utramque partem motu modice prolatus, simul capite atque umeris sensim ad id, quo manus feratur obsecundantibus, et in narrando certus, sed tum paulo productior, et in exprobrando et coarguendo acer atque instans : longius enim partibus his et liberius exseritur* » (« Un geste très commun, c'est d'avoir le doigt du milieu plié contre le pouce, et les trois autres déployés. Ce geste sied bien dans les exordes, lorsqu'il se balance doucement, et sans mesurer trop d'intervalle, tandis que la tête et les épaules suivent d'une manière presque insensible le mouvement de la main. Dans la narration, il doit être plus déterminé et en même temps un peu plus développé. Enfin, il doit être vif et pressant dans les reproches et l'argumentation, qui demandent plus d'essor et de liberté ») (Quintilien, *Institution oratoire*, tome VI, texte établi et traduit par J. Cousin, CUF, Les Belles Lettres, Paris, 1979, livre XI, 3, 92).

32. Rome, Bibliothèque apostolique vaticane, ms Vat. Lat. 3867, f. 100v. Voir I. F. Walther et N. Wolf, *Codices illustres. I codici miniati più belli del mondo, dal 400 al 1600*, Taschen-Interlogos, Cologne-Modène, 2003, notice et fig. p. 52.

33. Que l'on identifie d'ordinaire comme la partie frontale d'un casque de type à lamelles, mais il me paraît plus vraisemblable qu'il s'agit de la garniture d'un coffre précieux : C. Frugoni, « Immagini fra Tardo Antico

e Alto Medioevo : qualche appunto », dans *Morfologie sociali e culturali in Europa fra Tarda Antichità e Alto Medioevo*, XLVe semaine d'étude du Centre italien d'études sur le haut Moyen Âge, Cisam, Spolète, 1988, p. 703-744, p. 720-733.

34. En 643, le roi lombard mit pour la première fois par écrit et en latin les lois que son peuple avait jusqu'alors transmises oralement, y apportant des innovations significatives comme le remplacement du droit de justice privée (vendetta) par un dédommagement de l'offense en argent (*wergeld*).

35. L. Speciale, « Immagini della regalità longobarda. Da Agilulfo alle *Leges Langobardorum* », *Cahiers archéologiques*, XLVII (1999), p. 39-53, p. 44.

36. D. Gaborit-Chopin, *Regalia. Les instruments du sacre des rois de France. Les « honneurs de Charlemagne »*, Éditions de la Réunion des musées nationaux, Paris, 1987, p. 77 et 111, pl. VIII, 6. La véritable « main de justice » médiévale, conservée dans le trésor de l'abbaye de Saint-Denis, a disparu pendant la Révolution française. Celle que nous avons reproduite ici est une reconstitution de 1804, d'après des miniatures et des dessins médiévaux et des aquarelles du xviiie siècle (mais l'on a reconstitué par erreur la main droite au lieu de la gauche).

37. J.-P. Babelon, *La France de Saint Louis : septième centenaire de la mort de Saint Louis*, Salle des Gens d'Armes du Palais, Les Presses Artistiques, Paris, 1970, n° 213, p. 108 : *Registre des Ordonnances de l'Hôtel du roi*, Paris, Archives nationales, JJ 57 (AE II 327), f. 20r.

38. Paris, musée de l'Armée. Le tableau fut commandé pour le couronnement de 1804 ; D. Gaborit-Chopin, *Regalia*, *op. cit.*, p. 104.

39. Il s'agit d'une valve de diptyque provenant sans doute d'Espagne, conservée aujourd'hui aux Cloisters du Metropolitan Museum de New York ; H. Hibbard, *The Metropolitan Museum of Art*, Harrison House, New York, 1986, fig. 276.

40. F. Gandolfo, art. « Bernardus Gelduinus », *Enciclopedia dell'Arte medievale*, Istituto dell'Enciclopedia Italiana Treccani, Rome, 1992, vol. III, p. 425-429, p. 426 et fig. p. 428.

41. M. Durliat, « S. Saturnino », dans S. Bottari (dir.), *Tesori d'Arte Cristiana*, I. *Dal paleocristiano al romanico*, Officine grafiche Il Resto del Carlino, Bologne, 1966, p. 225-252, p. 237.

42. Ez 1, 4-12 : « Je regardais, et voici qu'un vent impétueux vint du septentrion, une grosse nuée et une gerbe de feu qui répandait de tous côtés une lumière éclatante, au centre de laquelle brillait comme de l'airain poli,

sortant du milieu du feu. Au centre encore apparaissait la figure de quatre animaux dont l'apparence était humaine. Chacun d'eux avait quatre faces et chacun quatre ailes. [...] Quant à leur visage, ils avaient tous une face d'homme, tous quatre une face de lion à droite, de bœuf à gauche, et tous quatre avaient une face d'aigle. [...] Chacun marchait droit devant soi ; ils allaient où l'esprit les poussait à aller » (« *Et vidi et ecce ventus turbinis veniebat ab aquilone et nubes magna, et ignis involvens, et splendor in circuitu eius, et de medio eius quasi species electri, id est de medio ignis, et ex medio eorum similitudo quattuor animalium et hic aspectus eorum, similitudo hominis in eis. Quattuor facies uni, et quattuor pinnae uni.* [...] *Similitudo autem vultus eorum, facies hominis et facies leonis a dextris ipsorum quattuor, facies autem bovis a sinistris ipsorum quattuor, et facies aquilae ipsorum quattuor* [...] *Ubi erat impetus spiritus, illuc gradiebantur* ») ; Ap 4, 6-8 : « Il y avait aussi devant le trône une mer transparente semblable à du cristal, et au milieu du trône et autour du trône, quatre animaux pleins d'yeux devant et derrière. Le premier animal ressemblait à un lion ; le second ressemblait à un veau ; le troisième animal avait le visage d'un homme ; et le quatrième animal ressemblait à un aigle qui vole. Et les quatre animaux avaient chacun six ailes, et à l'entour et au-dedans, ils étaient pleins d'yeux ; et ils ne cessaient de répéter jour et nuit : "Saint, saint, saint est le Seigneur Dieu tout-puissant, qui était, qui est et qui sera" » (« *Et in conspectu sedis tamquam mare vitreum simile cristallo : et in medio sedis et in circuitu sedis quattuor animalia plena oculis ante et retro. Et animal primum simile leoni et secundum animal simile vitulo et tertium animal habens faciem quasi hominis et quartum animal simile aquilae volanti. Et quattuor animalia singula eorum habebant alas senas et in circuitu et intus plena sunt oculis et requiem non habent die et nocte dicentia : "Sanctus, sanctus, sanctus Dominus Deus omnipotens, qui erat et qui est et qui venturus est"* »).

43. Hieronymi *Commentariorum in evangelium Matthaei libri quatuor*, livre I, Prologus, PL XXVI, col. 19.

44. Le Christ est assis en l'occurrence entre l'impératrice Zoé (vers 978-1050) et peut-être Constantin VIII.

45. M. Barasch, *Giotto and the Language of Gesture*, *op. cit.*, chap. « The Speaking Hand », p. 18-20.

46. Les travaux pour l'achèvement de la mosaïque se prolongèrent pendant une vingtaine d'années, de 1301 à 1321 : M. Burresi et A. Caleca (dir.), *Cimabue a Pisa*, Pacini, Pise, 2005, p. 248-249, fig. p. 249.

47. C. Settis Frugoni, « Per una lettura del mosaico pavimentale della cattedrale di Otranto », *Bullettino dell'Istituto Storico Italiano per il Medioevo*, LXXX (1968), p. 213-256 ; C. Settis Frugoni, « Il mosaico di Otranto : modelli culturali e scelte iconografiche », *Bullettino dell'Istituto Storico Italiano per il Medioevo*, LXXXII (1970), p. 243-270 ; M. A. Castiñeiras González, « L'Oriente immaginato nel mosaico di Otranto », dans A. C. Quintavalle (dir.), *Medioevo Mediterraneo, l'Occidente, Bisanzio e l'Islam*, Electa, Milan, 2007, p. 590-603.

48. Dans la section transversale du transept, côté est : E. Kitzinger, *I mosaici di Monreale*, Flaccovio, Palerme, 1960, pl. 81, p. 25.

49. F. Bologna (dir.), *Avori medievali, da Amalfi a Salerno*, Paparo, Naples, 2008, vol. II, p. 234 et fig. p. 235.

50. M. Castiñeiras et J. Camps, avec la collaboration de J. Duran-Porta, *El Románico en las colecciones del MNAC*, *op. cit.*, fig. 89 p. 124.

51. *Ibid.*, fig. p. 107. Il s'agit d'un détail du devant d'autel « de Tavèrnoles », de la seconde moitié du XIIe siècle, provenant de l'église de Sant Serni de Tavèrnoles (Haut Urgell) et conservé au MNAC de Barcelone.

52. F. Garnier, *Le langage de l'image au Moyen Âge*, *op. cit.*, vol. I, fig. E p. 177. La miniature commente le début du Psaume 21, 1 : « *Deus meus, respice in me. Quare me dereliquisti ?* », que l'on chante dans le graduel du dimanche des Rameaux. Le Mans, Bibliothèque municipale, ms 228, f. 37v, fin du XIe siècle. Le graduel (*liber gradualis*) est le livre de chants pour la messe. Il dérive du chant dit « graduel » qu'entonne le chantre sur les marches (*gradus*) de l'ambon, auquel participaient tous les fidèles en répétant le refrain. À l'entrée du chœur de certains édifices ecclésiastiques, l'ambon, du grec « tribune », est une petite construction surélevée et sans couverture, réservée aux lectures liturgiques (l'évangile et les épîtres surtout) ou aux prêches.

53. J. Bulwer (attribué), *Chirologia. Or the Natural Language of the Hand and Chironomia or the Art of Manual Rhetoric*, éd. J. W. Cleary, Southern Illinois University Press, Carbondale, 1974, *Gestus* XVII : *Juro*, 47, 117, cité par M. Aronberg Lavin et I. Lavin, « Rembrandt. "La sposa ebrea" sorella e moglie », *op. cit.*, p. 217-248, p. 236.

54. On peut lire dans ce cartouche : « [*Et*] *ne magnitudo revelationum extollat me* », mais le verset continue ainsi : « *datus est mihi stimulus carnis meae, angelus Satanae* » (« Et de crainte que l'excellence de mes révélations ne vînt m'enfler d'orgueil, il m'a été mis une écharde dans la chair, l'ange de Satan, afin que je ne m'enorgueillisse point »).

55. D. Faure et V. Rouchon Mouilleron, *Cloîtres, jardins de prières*, *op. cit.*, fig. 174-176.

56. Maître de Lluçà (XIIIe siècle), *Annonciation*, détail, Vic, Espagne, Museu Episcopal ; G. Santambrogio, *Annunciazione. Le più belle rappresentazioni nell'arte*, De Agostini, Novare, 2006, p. 21.

57. F. Garnier, *Le langage de l'image au Moyen Âge*, *op. cit.*, vol. I, fig. B(36) p. 177, Dijon, Bibliothèque municipale, première moitié du XIIe siècle, ms 2, f. 235v.

58. Le titre, *Digestum novum*, dérive du règlement et de la nouvelle domination que le juriste Irnerius, professeur de droit à Bologne (XIe-XIIe siècles), donna au *Corpus iuris* justinien. Au sujet de cette miniature, voir F. Garnier, *Le langage de l'image au Moyen Âge*, *op. cit.*, vol. I, p. 176 ; Paris, bibliothèque Sainte-Geneviève, moitié du XIIIe siècle, ms 395, f. 76v.

59. La main droite de Childebert, index pointé, exprime le pouvoir du souverain de donner des ordres, tandis que le bras gauche, avec la main appuyée sur la cuisse et le coude tourné vers l'extérieur, indique le pouvoir dont jouit le souverain. Paris, bibliothèque Sainte-Geneviève, ms 782, f. 16v : *Grandes chroniques de France de Saint-Denis*, 1275.

60. C. Frugoni, « La sottomissione di Teofilo al diavolo. A proposito di raccomandati e vassalli », dans D. Corsi et M. Duni (dir.), *« Non lasciare vivere la malefica ». Le streghe nei trattati e nei processi (secoli XIV-XVII)*, Firenze University Press, Florence, 2009, p. 129-154, p. 139-141.

61. G. Noga-Banai, *The Trophies of the Martyrs. An Art Historical Study of Early Christian Silver Reliquaries*, Oxford University Press, Oxford, 2008, fig. 51 p. 72.

62. Velislai *Biblia picta*, éd. K. Stejskal, Pragopress, Pragae, 1970, f. 77r (édition en fac-similé). Cette Bible fut probablement réalisée par le chanoine Velislav (dont on a retrouvé la trace entre 1341 et 1354), protonotaire de Charles IV. Le manuscrit est conservé à Prague, à la Bibliothèque nationale de la République tchèque (Národní knihovna České republiky), ms n. XXIII C 124, f. 77r.

63. G. B. Guest (éd.), *Bible moralisée*, *op. cit.*, f. 8v, col. b et p. 62.

64. L. Reekmans, « La *dextrarum junctio* dans l'iconographie romaine et paléochrétienne », *Bulletin de l'Institut historique belge de Rome*, XXXI (1958), p. 25-94, p. 40 (sur le sarcophage de Mantoue).

65. G. B. Guest (éd.), *Bible moralisée*, *op. cit.*, f. 2r, col. a et p. 55 ; f. 5v, col. b et p. 59.

66. Voir par exemple le retable d'autel de Barna da Siena (ou d'un de ses disciples) de 1350-1370, conservé au Museum of Fine Arts de Boston : le Christ adulte tend l'alliance à la sainte reine, qui porte déjà la palme du martyre. Sur les autres épisodes qui complètent le retable, voir C. FRUGONI, *Una lontana città. Sentimenti e immagini nel Medioevo*, Einaudi, Turin, 1983, p. 106-107, fig. 52. Le retable est un tableau que l'on place au-dessus de l'autel.

67. L'évangéliaire est un livre liturgique où sont réunis des passages choisis des évangiles, que l'on appelle péricopes.

68. Munich, Staatsbibliothek, ms Clm. 4453 Cin. 58, f. 28r. Sur ce thème, voir C. FRUGONI, « L'iconografia del matrimonio e della coppia nel Medioevo », dans *Il matrimonio nella società altomedioevale*, Actes de la XXIVe semaine d'étude du Centre italien d'études sur le haut Moyen Âge, Cisam, Spolète, 1977, vol. II, p. 901-963.

69. QUINTILIEN, *Institutio oratoria*, *op. cit.*, livre XI, 3, 95, vol. II : « *Idem summo articulo utrimque leviter adprenso, duobus modice curvatis, minus tamen minimo, aptus ad disputandum est. Acrius tamen argumentari videntur, qui medium articulum potius tenent, tanto contractioribus ultimis digitis, quanto priores descenderunt* » (« Ce même geste, quand on pose légèrement, sur l'extrémité de l'index, le médius et le pouce, en courbant un peu les deux derniers, mais le plus petit moins que l'autre, ce même geste, dis-je, est propre à la discussion. Cependant l'argumentation paraît plus vive si l'on tient plutôt l'index par le milieu, en contractant d'autant plus les derniers doigts que les premiers sont repliés »).

70. P. L. ROBERTS, *Masolino da Panicale*, Clarendon Press, Oxford, 1993, p. 100-116.

71. A. FRUGONI, « I temi della morte nell'affresco della chiesa dei disciplini a Clusone », *Bollettino dell'Istituto Storico Italiano per il Medioevo*, LXIX (1957), p. 1-38 ; C. CIOCIOLA, « "Ognia omo more e questo mondo lassa" : altre laude dipinte (Saluzzo, Clusone), mobilità dei tituli », dans ID., *Visibile parlare. Agenda*, Università degli Studi di Cassino, Cassino, 1992, p. 102-106 ; A. TENENTI (dir.), *Humana fragilitas. I temi della morte in Europa tra Duecento e Settecento*, Ferrari Editrice, Clusone, 2000, p. 44-47.

72. À noter également le geste de l'autre philosophe (derrière celui qui discute avec sainte Catherine) qui se tient le menton en signe de consternation : ses convictions religieuses vacillent. Au sujet de ces fresques, voir S. ROMANO, « Affreschi angioini in S. Giovanni Evangelista a Priverno »,

Storia dell'arte, LXIV (1988), p. 197-203, p. 199, fig. 1-16 ; la fresque où se trouve la *Controverse de sainte Catherine* est dans la fig. 5 ; EAD., *Eclissi di Roma. Pittura murale a Roma e nel Lazio da Bonifacio VIII a Martino V (1295-1431)*, Argos, Rome, 1992, p. 360-367. Je remercie don Giovanni Gallinari de Priverno de m'avoir accueillie si aimablement.

73. D. MORRIS, « Le tue mani parlano », *Panorama*, 21 mars 1978, p. 125-133 ; l'homme politique allemand effectue ce même geste avec la même signification : D. MORRIS, *La clé des gestes*, Grasset, Paris, 1979.

74. R. FASCIETTI, « Paolo da Visso e le sue fantasticherie », *I beni culturali*, XV (2007), n° 3, p. 19-32, p. 26-27.

75. Conservé au musée de Visso (Macerata), provenant de Nocelleto di Castelsantangelo sul Nera (Macerata). Je remercie Giuseppe Capriotti de m'avoir signalé ce tableau.

76. Sur l'origine du soleil radieux, qui est peint d'ordinaire à l'intérieur d'un panneau, une invention de saint Bernardin, et sur les inscriptions qui l'accompagnent, voir plus loin, chap. III, p. 139-140. Le trigramme (composé de « tri » et *gramma*, « caractère, lettre de l'alphabet » en grec) IHS correspond aussi bien à l'abréviation du nom de Jésus écrit en grec qu'à l'acronyme « *Iesus Hominum Salvator* », « Jésus sauveur d'hommes ».

77. S. FERRI, *Vita del b. Pietro Pettinajo sanese del terz'ordine di san Francesco volgarizzata da una leggenda latina del 1333 per f. Serafino Ferri agostiniano di Lecceto l'anno 1508, corretta, e riordinata con annotazioni, ed aggiunte dal padre maestro De Angelis*, Fr. Rossi et fils, Sienne, 1802, chap. VI, p. 70 : « Il parlait avec précaution ou bien se taisait le plus souvent, ou ne parlait que pour dire des choses sensées. Où qu'il allât et qu'il se trouvât, Pietro avait l'habitude de tenir presque toujours la main sur sa bouche, comme tout homme qui prend bien garde à ce qu'il dit, craignant de dire quelque chose d'inutile. » Le chap. IX, *ibid.*, p. 84-113, est tout entier consacré aux conseils de Pietro Pettinaio dans le domaine politique.

78. C. FRUGONI, *Una lontana città*, *op. cit.*, p. 94-95.

79. PLUTARQUE, *Œuvres morales. Tome V, 2e partie : Traité 23, Isis et Osiris*, édité et traduit par Christian Froidefond, CUF, Les Belles Lettres, Paris, 1988, chap. LXVIII. A. CHASTEL, *Le geste dans l'art*, Liana Levi, Paris, 2008, p. 70.

80. A. CHASTEL, *Le geste dans l'art*, *op. cit.*, p. 86-87. Sur la signification de l'auréole rhomboïdale, voir ici, chap. III, p. 143-144.

Chapitre III

1. *Scriptorium* signifie centre d'écriture. On indique par ce terme le lieu où, au Moyen Âge, les scribes, des moines le plus souvent, transcrivaient les manuscrits.

2. L. Grodecki, F. Mütherich, J. Taralon et F. Wormald, *Il secolo dell'Anno Mille*, *op. cit.*, p. 92 et fig. 84 p. 94 ; Brême, Staatsbibliothek, évangéliaire (ou livre des péricopes) d'Echternach, ms b. 21, f. 124v (vers 1039).

3. Sur ce retable, voir C. Frugoni, *Francesco : un'altra storia*, Marietti, Gênes, 1988, 2005[2] ; A. Tartuferi, *La pittura a Firenze nel Duecento*, Bruschi, Florence, 1990, p. 25-27.

4. Il s'agit d'un peintre anonyme vénitien auquel on doit la fresque du xve siècle qui figure dans l'église de Sant'Orsola à San Vigo di Cadore. Cette fresque est reproduite dans l'édition italienne de la *Légende dorée* de Jacques de Voragine, *Legenda aurea*, texte établi et annoté par A. Levasti, présentation de F. Cardini et M. Martelli, Le Lettere, Florence, 2000, tome II, fig. p. 233.

5. R. Brilliant, *Gesture and Rank in Roman Art. The Use of Gestures to Denote Status in Roman Sculpture and Coinage*, *op. cit.*, p. 163-165.

6. A. Gabucci, *Roma*, Electa, Milan, 2005, p. 28.

7. M. Corbier, *Donner à voir, donner à lire. Mémoire et communication dans la Rome ancienne*, CNRS Éditions, Paris, 2006, p. 95 et fig. 52 p. 96.

8. Voir également G. Schiller, *Ikonographie der christlichen Kunst*, G. Mohn, Gütersloh, 1976, vol. IV, 1, *Die Kirche*, p. 84-89 ; N. Duval, *La mosaïque funéraire dans l'art paléochrétien*, Longo, Ravenne, 1976, p. 60, fig. 30, note 65. Une bonne photographie en couleur dans M. Yacoub, *Pièces maîtresses des musées de Tunisie*, Éditions Carthacom, Tunis, 1994, p. 119 et fig. 36.

9. A. Grabar, « Plotin et les origines de l'esthétique médiévale », *Cahiers archéologiques*, I (1946), p. 15-34 ; repris dans Id., *Les origines de l'esthétique médiévale*, Macula, Paris, 1992, p. 29-87.

10. L. Ghiberti, *Commentari*, Giunti, Florence, 1998, livre II, 3.1, p. 88. En 1979, certains fragments sont réapparus, le plus important desquels étant justement celui de l'orage qui éclata lors du martyre des Franciscains dans la ville de Thana, près de Bombay, en Inde : on reconnaît notamment le bateau sur le point de couler à pic, la pluie et la grêle qui s'abattent en

diagonale sur tout le paysage. Malheureusement, en dépit d'une restauration minutieuse, la reproduction de la fresque n'est guère lisible. Sur ces fresques, voir C. FRUGONI, « Gli affreschi del chiostro di San Francesco. I Tartari a Siena », dans C. FRUGONI (dir.), *Pietro e Ambrogio Lorenzetti*, Menarini - Le Lettere, Florence, 2002, p. 187-193.

11. G. W. AHLQUIST et W. R. COOK, « Representation of Posthumous Miracles of St. Francis », dans W. R. COOK (dir.), *The Art of the Franciscan Order in Italy*, Brill, Leyde, 2005, vol. I, p. 211-256, fig. 1-5 en couleur, p. 218-222, fig. 2. En ce qui concerne l'église de San Giorgio comme première sépulture de saint François, voir THOMAE DE CELANO *Vita prima sancti Francisci*, chap. X, 23, dans *Analecta Franciscana*, Ex Typ. Collegii S. Bonaventurae, Ad Claras Aquas prope Florentiam, 1926-1941, X, p. 20.

12. J. HUBERT, J. PORCHER et W. F. VOLBACH, *L'Impero carolingio*, Feltrinelli, Milan, 1968, p. 85 et 348 ; Paris, Bibliothèque nationale, ms Lat. 8850, f. 124r.

13. « *In mense autem sexto missus est angelus Gabriel a Deo in civitatem Galilaeae, cui nomen Nazareth, ad virginem desponsatam viro, cui nomen erat Ioseph, de domo David, et nomen virginis Maria. Et ingressus angelus ad eam dixit : "Ave, gratia plena, Dominus tecum."* »

14. Du grec « deux plis ». Le diptyque est constitué de deux tablettes reliées par une charnière et enduites de cire à l'intérieur, sur lesquelles les anciens Romains prenaient des notes. L'extérieur pouvait être en ivoire sculpté. Au Moyen Âge, étant donné la pénurie d'ivoire, on réutilisa souvent des plaques d'ivoire antiques. Le terme peut également désigner un tableau pliant formé de deux volets reliés par une charnière.

15. Au XIXe siècle, ce diptyque faisait partie de la collection de la famille noble austro-bohémienne Harrach ; c'est la raison pour laquelle il est connu sous le nom de « diptyque Harrach ».

16. Cité du Vatican, Musées du Vatican ; P. ZANKER et B. C. EWALD, *Vivere con i miti. L'iconografia dei sarcofagi romani*, *op. cit.*, fig. 45 p. 64.

17. Pour les passages scripturaux de saint Ambroise, de saint Augustin et d'autres exégètes médiévaux relatifs à la signification du « huitième » jour, voir R. KRAUTHEIMER, « Iconography of Mediaeval Architecture », *Journal of the Warburg and Courtauld Institutes*, V (1942), p. 1-33, p. 11-12, mais je précise tout de même que, dans cet article, le renvoi à saint Augustin, *De civitate Dei*, XV, 20, PL XLI, col. 462 s., s'il est en soi exact, ne se réfère pas au thème en question, et qu'il doit donc être remplacé par : *De civitate Dei*, XXII, 30, 5, PL XLI, col. 804.

18. « *An ignoratis quia quicumque baptizati sumus in Christo Iesu in morte ipsius baptizati sumus ? Consepulti enim sumus cum illo per baptismum in mortem, ut, quomodo Christus surrexit a mortuis per gloriam Patris, ita et nos in novitatae vitae ambulemus.* »

19. « *Fons hic est vitae, qui totum diluit orbe sumens de Christi vulnere principium* » (P. A. Underwood, « The Fountain of Life, in Manuscripts of the Gospels », *Dumbarton Oaks Papers*, V [1950], p. 43-138, p. 45 et 81).

20. R. Krautheimer, « Iconography of Mediaeval Architecture », *op. cit.*, p. 17.

21. *Ibid.*, p. 30.

22. *Ibid.*, p. 32.

23. Autrement dit, il abandonna les stylisations de l'art byzantin et se mit à admirer l'art classique romain en appliquant les principes naturalistes à sa propre manière de peindre ; Cennino Cennini, *Il libro dell'Arte*, éd. F. Frezzato, Neri Pozza, Vicence, 1992, chap. I, p. 63.

24. C. Frugoni, *L'affare migliore di Enrico*, *op. cit.*, p. 137-140.

25. Inspiré par Dieu, le grand prêtre avait demandé à tous les prétendants de Marie d'apporter une branche de bois mort et de la déposer sur l'autel du temple. L'époux élu serait celui dont la baguette fleurirait miraculeusement. Cette légende est racontée en détail dans la *Légende dorée*, célèbre texte du Moyen Âge : Jacques de Voragine, *Legenda aurea*, édition italienne sous la direction d'A. et L. Vitale Brovarone, Einaudi, Turin, 1995, chap. CXXXI, p. 730 ; édition critique en latin sous la direction de G. P. Maggioni, Sismel Edizioni del Galluzzo, Florence, 1998, vol. II, chap. CXXVII, p. 905-906 ; édition et traduction française sous la direction de J.-B. Roze, Garnier-Flammarion, Paris, 1967, vol. II.

26. S. Kemperdick (dir.), *The Master of Flémalle and Rogier Van der Weyden*, Städel Museum, Berlin, 2009, p. 52.

27. Dans la biographie de la bienheureuse Marguerite de Città di Castello, qui date de la fin du XIVe siècle ou du début du XVe, on raconte que l'on retrouva dans son cœur toute la Sainte Famille en miniature. Joseph, notamment, est décrit comme « *imago cuiusdam viri calvi cum barba canuta, cum pallio aureo super spatula superposito* » (C. Frugoni, « Su un "immaginario" possibile di Margherita da Città di Castello », dans Collectif, *Il movimento religioso femminile in Umbria nei secoli XIII-XIV*, La Nuova Italia - Regione dell'Umbria, Florence-Pérouse, 1984, p. 205-216, p. 215). Dans le tableau de Raphaël, Marie n'a pas précisément

besoin d'un vêtement à l'antique parce que c'est sa jeunesse et sa beauté pudique, plutôt que sa mise, qui révèlent son identité.

28. B. Blumenkranz, *Le Juif médiéval au miroir de l'art chrétien*, Études augustiniennes, Paris, 1966, p. 51 s.

29. J'écris ici Giotto pour plus de commodité afin de désigner sous cette dénomination le peintre qui eut la responsabilité de concevoir et de peindre, en compagnie de nombreux collaborateurs, le cycle de fresques franciscaines, sans me ranger pour autant à l'avis de ceux qui lui en attribuent la paternité. Je laisse les historiens de l'art débattre la question de savoir si Giotto en est l'auteur.

30. B. Zanardi, *Il cantiere di Giotto. Le storie di san Francesco ad Assisi*, introduction de F. Zeri et notes historico-iconographiques de C. Frugoni, Skira, Milan, 1996, p. 140-142, fig. p. 141.

31. Didon, Énée et un autre convive ont tous trois la tête entourée du nimbe dans la miniature du manuscrit de 500 environ que nous avons précédemment cité et que l'on connaît également sous le nom de *Vergilius Romanus* (voir chap. II, p. 69).

32. Virgile, *Énéide*, texte établi et traduit par J. Perret, CUF, Les Belles Lettres, Paris, 1977, tome I, livre II, v. 615-616.

33. « *Nimbo effulgens ; nube divina. Est enim fulgidum lumen, quo deorum capita cinguntur ; sic etiam pingi solet* » (Servii Grammatici *qui feruntur in Vergilii Carmina Commentarii*, éd. G. Thilo et H. Hagen, Teubner, Lipsiae, 1871, vol. I, p. 310).

34. *Ibid.*, vol. I, p. 304 : « *In luce, in nimbo qui cum numinibus semper est.* »

35. O. Brendel, « Origin and Meaning of the Mandorla », *Gazette des beaux-arts*, XXV (1944), n° 1, p. 5-24, remarque que dans les représentations les plus anciennes la mandorle a une forme ovale et représente la gloire de Dieu de l'Ancien Testament sous forme de nuage (Ex 24, 15-18 : « *Et habitavit gloria Domini super Sinai tegens illum nube sex diebus septimo autem die vocavit eum de medio caliginis* », « Et la gloire de Iahvé demeura sur le mont Sinaï, et la nuée le couvrit pendant six jours » ; « *Et ecce gloria Domini apparuit in nube* », Ex 16, 10) ; c'est la raison pour laquelle on voit surtout ce détail iconographique dans la *Transfiguration* et l'*Ascension* du Christ. L. Donati, « L'origine dell'aureola ogivale », *La bibliofilia*, LIX (1957), n° 2-3, p. 101-107 avance une hypothèse séduisante en ce qui concerne la mandorle à angles aigus. Il rappelle comment, dans l'Apocalypse (7, 2), après l'ouverture du sixième sceau, apparaît un ange

« qui montait du côté du soleil levant, et qui tenait le sceau du Dieu vivant » (« *Et vidi alterum angelum ascendentem ab ortu solis, habentem signum Dei vivi* »). Au XIIe siècle, la mandorle a des angles aigus parce qu'elle prend la forme du sceau diplomatique, en cire, de nombreux documents. À l'appui de sa thèse, il mentionne (*ibid.*, p. 103, fig. 3) la miniature d'une traduction glosée de l'Apocalypse (Paris, Bibliothèque nationale, ms Fr. 403, f. 36 du XIIIe siècle), qui illustre, au chap. XIX, 10, le verset de l'Apocalypse que nous venons de citer. La miniature montre justement un ange qui tient d'une main le Christ en gloire dans une mandorle, c'est-à-dire, selon l'auteur, un sceau où figure le Christ en gloire. Donati signale encore (*ibid.*, p. 106, fig. 4) un véritable sceau en cire, ovale et à arcs en ogive, du chapitre d'Oudmunster près d'Utrecht, apposé à un document du 1er février 1296, à l'intérieur duquel figure un Christ apocalyptique en gloire entre les lettres alpha et oméga (Ap 1, 8 : « *Ego sum Alpha et Omega principium et finis, dicit Dominus Deus, qui est et qui erat et qui venturus est Omnipotens* »).

36. F. Sacchetti, *I sermoni evangelici, le lettere*, Le Monnier, Florence, 1857, p. 215-216.

37. P. Pastres, « Le raffigurazioni del Beato Bertrando descritte da Mauro Boni », *Memorie storiche forogiuliesi*, LXXXVII (2007), p. 65-84, notamment p. 75-77, fig. p. 79. L'abbé Boni vécut à Udine de 1795 à 1797.

38. Ce détail iconographique respecte une pratique réelle de prudence ecclésiastique qui se perpétua dans certains petits villages jusqu'au début du XXe siècle. En ce qui concerne la citation relative à la toile, voir M. Faloci Pulignani, « Le cronache di Spello degli Olorini », *Bollettino della R. Deputazione di Storia Patria per l'Umbria*, XXIII (1918), p. 239-298, p. 283. Sur l'iconographie de saint Bernardin, voir C. Frugoni, « L'immagine del predicatore nell'iconografia medioevale (sec. XIII-XV) », *Medioevo e Rinascimento*, III (1989) [ma 1990], p. 287-299, p. 287-290 et fig. 1-3.

39. Bartholomaei Florentini *Tractatus contra novum characterem huius nominis Iesus*, cité par É. Longpré, « Saint Bernardin de Sienne et le nom de Jésus », *Archivum Franciscanum Historicum*, XXIX (1936), p. 443-477, p. 466.

40. « *In diocesi Urbinate quidam rustici solem surgentem adorare coeperunt, Creatorem confitentes ipsum ; et a quodam scholari transeunte redarguti, dixerunt quod "hunc nobis praedicat et pingit frater Bernardinus".* » Le passage de Bartolomeo Fiorentino est rapporté par É. Longpré, « Saint Bernardin de Sienne », *op. cit.*, p. 467.

41. C. Frugoni, « L'immagine del predicatore nell'iconografia medioevale (sec. xiii-xv) », *op. cit.*, p. 288.

42. Pour de plus amples informations sur l'église et sur le programme des mosaïques, ainsi qu'une bibliographie mise à jour, voir M. Andaloro, *La pittura medievale a Roma, 312-1431*, *Atlante*, Jaca Book, Milan, 2006, vol. I, p. 295-306.

43. Jean Diacre conclut ainsi la description du portrait du souverain pontife : « *Circa verticem vero tabulae similitudinem, quod viventis insigne est, praeferens, non coronam. Ex quo manifestissime declaratur, quia Gregorius dum adhuc viveret, suam similitudinem depingi salubriter voluit, in qua posset a suis monachis non pro elationis gloria sed pro cognitae districtionis cautela frequentius intueri* » (Iohannis Diaconi *Vita Gregorii magni*, livre IV, chap. LXXXIV, passage reproduit par J. von Schlosser, *La Letteratura Artistica. Manuale delle fonti della storia dell'arte moderna*, La Nuova Italia - Kunstverlag A. Schroll & CO, Florence-Vienne, 1964, p. 139-140).

44. W. de Grüneisen, « Intorno all'antico uso egiziano di raffigurare i defunti davanti al loro sepolcro », *Archivio della reale Società romana di Storia patria*, XXIX (1906), p. 230-239.

45. I. Baldelli, « *Insigne viventis* : postille all'interpretazione del nimbo quadrato », *Annali della Facoltà di Lettere e Filosofia dell'Università di Perugia*, Sezione II, Studi storico-antropologici, XXXVI = n.s. XXII (1998-1999), p. 31-47, en particulier p. 40-45. F. Gandolfo, « Noterelle a margine del nimbo quadrato », dans A. Calzona (dir.), *Immagine e ideologia. Studi in onore di Arturo Carlo Quintavalle*, Electa, Milan, 2007, p. 65-72, précise également (*ibid.*, p. 67) que le cadre signalait le portrait d'une personne de son vivant ou telle qu'elle était de son vivant. Il remarque que les deux cadres latéraux avancent parfois comme pour tenir lieu d'ailes à la partie centrale, probablement, estime l'auteur, pour donner l'illusion d'une peinture sur bois. Il rappelle par ailleurs que dans certains rouleaux liturgiques, qu'on appelle *Exultet*, le cadre aux ailes latérales autour de la tête d'un clerc est censé représenter un parement religieux, l'amict, comme l'avait déjà supposé Géza de Francovich à son époque.

46. Un naturaliste hypothétique, le Physiologiste, fournit des informations sur le monde animal (ainsi que sur le monde fabuleux) dans un petit livre intitulé *Physiologus* ou *Bestiaire*, auquel s'ajoute une série d'interprétations morales qui s'appuient sur les Saintes Écritures. Ces renseignements, fruits d'une simple compilation, transmettent des observations

d'auteurs grecs et latins pour la plupart. De tels récits aidaient à graver dans la mémoire une grande quantité de versets de la Bible. Les histoires, qu'on tenait pour absolument véridiques, étaient si agréables que l'ouvrage, qui nous est parvenu sous différentes versions, à mi-chemin entre l'encyclopédie de sciences naturelles et la fable moralisée, connut un immense succès au Moyen Âge.

47. F. Zambon (dir.), *Il Fisiologo*, traduction du *Physiologus* grec, Adelphi, Milan, 1975, chap. VII, p. 45-46 ; F. J. Carmody (éd.), *Physiologus latinus. Versio Y*, University of California Press, Berkeley-Los Angeles, 1941, chap. IX, p. 108-109.

48. A. Paolucci (dir.), *Il Battistero di San Giovanni a Firenze*, Panini, Modène, 1994, I. *Testi*, notice, p. 405-406 ; II. *Atlante*, fig. 106-111.

49. Image tirée de R. Mancini, *La lingua degli dei. Il silenzio dall'Antichità al Rinascimento*, A. Colla, Costabissara, 2008, fig. 8 p. 91.

Chapitre IV

1. B. Blumenkranz, *Le Juif médiéval au miroir de l'art chrétien*, *op. cit.*, p. 16 s.

2. *Ibid.*, p. 45.

3. Cette prescription fut émise en 1269 sous de fortes pressions dominicaines, puis abolie par Philippe III le Hardi en 1272 : C. Mercuri, *Corona di Cristo, corona di re. La monarchia francese e la corona di spine nel Medioevo*, Edizioni di Storia e Letteratura, Rome, 2004, p. 140. Le miniaturiste qui montra Philippe Auguste en train d'expulser les Juifs de France en 1182 (voir ici fig. 124) les représenta tels qu'il les avait vus près d'un siècle et demi plus tard au cours de leur bref retour en France entre 1315 et 1322 : B. Blumenkranz, *Le Juif médiéval au miroir de l'art chrétien*, *op. cit.*, p. 31.

4. C. Frugoni (dir.), *Il Villani illustrato. Firenze e l'Italia medioevale nelle 253 immagini del ms. Chigiano L VIII 296 della Biblioteca Vaticana*, Bibliothèque apostolique vaticane - Le Lettere, Rome-Florence, 2005, p. 183, f. 149v.

5. À l'origine, ce panneau tenait lieu de prédelle au retable de la *Communion des apôtres* de Juste de Gand dans l'église du Corpus Domini d'Urbino, avant de parvenir par la suite, terriblement endommagé, au

musée des Marches de cette même ville. L'histoire tragique se déroule en six épisodes : le troc ; la profanation de l'hostie, que l'on fait brûler mais qui commence à saigner ; la procession vers l'église pour consacrer à nouveau la particule ; la femme coupable du troc mise au supplice ; le bûcher du marchand juif et de toute sa famille ; la querelle entre les démons et les anges pour s'emparer du corps de la femme pécheresse. À propos de ce panneau, voir M. Aronberg Lavin, « The Altar of Corpus Domini in Urbino. Paolo Uccello, Joos Van Ghent, Piero della Francesca », *The Art Bulletin*, XLIX (1967), p. 1-24.

6. C. Frugoni, « La porta in bronzo della chiesa di S. Zeno a Verona », dans A. Castagnetti, G. M. Varanini (dir.), *Il Veneto nel Medioevo. Dai Comuni cittadini al predominio scaligero nella Marca*, Banca popolare di Verona, Vérone, 1991, p. 165-208, p. 168 et 179.

7. *Bible moralisée*, miniature de la moitié du XIIIe siècle, Oxford, Bodleian Library, ms 270b, f. 43v. Voir B. Blumenkranz, *Le Juif médiéval au miroir de l'art chrétien*, *op. cit.*, p. 63 et fig. 31 p. 65.

8. Pseudo-Matthieu, *Évangile*, 2, 1, dans *Tutti gli Apocrifi del Nuovo Testamento. I Vangeli*, éd. L. Moraldi, Piemme, Casale Monferrato, 1994, p. 350.

9. Pour l'explication, voir *La Sacra Bibbia*, éd. S. Garofalo, F. Vattioni et L. Algisi, Marietti, Turin, 1964, vol. III, p. 74. Sur le phylactère, voir également J. Riess, « The Jew and Judaism in Giotto's Arena Chapel Frescoes », dans L. Catterson et M. Zucker (dir.), *Watching Art. Writings in Honour of James Beck*, Ediart, Todi, 2006, p. 217-228, p. 219.

10. Paris, Bibliothèque nationale, ms Lat. 8846, f. 2v, reproduit dans J. Devisse, *L'image du Noir dans l'art occidental*, II. *Des premiers siècles chrétiens aux « Grandes Découvertes »*, Office du Livre, Fribourg, 1979, tome I, fig. 25 p. 71.

11. J. Devisse, *L'image du Noir dans l'art occidental*, *op. cit.*, tome I, fig. 29 p. 73 : Laon, Bibliothèque municipale, ms 550, f. 6r. Pour la figure 133 : S. Bruno (dir.), *Guida al museo diocesano di Velletri*, Canale, Turin, 2008, p. 32 et 40-41.

12. J. Devisse, *L'image du Noir dans l'art occidental*, *op. cit.*, tome I, p. 160-166, où sont expliquées les raisons politiques d'un tel changement iconographique, et fig. p. 161-163. La statue de saint Maurice, de 1240-1250 environ, est conservée dans la cathédrale de Magdebourg, en Allemagne.

13. A. Geretti et S. Castri (dir.), *Apocrifi. Memorie e leggende oltre i Vangeli*, Skira, Milan, 2009, fig. p. 145 et p. 216.

14. Petri Chrysologi *Sermones*, *Sermo* CLVIII, 3, *De epiphania et magis*, PL LII, col. 619.

15. M. Elissagaray, *La légende de rois mages*, Le Seuil, Paris, 1965, p. 61 s. ; J. Devisse, *L'image du Noir dans l'art occidental*, *op. cit.*, tome II, p. 30-42.

16. B. Blumenkranz, *Le Juif médiéval au miroir de l'art chrétien*, *op. cit.*, p. 130-142.

17. Paris, bibliothèque de l'Arsenal, ms Lat. 1186, f. 24r. Voir une notice minutieuse du manuscrit dans I. F. Walther et N. Wolf, *Codices illustres*, *op. cit.*, p. 162 et reproduction p. 163.

18. La plaque de la *Descente de croix* est la seule œuvre qui nous donne, parmi les nombreuses inscriptions qui y figurent, le nom complet du grand sculpteur et architecte : « *Anno milleno centeno septuageno octavo scultor pat[ra]vit m[en]se secu[n]do, Antelami dictus sculptor fuit hic Benedictus* », autrement dit, comme à Parme l'année commençait par l'incarnation de Dieu, le 25 mars : « En l'an 1178, en avril [au second mois] le sculpteur acheva son œuvre. Ce sculpteur fut Benedetto, dit Antelami » ; R. Tassi, *Il duomo di Parma*, I. *Il tempo romanico*, Cassa di Risparmio di Parma, Parme, 1966, p. 165 et fig. 83 (la plaque est reproduite sur un grand feuillet plié en trois). Voir également, sur cette plaque, la notice très précise de G. Z. Zanichelli, dans A. C. Quintavalle, *Benedetto Antelami*, catalogue des œuvres sous la direction d'A. Calzona et de G. Z. Zanichelli, Electa, Milan, 1990, p. 349-352.

19. Le nielle est un alliage métallique de couleur noire, composé de divers métaux (soufre, cuivre, argent et plomb), qu'on utilise pour remplir les traits creusés par le burin dans le métal. La technique qui en dérive s'appelle niellage.

20. E. C. Parker, *The Descent from the Cross. Its Relation to the Extraliturgical Depositio Drama*, Phil. Diss., New York University, New York, 1975, Xerokopie : University Micro-films International, Ann Arbor, 1977, p. 193 (les pages 183-199 sont consacrées à la *Crucifixion* et à la *Déposition* d'Antelami).

21. « *Centurio autem et qui cum eo erant custodientes Iesum, viso terraemotu et his quae fiebant, timuerunt valde dicentes : "Vere Filius Dei erat iste."* »

22. C. Frugoni, *L'affare migliore di Enrico*, *op. cit.*, p. 240 ; Augustini *In Iohannis Evangelium Tractatus* CXVIII, PL XXXV, col. 1949 : « *Quadripartita vestis Domini Jesu Christi, quadripartitam figuravit*

eius Ecclesiam, toto scilicet, qui quatuor partibus constat, terrarum orbe diffusam, et omnibus eisdem partibus aequaliter, id est concorditer, distributam. »

23. « *Postquam autem crucifixerunt eum, diviserunt vestimenta eius sortem mittentes. Et sedentes servabant eum.* »

24. Par souci de clarté, je rapporte ici un petit tableau synoptique au sujet du centurion et du partage de la tunique. En ce qui concerne Matthieu, voir p. 161-162. Dans l'évangile selon Jean, le récit du centurion et celui du tremblement de terre qui éclate à la mort du Christ sont l'un comme l'autre absents. Dans l'évangile selon Luc (23, 47-48), on peut lire : « *Videns autem centurio quod factum fuerat, glorificavit Deum dicens : "Vere hic homo iustus erat", et omnis turba eorum qui simul aderant ad spectaculum istud et videbant quae fiebant, percutientes pectora sua revertebantur.* » Dans l'évangile selon Marc (15, 39) : « *Videns autem centurio, qui ex adverso stabat, quia sic clamans expirasset ait : "Vere hic homo Filius Dei erat".* » Quant au partage de la tunique, Marc et Luc sont plutôt expéditifs : « *Et crucifigentes eum diviserunt vestimenta eius mittentes sortem super eis, quis quid tolleret* » (Mc 15, 24) ; « *Dividentes vero vestimenta eius miserunt sortem* » (Lc 23, 34). Jean (19, 23-24), en revanche, se lance dans un véritable récit : « Les soldats, après avoir crucifié Jésus, prirent ses vêtements, et ils en firent quatre parts, une part pour chaque soldat. Ils prirent aussi sa tunique, qui était sans couture, d'un seul tissu depuis le haut jusqu'en bas. Et ils dirent entre eux : "Ne la déchirons pas, mais tirons au sort à qui elle reviendra." Ainsi s'accomplit cette parole de l'Écriture : "Ils se sont partagé mes vêtements. Et ils ont tiré au sort ma tunique" (Ps 22, 19). Voilà ce que firent les soldats. » (« *Milites ergo, cum crucifixissent eum, acceperunt vestimenta eius et fecerunt quattuor partes, unicuique militi partem, et tunicam. Erat autem tunica inconsutilis desuper contexta per totum. Dixerunt ergo ad invicem : "Non scindamus eam, sed sortiamur de illa cuius sit", ut Scriptura impleretur dicens : "Partiti sunt vestimenta mea sibi, et in vestem meam miserunt sortem." Et milites quidem haec fecerunt* »). Marc rappelle également les noms des femmes pieuses (15, 40).

25. Dans l'évangile selon Matthieu (27, 27), il est clairement dit qu'après que la foule tumultueuse des Juifs eut choisi de libérer Barabbas au lieu du Christ, alors que Ponce Pilate aurait préféré libérer ce dernier, « les soldats du gouverneur conduisirent Jésus dans le prétoire et rassemblèrent toute la cohorte autour de lui » (« *tunc milites praesidis suscipientes Iesum in*

praetorium congregaverunt ad eum universam cohortem »). La cohorte était la garnison de Jérusalem : six cents hommes commandés par un tribun.

26. « *Merito per centurionem fides Ecclesiae designatur quae, velo mysteriorum coelestium per mortem Domini reserato, continuo Jesum et vere iustum hominem, et vere Dei Filium, tacente Synagoga, confirmat* » (BEDAE VENERABILIS *In Lucae Evangelium expositio*, PL XCII, col. 620).

27. Le Moyen Âge confondit et unifia en une seule personne 1) la pécheresse anonyme de l'évangile selon Luc (Lc 7, 37), 2) Marie-Madeleine possédée par les démons puis guérie par le Christ (Lc 8, 2), la première à le voir ressuscité (Mc 16, 9), et enfin 3) Marie de Béthanie, sœur de Marthe et de Lazare qui, pressentant la mort future du Sauveur, avait oint ses pieds d'un parfum précieux lors du dîner de Béthanie, avant de les essuyer avec ses cheveux (Jn 12, 3) : pour la bibliographie, je renvoie à mon ouvrage, *L'affare migliore di Enrico*, *op. cit.*, p. 269, note 141.

28. « *Unus militum lancea latus eius aperuit et continuo exivit sanguis et aqua.* »

29. Pierre le Mangeur écrit (son témoignage est datable entre 1169 et 1173) : « *Et qui lanceavit eum (ut quidam tradunt) cum fere caligassent oculi eius, et casu tetigisset oculos sanguine eius, clare vidit* » (PETRI COMESTORIS *Historia scolastica, In Evangelia*, chap. CLXXIX, PL CXCVIII, col. 1633-1634, cité par F. BEGGIATO, « Origini e diffusione del topos leggendario-narrativo del "Perdono di Longino" nelle letterature romanze », dans A. PIOLETTI et F. RIZZO NERVO [dir.], *Medioevo romanzo e orientale. Il viaggio dei testi*, III Colloquio Internazionale [Venise, 10-13 octobre 1996], Rubbettino, Soveria Mannelli, 1999, p. 217-228). Pour la question relative au Longin aveugle, je renvoie le lecteur non seulement à l'essai que je viens de citer, mais au suivant, du même auteur : F. BEGGIATO, « Il mito di Longino dall'Irlanda all'Europa continentale », dans *Gli echi della terra. Presenze celtiche in Friuli : dati materiali e momenti dell'immaginario*, Giardini, Pise, 2002, p. 85-93.

30. F. BOLOGNA (dir.), *Avori medievali, da Amalfi a Salerno*, *op. cit.*, vol. I, p. 35 ; vol. II, p. 250 (avec une minutieuse notice bibliographique).

31. C'est ce qui est écrit sur la plaque d'ivoire, alors que « *Stefaton* » tend l'éponge pour désaltérer le Christ. G. DIDI-HUBERMAN, *Devant l'image, question posée aux fins d'une histoire de l'art*, Les Éditions de Minuit, Paris, 1990, p. 242-243, rappelle que, dans la liturgie eucharistique orientale, le prêtre répète le geste du soldat Longin en perforant le « flanc » de l'hostie consacrée à l'aide d'une lance miniature.

32. Au-dessous de la croix (où « *Sol* » est écrit à l'envers, les lettres allant de la droite vers la gauche), un ange accueille l'Église triomphante et repousse la Synagogue échevelée.

33. L'Église a estimé que seuls les quatre évangiles de Matthieu, Marc, Luc et Jean ont été inspirés par Dieu et rentrent par conséquent comme tels dans le canon du Nouveau Testament (évangiles canoniques). Leurs auteurs se préoccupèrent toutefois de réunir surtout les propos du Christ et ses enseignements ; ils ne fournirent pas un récit exhaustif de l'enfance du Christ ni de sa parenté humaine. Pour répondre aux nombreuses questions des fidèles, on eut recours aux évangiles dits apocryphes, définis comme tels parce que non canoniques. L'Église a néanmoins toléré que les peintres les utilisent comme source pour représenter de nombreux épisodes de l'Histoire sainte.

34. Jacques de Voragine, *La Légende dorée*, *op. cit.*, chap. XLVII. « *Longinus fuit quidam centurio qui cum aliis militibus cruci domini astans iussu Pilati latus domini lancea perforavit et videns signa que fiebant, solem scilicet obscuratum et terremotum, in Christum credidit, maxime ex eo, ut quidam dicunt, quod cum ex infirmitate vel senectute eius oculi caligassent, de sanguine Christi per lanceam decurrente fortuitu oculos suos tetigit et protinus clare vidit* » (Iacopo da Varazze, *Legenda aurea*, éd. lat. cit., vol. I, p. 306).

35. Oxford, Bodleian Library, ms Barlow 22, f. 13v, citée par B. Blumenkranz, *Le Juif médiéval au miroir de l'art chrétien*, *op. cit.*, p. 126 et fig. 69 p. 128.

36. « *Judaei quippe ipsi erant acetum, degenerantes a vino Patriarcharum et Prophetarum, et tanquam de pleno vase, de iniquitate mundi huius impleti, cor habentes velut spongiam, cavernosis quodammodo atque tortuosis latibulis fraudulentum* » (Augustini *In Iohannis Evangelium Tractatus* CXIX, PL XXXV, col. 1952). Ce texte est cité par B. Blumenkranz, *Le Juif médiéval au miroir de l'art chrétien*, *op. cit.*, p. 127. Le vinaigre mélangé à de l'eau était en réalité la boisson rafraîchissante ordinaire des soldats romains : *ibid.*, p. 126.

37. Paris, Bibliothèque nationale, ms Lat. 1077, f. 163 ; B. Blumenkranz, *Le Juif médiéval au miroir de l'art chrétien*, *op. cit.*, p. 117 et fig. 66 p. 124.

38. Les jambes du Christ ne furent pas brisées parce qu'il était déjà mort. Comme le souligne Jean (19, 36) : « Ces choses sont arrivées afin que l'Écriture fût accomplie : *Aucun de ses os ne sera brisé* » (« *Facta sunt enim haec ut Scriptura impleretur : "os non comminuetis ex eo"* »).

39. Angers, Bibliothèque municipale, ms 24 (20), f. 7v, miniature reproduite dans *Storia dei santi e della santità cristiana*, Grolier Hachette - Editrice Eraclea, Paris-Milan, 1991, vol. I, *s.v.* « Longino », p. 283. Je rapporte les inscriptions : « *Sol et Luna* », « *Ihesus* », « *Christos* », « *Maria* », « *Longinus* », « *Stefaton* », « *Iohannes* ». À l'intérieur du bras de la croix : « *Figitur ille cruci maculam qui non habet ullam* » (« On cloue sur la croix celui qui n'a pas eu la moindre tache du péché »). Les deux larrons que seul évoque l'évangile selon Luc, l'un insultant Jésus, l'autre reconnaissant son innocence, ont traditionnellement pour nom « Gesmas » et « Dismas ». Petite digression : le Christ promet au bon larron : « En vérité, je te le dis, aujourd'hui tu seras avec moi au paradis » (« *Amen dico tibi, hodie mecum eris in paradiso* », Lc 23, 43) ; mais selon les évangiles, il ne monta au ciel que le troisième jour après sa mort (Lc 24, 7). Si l'on tient compte de cette erreur, Dismas peut être représenté avec sa croix devant la porte fermée du paradis en attendant le Rédempteur, comme sur le sol en mosaïque d'Otrante de 1163-1165 : C. Settis Frugoni, « Il mosaico di Otranto », *op. cit.*, p. 260 et fig. 4 p. 274. Je reviens à la miniature. J'ai déjà parlé des deux exécuteurs occupés au crucifiement. Juste au-dessus d'eux, deux hommes, qui empoignent chacun un couteau, se partagent la tunique inconsutile du Christ : « *Partiuntur vestimenta* », légère variante par rapport à Jn 19, 23 : « *Partiti sunt vestimenta mea.* » Dans la miniature d'Angers, la croix est enfoncée dans la tête d'Adam d'où sort un serpent sinueux, souvenir de la chute des premiers hommes qui consentirent à l'invitation du démon à goûter le fruit interdit. Selon la légende, le Christ fut crucifié à l'endroit exact où Adam avait été enterré, lequel aurait par conséquent été le premier à bénéficier du sacrifice du « Nouvel Adam » (1 Co 15, 45 : « *Factus est primus homo Adam in animam viventem, novissimus Adam in spiritum vivificantem* » ; 1 Co 15, 22 : « *Et sicut in Adam omnes moriuntur, ita et in Christo omnes vivificabuntur* »). Voir sur ce thème : C. Frugoni, « Alberi (*in paradiso voluptatis*) », dans *L'ambiente vegetale nell'alto Medioevo*, Actes de la XXXVIIe semaine d'étude du Centre italien d'études sur le haut Moyen Âge, Cisam, Spolète, 1990, p. 725-762, p. 739 s. Parfois la tête ou le crâne au pied de la croix ne correspondent qu'à une indication topographique car, comme l'expliquent d'un commun accord les évangiles, le Calvaire, *Golgotha* en araméen, signifiait « lieu du crâne ».

40. « *Sprevit autem illum Herodes cum exercitu suo et illusit indutum veste alba et remisit ad Pilatum* » (Lc 23, 11).

41. Ces mêmes gardes se rendirent le matin chez les prêtres pour leur dire que le Christ était ressuscité ; les prêtres leur offrirent alors une forte somme d'argent pour qu'ils disent à Ponce Pilate qu'ils s'étaient endormis et que les disciples avaient dérobé le cadavre (Mt 28, 11-15). Il s'agissait certainement de gardes juifs, comme on peut le déduire du contexte même. Si les soldats romains s'étaient souciés de justifier la disparition du cadavre, ils ne se seraient sûrement pas rendus chez les prêtres juifs.

42. A. Fiderer Moskowitz, *Pious Devotion, Pious Diversion. Nicola and Giovanni Pisano. The Pulpits*, H. Miller, Londres, 2005, p. 54-56, pl. 31-32 (avec une analyse essentiellement stylistique, dépourvue de la problématique iconographique dont nous nous occupons ici).

43. Voir ici p. 187.

44. A. Fiderer Moskowitz, *Pious Devotion, Pious Diversion*, *op. cit.*, ne tient pas compte de la signification des personnages de droite.

45. « *Et stabat populus spectans, et deridebant eum principes cum eis dicentes : "Alios salvos fecit, se salvum faciat, si hic est Christus Dei electus." Illudebant autem ei et milites accedentes et acetum offerentes ei dicentes : "Si tu es rex Iudaeorum salvum te fac."* »

46. « *Videns autem centurio quod factum fuerat glorificavit Deum dicens : "Vere hic homo iustus erat" et omnis turba eorum qui simul aderant ad spectaculum istud et videbant quae fiebant, percutientes pectora sua revertebantur* » (Lc 23, 47-48).

47. Le centurion à la tête couverte est en revanche une figure assez courante dans l'art byzantin.

48. Haymonis Halberstatensis *Commentum ad Isaiam*, livre II, chap. LIII, PL CXVI, col. 994 : « *Sicut enim in evangelio Nazaraenorum habetur, ad hanc vocem Domini multa millia Judaeorum astantium circa crucem crediderunt.* » L'*Évangile des Juifs* a été dans l'ensemble perdu, mais il était assez répandu, au point que plusieurs auteurs du Moyen Âge en citent des extraits. Ce passage, extrait de la partie intitulée *Frammenti di Vangeli perduti, Vangelo degli Ebrei o Nazarei*, est rapporté en italien dans *Tutti gli Apocrifi del Nuovo Testamento*, *op. cit.*, I. *Vangeli*, p. 453. Je remercie don Paolo Papone de m'avoir signalé ce texte.

49. *Tutti gli Apocrifi del Nuovo Testamento*, *op. cit.*, I. *Vangeli*, p. 735.

50. « *Dignus est ut hoc illi praestes ; diligit enim gentem nostram et synagogam ipse aedificavit nobis.* »

51. « *Domine non sum dignum arbitratus ut venirem ad te ; sed dic verbo, et sanabitur puer meus.* »

52. « *Vir autem quidam erat in Caesarea nomine Cornelius, centurio cohortis quae dicitur Italica, religiosus et timens Deum cum omni domo sua, faciens elemosynas multas plebi et deprecans Deum semper.* »

53. Je remercie de nouveau don Paolo Papone de m'avoir signalé ce passage des Écritures.

54. La critique a aujourd'hui tendance à penser que Cimabue travailla à Assise sous le pontificat de Nicolas III Orsini (1277-1280). À l'exception de L. Bellosi, *Cimabue*, Motta, Milan, 1998, p. 163, qui situe en revanche l'exécution des fresques sous le pontificat de Nicolas IV, soit exactement vers 1288-1290.

55. Comme le remarque A. Aubert, *Die malerische Dekoration der San Francesco Kirche in Assisi : ein Beitrag zur Lösung der Cimabue Frage (Aus dem Norwegischen von Cläre Greverus Mjöen)*, Hiersemann, Leipzig, 1907, p. 16, rappelé par L. Bellosi, *Cimabue*, *op. cit.*, p. 193.

56. L. Villani et A. Straffi, « Nuove ricerche sugli affreschi trecenteschi della basilica di Sant'Abbondio in Como », *Archivio storico della Diocesi di Como*, XIV (2003) [ma 2004], p. 245-278, en particulier p. 250-251.

57. Parme, Bibliothèque palatine, ms Pal. 5, f. 92r, dans R. Cormack et M. Vassilaki (dir.), *Bizantium 330-1453*, Royal Academy of Arts, Londres, 2009, p. 237, notice p. 433. Je remercie vivement Michele Bacci qui a lu à ma place, dans une revue par surcroît introuvable en Italie, un long article en grec, consacré au « bon centurion » : A. Xyngopoulos, « Ai parastaseis tou ekatontarkou Longinou kai ton met'autou martyrisanton duo stratioton », *Epetiris tes etaireias vyzantinon spoudon*, XXX (1960-1961), p. 54-84. Bien que cet article sur Longin soit long et dense, il n'accorde aucune attention au voile du centurion et à sa signification.

58. *Leggenda perugina*, chap. LXXXII, dans *Fonti francescane. Scritti e biografie di san Francesco d'Assisi. Cronache e altre testimonianze del primo secolo francescano. Scritti e biografie di santa Chiara d'Assisi*, Mouvement franciscain, Assise, 1978, p. 1248. Je rapporte ici, dans son intégralité, le dialogue très vivant entre Hugolin et François, et rappelle que la *Leggenda perugina* a été également publiée sous les titres de *Scripta Leonis* et de *Legenda antiqua Perusina*, et ses chapitres distribués dans divers ordres : « *"Frater, nolo quod vadas ultra montes, quoniam multi prelati sunt et alii qui libenter impedirent bona tue Religionis in curia Romana. Ego autem et alii cardinales, qui diligimus tuam Religionem, libentius protegimus et adiuvamus ipsam, si manseris in circuitu istius provincie." Dixit autem ad eum beatus Franciscus : "Domine, magna verecundia est michi, cum miserim*

fratres meos ad remotas et longinquas provincias, me autem permanere in istis provinciis." Dixit autem ad eum dominus episcopus, quasi ipsum redarguendo : "Cur misisti fratres tuos tam longe ad moriendum fame et ad tantas alias tribulationes ?" Respondit ei beatus Franciscus cum magno fervore spiritus et spiritu prophetie : "Domine, putatis vel creditis quod Dominus solummodo propter istas provincias miserit fratres ? Sed dico vobis in veritate, quod Dominus elegit et misit fratres propter profectum et salutem animarum omnium hominum totius mundi, et non solum recipientur in terra fidelium, sed etiam infidelium. Et dummodo observent que Domino promiserunt, sic Dominus ministrabit eis necessaria in terra infidelium sicut et in terra fidelium" » (*Scripta Leonis, Rufini et Angeli Sociorum S. Francisci*, éd. et trad. anglaise de R. B. Brooke, Clarendon Press, Oxford, 1970, chap. LXXXII, p. 230-233). Le saint Longin de Cimabue a été copié par Guido da Siena et ses assistants dans un panneau de la seconde moitié du XIIIe siècle, aujourd'hui à la Pinacothèque nationale de Sienne, et certains peintres siennois de la même époque l'avaient également à l'esprit pour les fresques que l'on a récemment retrouvées dans une pièce au-dessous de la cathédrale de Sienne : A. GIANNI, « Gli eventi della Passione », dans M. BACCI (dir.), *Iconografia evangelica a Siena dalle origini al Concilio di Trento*, Monte dei Paschi di Siena - A. Pizzi, Milan, 2009, p. 113-196, fig. 147 et 148 p. 160-161 ; l'auteur ne reconnaît pas l'influence d'Assise et ne s'occupe pas non plus du problème du sujet représenté.

59. J. M. PITA ANDRADE et M. M. BOROBIA GUERRERO, *Old Masters. Thyssen-Bornemisza Museum*, Fundación Thyssen-Bornemisza, Madrid, 1992, p. 42. La forme des casques que portent plusieurs personnages nous permet également d'établir la date entre 1320 et 1350. Je remercie Riccardo Luisi de m'avoir donné son avis sur ce point.

60. *Évangile de Nicodème*, 5, 3, dans *Tutti gli Apocrifi del Nuovo Testamento*, *op. cit.*, p. 648. L'hypothèse selon laquelle le personnage rudoyé pourrait être Nicodème m'a été suggérée par don Paolo Papone, que je remercie de nouveau.

61. L. BELLOSI, *Cimabue*, *op. cit.*, p. 192.

62. *Ibid.*, p. 184.

63. L'image reproduit l'état de la basilique avant le tremblement de terre du 26 septembre 1997 : G. BONSANTI (dir.), *La Basilica di san Francesco ad Assisi*, Panini, Modène, 2002, II. *Atlante*, fig. 1367 p. 679.

64. Le théologien bénédictin Rupert de Deutz écrit : « *Omnium nostrum salutem beata Virgo peperit, plane omnium nostrum mater est. Igitur quod*

de hoc discipulo [Jean] *dictum est ab Eo, recte et de alio quolibet discipulo...* » (*Commentarium in Evangelium Johannis*, PL CLXIX, col. 790). Voir M. J. LAGRANGE, *L'évangile selon saint Jean*, Gabalda, Paris, 1936[5], p. 493. Sur l'identification de Marie comme figure de l'Église : R. SCHNACKENBURG, *Il Vangelo di Giovanni*, 3 vol., Paideia, Brescia, 1981, vol. III, p. 453 ; T. VERDON, « Masaccio's Trinity. Theological, Social and Civic Meanings », dans D. COLE AHL (dir.), *The Cambridge Companion to Masaccio*, Cambridge University Press, Cambridge, 2002, p. 158-176, p. 162 et p. 260, note 15, avec une importante bibliographie, et surtout H. BARRÉ, « Marie et l'Église, du Vénérable Bède à saint Albert le Grand », *Études mariales*, IX (1952), p. 59-143.

65. « À la vue du tremblement de terre, le centurion et les hommes qui avec lui gardaient Jésus furent saisis d'une grande frayeur et dirent : "Assurément, cet homme était fils de Dieu" » (« *Centurio autem et qui cum eo erant custodientes Iesum, viso terraemotu et his quae fiebant, timuerunt valde dicentes : "Vere Filius Dei erat iste"* ») (Mt 27, 54).

66. Voir la note 27 de ce chapitre, p. 307.

67. THOMAE DE CELANO *Vita prima sancti Francisci*, *opusculum* II, chap. I, 89, dans *Analecta Franciscana*, *op. cit.*, X, p. 68. Ce même auteur désigne simplement le saint comme « *evangelista Franciscus* » dans la seconde biographie qu'il lui a consacrée : THOMAE DE CELANO *Memoriale in desiderio animae*, chap. LXXIII, 107, dans *Analecta Franciscana*, *op. cit.*, X, p. 193.

68. Comme en témoigne par une riche documentation textuelle et iconographique A. NEFF, « The Pain of Compassion. Mary's Labor at the Foot of the Cross », *The Art Bulletin*, LXXX (1998), p. 254-273. Selon l'auteur (*ibid.*, p. 257), l'un des premiers exemples d'« accouchement spirituel » de Marie au pied de la croix est celui que Nicola Pisano a représenté dans la chaire du baptistère de Pise (voir fig. 144 dans ce chapitre).

69. Au pied de la croix, dans les deux fresques.

70. Ces mosaïques ont souffert des restaurations du début du XVIIIe siècle ; les aquarelles d'Antonio Eclissi, réalisées entre 1630 et 1644, témoignent de leur état antérieur. La figure féminine de droite a été refaite en respectant toutefois le schéma de la mosaïque du temps d'Innocent Ier (402-416), évoquée par une inscription de la mosaïque même, aujourd'hui perdue, mais décrite avant 1568. Pour toute indication sur l'église, la date et un panorama des diverses exégèses des experts par rapport au programme complexe des mosaïques – réponse probable à l'émotion suscitée par le

sac de Rome de 410 – et une bibliographie mise à jour : M. Andaloro, *La pittura medievale a Roma*, *Corpus*, Jaca Book, Milan, 2006, I. *L'orizzonte tardo antico e le nuove immagini, 312-468*, p. 114-124 ; Ead., *La pittura medievale a Roma, 312-1431, Atlante*, *op. cit.*, vol. I, p. 307-318.

71. M. Andaloro, *La pittura medievale a Roma, Corpus*, *op. cit.*, vol. I, fig. p. 115 et 120.

72. *Ibid.*, fig. et texte p. 292-295.

73. « Quand Célestin occupait le degré le plus élevé de la dignité apostolique et resplendissait dans le monde comme le premier des évêques, cette merveille a été créée par un prêtre de Rome, originaire d'Illyrie, Pierre, un homme tout à fait digne de porter ce nom parce qu'il avait été nourri dès sa naissance à l'école du Christ. Riche pour les pauvres, et pauvre pour lui-même, fuyant les biens de la vie présente, il a bien mérité d'espérer recevoir la vie future » (« *Culmen apostolicum cum Caelestinus haberet / primus et in toto fulgeret episcopus orbe, / haec, quae miraris, fundavit presbyter Urbis / Illyrica de gente Petrus, vir nomine tanto / dignus ab exortu Christi / nutritus in aula. / Pauperibus locuples sibi pauper qui bona vitae / praesentis fugiens, meruit sperare futuram* »). Pour la transcription et la traduction, Andaloro renvoie à A. Ignesti, *Il mosaico della controfacciata della basilica di Santa Sabina a Roma. Fonti ed iconografia*, mémoire de maîtrise, Faculté de conservation des biens culturels, Université de Tuscie, 2005, p. 57.

74. Cette mosaïque comprenait à l'origine beaucoup d'autres figures, dont saint Paul et saint Pierre, entre autres, à côté des deux Églises : M. Andaloro, *La pittura medievale a Roma, Corpus*, *op. cit.*, vol. I, p. 293 et fig. p. 296.

Chapitre V

1. E. Lunghi, *Il Crocefisso di Giunta Pisano e l'icona del « Maestro di san Francesco »*, La Porziuncola, Assise, 1995, p. 52, rappelle qu'un des premiers exemples de croix à trois clous, en Italie, provient de Campi, non loin de Norcia, et que cette croix est datée, prétend-il, de 1212. Elvio Lunghi renvoie à l'autorité d'E. Sandberg Vavalà, *La croce dipinta italiana e l'iconografia della Passione*, Multigrafica Editrice, Rome, 1980 (réimpression de l'édition de 1929), p. 732-737. Mais les derniers chiffres

de la date de la croix de Campi étant illisibles, il pourrait aussi bien s'agir de 1242 que de 1212 : E. Sandberg Vavalà penche d'ailleurs résolument pour la première année (laquelle correspond, soit dit en passant, à la note que l'auteur m'a adressée).

2. Ce panneau a fait l'objet d'une restauration récente. Voir à cet égard M. Ciatti, C. Frosinini et R. Bellucci (dir.), *Pinxit Guillielmus. Il restauro della Croce di Sarzana*, Edifir, Florence, 2001.

3. La nouvelle spiritualité pouvait s'appuyer sur deux œuvres à l'immense succès : les *Meditaciones vitae Christi* rédigées à la fin du XIIIe siècle, qu'il convient sans doute d'attribuer au franciscain Giovanni de' Cauli, et la *Légende dorée*, déjà évoquée de nombreuses fois, du grand prédicateur dominicain Jacques de Voragine. Qu'on considère par exemple comment ce dernier décrit le Christ sur la croix : « La passion du Seigneur fut amère en raison de la douleur [...]. Ce fut, en premier lieu, une douleur pour les yeux, parce qu'il pleura [...]. En second lieu, ce fut une douleur pour l'ouïe lorsqu'on l'insulta et blasphéma son nom [...]. En troisième lieu, ce fut une douleur pour l'odorat parce qu'il dut sentir une forte puanteur sur le Calvaire où se trouvaient les corps putrescents des morts [...]. En quatrième lieu, ce fut une douleur pour le goût, lorsqu'il cria "J'ai soif !" et qu'on lui donna du vinaigre mélangé à de la myrrhe et du fiel pour que le vinaigre le fasse mourir plus vite [...]. En cinquième lieu, ce fut une douleur pour le toucher. De fait, de la plante des pieds jusqu'au sommet de la tête, il n'y avait plus d'endroit où il ne fût pas blessé » (« *Passio Christi fuit ex dolore amara* [...]. *Primo enim fuit hic dolor in oculis quia lacrimatus est* [...]. *Secundo fuit in auditu cum ei scilicet obprobria et blasphemie irrogate sunt* [...]. *Tertio fuit in odoratu, quia magnum fetorem sentire potuit in monte Calvarie ubi erant corpora fetida mortuorum* [...]. *Quarto fuit in gustu, unde cum clamaret : "Sitio", dederunt ei acetum cum mirra et felle mixtum, ut ex aceto citius moriretur* [...]. *Quinto fuit in tactu, quia in omnibus partibus corporis, a planta enim pedis usque ad verticem, non fuit in eo sanitas* [...] ») (Jacques de Voragine, *Legenda aurea*, éd. ital. cit., chap. LIII, p. 279-283 ; Jacques de Voragine, *Legenda aurea*, éd. lat. cit., chap. LI, p. 336-340). M.-C. Sepière, *L'image d'un Dieu souffrant. Aux origines du crucifix*, Cerf, Paris, 1994, souligne que, pour les moines, l'âpreté de la Passion du Christ servait aussi de modèle de conduite spirituelle ; le thème de la gloire de la Résurrection était beaucoup moins ressenti.

4. H. Belting, *L'arte e il suo pubblico*, *op. cit.*, p. 184-185.

5. A. Derbes, *Picturing the Passion in Late Medieval Italy. Narrative Painting, Franciscan Ideologies and the Levant*, Cambridge University Press, Cambridge, 1996, notamment p. 122 s.

6. M. Bacci, « Quel bello miracolo onde si fa la festa del santo Salvatore : studio sulle metamorfosi di una leggenda », dans G. Rossetti (dir.), *Santa Croce e Santo Volto. Contributi allo studio dell'origine e della fortuna del culto del Salvatore (ix-xv secolo)*, Edizioni Ets, Pise, 2002, p. 22.

7. K. A. Wirth, art. « Dreinagelcrucifixus », *Reallexikon der deutschen Kunstgeschichte*, A. Druckenmüller, Stuttgart, 1958, vol. IV, p. 525-526, qui reprend son travail, *Die Entstehung des Drei-Nagel-Crucifixus : seine typengeschichtliche Entwicklung bis zur Mitte des 13. Jahrhunderts in Frankreich und Deutschland*, Francfort, [vers 1954]. Cette dernière œuvre, dactylographiée, peut être lue au Kunsthistorisches Institut de Florence.

8. « *Faciente ipso moram in eremitorio, quod a loco in quo positum est, Alverna nominatur, duobus annis antequam animam redderet caelo, vidit in visione Dei virum unum, quasi Seraphim sex alas habentem, stantem supra se, manibus extensis ac pedibus coniunctis, cruci affixum* » (Thomae de Celano *Vita prima sancti Francisci*, pars II, chap. III, par. 94-95, dans *Analecta Franciscana*, *op. cit.*, X, p. 72-73).

9. Caesarii Heisterbacensis *Dialogus miraculorum*, éd. J. Strange, H. Lempertz, Coloniae, Bonnae et Bruxellis, 1851, vol. II, distinctio VIII, chap. XIX, *De crucifixione religiosorum*, p. 97. Le thème des Vertus qui clouent le Christ sur la croix est déjà présent chez saint Jérôme, voir G. Schiller, *Iconography of Christian Art*, Lund Humphries, Londres, 1972, II. *The Passion of Jesus Christ*, p. 137 s. et la bibliographie correspondante.

10. G. Jaszái, art. « Giovanni Pisano », *Enciclopedia dell'Arte medievale*, Istituto dell'Enciclopedia Italiana Treccani, Rome, 1995, vol. VI, p. 740-754, p. 751.

11. « *Sed dicit aliquis, ad hoc uno pede super alio, uno clavo Dominum dicimus crucifixum, et consuetudines Ecclesiae volumus immutari, ut maiori acerbitate passionis Christi populi devotio excitetur* » (Lucae Tudensis Episcopi *De altera vita, fideique controversiis adversus Albigensium errores libri tres*, aux bons soins de Joannne Mariana [Juan de Mariana], Andreas Angermarius, Ingolstadii, 1612, livre II, chap. XI, p. 104). Un recueil intéressant de textes relatifs à la transition iconographique de quatre à trois clous dans K. A. Wirth, *Die Entstehung des Drei-Nagel-Crucifixus*, *op. cit.*, p. 178-194 ; le long passage de Luc de Tuy, qui cite Innocent III

comme autorité à l'appui du fait que le Christ ait été crucifié au moyen de quatre clous, se trouve aux pages 189-193.

12. JACOPONE DA TODI, *Lauda 70, De planctu Dominae*, dans *Laude*, éd. F. Mancini, Laterza, Bari, 1974, p. 201-206. Jacopone devint franciscain en 1278 et composa les *Laudi* après avoir rejoint l'Ordre des Frères mineurs.

13. C. MERCURI, *Corona di Cristo, corona di re*, *op. cit.*, p. 162 s.

14. Conservée au Harvard Art Museum / Fogg Museum, de Cambridge (Massachusetts). Voir M. BECCHIS, art. « Roberto d'Oderisio », *Enciclopedia dell'Arte medievale*, Istituto dell'Enciclopedia Italiana Treccani, Rome 1999, vol. X, p. 51-52 ; F. BOLOGNA, *I pittori alla corte angioina 1266-1414 e un riesame dell'arte nell'età fridericiana*, U. Bozzi, Rome, 1969, p. 262-282 ; P. LEONE DE CASTRIS, *Arte di corte nella Napoli angioina*, Cantini, Florence, 1986, p. 374-407.

15. « *Mitte gladium tuum in vaginam : calicem, quem dedit mihi Pater, non bibam illum ?* »

16. « *Videns autem Pilatus quia nihil proficeret, sed magis tumultus fieret, accepta aqua lavit manus coram populo dicens : "Innocens ego sum a sanguine iusti huius ; vos videritis."* »

17. Dans le cartouche écrit sur l'ordre de Pilate en latin, en grec et en araméen, les grands prêtres auraient voulu qu'on remplaçât l'expression « Roi des Juifs » par : « Il a dit : Je suis le roi des Juifs », une affirmation téméraire qui justifiait la condamnation. Leur requête ne fut pas satisfaite (Jn 19, 21).

18. Sur la nature du *Bestiaire*, voir chap. III, note 46, p. 302-303.

19. C'est ainsi qu'on peut la voir définie dans la légende d'un musée. On qualifie d'opisthographe, mot d'origine grecque, un feuillet de parchemin ou de papyrus qui présente deux textes différents sur le recto et sur le verso.

20. G. BARUCCA, « Presenze e influssi nel Piceno degli smalti senesi del Tre e Quattrocento », dans G. BARUCCA et B. MONTEVECCHI, *Beni artistici, oreficeria*, Fondazione Cassa di Risparmio di Ascoli Piceno - Silvana Editoriale, Cinisello Balsamo, 2006, p. 74-88 et fig. 5 p. 78.

21. L. PORTIER, *Le pélican. Histoire d'un symbole*, Cerf, Paris, 1984.

22. Les versets de Jean (13, 23-25), qui font allusion au moment où le Christ vient d'annoncer aux convives la présence d'un traître, sont à l'origine de l'iconographie de Jean endormi ou du moins se reposant sur la poitrine du Christ. L'évangéliste écrit en effet : « Un de ses disciples, celui que Jésus aimait [Jean lui-même], était couché à table sur le sein de Jésus. Simon-Pierre lui fit signe de demander qui était celui dont parlait Jésus. Et

ce disciple, s'étant penché sur la poitrine de Jésus, lui dit : “Seigneur, qui est-ce ?” » Pour comprendre les phases de ce dialogue, il faut se souvenir que Jésus et les apôtres, comme du reste les Grecs et les Romains, dînaient couchés (et appuyés sur le coude gauche). Pierre et Jean se trouvaient respectivement à gauche et à droite du Christ, de sorte que Pierre, derrière le Maître, pouvait faire un signe à Jean, lequel était à son tour en mesure, en renversant un peu la tête en arrière, de murmurer discrètement la question à l'oreille divine.

23. « *Cum leena genuerit catulum suum generat eum mortuum ; et leena custodit eum tribus diebus ; donec veniat pater eius die tertia et, essufflans in faciem eum die tertia, suscitat eum. Sic omnipotens Pater omnium tertia die suscitavit Primogenitum omnis creaturae a mortuis* » (F. Zambon [dir], *Il Fisiologo*, *op. cit.*, chap. I, p. 40 ; F. J. Carmody [dir.], *Physiologus latinus. Versio Y*, *op. cit.*, chap. I p. 103).

24. G. Villani, *Nuova Cronica*, édition critique sous la direction de G. Porta, Guanda, Parme, 1990, livre XI, 184, p. 748.

25. Littéralement : « Ne me touche pas, ne me retiens pas. » Quand Marie-Madeleine reconnaît son Maître adoré dans le jardinier qui lui demande pourquoi elle pleure, c'est ainsi qu'il la met en garde : « Ne me touche pas, car je ne suis pas encore monté vers mon Père. Mais va trouver mes frères, et dis-leur que je monte vers mon Père et votre Père, vers mon Dieu et votre Dieu » (« *Dicit ei Iesus : “Noli me tangere nondum enim ascendi ad Patrem meum. Vade autem ad fratres meos et dice eis : ascendo ad Patrem meum et Patrem vestrum et Deum meum et Deum vestrum”* », Jn 20, 17-18).

26. M. Chiellini Nari, *Le Sculture nel Battistero di Pisa. Temi e immagini dal Medioevo. I rilievi del deambulatorio*, Pacini, Pise, 1989, fig. 50 p. 66, et dessins de l'auteur en regard de la p. 121. Je reproduis ici ceux qui se rapportent à l'ours en raison de leur plus grande lisibilité par rapport aux photos existantes.

27. Pour la traduction en français : Isidore de Séville, *Etymologiae XII*, texte établi, traduit et commenté par J. André, bilingue latin/français, Les Belles Lettres, Paris, 1986. « *Ursus fertur dictus quod ore suo formet fetus, quasi orsus. Nam aiunt eos informes generare partus, et carnem quandam nasci quam mater lambendo in membra conponit* » (Isidori Hispalensis Episcopi *Etymologiae*, *Etymologiarum sive Originum libri XX*, éd. W. M. Lindsay, Oxford University Press, Oxford, 1911, livre XII, 2, 22).

28. « *Ursa est enim plena fraudis fera ; tamen fertur informes utero partus edere, sed natos lingua fingere atque in speciem sui similitudinemque formare. Non miraris in fera tam pii oris officia, cujus naturam pietas exprimit ? Ursa igitur partus suos ad sui effingit similitudinem, tu filios tuos instituere similes tui non potes ?* » (AMBROSII *Hexameron*, livre VI, 4, 18, PL XIV, col. 263).

29. M. PASTOUREAU, *L'Ours. Histoire d'un roi déchu*, Le Seuil, coll. « La librairie du XXIe siècle », Paris, 2007.

30. C. BECK, « Approches du traitement de l'animal chez les encyclopédistes du XIIIe siècle : l'exemple de l'ours », dans M. PICONE (dir.), *L'enciclopedismo medievale*, Longo editore, Ravenne, 1994, p. 163-178, p. 173.

31. DENYS L'ARÉOPAGITE, *La hiérarchie céleste*, édition et traduction de G. Heil et de M. de Gandillac, Cerf, Paris, 1958, avec le texte grec en regard, p. XVIII. DIONYSII AREOPAGITAE *De coelesti hierarchia* est le titre de la traduction latine que donne la Patrologie grecque, vol. III. Je précise que l'édition française suit la division en chapitres de la Patrologie grecque. Le Pseudo-Denys se déclarait disciple de saint Paul ; son autorité était indiscutable au Moyen Âge et il était déjà traduit en latin au IXe siècle : G. DIDI-HUBERMAN, « La dissemblance des figures selon Fra Angelico », dans *Mélanges de l'École française de Rome, Moyen Âge - Temps Modernes*, XCVIII (1986), n° 2, p. 709-802, p. 754.

32. Sur la question très complexe des diverses phases d'exécution des mosaïques, je renvoie le lecteur à A. M. GIUSTI, « I mosaici della cupola », dans A. PAOLUCCI (dir.), *Il Battistero di San Giovanni a Firenze*, *op. cit.*, vol. I, p. 281-342 ; pour la date relative aux hiérarchies angéliques, *ibid.*, p. 306.

33. R. CASCIARO (dir.), *Rinascimento scolpito. Maestri del legno tra Marche e Umbria*, Silvana Editoriale, Cinisello Balsamo, 2006, p. 170-174, fig. p. 171.

34. La tradition judéo-chrétienne considère que Lucifer est le nom de Satan avant sa rébellion, d'après un passage d'Isaïe (14, 12-15), qui dit : « Comment es-tu tombé du ciel, astre brillant, fils de l'aurore ! Te voilà abattu par terre, toi qui terrassais les nations ! Tu disais dans ton cœur : "Je monterai au ciel, je hisserai mon trône au-dessus des étoiles de Dieu et je siégerai sur la montagne de l'assemblée, à l'extrémité du septentrion. Je monterai sur le sommet des nuages ; je serai semblable au Très-Haut." Mais tu as été précipité dans le séjour des morts, dans les profondeurs de

la fosse ! » (« *Quomodo cecidisti de caelo Lucifer, qui mane oriebaris ? Corruisti in terram, qui vulnerabas gentes ? Qui dicebas in corde tuo : "In caelum conscendam, super astra Dei exaltabo solium meum, sedebo in monte testamenti, in lateribus aquilonis ; ascendam super altitudinem nubium, ero similis Altissimo." Veruntamen ad infernum detraheris, in profundum laci* »).

35. Conservé aujourd'hui au Museu Nacional d'Art de Catalunya : M. Castiñeiras, J. Camps avec la collaboration de J. Duran-Porta, *El Románico en las colecciones del MNAC*, *op. cit.*, p. 129-132, fig. p. 130.

36. « *Et factum est proelium magnum in caelo : Michael et angeli eius proeliabantur cum dracone, et draco pugnabat et angeli eius ; et non valuerunt ; neque locus inventus est eorum amplius in caelo. Et proiectus est draco ille magnus, serpens antiquus, qui vocatur Diabolus et Satanas, qui seducit universum orbem, et proiectus est in terram, et angeli eius cum illo missi sunt.* »

37. F. Cardini, « L'archange Michel en Europe occidentale », dans M. Bussagli et M. D'Onofrio (dir.), *Les ailes de Dieu. Messagers et guerriers ailés entre Orient et Occident*, Silvana Editoriale, Cinisello Balsamo, 2000, p. 119-122.

38. Les Crescenzi formaient une puissante famille romaine : ils s'étaient emparés pendant un certain temps du mausolée qu'ils utilisaient comme un fortin : R. Krautheimer, *Roma, profilo di una città, 312-1308*, Edizioni dell'Elefante, Rome, 1981, p. 322.

39. « […] *cum litaniis per civitatis circuitum quodam paschali tempore ordinavit, in qua* [procession] *ymaginem beate Marie semper virginis, que adhuc, ut aiunt, est Rome, quam Lucas arte medicus et pictor egregius formasse dicitur et eidem virgini simillima per omnia perhibetur, ante processionem reverenter portari fecit. Et ecce, tota aeris infectio et turbulentia ymagini cedebat ac si ipsam ymaginem fugeret et eius presentiam ferre non posset sicque post ymaginem mira serenitas et aeris puritas remanebat.* […] *Tunc Gregorius vidit super castrum Crescentii angelum domini qui gladium cruentatum detergens in vaginam revocabat ; intellexitque Gregorius quod pestis illa cessasset et sic factum est. Unde et castrum illud castrum angeli deinceps vocatum est* » (Jacques de Voragine, *Legenda aurea*, éd. ital. cit., chap. XLVI, p. 241 ; éd. lat. cit., chap. XLVI, p. 290).

Chapitre VI

1. C. Frugoni, *L'affare migliore di Enrico*, *op. cit.*, p. 123-127, note p. 133-134.

2. La bulle, du latin *bulla*, désigne le sceau de plomb apposé aux documents, et par extension le document lui-même. La bulle est une lettre patente du pape sur une question spirituelle ou temporelle, toujours écrite en latin, datée de l'année du pontificat, suivant le calendrier romain, et authentifiée par le sceau pontifical : cette lettre porte en effet la bulle de plomb, rarement d'or, où figurent d'un côté l'effigie de Pierre et de Paul, et de l'autre le nom du souverain pontife. Les bulles sont traditionnellement désignées par les premiers mots du texte (par exemple, dans ce cas, « *Ineffabilis Deus* »).

3. Si auparavant les fidèles étaient libres de croire ou de ne pas croire à une affirmation en matière religieuse, cette affirmation, avec la proclamation du dogme, ne peut plus être remise en question, mais doit être obligatoirement crue sur la foi.

4. E. Simi Varanelli, *Maria l'Immacolata. La rappresentazione nel Medioevo*, De Luca, Rome, 2008 (avec un point de vue fermement partisan de l'Immaculée Conception).

5. G. Rocchi, *Como e la Basilica di s. Fedele nella storia del Medio Evo*, Edizioni La Rete, Milan, 1973, fig. p. 333 (« mur oblique du côté gauche de l'abside ») et p. 129. Dans une *Crucifixion* de 1425-1426, conservée au Lindenau-Museum d'Altenbourg, en Allemagne, aussi bien le porte-lance que le centurion, tous deux romains, sont pourvus d'un nimbe polygonal qui signale leur vertu. Le centurion tient une masse d'armes de commandement qu'on peut difficilement ne pas remarquer : M. Boskovits avec la collaboration de J. Tripps (dir.), *Maestri senesi e toscani nel Lindenau Museum di Altenburg*, Protagon, Sienne, 2008, p. 95-101, fig. p. 95.

6. T. Verdon, « La Sant'Anna Metterza, riflessioni, domande, ipotesi », dans Collectif, *I pittori della Brancacci negli Uffizi*, Centro Di, Florence, 1988, p. 33-58, notamment p. 44 et 57.

7. S. Kemperdick (dir.), *The Master of Flémalle and Rogier Van der Weyden*, *op. cit.*, p. 206.

8. E. Panofsky, *Abbot Suger and Its Treasures on the Abbey Church of St.-Denis*, seconde édition sous la direction de G. Panofsky-Soergel,

Princeton University Press, Princeton, 1979, p. 74-75 et p. 203 (texte latin avec la version anglaise en regard). Sur ce vitrail, voir : É. Mâle, *L'art religieux du XIIe siècle en France*, Colin, Paris, 1947, p. 182-183, fig. 182.

9. *Panaghia* signifie simplement « toute sainte ».

10. Marie peut même montrer sur son sein son Fils enveloppé dans une mandorle lumineuse, suivant le type dit de la « Blacherniotissa » : d'après cette iconographie, une icône était en effet vénérée dans l'église Sainte-Marie des Blachernes à Constantinople. La mosaïque de 1315-1320 du narthex de l'église de Chora à Istanbul en est un exemple : G. Schiller, *Ikonographie der christlichen Kunst*, G. Mohn, Gütersloh, 1980, vol. IV, 2, *Maria*, fig. 450. Le narthex est un vestibule adossé à la façade de l'église qui, pendant les premiers siècles du christianisme, accueillait ceux qui n'étaient pas encore baptisés, ainsi que les pénitents.

11. O. Demus et M. Hirmer, *Pittura Murale Romanica*, Rusconi, Milan, 1969, pl. 67 et p. 159-160 ; E. Carbonell i Esteller et J. Sureda i Pons, *Tresors medievals del Museu Nacional d'Art de Catalunya*, Lunwerg, Barcelone, 1997, p. 114-115.

12. Pour une analyse plus détaillée où je réfute, à juste titre, je l'espère, une interprétation différente de cette fresque, je renvoie à mon article : « Alberi (*in paradiso voluptatis*) », dans *L'ambiente vegetale nell'alto Medioevo*, *op. cit.*, p. 725-762, p. 752-755.

13. Paul dit en effet à son interlocuteur, qu'il met en garde de ne pas s'enorgueillir : « *Quod si aliqui ex ramis fracti sunt, tu autem cum oleaster esses, insertus es in illis et socius radicis et pinguedinis olivae factus es* » (« Mais si quelques-unes des branches ont été retranchées, toi, qui étais un olivier sauvage, tu as été enté à leur place, et rendu participant de la racine et de la graisse de l'olivier », 11, 17).

14. « *Ubique enim Ecclesia praedicat veritatem : et haec est* heptamuxos *lucerna, Christi baiulans lumen* » (Irenaei *Contra Heareseos*, V, 20, 1 ; Irénée de Lyon, *Contre les hérésies*, éd. critique sous la direction d'A. Rousseau, L. Doutreleau et C. Mercier, Cerf, Paris, 1969, vol. V, p. 256-257).

15. La main de l'Enfant est manifestement disproportionnée : l'artiste a voulu souligner son importance dans la transmission des sentiments et des mots.

16. L. Bellosi, *Cimabue*, *op. cit.*, p. 249-256.

17. M. Meiss, *Painting in Florence and Siena after the Black Death. The Arts, Religion, and Society in the Mid-Fourteenth Century*, Princeton University Press, Princeton, 1951, p. 149.

18. P. Leone de Castris, *Arte di corte nella Napoli angioina*, *op. cit.*, p. 374-407, p. 377.

19. M. Meiss, *Painting in Florence and Siena after the Black Death*, *op. cit.*, p. 152.

20. *Ibid.*, p. 153.

21. Bonaventurae de Bagnoregio *Sermones de Beata Virgine Maria : De Annuntiatione Beatae Virginis Mariae*, *Sermo* I, dans Eiusdem *Opera omnia*, Collegii S. Bonaventurae, Ad Claras Aquas, 1901, vol. IX, p. 659. L'auteur rapproche le mystère de l'Incarnation chez Marie au verset de l'Apocalypse 12, 1, l'humilité de la terre au soleil de la connaissance divine.

22. Pétrarque, *Les Rimes*, chanson CCCLXVI, v. 1-2, traduction de Francisque Reynard, G. Charpentier, Paris, 1883. Dans *Painting in Florence and Siena after the Black Death*, *op. cit.*, p. 154, M. Meiss évoque ces vers de Pétrarque et refuse de considérer, en avançant des raisons convaincantes, les symboles célestes comme une référence à l'Immaculée Conception de la Vierge.

23. Conservé au musée Thyssen-Bornemisza de Madrid. Pour une notice bibliographique mise à jour : J. M. Pita Andrade et M. M. Borobia Guerrero, *Old Masters. Thyssen-Bornemisza Museum*, *op. cit.*, p. 50 et fig. p. 51.

24. « Or il y avait, à Jérusalem, un homme nommé Siméon ; c'était un homme juste et pieux, qui attendait la consolation d'Israël, et l'Esprit Saint était sur lui. L'Esprit Saint lui avait révélé qu'il ne mourrait point avant d'avoir vu le Christ du Seigneur. Il vint donc dans le temple, poussé par l'Esprit. Et comme ses parents amenaient l'Enfant Jésus pour accomplir à son égard ce qu'ordonnait la loi, il le reçut dans ses bras, bénit Dieu et dit : "Maintenant, ô Maître, laisse ton serviteur s'en aller en paix, selon ta parole ; car mes yeux ont vu le salut que tu as préparé devant tous les peuples, lumière pour éclairer les nations et gloire d'Israël, ton peuple." Et le père et la mère de Jésus étaient dans l'admiration des choses que l'on disait de lui. Siméon les bénit et dit à Marie, sa mère : "Voici, cet enfant est destiné à amener la chute et la résurrection d'un grand nombre en Israël, et à devenir un signe qui provoquera la contradiction, et à toi-même un glaive te transpercera l'âme afin que les pensées de beaucoup de cœurs soient dévoilées" » (Lc 2, 25-35).

25. Ce panneau, qui date de 1340 environ, provient de la sacristie de l'église de San Lorenzo alle Serre de Rapolano (province de Sienne) et il est aujourd'hui conservé à la Pinacothèque nationale de Sienne : G. Dalli

Regoli, *La preveggenza della Vergine. Struttura, stile, iconografia, nelle madonne del Cinquecento*, Pacini, Pise, 1984 ; C. Frugoni, « Ambrogio Lorenzetti », dans Ead. (dir.), *Pietro e Ambrogio Lorenzetti*, Menarini – Le Lettere, Florence, 2002, p. 124-199, p. 133-135, et fig. p. 124.

26. M. Aronberg Lavin, « Il Cantico dei Cantici nel Rinascimento. Il periodo tra Cimabue e Michelangelo », dans M. Aronberg Lavin et I. Lavin, *Liturgia d'amore*, *op. cit.*, p. 119-140, émet l'hypothèse convaincante selon laquelle nombre de gestes de l'amour maternel de Marie vers son Fils représentent « l'union métaphysique de mari et femme du Cantique des Cantiques », à savoir la relation matrimoniale mystique entre la Vierge et le Christ : les bouches de Marie et du Christ alignées à la même hauteur, joue contre joue, le fait que Jésus saisisse le voile ou l'échancrure du vêtement de Marie, ou enfin une position particulière de l'Enfant dans le giron de Marie (l'analyse de la *Vierge à l'Enfant avec deux anges* de Filippo Lippi, conservée à la Galerie des Offices de Florence, est très intéressante). En ce qui concerne la Vierge de Rapolano, le sens du réconfort qu'expriment les gestes de Jésus à l'égard de la Vierge me semble toutefois prééminent.

27. Dans l'iconographie médiévale, on désigne par la locution « *in maestà* », « en majesté », la figure sacrée, vue de face, assise sur le trône ; la dénomination de *Maestà* s'emploie également pour les tabernacles des rues et pour les retables d'autels qui comportent ce motif : on nomme ainsi *Maestà*, à titre d'exemple, le grand retable de Duccio di Buoninsegna (aujourd'hui au musée de l'Œuvre de la cathédrale de Sienne) que nous examinerons bientôt.

28. Il s'agit de la *Maestà* peinte à fresque vers 1338 dans la chapelle Piccolomini de l'église de Sant'Agostino de Sienne, dont l'auteur est toujours Ambrogio Lorenzetti : C. Frugoni, « Ambrogio Lorenzetti », *op. cit.*, p. 142, auquel je renvoie pour une analyse détaillée concernant par ailleurs les saints qui forment la couronne de la Vierge. Dans cette étude, je n'avais pas souligné la signification des deux séraphins et m'étais contentée de signaler l'invention audacieuse d'un tel trône.

29. Denys l'Aréopagite, *La hiérarchie céleste*, *op. cit.*, p. 105 = PG III, col. 206.

30. Sur la signification du diadème au chérubin : C. de Tolnay, *Michelangelo*, 4 vol., Princeton University Press, Princeton, 1946-1960, vol. I, p. 160, non seulement évoque les sculpteurs qui ont recouru à cette iconographie avant Michel-Ange, mais renvoie au Pseudo-Denys, *De coelesti hierarchia*, VII, 1.

31. « *Prophetissa namque eram, et ex quo mater eius facta sum, scivi eum ista passurum. Cum igitur carne mea taliter progenitum, talem filium sinu meo foverem, ulnis gestarem, uberibus lactarem, et talem eius futuram mortem semper prae oculis haberem, et prophetica, immo plus quam prophetica mente praeviderem, qualem, quantam, quam prolixam me putatis materni doloris pertulisse passionem ?* » (RUPERTI TUITIENSIS *Commentaria in Canticum Canticorum*, éd. H. Haacke, Brepols, Turnholti, 1974, p. 32). Je dois la citation de ce texte de Rupert de Deutz et le renvoi, si bref qu'il soit, au diadème de la *Vierge Pitti*, à I. LAVIN, « Michelangelo : la Madonna Medici, Figlio e Sposo », dans M. ARONBERG LAVIN et I. LAVIN, *Liturgia d'amore*, *op. cit.*, p. 143-213, p. 180-181 et p. 162.

32. DENYS L'ARÉOPAGITE, *La hiérarchie céleste*, *op. cit.*, p. 105 = PG III, col. 205-206 ; p. 116 = PG III, col. 209-210.

33. Florence, Bibliothèque laurentienne, ms Pluteo 30.24, f. 3r, reproduit dans C. FRUGONI, *Francesco e l'invenzione delle stimmate. Una storia per parole e immagini fino a Bonaventura e Giotto*, Einaudi, Turin, 1993, fig. 8. Pour l'interversion chérubin-séraphin, je renvoie au chap. IV de ce livre.

34. Saint François en était tout à fait conscient. Selon la *Leggenda perugina* « François avait plus de dévotion pour la fête de la naissance du Seigneur que pour n'importe quelle autre fête de l'année. En vérité, bien que le Seigneur ait obtenu notre salut à d'autres occasions solennelles, le saint disait que, dès le jour de sa naissance, il avait entrepris de nous sauver » (« *Nam beatus Franciscus maiorem reverentiam habebat in Nativitate Domini, quam in nulla alia solemnitate Domini, quoniam, licet in aliis eius solemnitatibus Dominus salutem nostram operatus sit, tamen ex quo natus fuit nobis, ut dicebat beatus Franciscus, oportuit nos salvari* ») (*Leggenda perugina*, 110, dans *Fonti francescane*, *op. cit.*, p. 1279 ; *Scripta Leonis, Rufini et Angeli Sociorum s. Francisci*, *op. cit.*, chap. CX, p. 282-283). Sur les diverses dénominations de cette source, voir chap. IV, note 58, p. 311-312.

35. Décoré de rainures ou de cannelures ondulées qui évoquent le strigile, sorte de racloir en fer recourbé qu'employaient les anciens athlètes romains pour racler la poussière et l'huile mélangées de leur peau (les Romains ne connaissaient pas le savon et recouraient à de la soude, à de la cendre et à de l'huile pour se laver).

36. A. VENTURI, *La Madone. Représentations de la Vierge dans l'art italien*, Gaultier, Magnier et Cie, Paris, [s.d.], p. 221. Voir également un tableau de Ghirlandaio, de 1485 environ, illustrant ce même sujet – le

sarcophage comporte en l'occurrence une inscription fascinante – dans l'église de Santa Trinita à Florence. Commenté par A. WARBURG, « Le ultime volontà di Francesco Sassetti », dans ID., *La Rinascita del paganesimo antico*, La Nuova Italia, Florence, 1966, p. 243-246 et fig. 72. Pour le relief d'Orvieto, voir. J. WIENER, *Lorenzo Maitani und der Dom von Orvieto : eine Beschreibung*, Imhof, Petersberg, 2009, p. 247-310, p. 257 et p. 278, fig. 483 ; G. DE FRANCOVICH, « Lorenzo Maitani scultore e i bassorilievi della facciata del Duomo di Orvieto », *Bollettino d'Arte del Ministero della Pubblica Istruzione*, VII (1927-1928), n° 7, p. 339-372.

37. Dans l'évangile apocryphe qu'on nomme *Protévangile de Jacques*, on raconte qu'une des deux sages-femmes, Salomé, avait voulu examiner Marie après l'accouchement, ne croyant pas qu'elle ait pu demeurer vierge. La main irrévérencieuse était restée paralysée. Salomé se repentit aussitôt et confessa son obstination dans la culpabilité. Après avoir pris l'Enfant dans ses bras, elle fut dès lors pardonnée et recouvra l'usage de son membre : *Protévangile de Jacques*, chap. XX, 1, dans *Tutti gli Apocrifi del Nuovo Testamento*, *op. cit.*, p. 136-137.

38. Les autres sujets sont, en haut : l'Annonciation et la Visitation ; à gauche : la Fuite en Égypte ; à droite : l'Hommage des Rois mages à Jésus ; en bas : la Présentation au Temple et le Baptême du Christ dans le Jourdain : J. HUBERT, J. PORCHER et W. F. VOLBACH, *L'Impero carolingio*, *op. cit.*, p. 217 et 354, fig. 198 p. 218.

39. *Protévangile de Jacques*, chap. IX, 1, dans *Tutti gli Apocrifi del Nuovo Testamento*, *op. cit.*, p. 130.

40. Cette œuvre faisait jadis partie de l'ambon (tribune surélevée à l'entrée du chœur) et elle se trouve aujourd'hui dans la crypte de la cathédrale : G. SCHILLER, *Ikonographie der christlichen Kunst*, G. Mohn, Gütersloh, 1981, I. *Inkarnation, Kindheit, Taufe, Versuchung, Verklärung, Wirken und Wunder Christi*, fig. 181 et p. 84-85 ; H. CORNELL, *The Iconography of the Nativity of Christ*, Uppsala University, Uppsala, 1924, p. 4 s.

41. Le texte : *Revelationes*, VII, 1, chap. XXI-XXII, est cité par H. CORNELL, *The Iconography of the Nativity of Christ*, *op. cit.*, p. 9-11.

42. Alors que Moïse faisait paître les moutons de son beau-père, il arriva sur le mont Horeb, le mont de Dieu, et vit un buisson qui brûlait sans se consumer. Il s'approcha et entendit la voix de Dieu qui, des flammes, lui enjoignit de s'arrêter et d'ôter ses sandales parce que la terre où se trouvait le prophète était sainte. Moïse obéit aussitôt et se cacha même le visage, craignant de regarder Dieu : Ex 3, 1-5.

43. « *Inclinato capite et iunctis manibus cum magna honestate et reverentia adoravit puerum et dixit illi : "Bene veneris Deus meus, Dominus meus et filius meus."* [...] *Hiis igitur completis, intravit senex, et prosternens se ad terram, genibus flexis adorando eum plorabat pre gaudio* » (H. Cornell, *The Iconography of the Nativity of Christ*, *op. cit.*, p. 10).

44. E. Carli, *Il museo di Pisa*, Pacini, Pise, 1974, pl. XIX et p. 79-80.

45. *Protévangile de Jacques*, chap. XVIII, 1, dans *Tutti gli Apocrifi del Nuovo Testamento*, *op. cit.*, p. 135.

46. « Gloire à Dieu au plus haut des cieux, et paix sur la terre aux hommes qu'il aime » : telle est la traduction de l'hébreu que nous donnent les bibles modernes, mais le latin, dans la version dirigée par saint Jacques, qui était celle que l'on trouvait couramment au Moyen Âge, dit en réalité : « *Gloria in altissimis Deo et in terra pax hominibus bonae voluntatis* » (Lc 2, 14).

47. C. Frugoni, « Ambrogio Lorenzetti », *op. cit.*, p. 142 à laquelle je renvoie pour une analyse détaillée concernant en outre les saints qui forment la couronne de la Vierge.

48. Dante, *Le Banquet*, traduction de Bernard de Watteville, préface de Paolo Arcari, Librairie Kundig, Genève, 1929, traité IV, XII, p. 235.

49. F. Klingender, *Animals in Art and Thought to the End of the Middle Ages*, Routledge, Londres, 1971, p. 445 et H. Friedman, *The Symbolic Goldfinch : Its History and Significance in European Devotional Art*, Pantheon Books, Washington, 1926. Ce dernier livre s'avère d'autant plus décevant que sa présentation est vague et dépourvue de références aux sources qui devraient étayer le propos.

50. Selon Isidore de Séville : « *Carduelus, quod spinis et cardibus pascitur ; unde etiam apud Graecos acalanthis dicta est* [...] *id est a spinis, quibus alitur* » (Isidori Hispalensis Episcopi *Etymologiae, Etymologiarum sive Originum libri XX*, *op. cit.*, livre XII, 74 : en réalité, le chardonneret se nourrit de graines de chardon, mais non d'épines).

51. C. M. Skinner, *Myths and Legends of Flowers, Trees, Fruits and Plants*, Lippincott, Philadelphie, 1925, p. 16, cité par M. Levi D'Ancona, *Lo zoo del Rinascimento. Il significato degli animali nella pittura italiana dal* XIV *al* XVI *secolo*, Pacini Fazzi, Lucques, 2001, à l'entrée « *Cardellino* » (« chardonneret »).

52. M. Levi D'Ancona, *Lo zoo del Rinascimento*, *op. cit.*, p. 168, qui renvoie à C. M. Skinner, *Myths and Legends of Flowers*, *op. cit.*, p. 16.

53. Ce panneau de la quatrième décennie du XVe siècle est conservé au musée d'Art et d'Archéologie de la Maremma et musée diocésain

d'Art sacré de Grosseto : B. SANTI, *Catalogo*, notice n° 8, dans C. GNONI MAVARELLI et L. MARTINI (dir.), *La cattedrale di San Lorenzo a Grosseto. Arte e storia dal XIII al XIX secolo*, Silvana editoriale, Cinisello Balsamo, 1996, p. 131 et fig. 132 en couleur.

54. Cette Vierge est conservée au musée du Vin de Bourgogne, à Beaune : je remercie Francesco Giuntini de me l'avoir signalée. Dans la fresque de la chapelle du Corps du Christ de la cathédrale d'Udine, réalisée peu après 1348 par des collaborateurs de Vitale da Bologna, la Vierge tient bien en évidence une grappe dont son Fils cueille un grain : P. CASADIO, « Vitale da Bologna a Udine », dans C. GNUDI et P. CASADIO, *Itinerari di Vitale da Bologna. Affreschi a Udine e a Pomposa*, Ministère des Biens et des Activités culturels et de l'Environnement - Caisse d'épargne de Bologne, Nuova Alfa, Bologne, 1990, p. 49-78, en particulier p. 68 et 78, fig. 58. Les fruits rouges ne sont toutefois pas les seuls à figurer entre les mains de l'Enfant. Les épis de blé mêlés aux grappes de raisins que la Vierge de Sandro Botticelli (vers 1471) choisit dans le panier que lui offre un ange font allusion au sacrement de l'Eucharistie, sous les deux espèces du pain et du vin ; ce panneau est conservé au Isabella Stewart Gardner Museum de Boston : G. MANDEL (dir.), *L'opera completa di Botticelli*, Rizzoli, Milan, 1978, notice n° 31, p. 88.

55. GIORDANO DA PISA [GIORDANO DA RIVALTO], *Prediche recitate in Firenze dal 1303 al 1306*, éd. D. Moreni, Magheri, Florence, 1831, sermon de 1304, vol. II, p. 263. Sur le corail comme amulette, voir : S. A. CALLISEN, « The Evil Eye in Italian Art », *The Art Bulletin*, XIX (1937), p. 452-462 (à la p. 457 figurent des exemples de l'Enfant Jésus avec une croix et une branche de corail suspendue au cou) ; C. MEIER, *Gemma spiritualis*, W. Fink, Munich, 1977, p. 414-460. D'autres auteurs interprètent en revanche le corail sur la poitrine du Christ comme un symbole de sa future Passion : M. ARONBERG LAVIN et M. I. REDLEAF, « Heart and Soul and the Pulmonary Tree in Two Paintings by Piero della Francesca », *Artibus et Historiae*, XXXI (1995), p. 9-17, p. 14 : selon ces deux érudites, le corail au cou de l'Enfant Jésus que l'on voit dans le panneau de Piero della Francesca conservé à Milan, au musée de Brera, ressemblerait de manière surprenante à la coupe de l'appareil trachéo-bronchial et respiratoire humain, allusion au fait que le Christ ne tarderait pas à exhaler son dernier soupir. Tout est possible, encore faut-il le prouver.

56. C. FRUGONI, « Ambrogio Lorenzetti », *op. cit.*, p. 136.

57. D. Ferrara, « La candeletta di Carlo Crivelli », dans G. Manieri Elia (dir.), *Carlo Crivelli alle Gallerie dell'Accademia : un capolavoro ricomposto*, Electa, Milan, 2002, p. 39-50 ; voir également la notice scrupuleuse dirigée par E. Daffra, « La Madonna della candeletta », *ibid.*, p. 51-53.

58. M. Levi D'Ancona, *The Garden of the Renaissance. Botanical Symbolism in Italian Painting*, Olschki, Florence, 1977, p. 296. En glosant le verset de Lc 1, 42 : « *Benedictus fructus ventris tui* », saint Bernard s'étend sur la douceur du fruit, métaphore du Christ, et cite Ps 30, 20 : « *Quam magna multitudo dulcedinis tuae, Domine* » et 1 P 2, 3 : « *Si tamen gustastis quoniam dulcis est Dominus* » (Bernardi Claraevallensis *Super missus est Homiliae*, *Homilia* III, PL CLXXXIII, col. 73).

59. C. Frugoni, « Ambrogio Lorenzetti », *op. cit.*, p. 148-149 et fig. p. 148 et 154-155.

60. Pline l'Ancien, *Histoire naturelle*, livre XV (De la nature des arbres fruitiers), 114 : « *Natura trigemina : corpus est, dein lignum rursusque semen in ligno, ut in persicis* », texte établi, traduit et commenté par Jacques André, CUF, Les Belles Lettres, Paris, 1960.

61. Adami Abbatis Perseniae *Mariale*, *Sermo* I, PL CCXI, col. 707 : « *Corium nucis refer ad carnem, testam ad animam, nucleum ad interiorem internae divinitatis dulcedinem. Corium habet amaritudinem, caro Salvatoris sustinuit passionem. Testa fortior animae mundum salvantis designat virtutem. Oleum quod de nucleo elicitur, quia reficit, lucet et medetur, divinitati congruit, quando sitientes iustitiam satiat, caecos illuminat, peccatorum vulnera sanat.* »

62. « *Et derelinquetur filia Sion ut umbraculum in vinea et sicut tugurium in cucumerario, sicut civitas quae vastatur.* »

63. Le verset du Cantique des Cantiques 2, 4 dit : « *Nigra sum sed formosa* », comme le rappelle G. Pozzi dans un chapitre très érudit et complet sur la symbolique des fleurs mariales, intitulé : « Rose e gigli per Maria, un'antifona dipinta », dans G. Pozzi, *Sull'orlo del visibile parlare*, Adelphi, Milan, 1993, p. 185-213 ; l'auteur y ajoute en outre une « Postilla sul fiore mariano » où il étend sa recherche à la symbolique de la violette et à une série d'arbres que l'on peut toujours rapporter à Marie : p. 215-327.

64. « Ô Fils, Fils, Fils, / Fils, lys d'amour, / Fils, qui donne conseil / à mon cœur tourmenté ? [...] Fils blanc et vermeil, fils sans pareil ! » Dans la *Laude* XCIII, qui commence par : « *Donna del paradiso, lo tuo figliolo è priso* » (« Femme du paradis, ton fils est pris ») (Jacopone da

Todi, *Laudes*, traduction de Maxime Castro, coll. « La Roue à Livres », Les Belles Lettres, Paris, 2013, v. 21-22 ; 59).

65. « *Ego flos campi et lilium convallium ; sicut lilium inter spinas, sic amica mea inter filias* » (Ct 2, 1-2) ; « *Quasi palma exaltata sum in Cades, et quasi plantatio rosae in Iericho* » (Sir 24, 14) ; « *Quasi flos rosarum in diebus vernis* » (Sir 50, 8). Voir également M. Levi D'Ancona, *The Garden in the Renaissance*, *op. cit.*, p. 210-220, p. 330-355 qui signale comment le lys et la rose peuvent être aussi des attributs du Christ : *ibid.*, p. 213-214 et 216.

66. Adami a Sancto Victore *Sequentiae*, *Sequentia* XXV, *In Assumptione Beatae Virginis*, PL CXCVI, col. 1502, v. 7-12.

67. G. Didi-Huberman, « La dissemblance des figures selon Fra Angelico », *op. cit.* ; id., *Beato Angelico. Figure del dissimile*, Leonardo, Milan, 1991.

68. Comme l'Incarnation préfigure à son tour et comporte en soi le mystère de la mort et de la résurrection du Christ, les taches colorées peuvent également figurer sur la tombe de celui-ci : G. Didi-Huberman, « La dissemblance des figures selon Fra Angelico », *op. cit.*, p. 788, lequel attire l'attention sur les temps que Luc emploie dans son récit du discours de la dernière Cène (Lc 22, 15-16). Le Christ passe du temps de la mémoire à celui de l'imminence en se projetant par la suite dans celui de l'éternité : « J'ai ardemment désiré manger cette pâque avec vous, avant de souffrir. Car, je vous le dis, je ne la mangerai plus jusqu'à ce qu'elle soit accomplie dans le royaume de Dieu » (« *Desiderio desideravi hoc pascha manducare vobiscum, antequam patiar. Dico enim vobis quia ex hoc non manducabo illud donec impleatur in regno Dei* »).

69. Augustini *De doctrina christiana*, livre II, chap. 1.1, Brepols, Turnholti, 1962, p. 32 : « *Signum est enim res praeter speciem, quam ingerit sensibus, aliud aliquid ex se faciens in cogitationem venire. Sicut vestigio viso transisse animal, cuius vestigium est, cogitamus et fumo viso ignem subesse cognoscimus et voce animantis audita affectionem animi eius advertimus et tuba sonante milites vel progredi se vel regredi et, si quid aliud pugna postulat, oportere noverunt* » (« On entend par signe ce qui, outre l'objet qu'il offre à nos sens, fait naître dans notre esprit l'idée d'une autre chose. Ainsi la vue des traces d'un animal nous découvre son passage ; la fumée nous révèle l'existence du feu caché à nos regards ; le cri poussé par quelqu'un manifeste le sentiment qui l'agite ; le son de la trompette apprend aux soldats quand, dans le combat, ils doivent

avancer, rétrograder ou exécuter tout autre mouvement ») (Augustin, *De la doctrine chrétienne*, dans *Œuvres complètes de saint Augustin*, traduites pour la première fois en français sous la direction de M. Raulx, tome IV, Bar-le-Duc, 1866, p. 1-87).

70. Augustini *Confessionum libri tredecim*, livre VII, 10, 21, éd. P. Knöll, F. Tempsky - G. Freytag, Vindobonae-Lipsiae, 1896, p. 157 : « *Et inveni longe me esse a te* [*Deo*], *in regione dissimilitudinis.* »

71. G. Didi-Huberman, « La dissemblance des figures selon Fra Angelico », *op. cit.*, p. 754.

72. *Ibid.*, p. 754-755, qui renvoie à Denys l'Aréopagite, *La hiérarchie céleste*, *op. cit.*, p. 78-80, chap. II, 3 = PG III, col. 139-142.

73. Denys l'Aréopagite, *La hiérarchie céleste*, *op. cit.*, chap. II, 3-4, p. 80-81 = PG III, col. 139-142.

74. Denys l'Aréopagite, *La hiérarchie céleste*, *op. cit.*, chap. XV, 7, p. 183-184 = PG III, col. 335-336, cité par G. Didi-Huberman, « La dissemblance des figures selon Fra Angelico », *op. cit.*, p. 759 : « Si la Parole de Dieu représente encore les essences célestes sous la forme du bronze lumineux et doré, de l'ambre jaune ou de pierres précieuses de diverses couleurs, c'est parce que l'ambre jaune, constitué d'or et d'argent, présente un éclat incorruptible et conserve la pureté inaltérée et immaculée propre à l'or et en même temps l'éclat lumineux et céleste de l'argent. Après tout ce que l'on a vu, le bronze pourrait être comparé aussi bien au feu qu'à l'or même. La signification symbolique des pierres multicolores ne sera pas la même selon la variété de leurs couleurs ; ainsi les blanches renvoient-elles à la lumière, les rouges au feu, les jaunes à l'éclat de l'or, les vertes à la vigueur de la jeunesse. Pour chaque forme, tu trouveras également une explication mystique des images symboliques capable de diriger l'esprit vers le haut. »

75. G. Didi-Huberman, « La dissemblance des figures selon Fra Angelico », *op. cit.*, p. 765.

76. *Ibid.*, p. 762 s. Dans le second livre de sa monumentale et très célèbre *Summa de exemplis et similitudinibus rerum*, Giovanni di San Gimignano, un éminent prédicateur dominicain et florentin du XIVe siècle, consacre une bonne quarantaine de chapitres aux pierres et à leur signification allégorique. Le Christ est représenté par diverses pierres, mais il est surtout la Pierre par excellence, « *Petra autem erat Christus* » (comme l'écrit saint Paul, 1 Co 10, 4). Les exemples tirés de Giovanni di San Gimignano, *Summa de exemplis et similitudinibus rerum*, Venise, 1499, I, 56, II, 21,

II, 39, II, 61 sont rappelés par G. Didi-Huberman, « La dissemblance des figures selon Fra Angelico », *op. cit.*, p. 767-769.

77. Gratianus, moine camaldule et éminent juriste, mort en 1150 à Bologne, fut le premier à systématiser le droit canonique. Son *Decretum* devint un point de référence des tribunaux ecclésiastiques.

78. Thomae de Aquino *Summa theologiae*, Editiones Paulinae, Cinisello Balsamo, 1988, *Tertia pars*, q. 83, a. 3, p. 2329 : « *Ad quintum dicendum quod, sicut legitur de Consecr., dist. I, altaria, si non sint lapidea, chrismatis unctione non consecrentur. Quod quidem competit et significationi huius sacramenti : tum quia altare significat Christum, dicitur autem I Cor. X, 4 : petra autem erat Christus ; tum etiam quia corpus Christi in sepulcro lapideo fuit reconditum.* » Ce passage est cité par G. Didi-Huberman, « La dissemblance des figures selon Fra Angelico », *op. cit.*, p. 795.

79. Voir dernièrement B. Eclercy, « On Mousetraps and Firescreens. The Problem of "Disguised Symbolism" in early Netherlandish Painting », dans S. Kemperdick (dir.), *The Master of Flémalle and Rogier Van der Weyden*, *op. cit.*, p. 133-147, et notamment p. 142-145 et p. 173-174. L'auteur passe en revue les points de vue les plus dignes de foi que proposent les historiens de l'art, sans en trouver néanmoins un qui le satisfasse tout à fait, au sujet du cierge que l'on vient d'éteindre et de sa traînée de fumée, sur la table de la chambre où Gabriel est sur le point de détourner la Vierge de sa lecture, dans la partie centrale du triptyque dit « de Mérode » (d'après le nom du dernier possesseur de l'œuvre, le comte de Mérode-Westerloo), du Maître de Flémalle, conservé au Metropolitan Museum, The Cloisters, de New York. Quant à la date, la partie centrale du triptyque a dû être peinte vers 1420 : voir la notice sous la direction de J. Sander dans le catalogue cité ci-dessus : S. Kemperdick (dir.), *The Master of Flémalle*, *op. cit.*, p. 192-200.

80. « *Erat lux vera, que illuminat omnem hominem venientem in hunc mundum.* »

81. « *Sicut deficit fumus, deficiant ; sicut fluit cera a facie ignis, sic pereant peccatores a facie Dei.* »

82. Voir la note 34 de ce même chapitre, p. 325. Comme l'Incarnation préfigure à son tour et contient en soi le mystère de la mort et de la résurrection du Christ, les taches colorées peuvent également figurer sur la tombe du Christ : G. Didi-Huberman, « La dissemblance des figures selon Fra Angelico », *op. cit.*, p. 788.

83. B. Eclercy, « On Mousetraps and Firescreens », *op. cit.*, p. 141.

84. Sur la question délicate de la date, voir également la notice de Jochen Sander dans S. Kemperdick (dir.), *The Master of Flémalle*, *op. cit.*, p. 192-201, conclusion p. 200.

85. « *Et cum introissent in cenaculum, ascenderunt ubi manebant Petrus et Ioannes, Iacobus et Philippus* [...] » (Ac 1, 13).

86. On la célébrait au bout de sept semaines, une fois passé le deuxième jour de la Pâque juive qui célébrait les primeurs des récoltes, l'apparition de Yahvé sur le mont Sinaï et la remise des Tables de la Loi à Moïse.

87. « *Et cum complerentur dies Pentecostes, erant omnes pariter in eodem loco ; et factus est repente de caelo sonus tanquam advenientis spiritus vehementis et replevit totam domum, ubi erant sedentes. Et apparuerunt illis dispertitae linguae tanquam ignis, seditque supra singulos eorum et repleti sunt omnes Spiritu sancto et coeperunt loqui variis linguis, prout Spiritus sanctus dabat eloqui illis. Erant autem in Ierusalem habitantes Iudaei viri religiosi ex omni natione, quae sub caelo est. Facta autem hac voce, convenit multitudo et mente confusa est, quoniam audiebat unusquisque lingua sua illos loquentes. Stupebant autem omnes et mirabantur dicentes : "Nonne ecce omnnes isti, qui loquuntur, Galilaei sunt ? Et quomodo nos audivimus unusquisque linguam nostram, in qua nati sumus ? Parthi et Medi et Aelamitae et qui habitant Mesopotamiam et Iudaeam et Cappadociam, Pontum et Asiam, Phrygiam et Pamphiliam, Aegyptum et partes Lybiae, quae est circa Cyrenen, et advenae Romani, Iudaei quoque et proselyti, Cretes et Arabes audivimus loquentes eos nostris linguis magnalia Dei." Stupebant autem omnes et mirabantur dicentes : "Quidnam hoc vult esse ?" Alii autem irridentes dicebant : "Quia musto pleni sunt isti !"* » (Ac 2, 1-13).

88. « *Euntes in mundum universum praedicate evangelium omni creaturae.* »

89. « *Hi omnes erant perseverantes unanimiter in oratione cum mulieribus et Maria matre Iesu et fratribus eius* » (Ac 1, 14).

90. P. Bloch, « *Ekklesia* und *Domus sapientiae* : zur Ikonographie des Pfingst-Retabels im Cluny-Museum », dans P. Wilpert (dir.), *Judentum im Mittelalter, Beiträge zum christilich-jüdischen Gespräch*, W. de Gruyter, Berlin, 1966, p. 370-381, p. 379-380.

91. « Dans les Écritures inspirées par Dieu, tout ce qui est en général dit de la vierge et mère Église doit être interprété comme applicable à la personne de la vierge mère Marie. Ce qui est spécifiquement dit de la vierge mère Marie doit être appliqué à la vierge mère Église, et tout ce que l'on dit

de l'une ou des deux peut être dit de l'autre, sans la moindre distinction » (« *Unde in Scripturis divinitus inspiratis, quod de virgine matre Ecclesia universaliter, hoc de virgine Maria singulariter ; et quod de virgine matre Maria specialiter, id de Virgine matre Ecclesia generaliter jure intelligitur, et cum de alterutra sermo texitur, fere permixtim et indifferenter de utraque sententia intelligitur* ») (ISAAC DE L'ÉTOILE, *Sermo* 51, PL CXCIV, col. 1863).

92. N. VON HOLST, « Zur Ikonographie des Pfingstbildes in der Spanischen Kapelle », *Mitteilungen des Kunsthistorischen Institutes in Florenz*, XVI (1972), p. 261-268, p. 267.

93. Dans l'iconographie byzantine, on a représenté, devant l'édifice, un roi qui tient entre ses bras un drap sur lequel sont étalés douze rouleaux correspondant à la prédication des douze apôtres, représentation symbolique du cosmos, du monde dans l'attente de la mission évangélisatrice : E. KIRSCHBAUM (dir.), *Lexikon der christlichen Ikonographie*, *op. cit.*, vol. III, p. 421, *s.v.* « Pfingsten ».

94. N. VON HOLST, « Zur Ikonographie des Pfingstbildes in der Spanischen Kapelle », *op. cit.*, p. 261-268.

95. On appelait en Europe les Mongols ou Tatares de Gengis Khan les « Tartares », comme s'il s'agissait de monstres provenant du Tartare, c'est-à-dire de l'enfer : W. PRINZ, « I Tatari nella pittura italiana del Trecento », dans *Studi di Storia dell'Arte sul Medioevo e il Rinascimento. Nel centenario della nascita di Mario Salmi*, Edizioni Polistampa, Florence, 1993, p. 415-429.

96. G. KÖSTER, « *Aquae multae, populi multi* : zu Giotto's Navicella und dem Meerwandel Petri als Metapher päpstlicher Herrschaft », *Römisches Jahrbuch der Bibliotheca Hertziana*, XXXIII (1999/2000-2003), p. 7-30 ; l'auteur montre, *ibid.*, p. 14, comment certains adjectifs spécifiques du *titulus* qui accompagnait la mosaïque de la Navicella se retrouvent également dans l'*Opus metricum*, composé par Stefaneschi à l'occasion du jubilé.

97. « *Sciens Petrus quia Dominus est, in mare se misit, et sic venit ad ipsum, aliis navigio pervenientibus. Quid istud ? Nempe signum singularis pontificii Petri, per quod non navem unam, ut caeteri quique suam, sed saeculum ipsum susceperit gubernandum. Mare enim saeculum est, naves ecclesiae. Inde est quod altera vice instar Domini gradiens super aquas, unicum se Christi vicarium designavit, qui non uni populo, sed cunctis praeesse deberet : siquidem aquae multae, populi multi* » (SANCTI BERNARDI *Opera*, *De consideratione [De dignitate personae et praerogativa*

potestatis], éd. J. Leclercq, H. M. Rochais et C. H. Talbot, Rome, 1963, vol. III, p. 423 s., cité par G. Köster, « *Aquae multae, populi multi* : zu Giotto's Navicella und dem Meerwandel Petri als Metapher päpstlicher Herrschaft », *op. cit.*, p. 14).

98. M. Andaloro, « Giotto tradotto : a proposito del mosaico della Navicella in Giotto », dans M. Andaloro, S. Maddalo et M. Miglio, *Giotto, Roma e Bonifacio VIII*, Istituto Storico Italiano per il Medio Evo, Rome, 2009, p. 17-35.

99. Jacques de Voragine, *Legenda aurea*, éd. ital. cit., chap. CXIX, p. 632-657, p. 632 ; *Legenda aurea*, éd. lat. cit., vol. II, chap. CXV, p. 779-810, p. 779 : « *Assumptio virginis Marie qualiter facta sit ex quodam libello apocrypho qui Iohanni evangeliste ascribitur edocetur.* »

100. R. Longhi, « Un dossale italiano a Saint-Jean-Cap-Ferrat », *Paragone*, CXLI (1961), p. 11-19, fig. 1-23b, p. 14.

101. Jacques de Voragine, *Legenda aurea*, éd. it. cit., p. 633 ; *Legenda aurea*, éd. lat. cit., p. 780 : « *palma autem illa nimia claritate splendebat et erat quidem virge viriditati consimilis, sed folia illius ut stella matutina fulgebant.* »

102. Jacques de Voragine, *Legenda aurea*, éd. it. cit., p. 634 ; *Legenda aurea*, éd. lat. cit., p. 782 : « *Summa et provectissima theologorum summitas.* » Je précise que, curieusement, Maggioni place « *Paulus* » dans l'appareil critique en le supprimant du texte, de sorte que l'éloge de la grande sagesse théologique revient à Pierre, de manière surprenante.

103. On lit Hiérothée [Ieroteo] dans l'édition italienne, nom que l'édition latine a relégué à l'appareil critique.

104. Jacques de Voragine, *Legenda aurea*, éd. it. cit., p. 634 ; *Legenda aurea*, éd. lat. cit., p. 781-782 : « *Dionysius, Pauli apostoli discipulus, in libro de diuinis nominibus hoc idem asserit, apostolos scilicet in dormitione Virginis convenisse et se similiter interfuisse ac unumquemque in laudem Christi et Virginis fecisse sermonem. Ait enim sic loquens ad Tymotheum : "Nos, ut nosti et ipse, et multi sanctorum nostrorum fratrum convenimus ad visionem corporis vite principis et quod Deum suscepit. Aderat autem et frater Dei Iacobus et Petrus, summa et provectissima theologorum summitas. Postea visum est post visionem ut universi ierarche laudarent, sicut unusquisque erat sufficiens, infinite virtutis bonitatem theartice infirmitatis." Hec Dionysius.* »

105. Y figurent, dans le sens des aiguilles d'une montre, en partant de Marie au centre de la scène, les « saints », identifiables par leur inscription,

Jean, Matthieu, Jacques [le Majeur], André, Denys, Philippe, Barthélemy, Simon, Paul, Thaddée, Jacques [le Mineur], Thomas et Pierre. (Il n'y a donc que onze véritables apôtres parce que Judas n'a pas encore été remplacé par Matthias.) Pour une magnifique reproduction du triptyque de Saint-Jean-Cap-Ferrat, dans son ensemble et scène par scène, et pour sa rigoureuse analyse, je renvoie le lecteur à M. Aronberg Lavin, « Cimabue, la vita di Maria, madre e sposa », dans M. Aronberg Lavin et I. Lavin, *Liturgia d'amore*, *op. cit.*, p. 18-88 ; « Il Polittico del Maestro di Cesi », *ibid.*, p. 95-115. Pour la scène en question, voir *ibid.*, fig. p. 103.

106. M. Meiss, « Reflections of Assisi. A Tabernacle of the Cesi Master », dans *Scritti di Storia dell'Arte in onore di M. Salmi*, 3 vol., De Luca editore, Rome, 1962, vol. II, p. 75-111, p. 83-85.

107. Augustin, *Sermons. Sur les saints* (273-340/A), dans *Œuvres complètes de saint Augustin*, traduites pour la première fois en français sous la direction de M. Raulx, tome VI, Bar-le-Duc, 1866, *Sermon* 299/C, 5, *Fête de saint Pierre et de saint Paul :* « Pour que tu [Paul] puisses garder la foi, Il [Dieu] t'est venu en aide, il a gardé en toi, lui qui a dit à ton *compagnon d'apostolat*, avec qui tu as en commun le jour de la passion, ce que tu as lu dans l'Évangile : "J'ai prié pour toi, Pierre, pour que ta foi ne vienne pas à manquer" » (« *Ut ergo fidem servares, ille adiuvit, ille in te servavit, qui coapostolo tuo, cum quo unum habes passionis diem, dixit, quod in Evangelio legisti : Ego rogavi pro te, Petre, ne deficiat fides tua* »).

108. M. Aronberg Lavin, « Cimabue, la vita di Maria », *op. cit.*, p. 31, partage en revanche l'opinion de M. Meiss.

109. Jacques de Voragine, *Legenda aurea*, éd. it. cit., p. 646 et 648-649 ; *Legenda aurea*, éd. lat. cit., p. 797 et 800 : « *Modus sacratissime assumptionis Marie traditur in quodam sermone ex diversis dictis sanctorum compilato qui in pluribus ecclesiis sollempniter legitur ubi sic habetur* […] » ; « *Que cum Paulum nominatim salutasset, ille ait : "Ave impetratio mei solaminis. Enim in carne Christum non viderim, cum tamen te in carne video, ac si ipsum videam consolor. Usque ad hunc diem Deum te genuisse gentibus predicabam, amodo te ad ipsum translatam esse docebo".* »

110. Comme, par exemple, sur le sarcophage conservé aujourd'hui à l'Antikenmuseum de Bâle : F. Deuchler, *Duccio*, *op. cit.*, p. 153.

111. Jacques de Voragine, *Legenda aurea*, éd. it. cit., p. 636-637 ; *Legenda aurea*, éd. lat. cit., p. 784-785.

112. Comme nous l'avons dit, il manque deux scènes qui devaient illustrer l'ascension de Marie au ciel et sa gloire.

113. Le Fils avait adressé à sa mère les mots très tendres du Cantique des Cantiques de l'époux à l'épouse. M. Aronberg Lavin insiste à juste titre sur l'importance de cette source pour le thème de l'Assomption de Marie, comme je vais en rendre compte.

114. Jacques de Voragine, *Legenda aurea*, éd. it. cit., p. 637 ; *Legenda aurea*, éd. lat. cit., p. 786. D'ailleurs, le prophète Élie, qui, de son vivant, avait été enlevé au ciel sur un char de feu, avait laissé tomber son manteau afin que son disciple Élisée gardât un souvenir tangible de l'événement (2 R 2, 11-13).

115. Ce retable provient de l'église de San Fortunato, à Montefalco, en Ombrie, et il est conservé à la Pinacothèque vaticane de la Cité du Vatican. Sur la prédelle défilent les épisodes de l'histoire de Marie : la Naissance, les Noces avec Joseph, l'Annonciation, la Naissance du Christ, la Présentation au Temple et la Mort de Marie.

116. Pour ce détail, qui ne figure pas dans la *Légende dorée*, voir G. Schiller, *Ikonographie der christlichen Kunst*, *op. cit.*, vol. IV, 2, *Maria*, p. 87 s.

117. Jacques de Voragine, *Legenda aurea*, éd. it. cit., p. 637 ; *Legenda aurea*, éd. lat. cit., p. 786.

118. C. Cerretelli, « La Madonna della Cintola a Prato », dans A. Paolucci (dir.), *Colloqui davanti alla madre : immagini mariane in Toscana tra arte, storia e devozione*, Mandragora, Florence, 2004, p. 81-90.

119. Jacques de Voragine, *Legenda aurea*, éd. lat. cit., p. 785.

120. « *Igitur cum Virgo Virginum a Deo et Filio suo rege regum, exsultantibus angelis, cum laetantibus archangelis, et caelo laudibus acclamante, deduceretur, impleta est prophetia David dicentis ad Dominum : "Adstetit regina a dextris tuis in vestitu deaurato circumdata varietate"* » (Amédée de Lausanne, *Huit homélies mariales*, introduction et notes de G. Bavaud, texte latin établi par J. Deshusses, traduction d'A. Dumas, Cerf, Paris, 1960, *Homilia* VII, p. 200-201, cité succinctement par T. Verdon, « Marian Themes on the Façade of Santa Maria del Fiore », dans D. Friedman, J. Gardner et M. Haines [dir.], *Arnolfo's Moment, Act of an International Conference. Florence Villa I Tatti, May 26-27, 2005*, Olschki, Florence, 2009, p. 283-291, p. 288).

121. Le Christ « *resurrexit, qui est ad dexteram Dei* », écrit Paul dans l'épître aux Romains (8, 34).

122. L'antienne est une phrase souvent construite à partir d'un psaume et chantée de préférence pendant la célébration liturgique.

123. C'est ce qu'a remarqué M. Aronberg Lavin, « Cimabue, la vita di Maria », *op. cit.*, p. 51. Je renvoie à cette étude (qui aborde également, de manière approfondie, toutes les sources liturgiques relatives à l'Assomption de Marie) pour une analyse détaillée de cette mosaïque, des fresques de Cimabue et du triptyque de Saint-Jean-Cap-Ferrat.

124. M. Aronberg Lavin, « Cimabue, la vita di Maria », *op. cit.*, pour la variante, qui figure également dans de nombreux manuscrits de la *Légende dorée* : « *Ponam te in thronum meum* », p. 60-62 et p. 109-112. L'auteur se contente de réunir toutes les variantes.

125. L'inscription à la base de la cuvette absidale proclame : « *Hec in onore tuo, prefulgida mater onoris, / regia divini rutilat fulgore decoris. / In qua, Criste, sedes manet ultra secula sedes. / Digna tuis dextris est quam tegit aurea vestis. / Cum moles ruitura vetus foret, hinc oriundus / Innocentius hanc renovavit papa secundus* » (« Cette demeure céleste resplendit en ton honneur, ô resplendissante mère de l'honneur divin. Le trône sur lequel tu es assis, ô Christ, est un siège destiné à demeurer pour l'éternité. Celle qui est vêtue d'une robe dorée est tout à fait digne d'être à ta droite. L'ancien édifice menaçant ruine, le pape Innocent II, originaire d'ici-même, le rénova en entier ») (U. Nilgen, « Maria Regina, ein politischer Kultbildtypus ? », *Römisches Jahrbuch für Kunstgeschichte*, XIX [1981], p. 1-33, en particulier p. 24-30, transcription de l'inscription p. 26, avec une traduction rapide et littérale).

126. « Vous, les hommes, aimez votre femme à l'exemple du Christ : il a aimé l'Église, il s'est livré lui-même pour elle ; [...] il voulait la présenter à lui-même, cette Église, resplendissante, sans tache, ni ride, ni aucun défaut : il la voulait sainte et irréprochable. » C'est ainsi que saint Paul écrit aux Éphésiens, 5, 25-27 (« *Viri, diligite uxores vestras, sicut et Christus dilexit ecclesiam et se ipsum tradidit pro ea* [...], *ut exhiberet ipse sibi gloriosam ecclesiam non habentem maculam aut rugam aut aliquid eiusmodi sed ut sit sancta et immaculata* »).

127. Pour l'analyse de ce cycle, je renvoie à l'étude déjà citée de M. Aronberg Lavin, « Cimabue, la vita di Maria », que j'ai plusieurs fois évoquée.

128. J. B. L. G. Seroux d'Agincourt, *Histoire de l'Art par les Monuments, depuis sa décadence au* IV*e siècle jusqu'à son renouvellement au* XVI*e*, Treuttel & Würtz, Paris, 1810-1823. Édition italienne citée : *Storia dell'Arte dimostrata coi monumenti dalla sua decadenza nel* IV *secolo fino al suo risorgimento nel* XVI, 6 vol., Giachetti, Prato, 1826-1829, vol. IV (1827), p. 337 et 339 et pl. CII, n° 3.

129. Toutes ces observations sont de M. Aronberg Lavin, « Cimabue, la vita di Maria », *op. cit.*, p. 49 et fig. p. 45-46. Le dessin d'Antoine Ramboux est conservé au Städelsches Kunst Institut und Städtische Galerie de Francfort (cote : III, 131.570, d'après Cimabue). Certains des dessins de Ramboux ne furent publiés qu'en 1971 : J. Ziemke, « Ramboux und Assisi », *Städel Jahrbuch*, III (1971), n.s., p. 167-212.

130. Je préviens le lecteur que la reproduction de la fresque de l'Assomption de Marie par Cimabue a été imprimée à l'envers dans L. Bellosi, *Cimabue*, *op. cit.*, p. 209.

131. M. Aronberg Lavin, « Cimabue, la vita di Maria », *op. cit.*, p. 53-54. Pour une série d'exemples où Marie est assise à la gauche du Christ (sans qu'en soient toutefois fournies les raisons), voir M. Dandolo, « Gli affreschi di s. Maria in Camuccia », dans G. Bassi, A. M. Carruba, M. Dandolo, A. Di Lorenzo et E. Fabbricotti, *Todi. Studi ricerche e proposte per un rione : S. Maria in Camuccia*, Tipografia Tiberina, Todi, 1979, p. 137-153, en particulier p. 146 s.

132. M. Aronberg Lavin, « Cimabue, la vita di Maria », *op. cit.*, p. 63.

133. Bonaventurae *Vitis mystica*, chap. III, dans *Opera omnia*, *op. cit.*, vol. VIII, p. 164-65, cité par M. Aronberg Lavin, « Cimabue, la vita di Maria », *op. cit.*, p. 64.

134. Ce triptyque, qui a fini, par le biais du commerce des antiquaires, dans la collection Ephrussi à Saint-Jean-Cap-Ferrat – une collection qui s'est transformée par la suite en musée de l'Île-de-France dans cette même ville –, demeura au monastère de l'Étoile de Spolète jusqu'en 1861 au moins ; à propos de ces vicissitudes, voir : M. Aronberg Lavin, « Cimabue, la vita di Maria », *op. cit.*, Appendice A, p. 95-98. Il fut redécouvert et divulgué par M. Meiss, « Reflections of Assisi », *op. cit.*, vol. II, 1962, p. 75-111, qui lui consacra une longue étude documentée où il montre comment le peintre, originaire d'Ombrie, de Spolète probablement, avait non seulement Cimabue à l'esprit, mais aussi les histoires franciscaines de la basilique supérieure d'Assise et celles de la chapelle des Scrovegni de Padoue. Il l'attribua à juste titre (*ibid.*, p. 101) au peintre auquel on doit un devant d'autel de 1308 conservé dans l'église de Santa Maria, à Cesi, près de Terni : de là le nom, « Maître de Cesi ». Roberto Longhi divulgua à son tour l'œuvre que Millard Meiss avait retrouvée comme s'il s'agissait de sa propre découverte, fournissant par là même un très mauvais exemple de piraterie intellectuelle : « Un dossale italiano a Saint-Jean-Cap-Ferrat », *op. cit.*, avec une attribution

stylistique différente (voir la sobre note de protestation de Meiss dans ses « Reflections of Assisi », *op. cit.*, p. 111).

135. Mais on peut lire dans l'édition italienne du texte de M. ARONBERG LAVIN, « Cimabue, la vita di Maria », *op. cit.*, Appendice A, p. 98 : « *Ciascuno con il proprio nome inscritto sul labbro* », autrement dit « Chacun ayant son propre nom inscrit sur la lèvre », que l'on doit sans doute à un contresens de l'anglais « *labelled* ». Je me contenterai de cet unique exemple : ce livre a été massacré par la traduction en italien. Les auteurs ont malheureusement fourni leur ouvrage en anglais à la maison d'édition et il n'existe qu'une version italienne de ce livre.

Bibliographie générale

Adami Abbatis Perseniae *Mariale*, PL CCXI, col. 699-711.

Adami a Sancto Victore *Sequentia* XXV, *In Assumptione Beatae Virginis*, PL CXCVI, col. 1502-1503.

Agnelli Ravennatis *Liber pontificalis*, dans *Monumenta Germaniae Historica*, *Scriptores rerum Langobardicarum*, impensis Bibliopolii Hahniani, Hannoverae, 1878.

Ahlquist Gregory W. et Cook William R., « Representation of Posthumous Miracles of St. Francis », dans William R. Cook (dir.), *The Art of the Franciscan Order in Italy*, Brill, Leyde, 2005, vol. I, p. 211-256.

Alighieri Dante, *Le Banquet*, traduction de Bernard de Watteville, préface de Paolo Arcari, Librairie Kundig, Genève, 1929, traité IV, XII.

Ambrosii *Explanatio symboli de sacramentis, de mysteriis, de paenitentia, de excessu fratris, de obitu Valentiniani, de obitu Theodosii*, éd. O. Faller, Hölder-Pichler-Tempsky (Corpus scriptorum ecclesiasticorum Latinorum, 73), Vindobonae, 1955.

—, *Hexameron*, PL XIV, col. 123-274.

Amédée de Lausanne, *Huit homélies mariales*, introduction et notes de G. Bavaud, texte latin éd. par J. Deshusses, traduction d'A. Dumas, Cerf, Paris, 1960.

Andaloro Maria, *La pittura medievale a Roma, 312-1431, Atlante*, vol. I, Jaca Book, Milan, 2006.

—, *La pittura medievale a Roma, Corpus*, vol. I, Jaca Book, Milan 2006.

—, « Giotto tradotto : a proposito del mosaico della Navicella », dans Maria Andaloro, Silvia Maddalo et Massimo Miglio, *Giotto, Roma e*

Bonifacio VIII, Istituto Storico Italiano per il Medio Evo, Rome, 2009, p. 17-35.

[ANSELME D'AOSTE (Pseudo)], *Dialogus Beatae Mariae et Anselmi de Passione Domini*, PL CLIX, col. 271-290.

Apocryphes du Nouveau Testament, voir Luigi MORALDI (éd.), *Apocrifi del Nuovo Testamento*.

APULÉE, *Les Métamorphoses*, tome I, texte établi par D. S. Robertson et traduit par Paul Vallette, CUF, Les Belles Lettres, Paris, 2013 (1940).

ARONBERG LAVIN Marylin, « The Altar of Corpus Domini in Urbino. Paolo Uccello, Joos van Ghen, Piero della Francesca », *The Art Bulletin*, XLIX (1967), p. 1-24.

—, « Cimabue, la vita di Maria, madre e sposa », dans Marylin ARONBERG LAVIN et Irving LAVIN, *Liturgia d'amore. Immagini dal Cantico dei Cantici nell'arte di Cimabue, Michelangelo e Rembrandt*, Panini, Modène, 1999, p. 18-88.

—, « Il Cantico dei Cantici nel Rinascimento. Il periodo tra Cimabue e Michelangelo », dans Marylin ARONBERG LAVIN et Irving LAVIN, *Liturgia d'amore*, *op. cit.*, p. 119-140.

—, « Il Polittico del Maestro di Cesi », dans Marylin ARONBERG LAVIN et Irving LAVIN, *Liturgia d'amore*, *op. cit.*, p. 95-115.

ARONBERG LAVIN Marylin et LAVIN Irving, *Liturgia d'amore. Immagini dal Cantico dei Cantici nell'arte di Cimabue, Michelangelo e Rembrandt*, Panini, Modène, 1999.

—, « Rembrandt. "La sposa ebrea", sorella e moglie », dans *ibid.*, p. 217-248.

ARONBERG LAVIN Marylin et REDLEAF Miriam I., « Heart and Soul and the Pulmonary Tree in Two Paintings by Piero della Francesca », *Artibus et Historiae*, XXXI (1995), p. 9-17.

AUBERT Andreas, *Die malerische Dekoration der San Francesco Kirche in Assisi : ein Beitrag zur Lösung der Cimabue Frage. (Aus dem Norwegischen von Cläre Greverus Mjöen)*, Hiersemann, Leipzig, 1907.

AUGUSTIN, *Sermons. Sur les saints* (273-340/A), dans *Œuvres complètes de saint Augustin*, traduites pour la première fois en français sous la direction de M. Raulx, Bar-le-Duc, 1866, tome VI.

—, *De la doctrine chrétienne*, dans *Œuvres complètes de saint Augustin*, *op. cit.*, tome IV.

AUGUSTINI *Confessionum libri tredecim*, éd. P. Knöll, F. Tempsky - G. Freytag, Vindobonae-Lipsiae, 1896.

—, *In Johannis Evangelium Tractatus* CXIX, PL XXXV, col. 1950-1952.

—, *De doctrina christiana*, Brepols, Turnholti, 1962.

BABELON Jean-Pierre, *La France de Saint Louis : septième centenaire de la mort de Saint Louis*, Salle des Gens d'Armes du Palais, Les Presses Artistiques, Paris, 1970.

BACCI Michele, « Quel bello miracolo onde si fa la festa del santo Salvatore : studio sulle metamorfosi di una leggenda », dans G. ROSSETTI (dir.), *Santa Croce e Santo Volto. Contributi allo studio dell'origine e della fortuna del culto del Salvatore (IX-XV secolo)*, Edizioni Ets, Pise, 2002.

BALDELLI Ignazio, « *Insigne viventis* : postille all'interpretazione del nimbo quadrato », *Annali della Facoltà di Lettere e Filosofia dell'Università di Perugia*, Sezione II, Studi storico-antropologici, XXXVI = n.s. XXII (1998-1999), p. 31-47.

BARASCH Moshe, *Gestures of Despair in Medieval and Early Renaissance Art*, New York University Press, New York, 1976.

—, *Giotto and the Language of Gesture*, Cambridge University Press, Cambridge, 1987.

BARBERO Alessandro et FRUGONI Chiara, *Medioevo. Storia di voci, racconto di immagini*, Laterza, Rome-Bari, 1999.

BARRÉ Henri, « Marie et l'Église, du Vénérable Bède à saint Albert le Grand », *Études mariales*, IX (1952), p. 59-143.

BARUCCA Gabriele, « Presenze e influssi nel Piceno degli smalti senesi del Tre e Quattrocento », dans Gabriele BARUCCA et Benedetta MONTEVECCHI, *Beni artistici, oreficeria*, Fondazione Cassa di Risparmio di Ascoli Piceno – Silvana Editoriale, Cinisello Balsamo, 2006, p. 74-88.

BECCHIS Michela, art. « Roberto d'Oderisio », *Enciclopedia dell'Arte medievale*, Istituto dell'Enciclopedia Italiana Treccani, Rome, 1999, vol. X, p. 51-52.

BECK Corinne, « Approches du traitement de l'animal chez les encyclopédistes du XIIIe siècle : l'exemple de l'ours », dans Michelangelo PICONE (dir.), *L'enciclopedismo medievale*, Longo editore, Ravenne, 1994, p. 163-178.

BEDAE VENERABILIS, *De loquela per gestum digitorum et temporum ratione*, PL XC, col. 685-698.

—, *In Lucae Evangelium expositio*, PL XCII, col. 301-634.

BEDAE VENERABILIS (pseudo), *De meditatione Passionis Christi*, PL XCIV, col. 561-568.

BEGGIATO Fabrizio, « Origini e diffusione del topos leggendario-narrativo del "Perdono di Longino" nelle letterature romanze », dans Antonio

Pioletti et Francesca Rizzo Nervo (dir.), *Medioevo romanzo e orientale. Il viaggio dei testi*, IIIe Colloque international (Venise, 10-13 octobre 1996), Rubbettino, Soveria Mannelli (Catanzaro), 1999, p. 217-228.

—, « Il mito di Longino dall'Irlanda all'Europa continentale », dans *Gli echi della terra. Presenze celtiche in Friuli : dati materiali e momenti dell'immaginario*, Giardini, Pise, 2002, p. 85-93.

Bellosi Luciano, *Cimabue*, Motta, Milan, 1998.

Belting Hans, *L'arte e il suo pubblico. Funzioni e forme delle antiche immagini della Passione*, Nuova Alfa, Bologne, 1986.

Bernardi Claraevallensis *Super missus est Homiliae*, PL CLXXXIII, col. 55-88.

—, *Opera*, éd. J. Leclercq, H. M. Rochais, Ch. Talbot, Rome, 1963, vol. III.

Bloch Peter, « *Ekklesia* und *Domus sapientiae* : zur Ikonographie des Pfingst-Retabels im Cluny-Museum », dans Paul Wilpert (dir.), *Judentum im Mittelalter, Beiträge zum christilich-jüdischen Gespräch*, W. de Gruyter, Berlin, 1966, p. 370-381.

Blumenkranz Bernhard, *Le Juif médiéval au miroir de l'art chrétien*, Études augustiniennes, Paris, 1966.

Boccace, *Le Décaméron*, traduction de Francisque Reynard (1879), présentation et notes de Vittore Branca, Paris, Le Club français du livre, 1962, 2 vol.

Bologna Ferdinando, *I pittori alla corte angioina 1266-1414 e un riesame dell'arte nell'età fridericiana*, U. Bozzi, Rome, 1969.

—, (dir.), *Avori medievali, da Amalfi a Salerno*, Paparo, Naples, 2008, vol. I-II.

Bonaventurae de Bagnoregio *Vitis mystica*, dans *Opera omnia*, Collegii S. Bonaventurae, Ad Claras Aquas, vol. VIII (1898), p. 157-229.

—, *Sermones de Beata Virgine Maria*, dans Bonaventura, *Opera omnia*, vol. IX (1901), p. 633-721.

Bonne Jean-Claude, *L'art roman de face et de profil. Le tympan de Conques*, Le Sycomore, Paris, 1984.

Bonsanti Giorgio (dir.), *La Basilica di san Francesco ad Assisi*, 2 vol., Panini, Modène, 2002.

Borriello Mariarosaria, Guidobaldi Maria Paola et Guzzo Pietro Giovanni (dir.), *Ercolano, tre secoli di scoperte*, catalogue, Electa, Milan, 2008.

Boskovits Miklós, avec Labriola Ada et Ingendaay Rodio Martina, « Bernardo Daddi and His Circle », dans Richard Offner et Klara Steinweg (dir.), *A Critical and Historical Corpus of Florentine*

Painting, augmenté sous la direction de Miklós Boskovits et Mina Gregori, nouvelle édition sous la direction de Miklós Boskovits, IIIe partie, *The Fourteenth Century*, Barbera, Florence, 1989, vol. V.

BOSKOVITS Miklós, avec la collaboration de TRIPPS Johannes (dir.), *Maestri senesi e toscani nel Lindenau Museum di Altenburg*, Protagon, Sienne, 2008.

BRENDEL Otto, « Origin and Meaning of the Mandorla », *Gazette des beaux-arts*, XXV (1944), n° 1, p. 5-24.

BRIEGER Peter, *English Art, 1216-1307*, Clarendon Press, Oxford, 1957.

BRILLIANT Richard, *Gesture and Rank in Roman Art. The Use of Gestures to Denote Status in Roman Sculpture and Coinage*, Connecticut Academy of Arts and Sciences, New Haven, 1963.

BRUNO Sara (dir.), *Guida al museo diocesano di Velletri*, Canale, Turin, 2008.

BULWER John (attribué à), *Chirologia. Or the Natural Language of the Hand and Chironomia or the Art of Manual Rhetoric*, éd. James W. Cleary, Southern Illinois University Press, Carbondale, 1974.

BURRESI Mariagiulia et CALECA Antonino (dir), *Cimabue a Pisa*, Pacini, Pise, 2005.

BUSH-BROWN Albert, « Giotto. Two Problems in the Origin of his Style », *The Art Bulletin*, XXXIV (1952), n° 1, p. 42-46.

CAESARII HEISTERBACENSIS *Dialogus miraculorum*, éd. J. Strange, H. Lempertz, Coloniae, Bonnae et Bruxellis, 1851, vol. II.

CALLISEN S. A., « The Evil Eye in Italian Art », *The Art Bulletin*, XIX (1937), p. 452-462.

CARBONELL I ESTELLER Eduard et SUREDA I PONS Joan, *Tresors medievals del museu Nacional d'Art de Catalunya*, Lunwerg, Barcelone, 1997.

CARDINI Franco, « L'archange Michel en Europe occidentale », dans Marco BUSSAGLI et Mario D'ONOFRIO (dir.), *Les ailes de Dieu. Messagers et guerriers ailés entre Orient et Occident*, Silvana Editoriale, Cinisello Balsamo, 2000, p. 119-122.

CARLI Enzo, « La data degli affreschi di Bartolo di Fredi a S. Gimignano », *Critica d'arte*, VIII (1949), n° 1, fasc. 27, p. 75-76.

—, *Il museo di Pisa*, Pacini, Pise, 1974.

CARMODY Francis J. (éd.), *Physiologus latinus. Versio Y*, University of California Press, Berkeley-Los Angeles, 1941.

CARRASCO Magdalena, « Sanctity and Experience in Pictorial Agiography. Two illustrated Lives of Saints from Romanesque France », dans Renate

Blumenfeld-Kosinski et Timea Szell (dir.), *Images of Sainthood in Medieval Europe*, Cornell University Press, Ithaca, 1991, p. 33-67.

Casadio Paolo, « Vitale da Bologna a Udine », dans Cesare Gnudi et Paolo Casadio, *Itinerari di Vitale da Bologna. Affreschi a Udine e a Pomposa*, Ministero per i Beni Culturali e Ambientali - Cassa di Risparmio in Bologna, Nuova Alfa, Bologne, 1990, p. 49-78.

Casciaro Raffaele (dir.), *Rinascimento scolpito. Maestri del legno tra Marche e Umbria*, Silvana Editoriale, Cinisello Balsamo, 2006.

Castelnuovo Enrico et Romano Giovanni (dir.), *Giacomo Jaquerio e il gotico internazionale*, Palazzo Madama, avril-juin 1979, Stamperia artistica nazionale, Turin, 1979.

Castiñeiras González Manuel, « L'Oriente immaginato nel mosaico di Otranto », dans Arturo Carlo Quintavalle (dir.), *Medioevo Mediterraneo, l'Occidente, Bisanzio e l'Islam*, Electa, Milan, 2007, p. 590-603.

Castiñeiras González Manuel, Camps Jordi avec la collaboration de Duran-Porta Joan, *El Románico en las colecciones del MNAC*, MNAC, Barcelone, 2009.

Cennini Cennino, *Il libro dell'Arte*, éd. Fabio Frezzato, Neri Pozza, Vicence, 1992.

Cerretelli Claudio, « La Madonna della Cintola a Prato », dans Antonio Paolucci (dir.), *Colloqui davanti alla madre : immagini mariane in Toscana tra arte, storia e devozione*, Mandragora, Florence, 2004, p. 81-90.

Chanson de Roland (La), traduction nouvelle et complète de Joseph Fabre, Belin, Paris, 1906.

Chastel André, *Le geste dans l'art*, Liana Levi, Paris, 2008.

Chiellini Nari Monica, *Le Sculture nel Battistero di Pisa. Temi e immagini dal Medioevo. I rilievi del deambulatorio*, Pacini, Pise, 1989.

Ciatti Marco, Frosinini Cecilia et Bellucci Roberto (dir.), *Pinxit Guillielmus. Il restauro della Croce di Sarzana*, Edifir, Florence, 2001.

Ciociola Claudio, « "Ognia omo more e questo mondo lassa" : altre laude dipinte (Saluzzo, Clusone), mobilità dei tituli », dans Id., *Visibile parlare. Agenda*, Università degli Studi di Cassino, Cassino, 1992, p. 102-106.

Coppa Giovanni (dir.), *Sant'Ambrogio. Opere*, Utet, Turin, 1979.

Corbier Mireille, *Donner à voir, donner à lire. Mémoire et communication dans la Rome ancienne*, CNRS Éditions, Paris, 2006.

Cormack Robin et Vassilaki Maria (dir.), *Bizantium 330-1453*, Royal Academy of Arts, Londres, 2009.

CORNELL Henrik, *The Iconography of the Nativity of Christ*, Uppsala University, Uppsala, 1924.

DAFFRA Emanuela, « La Madonna della candeletta », dans Giulio MANIERI ELIA (dir.), *Carlo Crivelli alle Gallerie dell'Accademia : un capolavoro ricomposto*, Electa, Milan, 2002, p. 51-53.

DALARUN Jacques (dir.), *Le Moyen Âge en lumière*, Fayard, Paris, 2002.

DALLI REGOLI Gigetta, *La preveggenza della Vergine. Struttura, stile, iconografia, nelle madonne del Cinquecento*, Pacini, Pise, 1984.

DANDOLO Matilde, « Gli affreschi di S. Maria in Camuccia », dans Giovanna BASSI et *al.*, *Todi. Studi ricerche e proposte per un rione : S. Maria in Camuccia*, Tipografia Tiberina, Todi, 1979, p. 137-153.

DE FRANCOVICH Géza, « Lorenzo Maitani scultore e i bassorilievi della facciata del Duomo di Orvieto », *Bollettino d'Arte del Ministero della Pubblica Istruzione*, VII (1927-1928), n° 7, p. 339-372.

DEMUS Otto, *The mosaics of San Marco in Venice*, II. *The Thirteenth Century*, avec la contribution de Kurt Weitzmann, The University of Chicago Press, Chicago-Londres, 1984, I. *Text*, p. 79 ; II. *Plates.*

DEMUS Otto et HIRMER Max, *Pittura Murale Romanica*, Rusconi, Milan, 1969.

DENYS L'ARÉOPAGITE, *La Hiérarchie céleste*, édition et traduction de Günter Heil et Maurice de Gandillac, avec le texte grec en regard, Cerf, Paris, 1958.

DERBES Anne, *Picturing the Passion in Late Medieval Italy. Narrative Painting, Franciscan Ideologies and the Levant*, Cambridge University Press, Cambridge, 1996.

DE TOLNAY Charles, *Michelangelo*, 5 vol., Princeton University Press, Princeton, 1946-1960.

DEUCHLER Florens, *Duccio*, Electa, Milan, 1984.

DEVISSE Jean, *L'image du Noir dans l'art occidental*, vol. II, 1, *Des premiers siècles chrétiens aux « Grandes Découvertes »*, Office du Livre, Fribourg, 1979.

DIDI-HUBERMAN Georges, « La dissemblance des figures selon Fra Angelico », *Mélanges de l'École française de Rome, Moyen Âge – Temps Modernes*, XCVIII (1986), n° 2, p. 709-802.

—, *Fra Angelico. Dissemblance et figuration*, Flammarion, Paris, 1990.

—, *Devant l'image, question posée aux fins d'une histoire de l'art*, Les Éditions de Minuit, Paris, 1990.

DONATI Lamberto, « L'origine dell'aureola ogivale », dans *La bibliofilia*, LIX (1957), n° 2-3, p. 101-107.

DURLIAT Marcel, « S. Saturnino », dans Stefano BOTTARI (dir.), *Tesori d'Arte Cristiana*, I. *Dal paleocristiano al romanico*, Officine grafiche Il Resto del Carlino, Bologne, 1966, p. 225-252.

DUVAL Noël, *La mosaïque funéraire dans l'art paléochrétien*, Longo, Ravenne, 1976.

ECLERCY Bastian, « On Mousetraps and Firescreens. The Problem of "Disguised Symbolism" in ealry Netherlandish Painting », dans Stephan KEMPERDICK (dir.), *The Master of Flémalle and Rogier Van der Weyden*, Städel Museum, Berlin, 2009, p. 133-147.

ELISSAGARAY Marianne, *La Légende de rois mages*, Le Seuil, Paris, 1965.

Enciclopedia dell'arte antica classica e orientale, dirigée par Ranuccio Bianchi Bandinelli, Istituto dell'Enciclopedia Treccani, Rome, 1958-1984.

FALOCI PULIGNANI Michele, « Le cronache di Spello degli Olorini », *Bollettino della R. Deputazione di Storia Patria per l'Umbria*, XXIII (1918), p. 239-298.

FASCIETTI Roberto, « Paolo da Visso e le sue fantasticherie », *I beni culturali*, XV (2007), n° 3, p. 19-32.

FAURE Daniel et ROUCHON MOUILLERON Véronique, *Cloîtres, jardins de prières*, Flammarion, Paris, 2000.

FERRARA Daniele, « La candeletta di Carlo Crivelli », dans Giulio MANIERI ELIA (dir.), *Carlo Crivelli alle Gallerie dell'Accademia : un capolavoro ricomposto*, Electa, Milan, 2002, p. 39-50.

FERRI Serafino, *Vita del b. Pietro Pettinajo sanese del terz'ordine di san Francesco volgarizzata da una leggenda latina del 1333 per f. Serafino Ferri agostiniano di Lecceto l'anno 1508 corretta, e riordinata con annotazioni, ed aggiunte dal padre maestro De Angelis*, Fr. Rossi et fils, Sienne, 1802.

FIDERER MOSKOWITZ Anita, *Pious Devotion, Pious Diversion. Nicola and Giovanni Pisano. The Pulpits*, H. Miller, Londres, 2005.

Fonti francescane. Scritti e biografie di san Francesco d'Assisi. Cronache e altre testimonianze del primo secolo francescano. Scritti e biografie di santa Chiara d'Assisi, Assise, Mouvement franciscain, 1978[2].

FRIEDMAN Herbert, *The Symbolic Goldfinch. Its History and Significance in European Devotional Art*, Pantheon Books, Washington, 1926.

FRUGONI Arsenio, « I temi della morte nell'affresco della chiesa dei disciplini a Clusone », *Bollettino dell'Istituto Storico Italiano per il Medioevo e Archivio Muratoriano*, LXIX (1957), p. 1-38.

FRUGONI Chiara, « L'iconografia del matrimonio e della coppia nel Medioevo », dans *Il matrimonio nella società altomedioevale*, Actes de la XXIVe semaine d'étude du Centre italien d'études sur le haut Moyen Âge, Cisam, Spolète, 1977, vol. II, p. 901-963.

—, *Una lontana città. Sentimenti e immagini nel Medioevo*, Einaudi, Turin, 1983.

—, « Su un "Immaginario" possibile di Margherita da Città di Castello », dans COLLECTIF, *Il movimento religioso femminile in Umbria nei secoli XIII-XIV*, La Nuova Italia - Regione dell'Umbria, Florence-Pérouse, 1984, p. 205-216.

—, *Francesco : un'altra storia*, Marietti, Gênes, 1988, 2005[2].

—, « Immagini fra Tardo antico e Alto Medioevo : qualche appunto », dans *Morfologie sociali e culturali in Europa fra Tarda antichità e Alto Medioevo*, Actes de la XLVe semaine d'étude du Centre italien d'études sur le haut Moyen Âge, Cisam, Spolète, 1988, p. 703-744.

—, « L'immagine del predicatore nell'iconografia medioevale (sec. XIII-XV) », *Medioevo e Rinascimento*, III (1989) [ma 1990], p. 287-299.

—, « Alberi (*in paradiso voluptatis*) », dans *L'ambiente vegetale nell'alto Medioevo*, Actes de la XXXVIIe semaine d'étude du Centre italien d'études sur le haut Moyen Âge, Cisam, Spolète, 1990, p. 725-762.

—, « La porta in bronzo della chiesa di S. Zeno a Verona », dans Andrea CASTAGNETTI et Gian Maria VARANINI (dir.), *Il Veneto nel Medioevo. Dai Comuni cittadini al predominio scaligero nella Marca*, Banca popolare di Verona, Vérone, 1991, p. 165-208.

—, « Lo sguardo dell'uomo », dans Georges DUBY et Michelle PERROT (dir.), *Immagini delle donne*, Laterza, Rome-Bari, 1992, p. 70-100.

—, *Francesco e l'invenzione delle stimmate. Una storia per parole e immagini fino a Bonaventura e Giotto*, Einaudi, Turin, 1993.

—, « "E vedrà ogni carne la salvezza di Dio" (Lc 3, 6) : le sculture all'interno del battistero », dans EAD. (dir.), *Benedetto Antelami e il battistero di Parma*, Einaudi, Turin, 1995, p. 109-144.

—, « La facciata, le porte, le metope : un programma coerente », dans EAD. (dir.), *Il duomo di Modena*, Panini (Mirabilia), Modène, 1999, I. *Testi*, p. 9-38.

—, *Ambrogio Lorenzetti*, dans EAD. (dir.), *Pietro e Ambrogio Lorenzetti*, Menarini – Le Lettere, Florence, 2002, p. 124-199.

—, « Gli affreschi del chiostro di San Francesco. I Tartari a Siena », dans EAD. (dir.), *Pietro e Ambrogio Lorenzetti*, *op. cit.*, p. 187-193.

—, (dir.), *Il Villani illustrato. Firenze e l'Italia medioevale nelle 253 immagini del ms. Chigiano L VIII 296 della Biblioteca Vaticana*, Bibliothèque apostolique vaticane - Le Lettere, Rome-Florence, 2005.

—, « La grammatica dei gesti, qualche riflessione », dans *Comunicare e significare nell'Alto Medioevo*, Actes de la LIIe semaine d'étude du Centre italien d'études sur le haut Moyen Âge, Cisam, Spolète, 2005, vol. II, p. 895-936.

—, « Due note a proposito del fregio di Berta e Milone e del capitello degli evangelisti della cattedrale di Fidenza », dans *Storie di artisti. Storie di libri. L'Editore che inseguiva la Bellezza. Scritti in onore di Franco Cosimo Panini*, Donzelli, Florence, 2008, p. 45-49.

—, *L'affare migliore di Enrico. Giotto e la cappella Scrovegni*, Einaudi, Turin, 2008.

—, « La sottomissione di Teofilo al diavolo. A proposito di raccomandati e vassalli », dans Dinora CORSI et Matteo DUNI (dir.), *« Non lasciare vivere la malefica ». Le streghe nei trattati e nei processi (secoli XIV-XVII)*, Florence University Press, Florence, 2009, p. 129-154.

GABORIT-CHOPIN Danielle, *Regalia. Les instruments du sacre des rois de France. Les « honneurs de Charlemagne »*, Éditions de la Réunion des musées nationaux, Paris, 1987.

GABUCCI Ada, *Roma*, Electa, Milan, 2005.

GANDOLFO Francesco, art. « Bernardus Gelduinus », *Enciclopedia dell'Arte medievale*, Istituto dell'Enciclopedia Italiana Treccani, Rome, 1992, vol. III, p. 425-429.

—, « Noterelle a margine del nimbo quadrato », dans Arturo CALZONA (dir.), *Immagine e ideologia. Studi in onore di Arturo Carlo Quintavalle*, Electa, Milan, 2007, p. 65-72.

GARNIER François, *Le langage de l'image au Moyen Âge*, I. *Signification et symbolique* ; II. *Grammaire des gestes*, Le Léopard d'or, Paris, 1982-1989.

GERETTI Alessio et CASTRI Serenella (dir.), *Apocrifi. Memorie e leggende oltre i Vangeli*, Skira, Milan, 2009.

GHIBERTI Lorenzo, *Commentari*, Giunti, Florence, 1998.

GIANNI Alessandra, « Gli eventi della Passione », dans Michele BACCI (dir.), *Iconografia evangelica a Siena dalle origini al Concilio di Trento*, Monte dei Paschi di Siena - A. Pizzi, Milan, 2009, p. 113-196.

GINOT Émile, « Le manuscrit de Sainte Radegonde de Poitiers et ses peintures du XIe siècle », *Bulletin de la Société française de reproductions de manuscrits à peintures*, IV (1914-1920), p. 10-69.

GIORDANO DA PISA [GIORDANO DA RIVALTO], *Prediche recitate in Firenze dal 1303 al 1306*, éd. Domenico Moreni, 2 vol., Magheri, Florence, 1831.

GIOVANNI DI SAN GIMIGNANO, *Summa de exemplis et similitudinibus rerum*, Venise, 1499.

GIUSTI Anna Maria, « I mosaci della cupola », dans Antonio PAOLUCCI (dir.), *Il Battistero di San Giovanni a Firenze*, Panini, Modène, 1994, vol. I, p. 281-342.

GNONI MAVARELLI Cristina et MARTINI Laura (dir.), *La cattedrale di San Lorenzo a Grosseto. Arte e storia dal XIII al XIX secolo*, Silvana Editoriale, Cinisello Balsamo, 1996.

GRABAR André, « Plotin et les origines de l'esthétique médiévale », *Cahiers archéologiques*, I (1946), p. 15-34.

—, *L'âge d'or de Justinien*, Gallimard, Paris, 1966.

—, *Les origines de l'esthétique médiévale*, Macula, Paris, 1992, p. 29-87.

GRAF Arturo, *Miti, leggende e superstizioni del Medioevo*, réimpression A. Forni, 2 vol., Bologne, 1980.

GRANT Michael, *Roman History from Coins. Some Uses of the Imperial Coinage to the Historian*, Cambridge University Press, Cambridge, 1968.

GRIVOT Denis et ZARNECKI George, *Gislebertus sculptor of Autun*, The Trianon Press, Londres, 1961.

GRODECKI Louis, MÜTHERICH Florentine, TARALON Jean et WORMALD Francis, *Le siècle de l'an mil*, Gallimard, coll. « L'Univers des formes », Paris, 1973.

GRÜNEISEN Wladimir de, « Intorno all'antico uso egiziano di raffigurare i defunti davanti al loro sepolcro », *Archivio della reale Società romana di Storia patria*, XXIX (1906), p. 230-239.

GUEST Gerald B. (éd.), *Bible moralisée, Codex Vindobonensis 2554, Vienna Österreichische Nationalbibliothek*, avec un commentaire et une traduction des textes bibliques, H. Miller, Londres, 1995.

HARPRING Patricia Anne, *The Sienese Trecento Painter Bartolo di Fredi*, Fairleigh Dickinson University Press, Rutherford, 1993.

HAYMONIS HALBERSTATENSIS *Commentum ad Isaiam*, PL CXVI, col. 713-1086.

HERARDI ARCHIEPISCOPI TURONENSIS *Collecta ex capitularibus regum Francorum*, dans Johannes Dominicus MANSI, *Sacrorum Conciliorum nova et amplissima collectio*, expensis Antonii Zatta Veneti, Florentiae, 1767, vol. XVI, appendice.

HIBBARD Howard, *The Metropolitan Museum of Art*, Harrison House, New York, 1986.

HIERONYMI *Commentariorum in evangelium Matthaei libri quatuor*, PL XXVI, col. 15-218.

HOLST Niels von, « Zur Ikonographie des Pfingstbildes in der Spanischen Kapelle », dans *Mitteilungen des Kunsthistorischen Institutes in Florenz*, XVI (1972), p. 261-268.

HORSTE Kathryn, *Cloister Design and Monastic Reform in Toulouse. The Romanesque Sculpure of La Daurade*, Clarendon Press, Oxford, 1992.

HUBERT Jean, PORCHER Jean et VOLBACH Wolfgang Fritz, *L'Impero carolingio*, Feltrinelli, Milan, 1968.

IGNESTI Alessandra, *Il mosaico della controfacciata della basilica di Santa Sabina a Roma. Fonti ed iconografia*, mémoire de maîtrise, Faculté de conservation des biens culturels, Università degli Studi della Tuscia, année 2005.

IRÉNÉE DE LYON, *Contre les hérésies*, édition critique sous la direction d'A. Rousseau, L. Doutreleau et C. Mercier, Cerf, Paris, 1969, vol. V.

ISAAC DE L'ÉTOILE, *Sermones*, PL CXCIV, col. 1689-1876.

ISIDORI HISPALENSIS EPISCOPI *Etymologiae*, *Etymologiarum sive Originum libri XX*, éd. W. M. Lindsay, Oxford University Press, Oxford, 1911.

ISIDORE DE SÉVILLE, *Etymologiae XII*, texte établi, traduit et commenté par Jacques André, bilingue latin/français, Les Belles Lettres, Paris, 1986.

JACOPONE DA TODI, *Laudi, Trattato e Detti*, éd. Franca Ageno, Le Monnier, Florence, 1953.

—, *Laude*, éd. Franco Mancini, Laterza, Bari, 1974.

JACQUES DE VORAGINE, *La Légende dorée*, édition et traduction sous la direction de J.-B. Roze, 2 vol. Garnier-Flammarion, Paris, 1967.

—, *Legenda aurea*, éd. Alessandro et Lucetta Vitale Brovarone, Einaudi, Turin, 1995.

—, *Legenda aurea*, en latin, édition critique sous la direction de Giovanni Paolo Maggioni, 2 vol., Sismel Edizioni del Galluzzo, Florence, 1998.

—, *Legenda aurea*, textes et notes sous la direction d'Arrigo Levasti, présentation de Franco Cardini et Mario Martelli, 2 vol., Le Lettere, Florence, 2000.

JASZÁI Géza, art. « Giovanni Pisano », *Enciclopedia dell'Arte medievale*, Istituto dell'Enciclopedia Italiana Treccani, Rome, 1995, vol. VI, p. 740-754.

JEAN DE CAULIBUS, *Meditaciones de vita Christi, olim s. Bonaventuro attributae*, éd. Mary Stallings-Taney, Brepols (Corpus Christianorum. Continuatio mediaevalis, CLIII), Turnhout, 1997.

KEMPERDICK Stephan (dir.), *The Master of Flémalle and Rogier Van der Weyden*, Städel Museum, Berlin 2009.

KIRSCHBAUM Enhelbert, *Lexikon der christlichen Ikonographie*, 8 vol., Herder, Rome-Fribourg-Bâle-Vienne, 1971.

KITZINGER Ernst, *I mosaici di Monreale*, Flaccovio, Palerme, 1960.

KLINGENDER Francis, *Animals in Art and Thought to the End of the Middle Ages*, Routledge, Londres, 1971.

KÖSTER Gabriele, « *Aquae multae, populi multi* : zu Giotto's Navicella und dem Meerwandel Petri als Metapher päpstlicher Herrschaft », *Römisches Jahrbuch der Bibliotheca Hertziana*, XXXIII (1999/2000-2003), p. 7-30.

KRAUTHEIMER Richard, « Iconography of Mediaeval Architecture », *Journal of the Warburg and Courtauld Institutes*, V (1942), p. 1-33.

—, *Roma, profilo di una città, 312-1308*, Edizioni dell'Elefante, Rome, 1981.

KUNZE Max (dir.), *Staatliche Museen zu Berlin. Die Antikensammlung im Pergamon-Museum und in Charlottenburg*, P. von Zabern, Mayence, 1992.

LAGRANGE Marie-Joseph, *L'évangile selon saint Jean*, Gabalda, Paris, 1936[5].

LAVIN Irving, « Michelangelo : la Madonna Medici, Figlio e Sposo », dans Marylin ARONBERG LAVIN et Irving LAVIN, *Liturgia d'amore*, *op. cit.*, p. 143-213.

Leggenda perugina, dans *Fonti francescane. Scritti e biografie di san Francesco d'Assisi*, *op. cit.*, p. 1154-1285.

LEONE DE CASTRIS Pierluigi, *Arte di corte nella Napoli angioina*, Cantini, Florence, 1986.

LEVI D'ANCONA Mirella, *The Garden of the Renaissance. Botanical Symbolism in Italian Painting*, Olschki, Florence, 1977.

—, *Lo zoo del Rinascimento. Il significato degli animali nella pittura italiana dal XIV al XVI secolo*, Pacini Fazzi, Lucques, 2001.

Le livre de Sydrac, texte inédit du XIVe siècle, publié par Adolfo Bartoli, G. Romagnoli, Bologne, 1868.

LONGHI Roberto, « Un dossale italiano a Saint-Jean-Cap-Ferrat », *Paragone*, CXLI (1961), p. 11-19.

LONGPRÉ Éphrem, « Saint Bernardin de Sienne et le nom de Jésus », *Archivum Franciscanum Historicum*, XXIX (1936), p. 443-477.

LUCA TUDENSIS EPISCOPUS *De altera vita, fideique controversiis adversus Albigensium errores libri tres*, aux bons soins de Joannne Mariana (Giovanni de Mariana), Andreas Angermarius, Ingolstadii, 1612.

LUNGHI Elvio, *Il Crocefisso di Giunta Pisano e l'icona del « Maestro di san Francesco »*, La Porziuncola, Assise, 1995.

MÂLE Émile, *L'art religieux du XIIe siècle en France*, Colin, Paris, 1947.

MANCINI Roberto, *La lingua degli dei. Il silenzio dall'Antichità al Rinascimento*, A. Colla, Costabissara, 2008.

MANDEL Gabriele (dir.), *L'opera completa di Botticelli*, Rizzoli, Milan, 1978.

MANOTE I CLIVILLER Maria Rosa, RUIZ I QUESADA Francesc, QUÍLEZ I CORELLA Francesc et MAROT Teresa, *Guide. Art gothique*, Museu National d'Art de Catalunya, Barcelone, 2000.

MANSI Johannes Dominicus, *Sacrorum Conciliorum nova et amplissima collectio*, *op. cit.*, vol. IX.

Manzù, L'uomo e l'artista, catalogue de l'exposition, De Luca, Rome, 2002.

MEDICA Massimo et BATTISTINI Silvia (dir.), *La cattedrale scolpita. Il romanico in San Pietro a Bologna*, Edisai, Bologne, 2004.

MEIER Christel, *Gemma spiritualis*, W. Fink, Munich, 1977.

MEISS Millard, *Painting in Florence and Siena after the Black Death. The Arts, Religion, and Society in the Mid-Fourteenth Century*, Princeton University Press, Princeton, 1951.

—, « Reflections of Assisi. A Tabernacle of the Cesi Master », dans *Scritti di Storia dell'Arte in onore di Mario Salmi*, 3 vol., De Luca, Rome, 1962, vol. II, p. 75-111.

MERCURI Chiara, *Corona di Cristo, corona di re. La monarchia francese e la corona di spine nel Medioevo*, Edizioni di Storia e Letteratura, Rome, 2004.

MORALDI Luigi (éd.), *Apocrifi del Nuovo Testamento*, Piemme, Casale Monferrato, 1999.

MORRIS Desmond, « Le tue mani parlano », *Panorama*, 21 mars 1978, p. 125-133.

—, *La clé des gestes*, Grasset, Paris, 1979.

NEFF Amy, « The Pain of Compassio. Mary's Labor at the Foot of the Cross », *The Art Bulletin*, LXXX (1998), p. 254-273.

NILGEN Ursula, « Maria Regina, ein politischer Kultbildtypus ? », *Römisches Jahrbuch für Kunstgeschichte*, XIX (1981), p. 1-33.

NOGA-BANAI Galit, *The Trophies of the Martyrs. An Art Historical Study of Early Christian Silver Reliquaries*, Oxford University Press, Oxford, 2008.

PANOFSKY Erwin, *Abbot Suger and Its Treasures on the Abbey Church of St.-Denis*, seconde édition sous la direction de Gerda Panofsky-Soergel, Princeton University Press, Princeton, 1979.

PAOLUCCI Antonio (dir.), *Il Battistero di San Giovanni a Firenze*, Panini, Modène, 1994, I. *Testi* ; II. *Atlante*.

PARKER Elizabeth, *The Descent from the Cross. Its Relation to the Extra-liturgical Depositio Drama*, New York University, Phil. Diss., New York, 1975, Xérocopie : University Microfilms International, Ann Arbor, 1977.

PASTOUREAU Michel, *L'Ours. Histoire d'un roi déchu*, Le Seuil, coll. « La librairie du XXIe siècle », Paris, 2007.

PASTRES Paolo, « Le raffigurazioni del Beato Bertrando descritte da Mauro Boni », *Memorie storiche forogiuliesi*, LXXXVII (2007), p. 65-84.

PÉTRARQUE François, *Les Rimes*, traduction de Francisque Reynard. G. Charpentier, Paris, 1883.

PETRI CHRYSOLOGI *Sermones*, PL LII, col. 183-680.

PETRI COMESTORIS *Historia scolastica, In Evangelia*, PL CXCVIII, col. 1537-1644.

PIERINI Marco, *Simone Martini*, avec un texte d'Alberto Olivetti. Appendice documentaire sous la direction de Paolo Brogini, Silvana Editoriale, Cinisello Balsamo, 2000.

PIETRANGELI Carlo (dir.), *San Paolo fuori le Mura a Roma*, Nardini, Florence, 1988.

PITA Andrade, JOSÉ Manuel et BOROBIA GUERRERO Maria del Mar, *Old Masters. Thyssen-Bornemisza Museum*, Fundación Thyssen-Bornemisza, Madrid, 1992.

PLINE L'ANCIEN, *Histoire naturelle*, livre XV, texte établi, traduit et commenté par Jacques André, CUF, Les Belles Lettres, Paris, 1960.

PLUTARQUE, *Vies parallèles, Démosthène et Cicéron*, vol. 12, introduction, traduction et notes de Robert Flacelière et Émile Chambry, CUF, Les Belles Lettres, Paris, 1976.

—, *Œuvres morales*. Tome V, 2e partie : *Traité 23, Isis et Osiris*, édité et traduit par Christian Froidefond, CUF, Les Belles Lettres, Paris, 1988.

PORTIER Lucienne, *Le Pélican. Histoire d'un symbole*, Cerf, Paris, 1984.

POZZI Giovanni, *Sull'orlo del visibile parlare*, Adelphi, Milan, 1993.

PRINZ Wolfram, « I Tatari nella pittura italiana del Trecento », dans *Studi di Storia dell'Arte sul Medioevo e il Rinascimento. Nel centenario della nascita di Mario Salmi*, Edizioni Polistampa, Florence, 1993, p. 415-429.

QUINTILIEN, *Institution oratoire*, tome VI, texte établi et traduit par Jean Cousin, CUF, Les Belles Lettres, Paris, 1979.

RAGUSA Isa et GREEN Rosalie (dir.), *Meditations on the Life of Christ*, Princeton University Press, Princeton, 1961.

RÉAU Louis, *Iconographie de l'art chrétien*, II. *Iconographie de la Bible*, I. *Ancien Testament*, Presses universitaires de France, Paris, 1956.

REEKMANS Louis, « La *dextrarum junctio* dans l'iconographie romaine et paléochrétienne », *Bulletin de l'Institut historique belge de Rome*, XXXI (1958), p. 25-94.

RIESS Jonathan, « The Jew and Judaism in Giotto's Arena Chapel frescoes », dans Lynn CATTERSON et Mark ZUCKER (dir.), *Watching Art. Writings in Honour of James Beck*, Ediart, Todi, 2006, p. 217-228.

RIVIÈRE Yann, « Il sarcofago di Portonaccio (Roma) », dans Jean-Jacques AILLAGON (dir.), *Roma e i barbari. La nascita di un nuovo mondo*, Skira, Milan, 2008.

ROBERTS Perri Lee, *Masolino da Panicale*, Clarendon Press, Oxford, 1993.

ROCCHI Giuseppe, *Como e la Basilica di S. Fedele nella storia del Medio Evo*, Edizioni La Rete, Milan, 1973.

ROMANO Serena, « Affreschi angioini in S. Giovanni Evangelista a Priverno », *Storia dell'arte*, LXIV (1988), p. 197-203.

—, *Eclissi di Roma. Pittura murale a Roma e nel Lazio da Bonifacio VIII a Martino V (1295-1431)*, Argos, Rome, 1992.

ROUCHON MOUILLERON Véronique, *Vézelay. Livre de pierre*, Flammarion, Paris, 1997.

RUPERTI TUITIENSIS *Commentaria in Canticum Canticorum*, éd. H. Haacke, Brepols, Turnholti, 1974.

—, *Commentarium in Evangelium Johannis*, PL CLXIX, col. 203-826.

SACCHETTI Franco, *I sermoni evangelici, le lettere*, Le Monnier, Florence, 1857.

Sainte Bible (La). Ancien et Nouveau Testaments, 2 vol., nouvelle édition de Genève, traduction de Louis Segond, révision légère de la version de 1910 portant sur la conjugaison et le vocabulaire, Société biblique de Genève, Romanet-sur-Lausanne, 1979.

SANDBERG VAVALÀ Evelyn, *La croce dipinta italiana e l'iconografia della Passione*, Multigrafica Editrice, Rome, 1980 (réimpression de l'édition de 1929).

SANDER Iochen dans Stephan KEMPERDICK (dir.), *The Master of Flémalle*, *op. cit.*, p. 192-201.

SANTAMBROGIO Giovanni, *Annunciazione. Le più belle rappresentazioni nell'arte*, De Agostini, Novare, 2006.

SANTI Francesco, *Galleria Nazionale dell'Umbria. Dipinti, sculture e oggetti d'arte di età romanica e gotica*, Istituto Poligrafico dello Stato, Rome, 1965.

SCHILLER Gertrud, *Iconography of Christian Art*, II. *The Passion of Jesus Christ*, Lund Humphries, Londres, 1972.

—, *Ikonographie der christlichen Kunst*, vol. IV, 1, *Die Kirche*, G. Mohn, Gütersloh, 1976.

—, *Ikonographie der christlichen Kunst*, vol. IV, 2, *Maria*, G. Mohn, Gütersloh, 1980.

—, *Ikonographiederchristlichen Kunst*, I. *Inkarnation, Kindheit, Taufe, Versuchung, Verklärung, Wirken und Wunder Christi*, G. Mohn, Gütersloh, 1981.

SCHLOSSER Julius von, *La Letteratura Artistica. Manuale delle fonti della storia dell'arte moderna*, La Nuova Italia - Kunstverlag A. Schroll & Co., Florence-Vienne, 1964.

SCHNACKENBURG Rudolf, *Il Vangelo di Giovanni*, 3 vol., Paideia, Brescia, 1981.

Scripta Leonis, Rufini et Angeli Sociorum s. Francisci, édition et tradition anglaise de Rosalind B. Brooke, Clarendon Press, Oxford, 1970.

SEPIÈRE Marie-Christine, *L'image d'un Dieu souffrant. Aux origines du crucifix*, Cerf, Paris, 1994.

SEROUX D'AGINCOURT Jean Baptiste Louis Georges, *Histoire de l'Art par les Monuments, depuis sa décadence au* IV*e siècle jusqu'à son renouvellement au* XVI*e*, Treuttel & Würtz, Paris, 1810-1823 ; édition italienne : *Storia dell'Arte dimostrata coi monumenti dalla sua decadenza nel* IV *secolo fino al suo risorgimento nel* XVI, 6 vol., Giachetti, Prato, 1826-1829.

SERVII GRAMMATICI *Qui feruntur in Vergilii Carmina Commentarii*, éd. Georg Thilo et Herman Hagen, Teubner, Lipsiae, 1871, vol. I.

SETTIS-FRUGONI Chiara, « Per una lettura del mosaico pavimentale della cattedrale di Otranto », *Bullettino Storico Italiano per il Medioevo*, LXXX (1968), p. 213-256.

—, « Il mosaico di Otranto : modelli culturali e scelte iconografiche », *Bullettino dell'Istituto Storico Italiano per il Medio Evo*, LXXXII (1970), p. 243-270.

Simi Varanelli Emma, *Maria l'Immacolata. La rappresentazione nel Medioevo*, De Luca, Rome, 2008.

Skinner Charles M., *Myths and Legends of Flowers, Trees, Fruits and Plants*, Lippincott, Philadelphie, 1925.

Speciale Lucinia, « Immagini della regalità longobarda. Da Agilulfo alle *Leges Langobardorum* », *Cahiers archéologiques*, XLVII (1999), p. 39-53.

Storia dei santi e della santità cristiana, Grolier Hachette - Editrice Eraclea, Paris-Milan, 1991.

Straffi Andrea, « Nuove ricerche sugli affreschi trecenteschi della basilica di Sant'Abbondio in Como », *Archivio storico della Diocesi di Como*, XIV (2003) [ma 2004], p. 245-278.

Tartuferi Angelo, *La pittura a Firenze nel Duecento*, Bruschi, Florence, 1990.

Tassi Roberto, *Il duomo di Parma*, I. *Il tempo romanico*, Cassa di Risparmio di Parma, Parme, 1966.

—, *Il Duomo di Fidenza*, Silvana Editoriale, Cinisello Balsamo, 1973.

Tenenti Alberto (dir.), *Humana fragilitas. I temi della morte in Europa tra Duecento e Settecento*, Ferrari Editrice, Clusone, 2000.

Térence, *Comédies*, tome II, texte établi et traduit par Jules Marouzeau, CUF, Les Belles Lettres, Paris, 1947.

Thomae de Aquino *Summa theologiae*, Editiones Paulinae, Cinisello Balsamo, 1988.

Thomae de Celano *Memoriale in desiderio animae ; Vita prima sancti Francisci*, dans *Analecta Franciscana*, Ex Typ. Collegii s. Bonaventurae, Ad Claras Aquas prope Florentiam, 1941, vol. X.

Torelli Mario et Moretti Sgubini Anna Maria, *Etruschi. Le antiche necropoli del Lazio*, Electa, Milan, 2008.

Turcan Robert, *Hadrien, souverain de la romanité*, Faton, Paris, 2008.

Underwood Paul Atkins, « The Fountain of Life, in Manuscripts of the Gospels », *Dumbarton Oaks Papers*, V (1950), p. 43-138.

Velislai *Biblia picta*, éd. Karel Stejskal, Pragopress, Pragae, 1970 [édition en fac-similé].

Venturi Adolfo, *La Madone. Représentations de la Vierge dans l'art italien*, Gaultier, Magnier et Cie, Paris, [s.d.].

VERDON Timothy, « La Sant'Anna Metterza, riflessioni, domande, ipotesi », dans COLLECTIF, *I pittori della Brancacci negli Uffizi*, Centro Di, Florence, 1988, p. 33-58.

—, « Masaccio's Trinity : Theological, Social and Civic Meanings », dans Diane COLE AHL (dir.), *The Cambridge Companion to Masaccio*, Cambridge University Press, Cambridge, 2002.

—, « Marian Themes on the Façade of Santa Maria del Fiore », dans David FRIEDMAN, Julian GARDNER et Margaret HAINES (dir.), *Arnolfo's Moment, Act of an International Conference, Florence Villa I Tatti, 26-27 mai 2005*, Olschki, Florence, 2009, p. 283-291.

Vie de saint Alexis, poème du XIe siècle (La), texte critique de Gaston Paris, Honoré Champion, Paris, 1980.

VILLANI Giovanni, *Nuova Cronica*, édition critique sous la direction de Giuseppe Porta, Guanda, Parme, 1990.

VIRGILE, *Énéide*, texte établi et traduit par Jacques Perret, 3 vol., CUF, Les Belles Lettres, Paris, 1977.

WALTHER Ingo F. et WOLF Norbert, *Codices illustres. I codici miniati più belli del mondo, dal 400 al 1600*, Taschen-Interlogos, Cologne-Modène, 2003.

WARBURG Aby, « Le ultime volontà di Francesco Sassetti », dans ID., *La Rinascita del paganesimo antico*, La Nuova Italia, Florence, 1966.

WIECZOREK Alfried et HINZ Hans-Martin (dir.), *Europas Mitte um 1000. Katalog*, Theiss, Stuttgart, 2000.

WIENER Jürgen, *Lorenzo Maitani und der Dom von Orvieto : eine Beschreibung*, Petersberg, Imhof, 2009.

WIRTH Karl August, *Die Entstehung des Drei-Nagel-Crucifixus : seine typengeschichtliche Entwicklung bis zur Mitte des 13. Jahrhunderts in Frankreich und Deutschland*, Francfort, [vers 1954].

XYNGOPOULOS Andreas, « Ai parastaseis tou ekatontarkou Longinou kai ton met'autou martyrisanton duo stratioton », *Epetiris tes etaireias vyzantinon spoudon*, XXX (1960-1961), p. 54-84.

YACOUB Mohamed, *Pièces maîtresses des musées de Tunisie*, Éditions Carthacom, Tunis, 1994.

ZAMBON Francesco (dir.), *Il Fisiologo*, traduction du *Physiologus* grec, Adelphi, Milan, 1975.

ZANARDI Bruno, *Il cantiere di Giotto. Le storie di san Francesco ad Assisi*, introduction de Federico Zeri et notes historico-iconographiques de Chiara Frugoni, Skira, Milan, 1996.

ZANICHELLI Giuseppa Z., art. « Deposizione », dans Arturo Carlo QUINTAVALLE, *Benedetto Antelami*, catalogue des œuvres sous la direction d'Arturo Calzona et Giuseppa Z. Zanichelli, Electa, Milan, 1990, p. 349-352.

ZANKER Paul et EWALD Bjorn Christian, *Vivere con i miti. L'iconografia dei sarcofagi romani*, Bollati Boringhieri, Turin, 2008.

ZIEMKE Joachin, « Ramboux und Assisi », *Städel Jahrbuch*, III (1971), p. 167-212.

Index des noms

Table et crédits photographiques des figures

Fig. 1. *Le Christ crucifié entre Marie et saint Jean évangéliste*, groupe de sculptures en bois, 1170-1180, Bologne, San Pietro.

Fig. 2. *Marie dans le geste de la douleur*, détail de la figure précédente.

Fig. 3. Gislebert, *Le sort des damnés en enfer*, détail du *Jugement dernier*, bas-relief en pierre, XIIe siècle, Autun, cathédrale Saint-Lazare (Paris, Cité de l'architecture et du patrimoine. Photo © RMN-Grand Palais / Agence Bulloz).

Fig. 4. Gislebert, *L'orgueilleux damné*, détail du *Jugement dernier*, bas-relief en pierre, XIIe siècle, Autun, cathédrale Saint-Lazare (Paris, Cité de l'architecture et du patrimoine. Photo © RMN-Grand Palais / Agence Bulloz).

Fig. 5. *Le couronnement du roi David*, miniature, vers 1225, New York, Pierpont Morgan Library, ms. G. 25, f. 4r. © 2015. Photo Pierpont Morgan Library/Art Resource/Scala. Library / Art Resource / Scala, Firenze.

Fig. 6. *David sur le trône et Abishag*, miniature, seconde moitié du XIIe siècle, Paris, bibliothèque Sainte-Geneviève, ms. 8, f. 223r. © Bibliothèque Sainte-Geneviève, Paris, cliché IRHT.

Fig. 7. Bernardo Daddi, *Annonciation*, peinture sur bois, XIVe siècle, Paris, musée du Louvre. © 2015, Photo Scala, Florence.

Fig. 8. Bernardo Daddi, *Les deux anges*, détail de la figure précédente. (Paris, musée du Louvre. © 2015, Photo Scala, Florence).

Fig. 9. Giotto, *Marie présentée au temple de Jérusalem*, fresque, 1304-1305. Padoue, chapelle des Scrovegni, « su concessione del Comune di Padova - Assessorato Cultura e Turismo ».

Fig. 10. Bartolo di Fredi, *Job au banquet*, fresque, 1367, San Gimignano (Sienne), église collégiale. DR.

Fig. 11. Bartolo di Fredi, *Le démon demande à Dieu la permission de soumettre Job à la tentation*, fresque, détail de la figure précédente. DR.

Fig. 12. Duccio di Buoninsegna, *Le Christ au bord de la route pour Emmaüs*, détail de la *Maestà*, peinture sur bois, 1308-1311, Sienne, musée de l'Œuvre de la cathédrale. DR.

Fig. 13. *La mission des apôtres*, miniature, première moitié du XIIIe siècle, Vienne, Österreichischen Nationalbibliothek, Codex Vindobonensis 2554, f. 40v.

Fig. 14. *Le roi David ordonne la mort de l'Amalécite et lui communique qu'il a tué le roi Saül*, sculpture, première moitié du XIIe siècle, Vézelay, Sainte-Madeleine. © Photoservice Electa / Bonotto - Mondadori Portfolio.

Fig. 15. *L'adieu entre les époux Thraséas et Euandria*, stèle grecque, 350-340 av. J.-C., Berlin, Pergamon Museum (photo de l'auteur).

Fig. 16. *Le Malin sort en triomphant du veau d'or*, sculpture, première moitié du XIIe siècle, Vézelay, Sainte-Madeleine. © Yvan Travert / akg-images.

Fig. 17. *Moïse égorge un Égyptien*, sculpture, première moitié du XIIe siècle, Vézelay, Sainte-Madeleine. © Hervé Champollion / akg-images.

Fig. 18. *Adonis mourant*, sarcophage étrusque, terre cuite, milieu du IIIe siècle av. J.-C., Cité du Vatican, Musée grégorien. DR.

Fig. 19. Giotto, *La Crucifixion*, fresque, 1304-1305, Padoue, chapelle des Scrovegni. DR.

Fig. 20. *Ismaël chassé avec sa mère Agar par Abraham*, miniature, 1197, Amiens, Bibliothèque municipale, ms 108, f. 11r (photo de la bibliothèque).

Fig. 21. *Moïse interdit aux Juifs de manger de la viande de loup, de lion ou de cochon*, miniature, première moitié du XIIIe siècle, Vienne, Österreichischen Nationalbibliothek, Codex Vindobonensis 2554, f. 28v.

Fig. 22. *Le peuple refuse les bons prélats qui essaient d'instruire sur la divinité de Jésus Christ*, miniature, première moitié du XIIIe siècle, Vienne, Österreichischen Nationalbibliothek, Codex Vindobonensis 2554, f. 26v.

Fig. 23. *L'évêque protège sous sa chape les âmes des fidèles contre la tentation de l'Avarice et de la Luxure*, miniature, première moitié du XIIIe siècle, Vienne, Österreichischen Nationalbibliothek, Codex Vindobonensis 2554, f. 21v.

Fig. 24. *Dalila reçoit le prix de la trahison de Samson*, miniature, première moitié du XIIIe siècle, Vienne, Österreichischen Nationalbibliothek, Codex Vindobonensis 2554, f. 63r.

Fig. 25. *Davos fait semblant de transmettre les ordres reçus de son maître Simon au fils de celui-ci*, Pamphile, miniature, 1150, Oxford, Bodleian Library, ms auct. F2, 13, f. 16r.

Fig. 26. *Le prisonnier dace*, sculpture, IIe siècle ap. J.-C., Naples, Musée archéologique national. © Photoservice Electa/Anelli - Mondadori Portfolio.

Fig. 27 et 28. SIMONE MARTINI, *L'archange Gabriel et la Vierge annoncée*, peinture sur bois, vers 1340, Anvers, Koninklijk Museum voor Schone Kunste. DR

Fig. 29. *Un hérétique, dénoncé par deux clercs, est contraint par le souverain à jeter les livres incriminés aux flammes*, miniature, 1300 environ, Reims, Bibliothèque municipale, ms 811, f. 5r.

Fig. 30. *Bertrand du Guesclin fait prisonnier par John Chandos à la bataille d'Auray*, miniature, début du XVe siècle, Besançon, Bibliothèque municipale, ms 864, f. 250v. Cliché CNRS-IRHT.

Fig. 31. *Couple allongé au lit*, mosaïque, moitié du XIIIe siècle, Venise, Saint-Marc, atrium, lunette au-dessus de la porte de Saint-Clément. DR.

Fig. 32. REMBRANDT VAN RIJN, *La Fiancée juive*, huile sur toile, 1666 environ, Amsterdam, Rijksmuseum. DR.

Fig. 33. *Sichem viole Dinah, fille de Léa et de Jacob*, miniature, 1235-1245, Oxford, Bodleian Library, ms 270b, f. 21v. Photo de la bibliothèque.

Fig. 34. *Milon et Berthe conçoivent le futur héros Roland*, sculpture, XIIe siècle, Fidenza, cathédrale (avec l'aimable autorisation du Musée diocésain de Fidenza). DR.

Fig. 35. Collaborateurs de Gislebert, *Hérode attiré par sa belle-fille Salomé*, sculpture, XIIe siècle, Toulouse, musée des Augustins. © Photoservice Electa/Leemage - Mondadori Portfolio.

Fig. 36. *La flagellation du Christ*, miniature, 977-993, Trèves, Stadtbibliothek, ms 24, f. 80v. Photo Anja Runkel/Stadtbibliothek Trier.

Fig. 37. Duccio di Buoninsegna, *La descente aux enfers*, détail de la *Maestà*, peinture sur bois, 1308-1311, Sienne, musée de l'Œuvre de la cathédrale. © 2015, photo Opera Metropolitana, Sienne/Scala, Florence.

Fig. 38. *Adrien « restitutor Italiae »*, sesterce, IIe siècle ap. J.-C. DR.

Fig. 39. Wiligelmo, *La création d'Ève*, détail de la *Frise de la Genèse*, sculpture, XIIe siècle, Modène, cathédrale. DR.

Fig. 40. Wiligelmo, *Le péché d'Adam et Ève*, détail de la *Frise de la Genèse*, sculpture, XIIe siècle, Modène, cathédrale. DR.

Fig. 41. Sculpteur de l'atelier des Vassalletto, *Le péché originel. Adam a du mal à avaler la pomme*, sculpture, vers 1208/1210-1230/1235, Rome, Saint-Paul-hors-les-Murs. DR.

Fig. 42. *Le péché d'Adam et Ève*, sculpture, première moitié du XIIe siècle, Vézelay, Sainte-Madeleine. DR.

Fig. 43. *Jean au pied de la croix*, sculpture en bois, seconde moitié du XIIe siècle, Barcelone, Museu Nacional d'Art de Catalunya. DR.

Fig. 44. *Clitiphon en pleurs*, miniature, XIIe siècle, Tours, Bibliothèque municipale, ms 924, f. 39v. DR.

Fig. 45. *Un couple luxurieux*, détail du *Jugement dernier*, sculpture, vers 1130, Conques, Sainte-Foy. © Hervé Champollion / akg-images.

Fig. 46. *Barbare prisonnier*, détail du *Sarcophage de Portonaccio*, sculpture, dernier quart du IIe siècle ap. J.-C., Rome, Palazzo Massimo alle Terme. DR.

Fig. 47. *Le portrait de la Tristesse*, miniature du *Roman de la Rose*, troisième quart du XIVe siècle, Paris, bibliothèque Sainte-Geneviève, ms 1126, f. 3v. Cliché IRHT.

Fig. 48. *Le Christ prisonnier devant Ponce Pilate*, sculpture en ivoire, dernier tiers du Xe siècle, Munich, Bayerisches Nationalmuseum. DR.

Fig. 49. Benedetto Antelami, *Hérode se tirant la barbe*, sculpture, détail de l'architrave où figurent les *Épisodes de la vie de saint Jean le Baptiste*, 1196, Parme, baptistère, porte de la Vierge. DR.

Fig. 50 et 51. *Le deuil à la mort du chevalier Sancho Sáiz Carrillo*, peinture sur bois, fin du XIIIe siècle, Barcelone, Museu Nacional d'Art de Catalunya. DR.

Fig. 52. Anonyme originaire d'Ombrie, *La Déposition de croix*, détail d'un polyptyque, peinture sur bois, 1280-1290, Pérouse, Musée national de l'Ombrie (avec l'aimable autorisation de la direction générale des Biens historiques, artistiques et ethno-anthropologiques de l'Ombrie – Pérouse).

Fig. 53. Giotto, *La douleur de Jean l'évangéliste*, détail de la *Déposition de croix*, fresque, 1304-1305, Padoue, chapelle des Scrovegni. Padova, cappella Scrovegni. « su concessione del Comune di Padova - Assessorato Cultura e Turismo ».

Fig. 54. *La mort de Méléagre*, détail du *Sarcophage de Méléagre*, sculpture, vers 190 ap. J.-C., Paris, musée du Louvre. Photo RMN-Grand Palais (musée du Louvre) / René-Gabriel Ojéda (image délibérément inversée).

Fig. 55. Giotto, *Le Massacre des Innocents*, fresque, première décennie du XIVe siècle environ, Assise, Église de San Francesco. © 2015. Photo Scala, Florence.

Fig. 56. *Démosthène en méditation*, copie romaine d'après un original grec de Polyeuktos, sculpture, 280 av. J.-C., Copenhague, glyptothèque Ny Carlsberg. © AKG Images.

Fig. 57. *Médée songe à tuer ses enfants*, fresque, avant 79 ap. J.-C., Naples, Musée archéologique national, Inv. 8976. © 2015. Photo Scala, Florence - courtesy of the Ministero Beni e Att. Culturali.

Fig. 58. Simone Martini, *La Mise au tombeau du Christ*, détail du « polyptyque Orsini », peinture sur bois, vers 1330-1340, Berlin, Skulpturensammlung und Museum für Byzantinische Kunst (SMPK) - Photo © BPK, Berlin, Dist. RMN-Grand Palais / Jörg P. Anders.

Fig. 59. Simone Martini, *Femme qui s'arrache les cheveux et qui crie*, détail de la figure précédente. Berlin, Skulpturensammlung und Museum für Byzantinische Kunst (SMPK) - Photo © BPK, Berlin, Dist. RMN-Grand Palais / Jörg P. Anders.

Fig. 60. Simone Martini, *L'enfant tombé du balcon et sauvé par le bienheureux Agostino Novello*, détail du retable du *Bienheureux Agostino Novello et quatre de ses miracles*, peinture sur bois, peu après 1309, Sienne, Église de Saint Augustin Novello. DR.

Fig. 61. Simone Martini, *Le désespoir de la mère*, détail de la figure précédente. DR.
Fig. 62. *Missorium de Théodose*, assiette en argent, 388 ap. J.-C., Madrid, Academia de la Historia. DR.
Fig. 63. *Flavius Honorius effectuant le geste de la main parlante*, détail de la figure précédente. DR.
Fig. 64. *Stèle funéraire d'un médecin*, sculpture, ier siècle ap. J.-C., Berlin, Antikensammlung (SMPK) - Photo © BPK, Berlin, Dist. RMN-Grand Palais / Jürgen Liepe.
Fig. 65. *Énée et Didon lors d'un banquet*, miniature, vers 500, Rome, Bibliothèque apostolique vaticane, ms Vat. Lat. 3867, f. 100v. DR.
Fig. 66. *Plaque d'Agilulf*, sculpture de bronze, entre 591 et 616 environ, Florence, Museo del Bargello. © 2015, Photo Scala, Florence – avec l'aimable autorisation du Ministerio dei Beni e Attività Culturali).
Fig. 67. *Agilulf faisant le geste de la main parlante*, détail de la figure précédente. © 2015, Photo Scala, Florence – avec l'aimable autorisation du Ministerio dei Beni e Attività Culturali).
Fig. 68. *Rothari promulgue son Édit*, miniature, début du xie siècle, Cava dei Tirreni, bibliothèque de l'abbaye, ms 4, f. 15v (De Agostini Picture Library/Contrasto).
Fig. 69. *Main de justice*, sculpture en ivoire, reconstitution de 1804, d'après l'originale médiévale disparue, Paris, musée du Louvre. Photo © RMN-Grand Palais (musée du Louvre) / Peter Willi.
Fig. 70. *Louis IX avec le sceptre et la main de justice*, miniature, vers 1320, Paris, Archives nationales, JJ 57 (AE II 327), f. 20r. Photo © RMN-Grand Palais / Agence Bulloz.
Fig. 71. Jean-Auguste-Dominique Ingres, *Napoléon Ier sur le trône impérial*, huile sur toile, 1806, Paris, musée de l'Armée. © 2015, Photo Scala, Florence/Heritage Images.
Fig. 72. *L'entrevue entre le Christ ressuscité et Marie-Madeleine*, sculpture en ivoire, fin du xie siècle, New York, Metropolitan Museum of Art, Photo © The Metropolitan Museum of Art, Dist. RMN-Grand Palais / image of the MMA.
Fig. 73. Bernard Gilduin ou l'un de ses élèves, *Le Christ en mandorle entre les quatre évangélistes*, sculpture, fin du xie siècle - début du xiie siècle, Toulouse, Saint-Sernin. DR.

Fig. 74. *Le Christ entre l'impératrice Zoé et Constantin VIII* (?), mosaïque, XIe siècle, Istanbul, Hagia Sophia. © 2015 PhotoScala, Florence.

Fig. 75. *Dieu accepte l'offrande d'Abel et demande à Caïn de justifier son crime*, mosaïque, 1163-1165, Otrante, cathédrale. DR.

Fig. 76. *Main parlante de Dieu*, à la grecque, détail de la figure 75 (figure retouchée). DR.

Fig. 77. *Main parlante de Dieu*, à la latine, détail de la figure 75 (figure retouchée). DR.

Fig. 78. *Saint Paul sur le trône avec ses épîtres*, mosaïque, 1180-1190, Monreale, cathédrale. © 2015 PhotoScala, Florence.

Fig. 79. *Les Rois mages s'entretiennent avec Hérode*, sculpture en ivoire, fin du XIe siècle - début du XIIe siècle, Salerne, Musée diocésain. DR.

Fig. 80. *Le saint apôtre Pierre*, peinture sur bois, 1220-1240, Barcelone, Museu Nacional d'Art de Catalunya. DR.

Fig. 81. *Saint Martin, évêque de Tours*, peinture sur bois, seconde moitié du XIIe siècle, Barcelone, Museu Nacional d'Art de Catalunya. DR.

Fig. 82. *La célébration de la messe*, miniature, fin du XIe siècle, Le Mans, Bibliothèque municipale, ms 228, f. 37v (photo 12).

Fig. 83. *Saint Paul parmi les apôtres témoins de l'incrédulité de saint Thomas*, sculpture, XIIe siècle, Burgos, Saint-Dominique de Silos, cloître. DR.

Fig. 84. MAÎTRE DE LLUÇÀ, détail de l'*Annonciation*, peinture sur bois, XIIIe siècle, Vic, Museu Episcopal. DR.

Fig. 85. *Les frères de Childebert jurent allégeance à leur souverain*, miniature extraite des *Grandes Chroniques de France*, 1275, Paris, bibliothèque Sainte-Geneviève, ms 782, f. 16v. Cliché IRHT.

Fig. 86. *L'hommage de Théophile au diable*, miniature, vers 1200, Chantilly, musée Condé, ms 9, f. 35v. Photo © RMN-Grand Palais (domaine de Chantilly) / René-Gabriel Ojéda.

Fig. 87. *La petite défunte Nicatiola*, fresque, première moitié du Ve siècle, Naples, catacombes de San Gennaro. DR.

Fig. 88. *Moïse prie sans cesse Dieu, soutenu par Aaron et Hour*, miniature, 1325-1349, Prague, Národní knihovna České republiky, ms n. XXIII C 124, f. 77r. DR.

Fig. 89. *Un moine est accueilli au monastère par l'abbé*, miniature, première moitié du XIIIe siècle, Vienne, Österreichischen Nationalbibliothek, Codex Vindobonensis 2554, f. 8v.
Fig. 90. *Le mariage d'un haut fonctionnaire romain*, sculpture, 160-170 ap. J.-C., Mantoue, Musée du palais ducal © 2015, Photo Scala, Florence – avec l'aimable autorisation du Ministero dei Beni e Attività Culturali.
Fig. 91. *Annonciation, Mariage de Joseph et de Marie, Nativité*, miniature, fin du Xe siècle, Munich, Staatsbibliothek, ms Clm. 4453 Cin. 58, f. 28r.
Fig. 92. MASOLINO DA PANICALE, *Catherine d'Alexandrie discute avec les philosophes païens*, fresque, vers 1428-1431, Rome, Saint-Clément, chapelle Branda Castiglioni © 2015 PhotoScala, Florence.
Fig. 93. GIACOMO BUSCA (?), *Le philosophe démontre que la fin est inéluctable*, détail du *Triomphe de la Mort*, fresque, 1485, Clusone, église des Disciples du Christ. DR.
Fig. 94. *Le philosophe que Catherine d'Alexandrie n'a pas encore converti s'oppose aux arguments de celle-ci*, fresque, vers 1350-1360, Priverno, San Giovanni Evangelista. DR.
Fig. 95. *Aldo Moro*, extrait de *Panorama*, 21 mars 1978. DR.
Fig. 96. PAOLO DA VISSO, *Saint Bernardin*, détail d'un polyptyque, peinture sur bois, seconde moitié du XVe siècle, Visso, Musée municipal et diocésain. DR.
Fig. 97. LORENZO DI PIETRO DIT « VECCHIETTA », *Pietro Pettinaio faisant le geste du silence*, détail d'une armoire à reliques, peinture sur bois, moitié du XVe siècle, Sienne, Pinacothèque nationale. © 2015, Photo Scala, Florence – avec l'aimable autorisation du Ministero Beni e Attività Culturali.
Fig. 98. GIOTTO, *L'Obéissance*, fresque, vers 1325, Florence, Santa Croce, chapelle Bardi. © 2015. Photo Scala, Florence.
Fig. 99. *Scribes à l'œuvre dans un scriptorium*, miniature, vers 1039, Brême, Staatsbibliothek, ms b. 21, f. 124v.
Fig. 100. MAÎTRE DU RETABLE BARDI, *Le Sermon aux oiseaux*, retable, vers 1243, Florence, Santa Croce, chapelle Bardi. DR.
Fig. 101. ANONYME VÉNITIEN, *Les onze mille vierges*, fresque, XVe siècle, San Vigo di Cadore, Sant'Orsola. DR.

Fig. 102. *Aureus de Septime Sévère*, pièce d'or, entre 202 et 210 ap. J.-C., Londres, British Museum. DR.
Fig. 103. *Ecclesia mater*, mosaïque funéraire, Ve-VIe siècle, Tunis, musée national du Bardo. DR.
Fig. 104. Reconstitution de l'église représentée dans *Ecclesia mater* (dessin de Riccardo Luisi). DR.
Fig. 105. Bonaventura Berlinghieri, *Le miracle de la jeune fille au cou tordu*, peinture sur bois, 1235, Pescia, église San Francesco © 2015, Photo Scala, Florence – avec l'aimable autorisation du Ministero dei Beni e Attività Culturali.
Fig. 106. *Annonciation et Visitation*, miniature, début du IXe siècle. Paris, Bibliothèque nationale, ms Lat. 8850, f. 124r.
Fig. 107. *Annonciation et Naissance du Christ*, sculpture en ivoire, fin du VIIIe siècle - début du IXe siècle, Cologne, Museum Schnütgen. DR.
Fig. 108. *La veillée funèbre devant le cadavre du défunt*, détail du *Monument sépulcral de la gens Haterii*, bas-relief, 110-120 ap. J.-C. environ, Cité du Vatican, Musées du Vatican © akg-images / Werner Forman.
Fig. 109. Benedetto Antelami, *Le baptistère de Parme*, fin du XIIe siècle © 2015 Foto Scala, Florence.
Fig. 110. Giotto, *Le mariage de Joseph et de Marie*, fresque, 1304-1305, Padoue, chapelle des Scrovegni « su concessione del Comune di Padova - Assessorato Cultura e Turismo ».
Fig. 111. Raphaël, *Le mariage de la Vierge*, huile sur toile, 1504, Milan, pinacothèque de Brera. DR.
Fig. 112. Rogier Van der Weyden, *Saint Luc dessinant la Vierge et l'Enfant sous un baldaquin*, huile à la tempera sur panneau, entre 1435 et 1440, Boston, Museum of Fine Arts, don de M. et Mme Henry Lee Higginson. © 2015, Museum of Fine Arts, Boston.
Fig. 113. Raphaël, *L'habillement de Joseph avec une chemise à col rond*, détail de la figure 111. DR.
Fig. 114. Raphaël, *Un prétendant déçu*, détail de la figure 111. DR.
Fig. 115. Raphaël, *« Chapeaux pointus »*, détail de la figure 111. DR.
Fig. 116. Giotto (?), *François sur un char de feu*, fresque, première décennie du XIVe siècle. Assise, église de San Francesco. © 2015. Photo Scala, Florence.
Fig. 117. *La mort du bienheureux Bertrand*, peinture sur bois, XVe siècle, Udine, Musée de la cathédrale. DR.

Fig. 118. Sano di Pietro, *Le prêche de saint Bernardin sur la piazza San Francesco*, peinture sur bois, 1427 environ, Sienne, musée de l'Œuvre de la cathédrale © 2015, Photo Opera Metropolitana, Siena/Scala, Florence.

Fig. 119. Sano di Pietro, *Le prêche de saint Bernardin devant le Palazzo Pubblico*, peinture sur bois, 1444, Sienne, musée de l'Œuvre de la cathédrale. © 2015, Photo Opera Metropolitana, Siena/Scala, Florence.

Fig. 120. Sano di Pietro, *Bernardin avec le soleil radieux entre les mains*, détail de la figure précédente. © 2015, Photo Opera Metropolitana, Siena/Scala, Florence.

Fig. 121. Sano di Pietro, *Saint Bernardin*, fresque, 1460-1461, Sienne, Palazzo Pubblico. © 2015, Photo Scala, Florence

Fig. 122. *Le pape Pascal Ier avec le nimbe carré, sainte Praxède et le Rédempteur*, mosaïque, premier quart du IXe siècle. Rome, Sainte-Praxède. DR.

Fig. 123. Andrea Pisano, *L'Espérance avec un nimbe hexagonal*, sculpture, 1330-1336, Florence, baptistère © 2015, Photo Scala, Florence.

Fig. 124. *Philippe Auguste expulse les Juifs de France*, miniature, après 1321, Bruxelles, Bibliothèque royale, ms 6931(5), f. 265r.

Fig. 125. *La profanation de l'hostie consacrée*, miniature, seconde moitié du XIVe siècle, Rome, Bibliothèque apostolique vaticane, ms Chigiano L VIII 296, f. 149v.

Fig. 126. Paolo Uccello, *La punition de la famille du Juif qui avait profané l'hostie*, détail de la prédelle du retable de Juste de Gand, *La Communion des apôtres*, peinture sur bois, 1465-1469, Urbino, Palais Ducal. DR.

Fig. 127. *Le Chemin de croix*, bas-relief de bronze, 1138 environ, Vérone, basilique San Zeno. DR.

Fig. 128. *Les dominicains triomphent des Juifs lors d'une querelle doctrinale*, miniature, moitié du XIIIe siècle, Oxford, Bodleian Library, ms. 270b, f. 43v.

Fig. 129. Giotto, *Le prêtre Ruben chasse Joachim du temple*, fresque, 1304-1305, Padoue, chapelle des Scrovegni « su concessione del Comune di Padova - Assessorato Cultura e Turismo ».

Fig. 130. Giotto, *Le prêtre Ruben avec le tefillin*, détail de la figure précédente, Padoue, chapelle des Scrovegni (© Photoservice Electa).

Fig. 131. *Prière intense avec talith et tefillin au cours d'une cérémonie religieuse* (Photo © BAITEL ESAIAS/Gamma/Eyedea/Contrasto).

Fig. 132. *Le bourreau noir vient de décapiter Jean-Baptiste*, miniature, 1200 environ, Paris, Bibliothèque nationale, ms Lat. 8846, f. 2v.

Fig. 133. *La flagellation du Christ à la colonne*, fragment de rouleau enluminé, fin du XIIIe siècle, Velletri, Musée diocésain. DR.

Fig. 134. *Saint Maurice*, sculpture, 1240-1250, Magdebourg, cathédrale © akg-images / Hilbich.

Fig. 135. *Le visage de saint Maurice*, détail de la figure précédente (photographie de l'auteur).

Fig. 136. *Adoration des Rois mages*, sculpture, 1485 environ, Linz, Oberösterreichische Landesmuseen, Schlossmuseum. DR.

Fig. 137. *Crucifixion et Descente de croix avec l'Église et la Synagogue*, miniature, 1230 environ, Paris, bibliothèque de l'Arsenal, ms Lat. 1186, f. 24r.

Fig. 138. Benedetto Antelami, *Crucifixion et Descente de croix avec l'Église et la Synagogue*, sculpture, 1178, Parme, cathédrale © Photoservice Electa / Anelli - Mondadori Portfolio.

Fig. 139. *Crucifixion avec Longin et Stéphaton*, sculpture en ivoire, troisième quart du XIe siècle, Berlin, Bode Museum. DR.

Fig. 140. *Longin guéri avec un chapeau de Juif*, miniature, début du XIVe siècle, Oxford, Bodleian Library, ms Barlow 22, f. 13v (photo de la bibliothèque).

Fig. 141. *Ponce Pilate avec un couvre-chef juif*, miniature, XIIIe siècle, Paris, Bibliothèque nationale, ms Lat. 1077, f. 163r.

Fig. 142. *Crucifixion, partage des vêtements du Christ et crucifiement*, miniature, IXe siècle, Angers, Bibliothèque municipale, ms 24 (20), f. 7v. © Ville d'Angers.

Fig. 143. Benedetto Antelami, *Le bon centurion avec le talith*, détail de la figure 138. © Photoservice Electa / Anelli - Mondadori Portfolio.

Fig. 144. Nicola Pisano, *Crucifixion*, sculpture, 1260, Pise, baptistère. Photo © Archives Alinari, Florence, Dist. - RMN-Grand Palais / Fratelli Alinari.

Fig. 145. Nicola Pisano, *Un soldat juif*, détail de la figure précédente. Photo © Archives Alinari, Florence, Dist. - RMN-Grand Palais / Fratelli Alinari.

Fig. 146. Cimabue, *Crucifixion*, fresque, 1277-1280, Assise, basilique supérieure, transept gauche en entrant. DR.

Fig. 147. Cimabue, *Longin*, détail de la figure précédente. DR.
Fig. 148. Cimabue, *Longin*, détail de la figure 146 (les couleurs ont été inversées). DR.
Fig. 149. *Le pieux centurion*, détail de la *Crucifixion*, fresque, vers 1340, Côme, église Sant'Abbondio © Photo 2015 Scala, Florence.
Fig. 150. Cimabue, *Confusion et regret des Juifs*, détail de la figure 146. DR.
Fig. 151. Cimabue, *Confusion et regret des Juifs*, détail de la figure 146 (les couleurs ont été inversées). DR.
Fig. 152. *Crucifixion*, miniature, seconde moitié du xie siècle, Parme, Bibliothèque palatine, ms Pal. 5, f. 92r.
Fig. 153. Duccio di Buoninsegna, *Un Juif à côté du Christ crucifié*, peinture sur bois, détail de la *Maestà*, 1308-1311, Sienne, musée de l'Œuvre de la cathédrale. © 2015 Photo Opera Metropolitana Siena/Scala, Florence.
Fig. 154. Vitale da Bologna, *Crucifixion*, peinture sur bois, 1345 environ, Madrid, Fundación Thyssen-Bornemisza. DR.
Fig. 155. *Basilique supérieure d'Assise, vue de l'intérieur depuis l'abside* (avant le tremblement de terre de 1997). DR.
Fig. 156. Cimabue, *Crucifixion*, fresque, 1277-1280, Assise, basilique supérieure, transept de droite en entrant. DR.
Fig. 157. *Le Christ sur le trône avec les apôtres et les deux Églises*, mosaïque, ve siècle, restaurée au xvie siècle, Rome, Santa Pudenziana. DR.
Fig. 158. *Ecclesia ex circumcisione*, détail de la figure précédente. DR.
Fig. 159. *Ecclesia ex gentibus*, détail de la figure 157. DR.
Fig. 160. *Ecclesia ex circumcisione*, mosaïque, ve siècle, Rome, Santa Sabina. DR.
Fig. 161. *Ecclesia ex gentibus*, mosaïque, ve siècle, Rome, Santa Sabina. DR.
Fig. 162. Mastro Guglielmo, *Le Christ crucifié*, peinture sur bois, 1138, Sarzana, cathédrale. DR.
Fig. 163. Giovanni Pisano, *Christ crucifié*, sculpture en bois, vers 1285, Sienne, musée de l'Œuvre de la cathédrale. © 2015, Photo Opera Metropolitana, Siena/Scala, Florence.
Fig. 164. Roberto d'Oderisio, *Imago pietatis*, peinture sur bois, moitié du xive siècle environ, Cambridge (Mass.), Harvard Art Museum/Fogg Museum. DR.

Fig. 165. *Le pélican*, détail d'une *Croix d'autel*, métaux et émaux, début du XIVe siècle, Santa Vittoria in Matenano, église de Santa Vittoria. DR.

Fig. 166. Giotto, *La naissance des lionceaux*, fresque, 1304-1305, Padoue, chapelle des Scrovegni, « su concessione del Comune di Padova - Assessorato Cultura e Turismo ».

Fig. 167. *Chasse à l'ours*, chapiteau, début du XIIIe siècle, Pise, baptistère (dessin de Monica Chiellini Nari). DR.

Fig. 168. *L'ourse et ses petits*, chapiteau, début du XIIIe siècle, Pise, baptistère (dessin de Monica Chiellini Nari). DR.

Fig. 169. *Les hiérarchies angéliques*, mosaïque, vers la moitié du XIIIe siècle, Florence, baptistère. DR.

Fig. 170. Domenico Indivini, *Tobie et l'archange Raphaël*, sculpture en bois, 1445-1502, Cascia, Sant'Antonio. DR.

Fig. 171. *Les archanges Michel, Raphaël et Gabriel*, panneau, entre 1220 et 1250, Barcelone, Museu Nacional d'Art de Catalunya. DR.

Fig. 172a-b. *L'archange Michel éloigne l'épidémie de peste*, miniature extraite des *Très Riches Heures du duc de Berry. Les psaumes pénitentiaux*, début du XVe siècle, Chantilly, musée Condé, ms 65/1284, cc. 71v-72r. Photo © RMN-Grand Palais (domaine de Chantilly) / René-Gabriel Ojéda.

Fig. 173. Giotto, *Le baiser d'Anne et de Joachim à la Porte d'or*, fresque, 1304-1305, Padoue, chapelle des Scrovegni, « su concessione del Comune di Padova - Assessorato Cultura e Turismo ».

Fig. 174. *« Sant'Anna Metterza » et la Trinité*, fresque, XIVe siècle, Côme, San Fedele. DR.

Fig. 175. *Marie avec l'Enfant sur le trône*, fresque, vers 1120, Barcelone, Museu Nacional d'Art de Catalunya. DR.

Fig. 176. Cimabue, *Vierge de Santa Trinita*, peinture sur bois, entre 1301 et 1302, Florence, Galerie des Offices. © 2015, Photo Scala, Florence – avec l'aimable autorisation du Ministerio dei Beni e Attivita Culturali.

Fig. 177. Roberto d'Oderisio (?), *Vierge de l'humilité*, peinture sur bois, vers 1345, Naples, musée Capodimonte. © 2015, Photo Scala, Florence – avec l'aimable autorisation du Ministerio dei Beni e Attivita Culturali.

Fig. 178. Paolo Veneziano (?) ou Anonyme vénitien, *Vierge de l'humilité*, peinture sur bois, vers 1360, Madrid, Fundación Thyssen-Bornemisza (© Photoservice Electa/Anelli).

Fig. 179. Ambrogio Lorenzetti, *Vierge de Rapolano*, peinture sur bois, vers 1340, Sienne, Pinacothèque nationale. DR.
Fig. 180. Ambrogio Lorenzetti, *Vierge à l'Enfant et au chardonneret*, détail de la *Vierge à l'Enfant et aux huit saints*, fresque, vers 1338, Sienne, Sant'Agostino, chapelle Piccolomini. DR.
Fig. 181. Michel-Ange, *Vierge Pitti*, sculpture, vers 1503-1506, Florence, musée national du Bargello. © 2015, Photo Scala, Florence – avec l'aimable autorisation du Ministerio dei Beni e Attivita Culturali.
Fig. 182. Lorenzo Maitani, *Nativité*, sculpture, première moitié du XIVe siècle, Orvieto, cathédrale, troisième pilier de la façade. DR.
Fig. 183. *L'Enfant Jésus entre le bœuf et l'âne*, détail du *Sarcophage de Stilicon*, sculpture, vers 385 ap. J.-C., Milan, Saint-Ambroise. DR.
Fig. 184. *Croix de Pascal Ier*, métal et émaux, 817-824, Cité du Vatican, Musées du Vatican, musée Pio Cristiano. Photo © Vatican Museums.
Fig. 185. *Nativité*, sculpture, vers 1240, Chartres, cathédrale. DR.
Fig. 186. « Présumé Bernardo Falconi », *Nativité*, peinture sur bois, début du XVe siècle, Pise, musée national de San Matteo. © 2015, Photo Scala, Florence – avec l'aimable autorisation du Ministerio dei Beni e Attivita Culturali.
Fig. 187. Ambrogio Lorenzetti, *Vierge à l'Enfant et aux huit saints*, fresque, vers 1338, Sienne, Sant'Agostino, chapelle Piccolomini. DR.
Fig. 188. Sassetta, *Madone des cerises*, peinture sur bois, quatrième décennie du XVe siècle. Grosseto, musée d'Art et d'Archéologie de la Maremma et musée diocésain d'Art sacré. © 2015, Photo Scala, Florence.
Fig. 189. *Vierge aux raisins*, pierre polychrome, début du XVIe siècle, Beaune, musée du Vin de Bourgogne. DR.
Fig. 190. Ambrogio Lorenzetti, *L'Enfant Jésus au corail*, détail du *Polyptyque de San Procolo*, peinture sur bois, 1332, Florence, Galerie des Offices. © 2015, Photo Scala, Florence – avec l'aimable autorisation du Ministerio dei Beni e Attivita Culturali.
Fig. 191. Carlo Crivelli, *Vierge à la chandelle*, détail d'un polyptyque, peinture sur bois, après 1490, Milan, pinacothèque de Brera. DR.
Fig. 192. Carlo Crivelli, *Un feston de fruits et de légumes*, détail de la figure précédente. DR.
Fig. 193. Carlo Crivelli, *Le vase de fleurs*, détail de la figure 191. DR.

Fig. 194. Atelier de Fra Angelico, *Vierge à l'Enfant*, peinture sur bois, milieu du XVe siècle, Bergame, Accademia Carrara. © 2015, Photo Scala, Florence.

Fig. 195. Carlo Crivelli, *La chandelle*, détail de la figure 191. DR.

Fig. 196. Maître de Flémalle, *Annonciation*, détail du *Triptyque de Mérode*, peinture sur bois, 1420-1430, New York, The Metropolitan Museum of Art, The Cloisters. Photo © The Metropolitan Museum of Art, Dist. RMN-Grand Palais / image of the MMA.

Fig. 197. Maître de Flémalle, *Jésus descend du ciel en planant avec la croix*, détail de la figure 196. Photo © The Metropolitan Museum of Art, Dist. RMN-Grand Palais / image of the MMA.

Fig. 198. Andrea di Bonaiuto, *La Pentecôte*, fresque, 1368, Florence, Santa Maria Novella, chapelle des Espagnols. © 2015, Photo Scala, Florence.

Fig. 199. Duccio di Buoninsegna, *L'ange annonce à Marie sa fin prochaine*, détail de la *Maestà*, peinture sur bois, 1308-1311, Sienne, musée de l'Œuvre de la cathédrale. © 2015, Photo Opera Metropolitana, Siena / Scala, Florence.

Fig. 200. Duccio di Buoninsegna, *L'ange à la branche de palmier du paradis*, détail de la figure précédente. © 2015, Photo Opera Metropolitana, Siena / Scala, Florence.

Fig. 201. Duccio di Buoninsegna, *L'arrivée des Apôtres chez Marie*, détail de la *Maestà*, peinture sur bois, 1308-1311, Sienne, musée de l'Œuvre de la cathédrale. © 2015, Photo Opera Metropolitana, Siena / Scala, Florence.

Fig. 202. Duccio di Buoninsegna, *Marie moribonde réconfortée par les apôtres*, détail de la *Maestà*, peinture sur bois, 1308-1311, Sienne, musée de l'Œuvre de la cathédrale. © 2015, Photo Opera Metropolitana, Siena / Scala, Florence.

Fig. 203. Duccio di Buoninsegna, *Le Christ porte au ciel l'âme de Marie*, détail de la *Maestà*, peinture sur bois, 1308-1311, Sienne, musée de l'Œuvre de la cathédrale. © 2015, Photo Opera Metropolitana, Siena / Scala, Florence.

Fig. 204. Duccio di Buoninsegna, *Le Christ tenant l'âme de Marie*, détail de la figure précédente. © 2015, Photo Opera Metropolitana, Siena / Scala, Florence.

Fig. 205. Duccio di Buoninsegna, *L'enterrement de la Vierge*, détail de la *Maestà*, peinture sur bois, 1308-1311, Sienne, musée de l'Œuvre

de la cathédrale. © 2015, Photo Opera Metropolitana, Siena / Scala, Florence.

Fig. 206. Benozzo Gozzoli, *La Vierge à la ceinture*, peinture sur bois, milieu du xve siècle, Cité du Vatican, Pinacothèque vaticane. © 2015, Photo Scala, Florence.

Fig. 207. *La glorification de la Vierge*, mosaïque, 1130-1143, Rome, Santa Maria in Trastevere. © 2015, Photo Scala, Florence.

Fig. 208. *Marie reine à la droite de son Fils*, détail de la figure précédente. © 2015, Photo Scala, Florence.

Fig. 209. Cimabue, *Assomption de Marie*, fresque, 1277-1280, Assise, basilique supérieure, abside. © 2015, Photo Scala, Florence.

Fig. 210. William Ottley, *Assomption de Marie*, gravure, vers 1816-1818, d'après J. B. Seroux d'Agincourt, *Storia dell'Arte*, Giachetti, Prato, 1826-1829, fig. 17. DR.

Fig. 211. Johann Antoine Ramboux, *Assomption de Marie*, d'après Cimabue, dessin, premier quart du xixe siècle, Francfort, Städelsches Kunstinstitut und Städtische Galerie, III, 131.570. DR.

Fig. 212. Cimabue, *Marie et le Christ en gloire*, fresque, 1273-1280, Assise, basilique supérieure, abside. © 2015. Photo Scala, Florence.

Fig. 213. Maître de Cesi, *Triptyque de l'Assomption*, peinture sur bois, entre 1295 et 1305, Saint-Jean-Cap-Ferrat, musée de l'Île-de-France. DR.

Fig. 214. Maître de Cesi, *Assomption de la Vierge*, détail de la figure précédente. DR.

Table des matières

DANS LA MÊME COLLECTION

Focus sur l'histoire médiévale

Thomas N. Bisson, *La crise du XIIe siècle. Pouvoir et seigneurie à l'aube du gouvernement européen*

Dans *La Crise du XIIe siècle*, Thomas Bisson montre comment, dans une Europe sans gouvernement, les gens vivaient l'expérience du pouvoir et comment ils en souffraient. Repensant en profondeur une histoire familière, il rapporte les origines du gouvernement européen à une crise de la seigneurie et à sa résolution. Il explore les circonstances qui poussèrent les chevaliers, les nobles, les rois et les ecclésiastiques à insuffler des objectifs sociaux dans la seigneurie. La violence des puissants et les cris de protestation qu'elle provoqua contribuèrent ainsi à l'apparition de gouvernement dans les royaumes, les principautés et les villes. Embrassant magistralement toute la chrétienté, *La Crise du XIIe siècle* est une histoire culturelle sans équivalent du pouvoir dans l'Europe médiévale

Alain Boureau, *L'Événement sans fin. Récit et christianisme au Moyen Âge*

Une des originalités fortes du christianisme provient de ce qu'il se fonde plus sur les récits allégoriques (paraboles) et discordants (Évangiles) de l'Incarnation du Christ que sur des préceptes, des dogmes et des rites. Cet événement capital – la venue de Dieu sur Terre – mais fugitif à l'égard du temps historique doit s'installer dans la durée de l'Histoire. La construction du christianisme passe par l'élaboration de récits nouveaux (les hagiographies) capables à la fois de combler les messages incomplets du récit originel présenté comme véridique et d'intégrer les malheurs du temps. A. Boureau nous fait découvrir la prodigieuse invention narrative du christianisme, créateur d'un « art du récit ».

Alain Boureau, *Théologie, science et censure au XIIIe siècle. Le cas de Jean Peckham*

Que se passe-t-il au sein de l'université oxonienne du royaume d'Angleterre? En 1286, la condamnation prononcée à Londres par Jean Peckham doit mettre fin aux thèses soutenues par les maîtres d'Oxford, portant essentiellement sur la nature du Christ mort et la remise en cause du thomisme. A. Boureau s'intéresse ici au personnage de Jean Peckham, théologien franciscain, archiépiscopal de Cantorbéry et homme fort savant en optique, prônant le retour à la doctrine de saint Augustin. Grâce à une analyse minutieuse de la censure et de ses divers contextes, l'auteur lance des propositions nouvelles sur les pratiques ecclésiastiques et universitaires du Moyen Âge.

Alain Boureau, *La Loi du royaume. Les moines, le droit et la construction de la nation anglaise (XIe-XIIIe siècles)*

1066-1215 : en cent cinquante ans, l'Angleterre, envahie et divisée, se construit une identité nationale forte et se dote de la *Common law*. Au même moment, des hommes voués à fuir le monde séculier, les moines, constituent un important corpus de récits, de chroniques, de chartes, de traités, riches en éléments de doctrine et la pratique de la loi. La compétence exégétique, la nécessité d'opposer loi divine et loi humaine, la mobilité culturelle ont fait des moines les promoteurs de ce mouvement, qui pourrait expliquer la « renaissance du droit » au XIIe siècle. Ce livre apporte une contribution à la compréhension de cette double particularité, puissamment originale, en entrecroisant l'histoire du monachisme et l'histoire juridique de l'Angleterre.

Alain Boureau, *La Religion de l'État. La construction de la République étatique dans le discours théologique de l'Occident médiéval (1250-1350)*

Le sort de l'Europe le montre : que reste-t-il des régions, de l'État-nation ? Bon nombre de décisions relèvent d'une législation européenne imposante et coûteuse, sans pour autant que l'Europe constitue une identité clairement définie dans l'esprit de chacun. Ce livre propose une thèse simple et surprenante : l'État-république, forme future et possible de l'État-nation, provient d'une idée qui serait née dans la pensée scolastique, vers 1250-1350. La *République étatique*, combinant l'universalisme du genre humain et du bien commun, eut la chance momentanée de correspondre à la fois à des incitations contextuelles et à des rêves doctrinaux formulés par la science scolastique.

Alain Boureau, *L'Empire du livre. Pour une histoire du savoir scolastique (1200-1380)*

Le livre, objet matériel qui donnait forme à la raison et aux textes, pénétra profondément le monde occidental au cours de la période scolastique, en se séparant du Livre et du Verbe. Ainsi naquit le savoir scolastique, devenu chose publique et noble. Il s'établit autour d'une communauté intellectuelle, qui était aussi une corporation sociale, maîtrisant les éléments religieux et ancestral : la Bible, les principes de la foi et la patristique. A. Boureau oppose la formation d'un langage rationnel dans la communauté scolastique au discours institutionnel qui se solidifia, et à la grande singularité d'une parole individuelle issue de la langue commune.

Alain Boureau, *De vagues individus. La condition humaine dans la pensée scolastique*

De quoi est-il question dans ce livre dont le titre inverse l'expression formulée jadis par Albert le Grand et Thomas d'Aquin ? Rien de moins que la notion de *personnalité*, des puissances de l'âme et de sa nature. En effet, au début du XIIIe siècle, l'homme médiéval se trouve, pour la première fois, face à deux systèmes de pensée complets et irréductibles : le christianisme et le modèle philosophique antique (Aristote, les stoïciens). En mettant en avant des questions complexes et essentielles comme celle de l'esprit et de l'âme, des liens entre l'âme et le sujet, de la notion de double, A. Boureau rend à la pensée scolastique sa condition humaine.

Alain Boureau, *L'Inconnu dans la maison. Richard de Mediavilla, les Franciscains et la Vierge Marie à la fin du xiii*e *siècle*

Entre 1290 et 1300, la dévotion à la Vierge Marie a pris un tour nouveau en Occident. Traditionnellement attribuée à Duns Scot, la formulation du dogme de l'Immaculée Conception de Marie, vers 1298, aurait été, selon A. Boureau, préparée dès 1292, par Henri de Gand. Le présent livre insère entre ces deux moments l'évocation du miracle de Notre-Dame de Lorette et du transport surnaturel de la maison de la Vierge de Palestine en Occident, que l'on trouverait dans les Quodlibeta du franciscain Richard de Mediavilla.

Alain Boureau, *Le désir dicté. Histoire du vœu religieux dans l'Occident médiéval*

Le vœu religieux soulève la question du rapport entre l'individu et l'Église et il permet de formuler trois questions capitales des sociétés de l'Occident médiéval. Le vœu, comme fanion des moines ou des clercs, s'articule à deux de ces questions : 1) quelque chose comme une classe sacerdotale peut-elle et doit-elle se constituer à part des sociétés ? 2) Doit-on accepter, combattre ou favoriser des différentiations dans l'Église ? Devra-t-elle constituer une union forte, une fédération ou confédération ? On reconnaît là des interrogations essentielles aux Réformes. Le vœu de croisade, à partir de la fin du XIe siècle, lance la troisième question majeure : une entreprise religieuse commune doit-elle être prioritaire par rapport aux exigences individuelles ou nationales ? Le XIIIe siècle fut le temps de débats violents et de grandes élaborations théoriques sur le vœu en droit comme en théologie. La grande force d'A. Boureau est de montrer que la controverse sur le vœu, qui se poursuivit pendant des décennies avec des épisodes violents, s'appuya sur la raison scolastique jusqu'au coup de force de Martin Luther (1483-1546), qui supprima les vœux avec le monachisme.

Alain Boureau & Corinne Péneau (sous la direction de), *Le Deuil du pouvoir. Essais sur l'abdication.*

Au début de 2013, deux abdications souveraines se sont produites : celle de Beatrix, reine des Pays-Bas, annoncée le 28 janvier et celle du pape Benoît XVI, proclamée le 11 février. L'actualité prenait en écharpe les huit siècles, de François d'Assise à Ch. de Gaulle, que nous parcourons ici. L'abdication, ce renoncement au pouvoir, constitue l'état pur d'un acte de volonté dans la sphère politique ou religieuse. Une instance souveraine, qui ne dépend de rien d'autre que de soi-même, décide de s'abolir. L'abdication apparaît alors non comme le simple abandon du pouvoir, mais comme un *acte de pouvoir.*

Arsenio FRUGONI, *Arnaud de Brescia dans les sources du XIIe siècle*

A. Frugoni reconstruit la vie du réformateur religieux Arnaud de Brescia en analysant minutieusement un corpus d'une dizaine de témoignages. Au travers de ce personnage clé, tant austère que passionné, A. Frugoni, avec élégance et style, met en relief les conflits religieux et politiques qui traversent le XIIe siècle : tension entre la papauté et l'Empire, émergence des Communautés italiennes, essor du christianisme évangélique. Mais plus encore. Dans une tentative exceptionnelle, il creuse la matière textuelle pour écarter toute version romantique, angélique ou démoniaque d'Arnaud de Brescia. Cet ouvrage, fréquemment cité dans le milieu des médiévistes, trouve aisément sa place parmi les bibliographies célèbres établies par les grands noms que sont E. Kantorowicz, P. Brown ou J. Le Goff.

Chiara FRUGONI, *Le Moyen Âge sur le bout du nez. Lunettes, boutons et autres inventions médiévales*

Que devons-nous au Moyen Âge ? De très nombreuses améliorations clame Ch. Frugoni et de lister non seulement les lunettes, le papier, la date de naissance du Christ, les banques, l'arbre généalogique, le nom des notes de musique mais encore les boutons de culottes et de pantalons, les cartes à jouer, les anesthésiants, le chat, les vitres, la fourchette, les pâtes alimentaires, le moulin, le fusil et le canon, la boussole, le purgatoire et le Père Noël. Non, le Moyen Âge n'est pas une période de ténèbres mais un temps de progrès et de jouissance. Cette kyrielle d'inventions, tant dans le domaine de l'esprit que de la culture matérielle, révèlent l'ingéniosité et la créativité des hommes de l'époque. C'est ce que démontre brillamment Ch. Frugoni dans ce livre richement illustré.

Arsenio FRUGONI et Chiara FRUGONI, *Une journée au Moyen Âge*

S'inspirant de deux articles d'Arsenio Frugoni, son père, Chiara Frugoni reconstitue dans ce livre une journée quelconque dans une ville au Moyen Âge. À l'aide de documents précis, fruits d'une prodigieuse érudition, mais surtout d'une iconographie somptueuse, l'historienne raconte par le menu les différents aspects de la vie urbaine médiévale : de l'artisanat aux superstitions, de la délinquance à la vie en communauté, en passant par toutes les questions que les hommes se posent encore aujourd'hui face à l'au-delà ou, plus prosaïquement, à l'emploi du temps. À la différence d'un documentaire historique, le récit de cette remarquable conteuse nous invite à remonter le temps comme si nous partions en voyage. Elle ressuscite un monde disparu tout en démystifiant nombre des stéréotypes qui l'histoire officielle a imposés au fil du temps

Joseph GOERING, *La Vierge et le Graal. Les origines d'une légende*

D'où vient le Graal, objet mystérieux sujet à bien des interrogations et des fantasmes ? Dans un travail passionnant et loin de toutes interprétations ésotériques, J. Goering convoque les principales sources littéraires (Chrétien de Troyes, Wolfram von Eschenbach, Robert de Boron, Hélinand de Froidmont) pour mieux les confronter et ainsi suivre la transformation d'un objet indéfini dit « graal » en coupe de la Dernière Cène. Pour expliquer l'origine de cette évolution, il analyse en détail les représentations picturales de la région de Saint-Clément de Tahull (Pyrénées espagnoles), sans équivalent pour l'époque, où est représentée la Vierge Marie tenant un récipient sacré. Comment la sphère littéraire des poètes du Nord, spécialistes des jeux de mots et des symboles, a-t-elle pu rencontrer la sphère artistique pyrénéenne ? Il faut se diriger vers le personnage de Rotrou II, comte du Perche, homme en tout point admirable constituant la pièce maîtresse du dossier.

Christophe GRELLARD, *Jean de Salisbury et la renaissance médiévale du scepticisme*

Tout au long du Moyen Âge, il y eu une réflexion sur le problème sceptique entendu comme défi lancé à la capacité qu'a l'homme de connaître avec certitude la réalité. En s'attachant plus spécifiquement à la figure de Jean de Salisbury (1120-1180), chaînon manquant qui permet de mieux appréhender une tradition humaniste et sceptique qui va de Cicéron à Pétrarque et Montaigne, le présent ouvrage cherche à comprendre ce que signifie être sceptique au Moyen Âge.

Peter LINEHAN, *Les Dames de Zamora. Secrets, stupre et pouvoirs dans l'Église espagnole du XIIIe siècle*

Sur fond de querelles croissantes quant au rôle des ordres mendiants en Castille, le scandale éclata dans un couvent de sœurs, en juillet 1279, à la suite de la visite de l'évêque de Zamora qui se déclara scandalisé du relâchement de la discipline et des mœurs des nonnes. La communauté de Las Dueñas était alors profondément divisée entre les sœurs restées liées à l'évêque et à sa juridiction, et celles qui avaient optées pour « l'incorporation » avec les frères prêcheurs, les Dominicains. De ce dossier sulfureux de rébellion au sein d'un couvent, P. Linehan a tiré une étude fascinante des problèmes d'un monde religieux bouillonnant et de l'univers troublé des femmes cherchant leur voie dans un monde dominé par les hommes.

Einar MÁR JÓNSSON, *Le Miroir. Naissance d'un genre littéraire*

Objet précieux et richement décoré ou simple outil domestique, le miroir a toujours été étroitement associé à la galanterie, à la frivolité ou à l'érotisme. L'image d'une femme tenant son miroir à la main symbolise souvent, dans l'art et la littérature, la séduction, et aussi la vanité, le fluctuant et l'illusoire. Tombé en désuétude à la fin de l'Antiquité tardive, le miroir, comme les théories de la vision, se rencontre dans un contexte totalement différent au XIIIe siècle. Il ne désigne plus seulement l'usage concret de l'objet mais des manuels de morale destinés à la fonction royale ou princière, des ouvrages de métaphores catoptriques (*Miroir des vierges*, *Miroir de l'Église*) qui ont intéressé l'ordre cistercien, vecteur actif de diffusion de ce nouveau genre littéraire.

Elsa Marmursztejn, *L'Autorité des maîtres. Scolastique, normes et société au XIIIe siècle*

La scolastique, on le sait, a mauvaise réputation. C'est pourtant dans l'université médiévale en général et à la faculté de théologie de Paris en particulier, au XIIIe siècle, que se forgèrent et s'échangèrent les opinions savantes sur des questions d'actualité (vœu de religion, obligation de la dîme, devoir conjugal, fiscalité royale, légitime défense en cas de viol, etc.). Ces questions étaient débattues dans le cadre de disputes « extraordinaires », publiques et facultatives, appelées *Quodlibeta*. À partir de l'analyse des débats scolastiques, l'auteur montre comment les maîtres ont construit leur statut d'autorité et l'idée de leur propre nécessité sociale.

Pierre Marsone, *La steppe et l'Empire. La formation de la dynastie Khitan (Liao). IVe-Xe siècle.*

Au Xe siècle, alors que la dynastie des Tang s'effondre, les Khitan établissent aux marches septentrionales de la Chine, un empire immense qui constitue pendant plus de deux cents ans l'interface entre la Chine et l'Eurasie, au point qu'au XIIIe siècle Marco Polo parlait encore de « Cathay ». La Steppe et l'Empire nous permet de suivre sur plus de cinq siècles les contacts tantôt violents tantôt harmonieux entre un peuple nomade et son voisin chinois, et d'entrevoir progressivement combien est parfois ténue la frontière entre un monde « civilisé » et ses « barbares ». Cette épopée nous conduit jusqu'à la création du « Grand Empire central des Khitan » sous la houlette du grand génie politique que fut Abaoji.

Robert Ian Moore, *La Persécution. Sa formation en Europe (Xe-XIIIe siècles)*

Du Xe au XIIIe siècle, l'Europe s'est transformée en société de persécution. Cette période a ainsi vu, simultanément, la naissance des hérésies populaires et de l'Inquisition. Les diverses persécutions, inconnues dans les siècles précédents, sont l'expression unique d'une mutation profonde et dramatique de la société occidentale. Une violence délibérée et légitimée socialement commença à être dirigée par des institutions gouvernementales, judiciaires et civiles établies contre les groupes d'individus définis par la race (juifs), la religion (hérétiques), les mœurs (sodomites, prostituées). L'appartenance à l'un de ces groupes en vint à être considérée comme justifiant les attaques. R. Moore porte une attention toute particulière à ce phénomène de violence dans sa compréhension globale.

Donald MacGillivray Nicol, *Les derniers siècles de Byzance (1261-1453)*

L'Empire byzantin se développa autour de Constantinople pour devenir au Xe et XIe siècles la plus grande puissance civilisée du monde chrétien. Ce livre raconte l'histoire mouvementée de l'Empire restauré par la reconquête territoriale de Michel

Paléologue de 1261 jusqu'à la prise de la ville par les Ottomans en 1453. Il décrit les combats qu'il fut amené à livrer contre les Chrétiens d'Occident, contre le mercantilisme des républiques italiennes, contre la puissance montante des Turcs en Asie Mineure, contre l'expansion serbe dans les Balkans, tandis que les grandes familles intriguaient pour la possession du trône. Une histoire magistrale pleine de fureur et de bruits.

Youval Rotman, *Les Esclaves et l'esclavage. De la Méditerranée antique à la Méditerranée médiévale (vi^e-xie siècles)*

Le monde byzantin offre le cadre idéal pour une étude de l'esclavage en raison de la continuité avec l'Empire romain dont il se veut l'héritier et des grand bouleversements géopolitiques qui le secouent (conquête arabe, arrivée des Slaves en mer Noire). Partant des approches théoriques des Modernes, Y. Rotman analyse l'esclavage dans ses rapports avec des évolutions politiques, sociales, religieuses et culturelles durant les six siècles de transition de l'Antiquité tardive au Moyen Âge dans la Méditerranée orientale. Il récuse l'idée d'une définition économique de l'esclavage tout comme la désignation d'un État byzantin « esclavagiste » en l'absence de toute définition juridique de la liberté comme du statut de l'homme libre. C'est parce que s'opère un glissement de statut privé/public imposé par le pouvoir impérial et par l'Église que les rapports sociaux maître/esclave évoluent, l'esclave étant perçu comme un individu. Ce livre apporte une contribution neuve au débat sur l'esclavage antique et médiéval.

Steven Runciman, *Les Vêpres siciliennes. Une histoire du monde méditerranéen à la fin du xiiie siècle*

L'épisode des Vêpres siciliennes est un moment-clef de l'histoire européenne. À la mort de l'empereur Frédéric II Hohenstaufen, la Curie romaine donne le royaume de Sicile au très pieux Charles d'Anjou. Mais l'installation des grands féodaux français et de leurs exactions suscitent colère et rancœur. Le lundi 30 mars 1282, les cloches des églises de Palerme appellent les fidèles aux vêpres. À ce signal, la foule se soulève et massacre tous les Français rencontrés et une partie des troupes royales. Le lendemain, la rébellion contre l'oppresseur angevin gagne Messine, Corleone puis peu après l'île toute entière. Révolte populaire, complot ourdi par la couronne d'Aragon ? De ces Pâques sanglantes qui inspirèrent un opéra à Verdi, S. Runciman fait le point de départ d'une analyse aussi brillante que documentée du destin de la Sicile, de la géostratégie et de l'histoire de la Méditerranée médiévale.

Steven Runciman, *Le Schisme d'Orient. La papauté et les Églises d'Orient (xie-xiie siècles)*

On croit généralement que la séparation entre les Églises d'Orient et d'Occident se produisit en 1054 et eut pour causes des divergences d'ordre politique et doctrinal.

S. Runciman, avec une grande clarté, démontre que le schisme fut en réalité le résultat d'un éloignement progressif, au cours des siècles précédents, des traditions et de l'idéologie des Chrétientés occidentale et orientale. L'invasion normande en Italie, l'aspiration hégémonique d'une papauté réformée au XIe siècle et la grande migration des croisades mirent soudain en lumière cette véritable et terrible séparation qui ne fut consommée qu'en 1204 avec le tragique épisode du sac de Constantinople par les croisés. Un exposé brillant, complet et détaillé de la rupture.

Joseph SHATZMILLER, *Shylock revu et corrigé. Les juifs, les chrétiens et le prêt d'argent dans la société médiévale*

L'image du prêteur d'argent juif, détestable et cruel, popularisé par le personnage de Shylock de Shakespeare en 1605, témoigne de l'emprise durable du portrait de l'usurier juif sur l'imaginaire européen. À côté d'expressions de ressentiments haineux et de frustrations populaires envers le prêteur juif se dessine néanmoins l'image du juif généreux et bienveillant. Ce retournement apparaît en détail dans les minutes du procès, tenu à Marseille en 1317, de Bondavin de Draguignan venu défendre sa réputation de prêteur d'argent. Se gardant de l'idéalisation du personnage de Bondavin, J. Shatzmiller, par cette affaire judiciaire, fournit une excellente occasion de revisiter les attitudes médiévales ambivalentes envers le crédit juif tout en ouvrant de nouvelles perspectives sur la situation du prêt à intérêt comme de la pensée économique de l'Occident médiéval.

Nicolas WEILL-PAROT, *Points aveugles de la nature. La rationalité scientifique médiévale face à l'occulte, l'attraction magnétique et l'horreur du vide (XIIIe-milieu du XVe siècle)*

Ce livre vise à mettre en évidence la profonde rationalité de la pensée scientifique scolastique du Moyen Âge – plus précisément du XIIIe au milieu du XVe siècle –, voire son véritable rationalisme, à partir de l'étude détaillée, articulée et comparée de trois questions qui furent autant de défis pour elle : l'occulte naturel, c'est-à-dire les propriétés occultes par lesquelles on expliquait des phénomènes inexplicables par l'agencement des qualités premières (chaud, froid, sec et humide), l'attraction magnétique qui semblait contrarier l'axiome aristotélicien selon lequel, dans tout mouvement, ce qui meut et ce qui est mû sont en contact, et l'« horreur du vide » qui faisait que la nature était amenée à contredire ses processus ordinaires pour éviter toute formation de vide dans un monde qu'Aristote avait voulu plein. L'ouvrage, en analysant un grand nombre de sources, souvent inédites, en particulier des commentaires à la *Physique* d'Aristote, souhaite ainsi apporter une contribution à la fois à l'histoire de la raison et à celle du concept de nature.

Ce volume,
le cent trentième
de la collection « Histoire »
publié aux Éditions Les Belles Lettres,
a été achevé d'imprimer
en octobre 2015
sur les presses
de l'imprimerie SEPEC
01960 Péronnas – France

N° d'éditeur : 8155
N° d'imprimeur : 05425150901
Dépot légal : octobre 2015

Imprimé en France

IMPRIM'VERT®

PEFC™ 10-31-1470 / Certifié PEFC / Ce produit est issu de forêts gérées durablement et de sources contrôlées. / pefc-france.org